Beiträge zum Verwaltungsrecht

herausgegeben von

Wolfgang Kahl, Jens-Peter Schneider
und Ferdinand Wollenschläger

12

Lara Zwiffelhoffer

Die Figur des Durchschnittsmenschen im Verwaltungsrecht

Mohr Siebeck

Lara Zwiffelhoffer, geboren 1986; Studium der Rechtswissenschaft in Hamburg und Durham (USA); wissenschaftliche Mitarbeiterin am Lehrstuhl für Öffentliches Recht, insb. Verfassungsrecht und Rechtsphilosophie an der Humboldt-Universität zu Berlin; 2018 Promotion; 2019 zweites juristisches Staatsexamen am Kammergericht Berlin; 2020 Verwaltungsrichterin in Hamburg.

ISBN 978-3-16-157707-9 / eISBN 978-3-16-157708-6
DOI 10.1628/978-3-16-157708-6

ISSN 2509-9272 / eISSN 2569-3859 (Beiträge zum Verwaltungsrecht)

Die Deutsche Nationalbibliothek verzeichnet diese Publikation in der Deutschen Nationalbibliographie; detaillierte bibliographische Daten sind über *http://dnb.dnb.de* abrufbar.

© 2020 Mohr Siebeck Tübingen. www.mohrsiebeck.com

Das Werk einschließlich aller seiner Teile ist urheberrechtlich geschützt. Jede Verwertung außerhalb der engen Grenzen des Urheberrechtsgesetzes ist ohne Zustimmung des Verlags unzulässig und strafbar. Das gilt insbesondere für die Verbreitung, Vervielfältigung, Übersetzung und die Einspeicherung und Verarbeitung in elektronischen Systemen.

Das Buch wurde von Gulde Druck in Tübingen aus der Times New Roman gesetzt, auf alterungsbeständiges Werkdruckpapier gedruckt und gebunden.

Printed in Germany.

Für Philipp und Paul

Vorwort

Die vorliegende Untersuchung wurde im Sommersemester 2017 von der Humboldt-Universität zu Berlin als Dissertation angenommen. Danach erschienene Rechtsprechung und Literatur wurden im Wesentlichen bis zur Drucklegung berücksichtigt.

Meinem Doktorvater, Prof. Dr. Christoph Möllers, danke ich für die Betreuung dieser Arbeit, für seinen Rat, seine untrügliche Kritik und die freie, vertrauensvolle und inspirierende Atmosphäre an seinem Lehrstuhl. Prof. Dr. Anna-Bettina Kaiser danke ich für das Zweitgutachten.

Die Studienstiftung des Deutschen Volkes hat dankenswerterweise die Erstellung dieser Arbeit mit einem Promotionsstipendium gefördert.

Ich danke meinen Freundinnen und Freunden, ehemaligen Kolleginnen und Kollegen am Lehrstuhl, die mich in Diskussionen unterstützt und so manches Argument inspiriert oder geschärft haben. Für die kritische Lektüre von Teilen des Manuskripts danke ich insbesondere Johannes Bethge, Johannes Buchheim, Alexander Tischbirek und Tim Wihl.

Der größte Dank für Ermunterung und Korrektur gilt meinem Mann Philipp Winter, meinen Eltern Dorothee Zwiffelhoffer und Eckhard Meyer-Zwiffelhoffer sowie meinen Freunden Silvia Ernst und Wendt Nassall.

Hamburg im März 2020   Lara Zwiffelhoffer

Inhaltsverzeichnis

A. Einleitung 1
I. Der Forschungsstand zur Maßstabsfigur in der modernen
   Rechtswissenschaft 6
   1. Die Maßstabsfigur im Zivilrecht 6
      a) Die zivilrechtliche Maßstabsfigur im Spiegel der Forschung .. 8
      b) Die Figur des informierten und aufmerksamen
         Durchschnittsverbrauchers 13
   2. Die objektive Zurechnung und der objektive Fahrlässigkeitsbegriff
      im Strafrecht 19
      a) Bedeutung und Probleme der Verkehrskreisbildung 20
      b) Die strafrechtliche Maßstabsfigur im Spiegel der Forschung .. 24
   3. Die *reasonable person* im anglo-amerikanischen Recht 30
II. Zur Geschichte der Maßstabsfigur im Recht 37
    1. Die Zwitterrolle des *pater familias*: Soziale Norm und Maßstab
       im Recht 40
       a) Der ‚spoudaios anēr' in der griechischen Philosophie 42
       b) Der ‚bonus vir' und ‚pater familias' als ethisches Leitbild
          und Sorgfaltsmaßstab 45
       c) Zwischenergebnis 51
    2. Der *diligens pater familias* in den nachantiken Rechtstraditionen .. 52
    3. Die Entwicklung einer Maßstabsfigur im Öffentlichen Recht ... 54

B. Die Maßstabsfigur des besonnenen Amtswalters 57
I. Die Maßstabsfigur des besonnenen Polizisten im Recht
   der Gefahrenabwehr 58
   1. Die Perspektive auf das Gefahrurteil 60
      a) Die Gesetzeslage zum Recht der Gefahrenabwehr 61
      b) Die Elemente des Gefahrurteils 65
      c) Der ‚vernünftige Asylsuchende' 69
      d) Zusammenfassung 71
   2. Zur Geschichte der Gefahrenabwehr 72

Inhaltsverzeichnis

3. Das Problem: Die Unsicherheit, Dringlichkeit und Zeitlichkeit des Gefahrurteils 74
4. Die Maßstabsfigur des besonnenen Polizisten in der Rechtsprechung zum Polizeirecht 79
   a) Die Vorläufer des ‚besonnenen Polizisten' in der Rechtsprechung des Preußischen Oberverwaltungsgerichts ... 81
   b) Die Maßstabsfigur des besonnenen Polizisten in der Rechtsprechung der Bundesrepublik 88
      aa) Der Ursprung des ‚besonnenen Polizisten' 89
      bb) Die Rationalitätsanforderungen aus der Figur des besonnenen Polizisten 93
      cc) Die Externalisierung prozeduraler Unsicherheiten durch den ‚besonnenen Polizisten' 95
      dd) Der ‚besonnene Polizist' als dynamischer Maßstab 98
      ee) Zusammenfassung 100
5. Die Maßstabsfigur und die Kontroverse um den richtigen Gefahrbegriff in der Literatur 101
6. Die Funktionen der Maßstabsfigur im Recht der Gefahrenabwehr . 106
   a) Relativierung normativer Anforderungen 106
   b) Rationalisierung individuell-situativer Fehlleistungen 107
   c) Der ‚besonnene Polizist' als Verhinderung einer hindsight bias? 110
   d) Die Externalisierung prozeduraler Unsicherheiten 112

II. Die Maßstabsfigur des pflichtgetreuen Durchschnittsbeamten im Staatshaftungsrecht 116
   1. Die Gesetzeslage zum Staatshaftungsrecht 119
      a) Die Haftung der Union und der Mitgliedstaaten 121
      b) Zur Geschichte des Staatshaftungsrechts 123
   2. Das Problem: Die Vermittlung zwischen subjektiv-individuellem Verschulden und allgemeinem Maßstab 127
   3. Die Maßstabsfigur des pflichtgetreuen Durchschnittsbeamten in der Rechtsprechung 129
      a) Zu den Grundlagen des ‚pflichtgetreuen Durchschnittsbeamten': Die Rechtsprechung des Reichsgerichts 130
      b) Der ‚pflichtgetreue Durchschnittsbeamte' in der Rechtsprechung der Bundesrepublik 138
      c) Zusammenfassung 144
   4. Die Objektivierung des Verschuldens durch den ‚pflichtgetreuen Durchschnittsbeamten' in der Literatur 145
   5. Analyse: Der ‚pflichtgetreue Durchschnittsbeamte' als Scharnier zwischen § 839 BGB und Art. 34 GG 151
III. Zusammenfassung 155

C. Die Maßstabsfigur des Durchschnittsbürgers ... 159

I. Die Maßstabsfigur des Durchschnittsbetrachters im Recht
der Verunstaltungsabwehr ... 160
1. Die Gesetzeslage zum Verunstaltungsverbot ... 161
2. Das Problem: Die Normativität des ästhetischen Urteils ... 165
3. Der ‚Durchschnittsbetrachter' in der Rechtsprechung
zur Verunstaltungsabwehr ... 167
   a) Die Rechtsprechung des Preußischen
   Oberverwaltungsgerichts zum ‚Durchschnittsbetrachter' ... 168
   b) Die Rechtsprechung zum ‚ästhetisch gebildeten
   Durchschnittsbetrachter' in der Bundesrepublik ... 178
      aa) Das sozial-moralische Ästhetikverständnis ... 182
      bb) Das politisch-ethische und das funktionale
      Ästhetikverständnis ... 184
      cc) Zusammenfassung ... 188
4. Die Rezeption des ‚Durchschnittsbetrachters' in der Literatur
zur Verunstaltungsabwehr ... 191
5. Versuch einer Antwort: Die Maßstabsfigur und die Normativität
des ästhetischen Urteils ... 196

II. Die Maßstabsfigur des verständigen Durchschnittsmenschen
im Immissionsschutzrecht ... 201
1. Die Gesetzeslage zum Immissionsschutzrecht ... 203
2. Das Problem: Die Unwägbarkeit der Empfindung und
Normalität als Maßstab ... 208
3. Die Maßstabsfiguren des normalen und des verständigen
Durchschnittsmenschen in der Rechtsprechung ... 209
   a) Die Rechtsprechung des Preußischen und des Sächsischen
   Oberverwaltungsgerichts ... 211
      aa) Der ‚empfindsame Mensch' des Preußischen
      Oberverwaltungsgerichts ... 211
      bb) Der ‚normale Durchschnittsmensch' des Sächsischen
      Oberverwaltungsgerichts ... 214
      cc) Der ‚Mensch mit normaler oder durchschnittlicher
      Gesundheit' des Preußischen Oberverwaltungsgerichts ... 215
   b) Der ‚verständige Durchschnittsmensch' in der Rechtsprechung
   der Bundesrepublik ... 220
      aa) Stereotypisierung durch die Maßstabsfigur ... 221
      bb) Wertung: Zumutbarkeit als Interessenabwägung ... 223
      cc) Messung: Die Unwägbarkeit von Immissionen ... 225

        dd) Der ‚verständige Durchschnittsmensch' als
            gemeinwohlgebundene Figur 226
        ee) Zulässigkeit der Maßstabsfigur 232
        ff) Die Richterin als Maßstabsfigur 233
    4. Die Rezeption der immissionsschutzrechtlichen Maßstabsfigur
       in der Literatur 235
    5. Der ‚verständige Durchschnittsmensch' zwischen Sensitivität
       und Gemeinwohl 239

D. Fazit 243

   I. Zusammenfassung der Ergebnisse 243
  II. Funktionen der Maßstabsfigur 251
 III. Kritik 255

Literaturverzeichnis 261

Register 277

A. Einleitung

Das Recht einer Gesellschaft dient dazu, tatsächliche Vorgänge aus normativer Perspektive zu bewerten und zu gestalten. Die Aufgabe der Rechtsanwendung besteht darin, die Kluft zwischen juristischer Norm und Lebenssachverhalt, zwischen Regel und Einzelfall einerseits durch die Konstruktion des Sachverhalts und andererseits durch die Konkretisierung[1] der Rechtsnormen zu schließen.[2] Dazu bedient sich der Jurist verschiedener Instrumente: der Auswahl entscheidungsrelevanter Tatsachen, der darauf bezogenen Beweiserhebung, der Auslegung von Normen, der Entwicklung von Definitionen und der Abwägung von Interessen. Auf diese Weise gewinnt er Entscheidungsgrundlagen, an denen sich die Rechtsanwender orientieren können oder müssen. Rechtsanwendung ist somit immer auch Normkonkretisierung. Deren große Bedeutung spiegelt sich in der rechtswissenschaftlichen und rechtstheoretischen Diskussion wider. Doch gibt es ein Konkretisierungsinstrument, das häufig eingesetzt, theoretisch aber gerade im Öffentlichen Recht wenig beleuchtet und auch in seiner Anwendung kaum reflektiert wird: die Maßstabsfigur des ‚Durchschnittsmenschen'.

---

[1] Konkretisierung hier verstanden als Normausfüllung im Sinne einer ‚gebundenen Rechtsbildung'. Vergleiche dazu *Anne Röthel*, Normkonkretisierung, S. 21 und zu den verschiedenen Normkonkretisierungskonzepten S. 14–24 m.w.N; *René A. Rhinow*, Rechtsetzung und Methodik, S. 177 f.

[2] Dabei handelt es sich, so *Karl Engisch* in seinen immer wieder zitierten Logischen Studien zur Gesetzesanwendung, „um eine ständige Wechselwirkung, ein Hin- und Herwandern des Blickes zwischen Obersatz und Lebenssachverhalt", S. 15. Zur Rezeption dieses Gedankens *Andreas Maschke*, Gerechtigkeit durch Methode, S. 255 ff.; *Robert Alexy*, Theorie der juristischen Argumentation S. 281 f.; *Joachim Hruschka*, Die Konstitution des Rechtsfalles S. 55 f., *Karl Larenz/Claus-Wilhelm Canaris*, Methodenlehre, S. 101 f. Diese Formulierung greift zu kurz, wie *Sabine Müller-Mall* überzeugend darlegt: „(...), weil sie die jeweils spezifische Oszillation der Interpretation des Sachverhalts und des Maßstabs ebenso wenig beschreiben kann wie die Koppelung dieser beiden Vorgänge in der Urteilsbildung", Zwischen Fall und Urteil, in: Hilgers u. a. (Hrsg.), Affekt und Urteil, S. 117 (122 f.). Es handelt sich also nicht um zwei unabhängig voneinander gegebene Entitäten, die zueinander ins Verhältnis gebracht werden müssten, sondern es lässt sich der Sachverhalt nur im Hinblick auf eine anzuwendende Rechtsnorm überhaupt ermitteln, der anzuwendende Maßstab sich nur im Hinblick auf einen Sachverhalt finden und auslegen.

Das Phänomen der Maßstabsbildung durch die Typisierung von Personen ist im Recht keineswegs neu: Sie wird seit langem im Zivilrecht und im Strafrecht ebenso verwendet wie im Öffentlichen Recht und in ausländischen Rechtsordnungen. Die Rechtsprechung bedient sich ihrer in vielen Situationen, um unbestimmte Rechtsbegriffe zu konkretisieren. Trotz der sehr unterschiedlichen Anwendungsbereiche folgt die Verwendung der Maßstabsfigur einem ähnlichen Muster, denn die Leitfrage lautet stets: Was hätte ein durchschnittlicher Mensch, im Öffentlichen Recht: was hätte ein durchschnittlicher Bürger bzw. ein besonnener Amtswalter in dieser Situation empfunden, gedacht, entschieden, getan? Wie hätte ein durchschnittlicher Empfänger das Schreiben der Behörde verstanden, wie ein durchschnittlicher Lastwagenfahrer die schwierige Verkehrssituation gemeistert? Ist der Lärm einem durchschnittlich empfindlichen Menschen zumutbar? Hätte ein besonnener Amtswalter eine herrenlose Tasche im Flughafen für eine Gefahr gehalten? Die Maßstabsfigur dient hier als außerrechtlicher Bezugspunkt zur Entwicklung einer Entscheidungsperspektive. Sie wird zwar mit Bezug auf die soziale Welt konzipiert, aber nicht im streng empirischen Sinn einer Durchschnittserhebung, weil sie einer normativen Zweckbestimmung unterliegt. Aufgabe der Typisierung ist es, die durch Normen eröffneten Bewertungsspielräume auf der Tatbestandsseite auszufüllen. Mit ihrer Hilfe lässt sich von den vielfältigen Erscheinungsformen individueller Handlungskonstellationen normativ abstrahieren, wobei die Norm an der Lebenswirklichkeit ausgerichtet wird.

Angesichts der Beliebtheit der Maßstabsfigur und ihrer häufig nur impliziten Verwendung in der Rechtsprechung ist es erstaunlich, dass die Wissenschaft ihr besonders im Öffentlichen Recht bislang wenig Aufmerksamkeit geschenkt hat. Für das Zivilrecht gibt es einige übergreifende systematische Untersuchungen,[3] für das Strafrecht finden sich solche schon weniger[4] und für das Öffentliche Recht fehlen sie ganz. Hier weckte die Maßstabsfigur bisher nur problembezogen im Kontext einzelner Rechtsbereiche Aufmerksamkeit.[5] Die vorliegende Arbeit soll dazu beitragen, diese Lücke zu schließen und die impliziten und expliziten Konzeptionen dieser Figur und ihrer Begründung in Rechtsprechung und Literatur zu untersuchen. Die Begrenzung auf das Öffentliche Recht hat ihren

---

[3] *Elena Barnert*, Der eingebildete Dritte; *Jutta Limbach*, Der verständige Rechtsgenosse; *Jörn Eckert*, Der „objektive Beobachter"; *Anne Röthel*, Normkonkretisierung, widmet ihr ein Kapitel, S. 188–204.

[4] Zum objektiven Sorgfaltsmaßstab im Fahrlässigkeitsurteil s. *Niclas Börgers*, Gefahrurteil; *Dieter Lorenz*, Der Maßstab des einsichtigen Menschen.

[5] Nachweise finden sich in den Analysen der Literatur zur Durchschnittsfigur in den vier untersuchten Rechtsbereichen. Hervorzuheben sind insbesondere *Monika Böhm*, Der Normmensch, und *Ralf Poscher*, Gefahrenabwehr.

A. Einleitung

Grund nicht nur in dem dort bestehenden Forschungsbedarf, sondern auch darin, dass sich im Verhältnis von öffentlicher Verwaltung und Bürger ganz eigene Fragen stellen. Im Öffentlichen Recht sind daher auch zwei Konstellationen der Typisierung von Personen zu unterscheiden: die Maßstabsfigur des Durchschnittsbürgers und die des besonnenen Amtswalters. Diese Unterscheidung ist schon deshalb von Bedeutung für die Untersuchung, weil der Durchschnittsbürger einem anderen Anforderungsprofil unterliegt als der besonnene Amtswalter. Ein Hinweis auf die unmittelbare Grundrechtsbindung der Verwaltung soll hier vorerst genügen.

Gegenstand dieser Untersuchung sind die vier Rechtsbereiche, in denen die Maßstabsfigur am häufigsten benutzt wird: der ‚besonnene Polizist' im Polizeirecht (B.I.), der ‚pflichtgetreue Durchschnittsbeamte' im Staatshaftungsrecht (B.II.), der ‚für ästhetische Eindrücke offene Durchschnittsbetrachter' im Recht der Verunstaltungsabwehr (C.I.) und der ‚verständige Durchschnittsmensch' im Immissionsschutzrecht (C.II.). Diese Darstellung im Öffentlichen Recht ist also keineswegs erschöpfend; die Figur wird auch in anderen Bereichen angewandt.[6] Im Verfassungsrecht ist ihre Verwendung deutlich seltener als im Verwaltungsrecht: Sie dient gelegentlich als Auslegungsmaßstab im Rahmen der Meinungsfreiheit und der Kunstfreiheit[7] und als Konkretisierungsinstrument für das Tatbe-

---

[6] Zum Beispiel bei der Konkretisierung des Begriffes der „schädlichen Bodenveränderungen" im Sinne von § 2 Abs. 3 BBodSchG, im Rahmen von § 1 Abs. 7 BauGB bei der Berücksichtigung der Belange planbetroffener Nachbarn in der Abwägung, wo auf „das Empfinden eines Durchschnittsmenschen" und nicht auf die Umstände der individuell Betroffenen abgestellt wird (BVerwG, Beschluss vom 5. Oktober 2005, ZfBR 2006, 177) und im Prüfungsrecht, wo mit Hilfe der Maßstabsfigur des Durchschnittsprüflings die Zumutbarkeit von Störungen in einer Prüfungssituation beurteilt werden (BerlVerfGH, Beschluss vom 28. Mai 2004, NVwZ 2004, 1351).

[7] Im Rahmen der Meinungsfreiheit bei der Sinnermittlung von Äußerungen ist für die Deutung weder die subjektive Absicht des sich Äußernden noch das subjektive Verständnis der von der Äußerung Betroffenen maßgeblich, sondern der Sinn, den diese nach dem Verständnis eines unvoreingenommenen und verständigen Durchschnittspublikums haben (vgl. BVerfG, Beschluss vom 10. Oktober 1995, E 93, 266 (295), BVerfG, Beschluss vom 22. März 2007, NJW-RR 2007, 1055 (1056)). Zur Prangerwirkung einer Äußerung BVerfG, Beschluss vom 18. Februar 2010, NJW 2010, 1587 (1589): „ein schwerwiegendes Unwerturteil des Durchschnittspublikums oder wesentlicher Teile desselben nach sich ziehen könnte". Seltener die Formulierung „am Maßstab des unvoreingenommenen und verständigen Durchschnittsrezipienten", BVerfG, Beschluss vom 8. September 2010, NJW 2010, 3501 (3502); eine alternative Beschreibung ist zum Beispiel „bei einer kontextbezogenen objektivierenden Betrachtung", BVerfG, Beschluss vom 28. November 2011, NJW 2012, 1273 (1275). Vgl. zur Entwicklung der Beurteilungsperspektive für die Meinungsfreiheit *Rupert Scholz/Karlheinz Konrad,* Meinungsfreiheit, AöR 123 (1998), 60 (73 ff). Im Rahmen der Kunstfreiheit spielt die Maßstabsfigur keine Rolle für die Frage, was Kunst ist (s. dazu S. 177 ff.), wohl aber für die Deutung der Kunst im Hinblick auf den Persönlichkeitsschutz: „Gleichwohl vermag ein literarisch verständiger Leser zu erken-

standsmerkmal der ‚Gefahr'.[8] Deshalb beschränkt sich diese Untersuchung weitgehend auf das Verwaltungsrecht. Mit Hilfe der ausgewählten Rechtsbereiche werden Erscheinungsformen der Maßstabsfigur untersucht, die einerseits eine wichtige Rolle für die Konkretisierung von Normen in den entsprechenden Rechtsbereichen spielen und aus deren Untersuchung sich andererseits verallgemeinerungsfähige Aussagen über die Maßstabsfigur im Öffentlichen Recht und den mit ihr verbundenen Begründungsmustern gewinnen lassen.

Die Terminologie zur Maßstabsfigur ist weder in der Rechtsprechung noch in der Literatur einheitlich; sie variiert auch in den einzelnen Rechtsbereichen.[9] Dieser Uneinheitlichkeit trägt diese Untersuchung Rechnung – eine Harmonisierung der Bezeichnungen würde eine Stringenz vorspiegeln, die es bei der Verwendung der Figur nicht gibt. Die Vielfalt der Benennungen rührt auch daher, dass die Maßstabsfigur durch ethische Prädikate qualifiziert wird.

Diese Untersuchung nimmt nicht die Möglichkeiten einer theoretischen Beschreibung der Maßstabsfigur mit Hilfe von Konzepten wie denen des Typus[10] oder prozesshaft ausgedrückt der Typisierung,[11] des Standards,[12] der Fiktion[13]

---

nen, dass sich der Text nicht in einer reportagehaften Schilderung von realen Personen und Ereignissen erschöpft, sondern dass er eine zweite Ebene hinter dieser realistischen Ebene besitzt.", BVerfG, Beschluss vom 13. Juni 2007, E 119, 1 (31); in der Mephisto-Entscheidung hatte das Bundesverfassungsgericht den Maßstab eines ‚nicht unbedeutenden Leserkreises' des Bundesgerichtshofs nicht beanstandet, BVerfG, Beschluss vom 24. Februar 1971, E 30, 173 (198).

[8] S. dazu S. 63.

[9] Das gilt zum Beispiel auch für das Zivilrecht, *Jörn Eckert*, Der ‚objektive Beobachter', S. 16 ff.

[10] Die Literatur setzt sich dabei überwiegend mit der Typisierung von Sachverhalten und weniger mit der von Personen auseinander. Zum Typus vgl. vor allem *Karl Larenz*, Methodenlehre, S. 460 ff.; *Detlef Leenen*, Typus und Rechtsfindung, S. 34: „elastisches Merkmalsgefüge"; *Arthur Kaufmann*, Analogie und ‚Natur der Sache', S. 47: „er hat zwar einen festen Kern, aber keine festen Grenzen, so daß von den für einen Typus charakteristischen ‚Zügen' auch der eine oder andere fehlen kann, ohne daß damit die Typizität eines bestimmten Sachverhalts in Frage gestellt zu sein braucht"; *Susanne Baer*, Schlüsselbegriffe, Typen und Leitbilder, in: Schmidt-Aßmann/Hoffmann-Riem (Hrsg.), Methoden der Verwaltungsrechtswissenschaft, S. 223 (229). Kritisch im Bezug auf die Typisierung von Sachverhalten, sie bedinge die Entfernung des Rechts von der Wirklichkeit, *Josef Isensee*, Die typisierende Verwaltung, S. 63.

[11] Vgl. zur Verwendung der beiden Bezeichnungen *Detlef Leenen*, Typus und Rechtsfindung, S. 25 ff.

[12] Als „realer, in der sozialen Wirklichkeit akzeptierter Normalmaßstab korrekten sozialen Verhaltens", aber nicht als Spiegelbild herrschender Gegebenheiten, sondern als „Realtypus, aber zugleich immer axiologischer Idealtypus", *Karl-Heinz Strache*, Denken in Standards, S. 16 und 94. Als axiologischen Idealtypus beschreibt er auch die Figur des ‚idealen Beamten', ebd. S. 48.

[13] Zur Rechtsfiktion zwischen Lebenssachverhalt und Norm, *Monika Jachmann*, Die Fiktion, S. 64 ff. und in Abgrenzung von der Typisierung und Pauschalierung, S. 202 ff.

A. Einleitung

oder des Leitbildes[14] in den Blick.[15] Zwar vermögen diese Beschreibungen Aspekte der Maßstabsfigur im Öffentlichen Recht hervorzuheben, die ihre Beliebtheit und ihre Problematik etwas erhellen, so zum Beispiel ihre (Wertungs-[16]) Offenheit und Flexibilität insbesondere im Vergleich zu Begriffen,[17] ihren Wirklichkeitsbezug, ihre Vorbildlichkeit[18] und ihre verkürzende Wirkung. Darüber hinaus bleiben sie aber erstaunlich unergiebig.[19] Ein besseres Verständnis der Maßstabsfigur verspricht die Analyse ihrer Verwendung durch die Gerichte und die Verwaltung im Kontext der Problemstellung des jeweiligen Rechtsbereiches. Darauf liegt der Fokus dieser Arbeit. Dabei steht die Verwendung der Figur des Durchschnittsmenschen in Entscheidungen der Rechtsprechung und nicht der Verwaltung im Vordergrund. Das hat vor allem seinen Grund darin, dass Verwaltungsentscheidungen in der Regel nicht publiziert werden. Trotzdem bleibt die Verwaltung als Rechtsanwenderin nicht außer Acht, da sich ihre Argumente und Entscheidungen in den vor den Gerichten verhandelten Fällen wiederfinden.

Im Folgenden wird im Rahmen der Einleitung zunächst der Stand der Forschung zur Maßstabsfigur im Zivilrecht, im Strafrecht und im anglo-amerikanischen Recht zusammengefasst (I). Auch wenn der Typisierung von Personen im Öffentlichen Recht teilweise andere Grenzen gezogen sind, weil sie zur Bewältigung spezifisch öffentlich-rechtlicher Problemlagen benutzt wird, lassen sich doch Gemeinsamkeiten aller Maßstabsfiguren im Recht herausarbeiten. Anschließend wird die Geschichte der Typisierung von Personen im Recht skizziert (II). Die Betrachtung der historischen Dimension der Maßstabsfigur kann dazu

---

[14] So *Susanne Baer*, Schlüsselbegriffe, Typen und Leitbilder, in: Schmidt-Aßmann/Hoffmann-Riem (Hrsg.), Methoden der Verwaltungsrechtswissenschaft, S. 223 (233) in Abgrenzung zum Typus. Das Leitbild, sei offen und lade zur Deutung ein, während „Typen und Modelle eine primär ausgrenzende, schließende Funktion", ebd. S. 230 f.

[15] Ebenso wenig soll ein Vergleich mit anderen Figuren wie der des *homo oeconomicus* angestrengt werden, der zunächst in der ökonomischen Analyse des Rechts große Beliebtheit erfuhr, dann aber, als Verkürzung durch Privilegierung einer „spezifische(n) Rationalität" beschrieben wurde, *Susanne Baer*, Der Bürger, S. 14.

[16] Zuordnung zum Typus nicht durch reine Subsumtion, sondern in wertender Weise, *Detlef Leenen*, Typus und Rechtsfindung, S. 62 ff.; *Karl Larenz*, Methodenlehre, S. 275.

[17] *Monika Jachmann*, Die Fiktion, S. 203.

[18] Anders der Idealtypus *Max Webers*, Gesammelte Aufsätze zur Wissenschaftslehre, S. 192: „In seiner begrifflichen Reinheit ist dieses Gedankenbild nirgends in der Wirklichkeit empirisch vorfindbar, es ist eine Utopie, und für die historische Arbeit erwächst die Aufgabe, in jedem einzelnen Fall festzustellen, wie nahe oder wie fern die Wirklichkeit jenem Idealbilde steht (...)." Es sei deshalb hervorzuheben, dass „der Gedanke des Sein sollenden, ‚Vorbildlichen' von diesem im rein logischen Sinn ‚idealen' Gedankenbildern, die wir besprechen, hier zunächst sorgsam fernzuhalten ist.", ebd.

[19] S. dazu auch schon *Jutta Limbach*, Der verständige Rechtsgenosse, S. 13 f.

beitragen, die methodischen Probleme, die Rechtsprechung und Literatur mit ihrer Konstruktion und Begründung haben, aufzuhellen.

I. Der Forschungsstand zur Maßstabsfigur in der modernen Rechtswissenschaft

Auch außerhalb des Öffentlichen Rechts besitzt die Maßstabsfigur als Konkretisierungsinstrument große Bedeutung. Hier soll deshalb ein kurzer Blick auf die mit der Figur verknüpften Diskussionen im Zivilrecht, Strafrecht und anglo-amerikanischen Recht geworfen werden. Dabei handelt es sich nicht um eine abschließende Darstellung; eine solche würde den Rahmen dieser Arbeit sprengen. Interessant ist ein Blick über die Grenzen des Öffentlichen Rechts hinaus, da er Erkenntnisse zu Fragen liefern kann, die sich hier wie dort stellen, und weil er hilft, die Popularität der Maßstabsfigur als Konkretisierungsinstrument im Recht zu erklären.

Insbesondere im Zivilrecht hat die Maßstabsfigur einen großen Anwendungsbereich und ihre Funktionsweisen reichen vom Handlungsmaßstab bis zur Auslegungsperspektive. Hierzu finden sich auch einige übergreifende theoretische Untersuchungen der Figur, die methodische und gesellschaftspolitische Aspekte in den Blick nehmen (1.). Im Strafrecht ist der ‚besonnene Mensch' mit der Diskussion um den objektiven Sorgfaltsbegriff verbunden. Interessant für das Öffentliche Recht ist dabei die Konkretisierung der Maßstabsfigur über Verkehrskreise und das Verhältnis normativer und empirischer Elemente innerhalb der Figur (2.). Schließlich lohnt auch ein Blick auf das anglo-amerikanische Recht, wo die *reasonable person* ein sehr prominentes Konkretisierungsinstrument ist. Sie ist auch vor dem Hintergrund der für das *Common Law* üblichen Jurys zu verstehen, für die sie eine Hilfe zur Erklärung rechtlicher Maßstäbe darstellt. Hier werden in der Forschung außerdem andere Themen als in der deutschen Rechtswissenschaft diskutiert, insbesondere die drohende diskriminierende Stereotypenbildung durch die Verwendung der Maßstabsfigur (3.).

1. Die Maßstabsfigur im Zivilrecht

Das Zivilrecht ist das einzige deutsche Rechtsgebiet, in dem die Maßstabsfigur nicht nur von der Rechtsprechung verwendet wird, sondern auch selbst Tatbestandsmerkmal geworden ist. So kommt sie zum Beispiel als Sorgfaltsmaßstab des ‚ordentlichen Kaufmannes' in §§ 86 Abs. 3, 90, 347 Abs. 1, 384 Abs. 1, 390 Abs. 1 HGB, des ‚ordentlichen Geschäftsmannes' in § 43 Abs. 1 GmbHG und des ‚ordentlichen und gewissenhaften Geschäftsleiters' in § 93 Abs. 1 AktG, § 34

I. Der Forschungsstand zur Maßstabsfigur in der modernen Rechtswissenschaft 7

Abs. 1 GenG vor. Ihre größte Bedeutung liegt aber auch hier in der Konkretisierung unbestimmter Rechtsbegriffe[20] wie zum Beispiel des Begriffes der ‚im Verkehr erforderlichen Sorgfalt' in § 276 BGB – hier lassen sich Erkenntnisse für das Staatshaftungsrecht gewinnen, das denselben Verschuldensmaßstab benutzt – oder der Perspektive des objektiven Empfängerhorizontes in §§ 133, 157 BGB. Es gibt sie in zahllosen Varianten: als ‚durchschnittlichen Anleger' im Rahmen der börsengesetzlichen Prospekthaftung,[21] als Erforderlichkeitsmaßstab für Verkehrssicherungspflichten – es müssen solche Sicherungsmaßnahmen ergriffen werden, die ein „vernünftiger Angehöriger eines bestimmten Verkehrskreises" erwarten darf[22] – und im Recht der Allgemeinen Geschäftsbedingungen als Maßstab für die unangemessene Benachteiligung.[23] Unter Einfluss der Rechtsprechung des Europäischen Gerichtshofs hat sich außerdem die Figur eines durchschnittlich informierten, aufmerksamen und verständigen Durchschnittsverbrauchers entwickelt, aus dessen Perspektive die Irreführung durch Werbung und die Erkennbarkeit von Marken beurteilt wird. Die Figur hat darüber hinaus Überschneidungen mit dem Maßstab von Treu und Glauben in § 242 BGB und dem der guten Sitten in § 138 und § 826 BGB, der schon seit den Anfängen des Bürgerlichen Gesetzbuches als das ‚Anstandsgefühl aller billig und gerecht Denkenden' konkretisiert wurde.[24]

---

[20] Der Begriff ist insofern selbst nicht präzise, als die Unbestimmtheit von Tatbestandsmerkmalen ein graduelles Phänomen (abgesehen von Zahlen, die bestimmt sind) und insofern jeder Begriff in gewissem Maße unbestimmt ist. ‚Unbestimmte Rechtsbegriffe' sind die besonders Ausfüllungsbedürftigen unter den Unbestimmten.

[21] Vgl. zum Beispiel BGH, Urteil vom 12. Juli 1982, NJW 1982, 2823 (2824): Entscheidend sei „nicht der Buchstabe, sondern der Gesamteindruck auf einen durchschnittlichen Anleger, der zwar eine Bilanz zu lesen versteht, aber nicht unbedingt mit der in eingeweihten Kreisen gebräuchlichen Schlüsselsprache vertraut zu sein braucht."; *Rüdiger Veil*, Der Schutz des verständigen Anlegers, ZBB 2006, 162 (164 ff.), referiert die Kritik an diesem Maßstab und fordert zu einer stärkeren Konturierung der Figur auf. Er wirft auch die Frage auf, welche Motive der Maßstabsfigur zugrunde gelegt werden sollen: Ist sie eigennützig oder handelt sie fair?, ebd. S. 167.

[22] BGH, Urteil vom 9. Juli 1985, NJW 1986, 52 (53).

[23] OLG Frankfurt, Urteil vom 26. März 1987, NJW-RR 1989, 1523 (1524): „AGB sind ausgehend von den Verständnismöglichkeiten eines rechtlich nicht vorgebildeten Durchschnittskunden einheitlich so auszulegen, wie sie von verständigen und redlichen Vertragspartnern unter Abwägung der Interessen der normalerweise beteiligten Kreise verstanden werden"; ebenso BGH, Urteil vom 29. September 1960, NJW 1961, 212 (213); BGH, Urteil vom 29. Mai 2008, NJW 2008, 2495 (2496) m.w.N. Eine Aufstellung bis 1980 zu den verschiedenen Kontexten, in denen die Figur im Zivilrecht benutzt wird, findet sich bei *Jörn Eckert*, Der ‚objektive Beobachter'.

[24] Vgl. *Elena Barnert*, Der eingebildete Dritte, S. 22 f.

a) Die zivilrechtliche Maßstabsfigur im Spiegel der Forschung

Die erste grundsätzliche Untersuchung der Maßstabsfigur im Zivilrecht stammt von *Jutta Limbach* aus dem Jahr 1977. Sie analysiert den ‚verständigen Rechtsgenossen' insbesondere im Hinblick auf seine argumentative Funktion innerhalb der Rechtsprechung und die Frage, ob er „empirische und normative Aussagen in ein durchschaubares Verhältnis zueinander zu bringen vermag."[25] Dazu überprüft sie vierzehn Bände der Amtlichen Sammlung des Bundesgerichtshofs mit insgesamt 824 Entscheidungen, von denen in 34 Urteilen die Maßstabsfigur vorkommt.[26]

Der Reiz der Maßstabsfigur liegt nach *Limbachs* Einschätzung darin, dass sie vorgibt, dem Richter als Denkhilfe zu dienen und „einen Weg zu weisen, wie das Allgemeine von dem Individuellen abgehoben und darüber hinaus das Übliche zum Vorbildlichen verfeinert werden kann."[27] Dabei erschöpfe sich die Erwartungshaltung nicht in der Suche nach einem „gemeinsamen sozialen Wertverständnis", sondern sei auch mit der Vorstellung verbunden, dass das Gemeinsame auch Qualität verbürge.[28] Die Figur werde von der zivilrechtlichen Methodenlehre als „Doppelwesen" mit normativer und soziologischer Dimension gesehen,[29] dessen normativer Gehalt aber im Dunkeln bleibe.[30] Letztlich – und das erwähnt *Limbach* nicht – ist aber auch ihre soziologische Bedeutung ungeklärt.

In ihrer Auswertung der Urteile des Bundesgerichtshofs kommt *Limbach* zu dem Schluss, dass die Figur entweder „inhaltsarm" am Ende einer Argumentation „auf dem bereits gewonnenen Boden gesetzlicher Rechtsfortbildung" genutzt wird[31] oder aber – gleichsam ohne Subsumtion – das in der strittigen Situation erwünschte Verhalten als fraglos vorgibt und somit vom Richter suggestiv als Redensart benutzt wird.[32] Damit verwandele die Rechtsprechung die Maßstabsfigur in ein Rechtfertigungs- und Immunisierungsinstrument:[33]

---

[25] *Jutta Limbach*, Der verständige Rechtsgenosse, S. 14.
[26] Bände 51 bis 64, *Jutta Limbach*, Der verständige Rechtsgenosse, S. 18.
[27] *Jutta Limbach*, Der verständige Rechtsgenosse, S. 2.
[28] *Jutta Limbach*, Der verständige Rechtsgenosse, S. 6.
[29] *Jutta Limbach*, Der verständige Rechtsgenosse, S. 9.
[30] „Die Einsichten des Schrifttums lassen sich dahin zusammenfassen: Die Figur vom verständigen Rechtsgenossen vereint Realitätstüchtigkeit mit Vorbildlichkeit. Ihr Wert liegt in ihrem kritischen Verhältnis zur Realität begründet. Auf welche Weise man mit Hilfe dieser Denkfigur über das empirisch Gegebene hinausgelangen kann, bleibt weitgehend im Dunkeln.", *Jutta Limbach*, Der verständige Rechtsgenosse, S. 13.
[31] *Jutta Limbach*, Der verständige Rechtsgenosse, S. 92.
[32] *Jutta Limbach*, Der verständige Rechtsgenosse, S. 93; in eine ähnliche Richtung zielt später auch *Jörn Eckert*, Der ‚objektive Beobachter', S. 109 zu der Maßstabsfigur im Rahmen von § 950 BGB: „Die Verwendung des ‚objektiven Beobachters' erspart dem Gericht in diesem Zusammenhang die Enscheidungsbegründung."
[33] *Jutta Limbach*, Der verständige Rechtsgenosse, S. 93.

I. Der Forschungsstand zur Maßstabsfigur in der modernen Rechtswissenschaft

„Nicht die Integration des Denkens und Meinens ist ihr Ziel, sondern der Ausschluß, die Isolation des Andersdenkenden. Diese Deformation der Denkfigur zum Apodiktischen und Suggestiven stellt sich offenbar unversehens dann ein, wenn sie sich auf gesellschaftlich Umstrittenes bezieht."[34]

Limbach plädiert für einen offenen Austrag gesellschaftlicher Konflikte, statt auf einen ‚verständigen Rechtsgenossen' zu verweisen, dem sie gerade in solchen Bereichen „Sprachlosigkeit" attestiert, die über den individuellen Lebensbereich der Prozessparteien hinausreichen.[35] Er personalisiere den Konflikt im Kontext des zivilrechtlichen Austauschverhältnisses.[36] Letztlich bleibt die Figur in dieser Analyse bestenfalls ein „Denkanstoß"[37] für das Erwägungsspiel des Richters (auf dessen Person es am Ende ankomme[38]), mit ihr werde aber keine Aussage über das Resultat dieses Spiels getroffen, im schlechtesten Fall breche sie es sogar ab. Mehr kann die Maßstabsfigur nach *Limbachs* Ansicht nicht leisten, wolle man sie nicht nach Mehrheitsansicht („das plebiszitäre Mißverständnis") oder elitär-moralisierend bilden.[39]

Fünf Jahre später erschien *Jörn Eckerts* Untersuchung zum ‚objektiven Beobachter', in der er *Limbachs* Arbeit nicht einmal erwähnt.[40] Nach der Durchsicht aller bis dahin veröffentlichen Entscheidungen des Bundesgerichtshofs fällt seine Analyse eher dünn aus: Die Maßstabsfigur – so seine Kernthese, die der von *Limbach* entgegengesetzt ist – sei ein Feind der Privatautonomie, da sie die „Beurteilung des Rechtsverhältnisses aus der Sicht der daran beteiligten Parteien" verdränge.[41] Und ebenso sei sie ein Feind der Objektivität, da sie anstelle einer

---

[34] *Jutta Limbach*, Der verständige Rechtsgenosse, S. 93 f.
[35] *Jutta Limbach*, Der verständige Rechtsgenosse, S. 94.
[36] *Jutta Limbach*, Der verständige Rechtsgenosse, S. 98.
[37] *Jutta Limbach*, Der verständige Rechtsgenosse, S. 100.
[38] „Der Richter selbst ist die Person, die Wertwidersprüche und Interessenkonflikte zu lösen hat.", *Jutta Limbach*, Der verständige Rechtsgenosse, S. 100.
[39] „Wollte man aus dem moralischen Anspruch des über sich selbst hinausdenkenden und darum verständigen Rechtsgenossen dessen Fähigkeit ableiten, im Falle widerstreitender Wertansichten gesellschaftlicher Gruppen den Weg zu einem Einverständnis zu ebnen, so würde man das plebiszitäre Mißverständnis durch ein elitäres auszuräumen versuchen.", *Jutta Limbach*, Der verständige Rechtsgenosse, S. 98.
[40] Vgl. seine Übersicht zu den bisherigen Veröffentlichungen zur Maßstabsfigur ohne die Arbeit von *Limbach* aber mit dem Kommentar, die rechtswissenschaftliche Literatur habe sich mit dieser Figur bisher nur am Rande beschäftigt, *Jörn Eckert*, Der ‚objektive Beobachter', S. 14 f.
[41] „Seine Verwendung schränkt die Bedeutung des Parteiwissens und -willens wesentlich ein. Der ‚objektive Beobachter' soll den richterlichen Wertungen das Ansehen der Objektivität verschaffen, kann dies aber nur auf Kosten der Privatautonomie tun", *Jörn Eckert*, Der ‚objektive Beobachter', S. 129, s. auch S. 91, 104, 108, 118. Nicht nur die Interessen der Parteien würden unter Verweis auf die Maßstabsfigur vernachlässigt, der Richter verzichte außerdem auf die Einholung von Sachverständigengutachten, S. 129. Auf diese Weise bewirke die Ver-

nachvollziehbaren Begründung die bloße Behauptung einer fiktiven Person setze.[42] *Eckert* kommt zu dem auf der einen Seite naheliegenden, auf der anderen Seite in seiner Pauschalität doch nicht richtigen Ergebnis, der ‚objektive Beobachter' sei kein anderer als der Richter selbst und die Entscheidung damit subjektiv und irrational.[43] Es wäre interessant zu wissen, ob die Maßstabsfigur stärker als andere Konkretisierungsinstrumente die Richterinnen dazu veranlasst, sachfremde Maßstäbe anzuwenden oder dazu, unreflektiert persönliche Präferenzen in das rechtliche Urteil einfließen zu lassen. Indem *Eckert* in seiner Untersuchung jede Verwendung der Maßstabsfigur als Angriff auf die Privatautonomie und als bloße Behauptung wertet, versäumt er zu differenzieren, wie zu verfahren wäre, wenn der Parteiwille nicht ermittelbar ist oder wenn gerade die Berücksichtigung einer parteiübergreifenden Perspektive angebracht sein könnte.

Anders als *Eckert* hat *Anne Röthel* in ihrer Arbeit zur „Normkonkretisierung im Privatrecht" keine ablehnende Haltung gegenüber der Maßstabsfigur. In ihrer Untersuchung, die 2004 erschien, widmet sie sich der Figur in einem Kapitel über „Beurteilungsmaßstäbe". Darunter versteht sie „allgemeine Direktiven für die Ausfüllung gesetzlicher Delegationsbegriffe."[44] Bei den Konkretisierungsfiguren der ‚verständigen Beurteilung', des ‚verständigen Durchschnittsmenschen' im privaten Nachbarrecht oder des inzwischen außer Gebrauch kommenden ‚verständigen Patienten' im Arzthaftungsrecht handele es sich um „Beurteilungsmaßstäbe", mit denen die Rechtsprechung eine „Bewertungstendenz" für die Konkretisierung von Rechtsbegriffen erarbeitet habe, indem sie mit „stellvertretenden Sinnbildern besondere Betrachtungs- und Empfindungsperspektiven postulier(t)".[45] Diese Form des Konkretisierungstypus zeichne eine große Norm-

---

wendung der Maßstabsfigur „für die Gerichte eine Arbeitserleichterung, da sie eine Beweiserhebung entbehrlich macht.", S. 101.

[42] „Behauptung an die Stelle einer Begründung", *Jörn Eckert*, Der ‚objektive Beobachter', S. 80, 92, 101, 109, 129.

[43] *Jörn Eckert*, Der ‚objektive Beobachter', S. 131, „Dieser gibt seine notwendig persönlichen Überzeugungen als die eines ‚objektiven Beobachters' aus. Der ‚objektive Beobachter' kann daher seine Aufgabe, richterlichen Wertungen einen unparteiischen Charakter zu verschaffen, nicht erfüllen. Daneben kann die Verwendung des ‚objektiven Beobachters' die Entscheidungen nicht konsensfähiger und so die ihnen zugrunde liegenden Wertungen allgemeingültiger machen. Dazu müßten die ‚objektiven Beobachter' ihre Begründungen offenlegen (...). Die Wertungen des Richters erscheinen als Tatsachen, seine Deutungen als Wahrnehmungen. Die Argumentation unter Berufung auf den ‚objektiven Beobachter' erhöht folglich nicht die Rationalität, sondern die Irrationalität richterlicher Entscheidungsfindung. Seine Verwendung kann die richterliche Wertungstätigkeit nicht legitimieren. Der Richter entzieht sich mit seiner Hilfe der Bindung an das Gesetz und den Parteiwillen. Seine subjektiven Überzeugungen werden zur Grundlage der an die Parteien gerichteten Mitteilung, was sie als Recht hinzunehmen haben."

[44] *Anne Röthel*, Normkonkretisierung, S. 169 f.

[45] *Anne Röthel*, Normkonkretisierung, S. 188.

nähe aus,⁴⁶ sie gebe also kein detailliertes Konkretisierungsprogramm vor. *Röthel* versteht die Maßstabsfigur deshalb auch nur als ersten Schritt einer Konkretisierung. Eine inhaltliche Bestimmung biete die Figur dennoch, denn sie enthalte eine „Beurteilungsrelation". Das ist ein Beurteilungsmaßstab, der ein „in-Relation-Setzen bestimmter Faktoren"⁴⁷ verlangt, also auf eine Abwägungsentscheidung hinausläuft.⁴⁸ In diesem Sinne beschreibt *Röthel* den verständigen Beurteilungsmaßstab insbesondere im Hinblick auf das private Nachbarrecht als „Verkörperung des Rücksichtnahmegebots".⁴⁹

Während es im privaten Nachbarrecht auf den Ausgleich widerstreitender Interessen ankomme, habe die Figur dort keinen Platz, wo nur die Interessen einer Partei ausschlaggebend sind, wie es bei der Aufklärung von Patienten im Arzthaftungsrecht heute ist. Im Arzthaftungsrecht hat sich die Entwicklung hin zu einer rechtlichen Erheblichkeit subjektiver Empfindungen vollzogen. Früher wurden Aufklärungspflichten an einem ‚verständigen Patienten' ausgerichtet; eine Aufklärung über geringe oder sehr seltene Folgen von medizinischen Eingriffen hatte die Rechtsprechung danach nicht für nötig befunden.⁵⁰ Inzwischen besteht Einigkeit darüber, dass nur der individuelle Patient Maßstab sein kann.⁵¹ Er hat auch das Recht auf eine irrationale Entscheidung, denn sein Selbstbestimmungsrecht und sein Recht auf körperliche Unversehrtheit sind ernsthaft bedroht.⁵² Mag die Ärztin eine umfassende individuelle Aufklärung auch als mühsam wahrnehmen, die Bedrohung hochrangiger Rechtsgüter erlaubt es, die

---

⁴⁶ *Anne Röthel*, Normkonkretisierung, S. 169 f.
⁴⁷ *Anne Röthel*, Normkonkretisierung, S. 170.
⁴⁸ *Anne Röthel*, Normkonkretisierung, S. 197: „*Charakteristikum* der verständigen Beurteilung ist damit das Bemühen um Ausgleich der widerstreitenden Interessen, also das Argumentationsmuster der Abwägung."
⁴⁹ *Anne Röthel*, Normkonkretisierung, S. 203.
⁵⁰ BGH, Urteil vom 16. Januar 1959, Z 29, 176 (182); BGH, Urteil vom 18. Mai 1965, NJW 1965, 2005 (2006); BVerfG, Beschluss vom 25. Juli 1979, E 52, 131 (167): „Danach hat der Arzt auf *die* Gefahren, d.h. auf die möglichen Folgen einer geplanten Behandlung hinzuweisen, die ein *verständiger* Patient in dieser Lage unter Berücksichtigung seiner körperlichen Beschaffenheit und einer sonstigen Situation für die Entscheidung über die Einwilligung in die Behandlung als bedeutsam ansehen würde." m.w.N.
⁵¹ Der BGH ist nun der Ansicht, eine verständige Patientenperspektive beschränke die Freiheit des Patienten, „sich eben anders, vielleicht nach Meinung anderer gar unvernünftig zu entscheiden", Urteil vom 22. Januar 1980, NJW 1980, 1333 (1334); „Insoweit kann an sie kein generalisierender Maßstab, etwa der eines verständigen Patienten oder gar die Sicht des Arztes, angelegt werden.", BGH, Urteil vom 7. Februar 1984, Z 90, 103 (112); *Anne Röthel*, Normkonkretisierung, S. 202 m.w.N. aus Rechtsprechung und Literatur. Diese Diskussion findet sich auch im Strafrecht im Kontext der hypothetischen Einwilligung, *Andreas Albrecht*, Die „hypothetische Einwilligung", S. 325 ff.
⁵² *Anne Röthel*, Normkonkretisierung, S. 202; *Andreas Albrecht*, Die „hypothetische Einwilligung", S. 325 ff.

Aufklärung kompromisslos am individuellen Patienten auszurichten. Die Maßstabsfigur des verständigen Durchschnittsmenschen fordert ein Verständnis für andere betroffene Rechtspositionen und Interessen der Allgemeinheit.[53] Das Arzthaftungsrecht mit dem deutlichen Interessengefälle zwischen Ärztin und Patient hingegen erlaubt es, die Verantwortlichkeit weitgehend einseitig zu Lasten desjenigen zu verteilen, für dessen Rechtsgüter die Entscheidung nur minimale Auswirkungen hat.

Den Reiz der Figur sieht *Röthel* neben ihrer Funktion als überindividueller Beurteilungsmaßstab im Anschluss an *Limbach* auch in ihrer Anschaulichkeit und akzeptanzsteigernden Wirkung für die Parteien des Rechtsstreits.

Auch *Elena Barnert* kann dem ‚eingebildeten Dritten' durchaus etwas abgewinnen. Sie widmete ihm 2008 eine Untersuchung, in der sie die Maßstabsfigur nach ihren Funktionsweisen ordnet und vier Kategorien unterscheidet, und zwar den Dritten als „Aktionsschema", also als Fahrlässigkeitsmaßstab, den Dritten als Perspektive, nämlich als „Auslegungsmaxime" (Verständnis), den Dritten als „Entschlussregel" (Wille) und schließlich als „Affektfilter".[54]

Übergreifend versteht *Barnert* den ‚Dritten' als einen Türöffner für außerrechtliche Wertungen und vor allem als flexibles Instrument, dessen „Strukturierung" sich nach „Zielsetzung der relevanten Norm" richte, „wie sie der Richter interpretiert."[55] Seine Ausrichtung an der jeweiligen *ratio legis* führe auch dazu, dass er nicht von einem in einen anderen Rechtsbereich übertragbar sei.[56] Über einzelne Fallgestaltungen hinaus seien es aber die „Leitgedanken einer fairen Risikoverteilung und des Vertrauensschutzes", die die Maßstabsfigur im Zivilrecht auszeichneten.[57] Der Dritte sei „so variabel (...), wie es das situationale Argumentationsziel verlangt" und erlange „entscheidungslenkende Bedeutung (erst) durch seine richterlich produzierte Kontextuierung, sprich: durch seine ‚Diskursbezogenheit'."[58]

Barnert betrachtet die Maßstabsfigur als anderen Annahmen oder Hypothesen überlegen:

„Die Berufung auf einen Adressaten mit normaler Allgemeinbildung ist weniger fragwürdig als die Behauptung, ein bestimmtes Wissen gehöre zur normalen Allgemeinbildung. (...) Sie (Anm. die Aussage im ersten Fall) ist keine Hypothese zu – vermeintlichen – Tatsachen. Sie suggeriert nicht, daß die Realität in einer bestimmten Art beschaffen sei. Sie verleiht einer Mutmaßung

---

[53] *Anne Röthel*, Normkonkretisierung, S. 203.
[54] *Elena Barnert*, Der eingebildete Dritte. Eine ähnliche Typologie nimmt auch schon *Jörn Eckert* vor, Der ‚objektive Beobachter', S. 51 f.
[55] *Elena Barnert*, Der eingebildete Dritte, S. 241.
[56] *Elena Barnert*, Der eingebildete Dritte, S. 193.
[57] *Elena Barnert*, Der eingebildete Dritte, S. 241.
[58] *Elena Barnert*, Der eingebildete Dritte, S. 238.

nicht ohne weiteres normative Qualität. Vielmehr bedient sie sich einer Wirklichkeitsannahme (...) nur insoweit, als sie damit ein dynamisches Kriterium formt, an dem die Normanwendung ausgerichtet wird (hier: *für wen* muß die Belehrung verständlich sein?)."[59]

Diese Argumentation ergibt nur als Diskursanalyse Sinn, wie sie wohl auch gemeint ist. Denn die Perspektive (als Antwort auf die Frage: für wen?) bringt den Richter nicht weiter, wenn er sie in einem zweiten Schritt nicht mit Inhalt füllt. Und schon stellt sich dieselbe Frage: Welches Wissen gehört zu einer normalen Allgemeinbildung? Da die Antwort darauf nicht rein empirisch fundiert sein soll, steht die Maßstabsfigur vor genau demselben Problem wie die Mutmaßung über eine normale Allgemeinbildung.

Barnert konzentriert sich in ihrer Arbeit auf die kenntnisreiche Analyse moralphilosophischer, literarischer und psychoanalytischer Konzeptionen vom Dritten, deren Erkenntniswert für die Maßstabsfigur als Konkretisierungsinstrument der Rechtsprechung jedoch gering ist. Überzeugend bleibt aber ihre Systematisierung der Anwendungsbereiche der Figur, die auch für das Öffentliche Recht von Nutzen ist.

b) Die Figur des informierten und aufmerksamen Durchschnittsverbrauchers

Schließlich verdient das Verbraucherleitbild des informierten und aufmerksamen Durchschnittsverbrauchers im Marken- und Wettbewerbsrecht unter den zivilrechtlichen Maßstabsfiguren deshalb besondere Aufmerksamkeit, weil es ausdrücklich auf sozialempirischen Erfahrungsregeln gegründet wird.[60] Darin unterscheidet es sich von den anderen Figuren des Zivilrechts und verspricht ein besseres Verständnis davon, welche Bedeutung empirische Aussagen für die Maßstabsfigur haben können.

Bis Mitte der 1990er Jahre stellten die deutschen Zivilgerichte für die Frage, ob Werbung im Sinne des § 3 a. F. UWG irreführend[61] ist, auf einen flüchtigen

---

[59] *Elena Barnert*, Der eingebildete Dritte, S. 241.

[60] *Martin Haase*, Die unlautere Wettbewerbshandlung, S. 99; *Lennart Schmitt*, das unionsrechtliche Verbraucherleitbild, S. 70 ff.

[61] Der Maßstab für unlauteren Wettbewerb war zunächst das Anstandsgefühl aller billig und gerecht Denkenden aus § 826 BGB, mit Einführung des UWG 1909 wurde dieser übernommen. Dabei wurde das Tatbestandsmerkmal der Sittenwidrigkeit schon früh mit Hilfe eines Durchschnittsmaßstabs ausgelegt, RG, Urteil vom 15. Oktober 1912, Z 80, 219 (221); RG, Urteil vom 7. April 1941, Z 166, 315 (318 f.) „Ob ein geschäftliches Handeln zu Zwecken des Wettbewerbs gegen die guten Sitten verstößt, richtet sich nach dem herrschenden Volksbewußtsein", später dann durch das Anstandsgefühl durchschnittlicher oder redlicher Verkehrsteilnehmer verfeinert: BGH, Urteil vom 9. Juli 1953, Z 10, 228 (232) nach den Anschauungen der „ehrbaren Kaufmannschaft (...), wobei das Durchschnittsmaß von Redlichkeit und Anstand zugrunde zu legen ist"; BGH Urteil vom 3. Juli 1981, Z 81, 291 (296) „redlichen Durchschnittsgewerbetreibenden". Schließlich wurde die Bedeutung der Sittenwidrigkeit einge-

Verbraucher ab.[62] Hintergrund dieser Figur war die Konzeption des Verbrauchers als leicht verführbarer Konsument.[63] Dieses Verständnis sollte ausdrücklich auf einem empirischen Fundament ruhen, wonach Verbraucher „in der Regel Werbeaussagen nur oberflächlich und ohne kritische Würdigung zur Kenntnis nehmen."[64] Die Rechtsprechung setzte eine Eingriffsschwelle („ein nicht ganz unerheblicher Teil der angesprochenen Verbraucher"[65]) fest, die sie mit einer Quote von 10–15 % konkretisierte.[66] Für Werbeangaben, die objektiv richtig sind, aber falsch verstanden werden können, stellte sie eine höhere Irreführungsquote von etwa 15–20 % der Verbraucher auf.[67] Tatsächlich nutzten die Gerichte häufig

---

schränkt, BGH, Urteil vom 7. Februar 2006, Z 166, 154 (161 f.): Wettbewerbsregeln können nur noch indizielle Bedeutung für die Frage der Unlauterbarkeit haben. Der Wettbewerb werde zu sehr beschränkt, „wenn das Übliche zur Norm erhoben werde".

[62] *Martin Haase*, Die unlautere Wettbewerbshandlung, S. 102; OLG Hamburg, Urteil vom 17. Oktober 1991, GRUR 1992, 126 („der Verkehr, der bei der üblichen Flüchtigkeit keine grammatikalischen Überlegungen anzustellen pflegt"); BGH, Urteil vom 13. März 1964, LMRR 1964, 4; BGH, Urteil vom 26. Februar 1971 – I ZR 67/69 –, juris, Rn. 22; OLG Köln, Urteil vom 19. Februar 1988, WRP 1988, 483 (484) „unkritischer Verbraucher"; differenzierter schon BGH, Urteil vom 19. September 1996, GRUR 1997, 304 (306). Für eine empirisch begründete Figur eines flüchtigen Verbrauchers: *Marcel Kisseler*, Wettbewerbsrecht im Binnenmarkt, WRP 1994, 1 (4 f.); *Rolf Sack*, Verbraucherleitbild, WRP 1999, 399 (401); *Volker Deutsch*, Irreführungstatbestand des § 3 UWG, GRUR 1996, 541 (546). Für ein normatives Verbraucherleitbild *Sebastian Ulbrich*, Normatives Verbraucherleitbild, WRP 2005, 940 (947 f.).

[63] Kritisch dazu, weil es zu Lasten der Wettbewerbsfreiheit gehe, *Martin Haase*, Die unlautere Wettbewerbshandlung, S. 102; so auch *Meinhard Dreher*, der die Figur für ein „mitleidserregendes Bild" des schutzwürdigen Rechtssubjekts hält, das letztlich paternalistisch funktioniere, Der Verbraucher, JZ 1997, 167 (173–175) und *Olaf Sosnitza*, Wettbewerbsbeschränkungen, S. 201 f. m.w.N., weil es den Verbraucher bevormunde und zugleich ausufernde Verbote ermögliche.

[64] *Martin Haase*, Die unlautere Wettbewerbshandlung, S. 99; BGH, Urteil vom 5. April 1990, GRUR 1990, 604 (605): „daß das Durchschnittspublikum geschäftliche Angaben nur selten aufmerksam liest, sondern regelmäßig nur oberflächlich nach ihrem Gesamteindruck beurteilt".

[65] BGH, Urteil vom 11. Mai 1954, Z 13, 244 (255); BGH, Urteil vom 5. April 1990, GRUR 1990, 604 (605); BGH, Urteil vom 11. Juli 1991, GRUR 1991, 850 (852).

[66] *Martin Haase*, Die unlautere Wettbewerbshandlung, S. 100; *Meinhard Dreher*, Der Verbraucher, JZ 1997, 167 (174); *Volker Emmerich*, Unlauterer Wettbewerb, S. 211.

[67] BGH, Urteil vom 29. September 1994, GRUR 1995, 60 (62), das Gericht hielt 12 bis 18 % irregeführter Verbraucher für nicht ausreichend, weil die beanstandete Bezeichnung eine zutreffende Angabe über die Beschaffenheit der Ware war und es dann einer beachtlichen Quote irregeführter Vebraucher bedürfe; BGH, Urteil vom 25. Februar 1996, NJW 1996, 2161 (2164). Kritisch gegenüber Verkehrsbefragungen zur Konkretisierung normativer Kriterien *Eike Ullmann*, Der Verbraucher, GRUR 1991, 789 (791 ff.); *Tobias Lettl*, Der lauterkeitsrechtliche Schutz, S. 91, 105 ff., 173 ff.; *Sebastian Ulbrich*, Normatives Verbraucherleitbild, WRP 2005, 940; *Volker Emmerich*, Unlauterer Wetbewerb, S. 212

aber keine demoskopischen Gutachten, um ihre Annahmen zu untermauern, sondern urteilten stattdessen aufgrund der eigenen Erfahrung und Einschätzung.[68]

Angestoßen durch die Rechtsprechung des Europäischen Gerichtshofs vollzog sich seit Mitte der 1990er Jahre ein Wandel in den Entscheidungen zum Verbraucherleitbild vom ‚unkritischen Durchschnittsverbraucher' zum „durchschnittlich informierten, aufmerksamen und verständigen Durchschnittsverbraucher".[69] Der Bundesgerichtshof übertrug das neue Verbraucherverständnis auch auf die Beurteilung der Unterscheidungskraft, die Verwechslungsgefahr und den Bekanntheitsschutz von Marken.[70] Seit 2008 ist der Schutz des „durchschnittlichen Verbrauchers" in § 3 UWG explizit festgeschrieben.[71] Dem Wandel des Verbraucherbegriffes lag nicht – wie man zunächst vermuten könnte – die Erkenntnis zugrunde, dass sich das tatsächliche Verhalten der Verbraucher geändert hatte, sondern die Orientierung an einem anderen, hier vom EuGH vertretenen Verständnis der Schutzbedürftigkeit.

In der Entscheidung „Gut Springenheide" legte der Europäische Gerichtshof auf Vorlage des Bundesverwaltungsgerichts sein Verbraucherleitbild ausdrücklich fest.[72] Dabei ließ der Gerichtshof offen, in welchem Verhältnis soziologi-

---

[68] *Martin Haase*, Die unlautere Wettbewerbshandlung, S. 100. S. auch Fn. 77.
[69] EuGH, Urteil vom 6. Juli 1995, Rs C-470/93, Slg. 1995 I, 1923, EuZW 1995, 611; EuGH, Urteil vom 19. September 2006, Slg 2006, GRUR 2007, 69 (75): „Dabei müssen diese Gerichte auf die Wahrnehmung des normal informierten und angemessen aufmerksamen und verständigen Durchschnittsverbrauchers abstellen."; EuGH, Urteil vom 12. Mai 2011, Rs C-122/10 GRUR 2011, 930, Tz. 22 f., „Für die Auslegung der Bestimmungen der Richtlinie 2005/29 ist der Begriff des Verbrauchers von entscheidender Bedeutung. Die Richtlinie nimmt den Durchschnittsverbraucher, der angemessen gut unterrichtet und angemessen aufmerksam und kritisch ist, unter Berücksichtigung sozialer, kultureller und sprachlicher Faktoren als Maßstab." Das erste Mal nimmt der BGH ausdrücklich auf den „durchschnittlich informierten und verständigen Verbraucher", auch als „Durchschnittsverbraucher" bezeichnet, in der Orientteppich-Entscheidung Bezug, BGH, Urteil vom 20. Oktober 1999, GRUR 2000, 619 (621). Noch heute ist aber gerade bei Käufen für den täglichen Bedarf das Verständnis eines „eher flüchtigen Verbrauchers" maßgebend, wenn den Produkten nicht wegen ihres hohen Preis schon größere Aufmerksamkeit gewidmet wird (situationsangemessene Flüchtigkeit), OLG Hamburg, Urteil vom 25. Februar 2016, – 3 U 20/15 –, juris Rn. 25; so auch schon BGH, Urteil vom 20. Oktober 1999, GRUR 2000, 619 (621); vgl. zu der Rechtsprechungsentwicklung auch *Lennart Schmitt*, Das unionsrechtliche Verbraucherleitbild, S. 137 ff.
[70] *Paul Lange*, in: ders., Marken- und Kennzeichenrecht, 2. Auflage 2012, § 2, Rn. 387.
[71] Absatz 4 Satz 1 lautet: „Bei der Beurteilung von geschäftlichen Handlungen gegenüber Verbrauchern ist auf den durchschnittlichen Verbraucher oder, wenn sich die geschäftliche Handlung an eine bestimmte Gruppe von Verbrauchern wendet, auf ein durchschnittliches Mitglied dieser Gruppe abzustellen."
[72] Der Betrieb hatte Eier unter der Bezeichnung „6-Korn – 10 frische Eier" in Verkehr gebracht, was beanstandet wurde, weil der Futteranteil aus den sechs zur Fütterung verwandten Getreidearten nur 60 % der Futtermischung ausmachte. Das Bundesverwaltungsgericht

scher und normativer Gehalt der Figur stehen, obwohl das Bundesverwaltungsgericht ausdrücklich gefragt hatte, ob es im Rahmen des Irreführungsverbots auf das tatsächliche Verbraucherverständnis ankomme, das gegebenenfalls durch eine repräsentative Verbraucherbefragung oder durch Sachverständigengutachten zu ermitteln sei, oder „ein objektivierter, allein juristisch zu interpretierender Käuferbegriff" zugrunde zu legen sei, „der nicht auf die faktischen Verhältnisse abstellt und die Ermittlung einer bestimmten Verbrauchererwartung nicht erfordert."[73] Sein eigenes Verbraucherbild beschreibt der Gerichtshof mit der mutmaßlichen Erwartung eines durchschnittlich informierten, aufmerksamen und verständigen Durchschnittsverbrauchers.[74] Dieses hatte er bisher zugrundegelegt, ohne ein Sachverständigengutachten einzuholen oder eine Verbraucherbefragung in Auftrag zu geben.[75] Habe das nationale Gericht aber Schwierigkeiten zu beurteilen, ob die betreffende Werbung irreführend sei, so könne es auf diese Mittel zurückgreifen.

Der Bundesgerichtshof hielt an seiner Auffassung fest, dass auch dieses Leitbild sich an einer empirisch erfassbaren Wirklichkeit orientiere.[76] Nach seiner

---

(BVerwG, Beschluss vom 8. Februar 1996, ZLR 1996, 577) legte die Sache dem Europäischen Gerichtshof mit folgenden Fragen vor: „(1) Ist die Eignung zur Irreführung eine tatsächliche oder eine rechtliche Frage? (2) Kommt es auf den aufgeklärten Durchschnittsverbraucher oder auf den flüchtigen Verbraucher an? (3) Kann man einen prozentualen Anteil bestimmen?" EuGH, Urteil vom 16. Juli 1998, Slg 1998, I- 4657, GRUR Int 1998, 795.

[73] In diesem Falle müssten die juristischen Auslegungsmethoden bemüht werden, um die Verbrauchererwartung zu beschreiben. Wie eine solche Auslegung im Fall des europäischen Irreführungsverbots fruchtbar gemacht werden könnte, wusste aber auch das Bundesverwaltungsgericht nicht: „Liegt dem Art. 10 Abs. 2 lit. e VO (EWG) Nr. 1907/90 ein objektivierter, allein juristisch zu interpretierender Käuferbegriff zugrunde, so ist für den erkennenden Senat die Auslegung dieses Begriffs unklar. Der Senat vermag aus den Begründungserwägungen und aus dem Text der in Rede stehenden gemeinschaftsrechtlichen Verordnung keine zweifelsfreien Anhaltspunkte dafür zu gewinnen, wie ein derartiger normativer Käuferbegriff inhaltlich zu bestimmen ist.", BVerwG, Beschluss vom 8. Februar 1996, ZLR 1996, 577. Ulbrich hingegen versteht die Äußerungen des Europäischen Gerichtshofs als klares Bekenntnis zu einem normativen Verbraucherleitbild, *Sebastian Ulbrich*, Normatives Verbraucherleitbild, WRP 2005 940 (942).

[74] Zu den Erwartungen an Fähigkeiten und Verhalten des Vebrauchers, *Lennart Schmitt*, Das unionsrechtliche Verbraucherleitbild, S. 196 ff.

[75] EuGH, Urteil vom 16. Juli 1998, Slg 1998, I- 4657, GRUR Int 1998, 795, Rn. 31, 37.

[76] Was bei Irreführungsquoten von 10–15 % noch nicht einmal im Widerspruch zur ursprünglichen Rechtsprechung stehen muss, denn es kann sowohl 10–15 % aufmerksame wie flüchtige Vebraucher geben. Relevant ist nur, auf welche Gruppe man für die Entscheidung abstellt. Wieder mit Quoten: BGH, Urteil vom 2. Oktober 2003, NJW 2004, 439 f., hier mehr als 15–20 %. S. auch *Olaf Sosnitza*, in: Ohly/ders., UWG, 7. Aufl. 2016, § 5, Rn. 147 ff. m.w.N. Zur Veränderung der Quoten durch das neue Verbraucherleitbild, BGH, Urteil vom 8. März 2012, GRUR 2012, 1053 (1054).

I. Der Forschungsstand zur Maßstabsfigur in der modernen Rechtswissenschaft 17

Ansicht ist die Feststellung der Verkehrsauffassung aber keine Tatsache,[77] sondern Gegenstand von Erfahrungswissen, das auf Erfahrungssätzen aus allgemeiner Lebenserfahrung und auf besonderer Sachkunde beruht.[78] Das Erfahrungswissen kann, steht es der Richterin nicht zur Verfügung, gegebenenfalls mit Hilfe eines Sachverständigen ermittelt werden,[79] der sich die erforderliche Sachkunde wiederum durch eine Meinungsumfrage verschafft.[80] Es bleibt in der Rechtsprechungspraxis aber weiterhin bei einer seltenen Nutzung demoskopischer Befragungen.[81] Die Richterinnen ermitteln das Verständnis des Verkehrs ohne sachverständige Hilfe, weil sie davon ausgehen, dass sie auf Grund ihres Erfahrungswissens selbst über die erforderliche Sachkunde verfügen.[82] Das soll

---

[77] So früher aber noch BGH, Urteil vom 29. März 1990, NJW-RR 1990, 1376.

[78] BGH, Urteil vom 2. Oktober 2003, Z 156, 250 (253 ff.); *Paul Lange*, in: ders., Marken- und Kennzeichenrecht, 2. Auflage 2012, § 2, Rn. 417 m.w.N. Zur vollen Überprüfbarkeit allgemeiner Erfahrungssätze als „nicht beweisbedürftige Tatsachen im prozessualen Sinne" s. schon RG, Urteil vom 7. Mai 1920, Z 99, 70 (71). Vgl. auch zum Common Law *John Gardner,* The Many Faces of the Reasonable Person, S. 24 f.

[79] BGH, Urteil vom 2. Oktober 2003, Z 156, 250 (253 ff.); BGH, Urteil vom 27. November 2003, GRUR 2004, 239; BGH, Urteil vom 20. Januar, GRUR 2005, 423 (426).

[80] BGH, Urteil vom 2. Oktober 2003, GRUR 2004, 244 f.

[81] Vgl. auch RL 2005/29/EG, Ziff. 18 der Erwägungsgründe: „Die nationalen Gerichte und Verwaltungsbehörden müssen sich bei der Beurteilung der Frage, wie der Durchschnittsverbraucher in einem gegebenen Fall typischerweise reagieren würde, auf ihre eigene Urteilsfähigkeit unter Berücksichtigung der Rechtsprechung des Gerichtshofs verlassen." Es gab aber auch Fälle, in denen die Gerichte demoskopische Gutachten erstellen ließen, OLG Frankfurt, Urteil vom 31. Januar 1985, WRP 1985, 495 (496); BGH, Urteil vom 29. September 1994, GRUR 1995, 60; BGH, Urteil vom 25. Februar 1996, NJW 1996, 2161 (2163 f.). Zum Streit über die Erforderlichkeit demoskopischer Gutachten BGH, Urteil vom 18. Oktober 2001, GRUR 2002, 550 (552) „Die Beurteilung, ob die Feststellung der Verkehrsauffassung kraft eigener richterlicher Sachkunde möglich ist oder eine Beweisaufnahme erfordert, ist tatrichterlicher Natur." Anders aber für das Merkmal der wettbewerbsrechtlichen Sittenwidrigkeit BGH, Urteil vom 6. Juli 1995, GRUR 1995, 595 (597) „Das normative Element des Begriffs der guten Sitten im Wettbewerb, sich so zu verhalten, wie es sein soll, nicht wie es (mehrheitlich) geschieht oder geduldet wird, läßt es nicht zu, den Begriff der guten Sitten im Wettbewerb, dem Ergebnis einer Verkehrsbefragung zu überlassen." Im Rahmen der Sittenwidrigkeit kommt es im Markenrecht jedoch auch auf eine Irreführung an, hier sind Meinungsumfragen wiederum zulässig, BGH, Urteil vom 20. Januar, GRUR 2005, 423. In diesem Fall argumentierte der BGH aufgrund desselben Gutachtens gegenteilig zum Berufungsgericht, was deutlich macht, dass sich auch aus Erhebungen zu tatsächlichen Fragen keine zwingenden Schlussfolgerungen ergeben.

[82] Sicherlich spielen bei der zurückhaltenden Nutzung von demoskopischen Umfragen auch die hohen Kosten eine Rolle, die durch solche Beweismittel hervorgerufen werden. Ermittelt die Richterin das Verständnis des Verkehrs ohne sachverständige Hilfe, dann tut sie dies nicht, weil die Verkehrsauffassung offenkundig wäre und deswegen keines Beweises bedürfte, sondern weil sie davon ausgeht, auf Grund eigenen Erfahrungswissens selbst über die erforderliche Sachkunde zu verfügen. Ob diese Beurteilung zutrifft, bestimmt sich grundsätzlich nach

selbst dann der Fall sein, wenn sie den angesprochenen Verkehrskreisen nicht angehören.[83]

Die vagen Formulierungen des Europäischen Gerichtshofs im Fall „Gut Springenheide" zeigen, was sich auch mit Blick auf die Maßstabsfigur in der sonstigen Rechtsprechung zum Marken- und Wettbewerbsrecht ergibt: Einerseits soll sie einen Bezug zum tatsächlichen Verbraucherverhalten haben, der sich auch in präzisen Quoten[84] widerspiegelt, andererseits ist eine klare Einordnung als Tatsachen- oder Rechtsfrage nicht gewollt oder nicht möglich. Es bleibt insofern unklar, in welchem Verhältnis empirische und normative Elemente innerhalb des Verbraucherleitbildes zueinander stehen. Die Richterinnen erfassen das Verbraucherverständnis typischerweise mit Hilfe ihres Erfahrungswissens und selten durch demoskopische Umfragen. Dadurch wird der im sonstigen Zivilrecht nicht so explizite Bezug zur tatsächlichen Verbraucherauffassung im Verhältnis zur normativen relativiert, denn die Anwendung des Erfahrungswissens ist eine Vermutung über das tatsächliche Verhalten, nicht dessen Erhebung. Werden Meinungsumfragen in der Rechtsprechung genutzt, so zeigt sich, dass diese kein Allheilmittel sind: Es bereitet den Gerichten Schwierigkeiten, die Fragen an die Verbraucher sowohl offen als auch präzise zu formulieren, um aussagekräftige und unverfälschte Antworten zu erhalten und auch, die richtigen Schlussfolgerungen aus den so gewonnenen Ergebnissen zu ziehen.

Aus dem Überblick über die zivilrechtliche Literatur und Rechtsprechung ergibt sich zunächst, dass sowohl der Gehalt der normativen und empirischen Elemente in der Figur des Durchschnittsmenschen als auch ihr Verhältnis zueinander unklar ist, und zwar nicht nur dort, wo sie explizit auf einem tatsächlichen Fundament ruhen soll (Marken- und Wettbewerbsrecht), sondern auch in den anderen Anwendungsbereichen. Einhellig beschreibt die Literatur den ‚Durchschnittsmenschen' als ein sehr offenes Konkretisierungsinstrument: Bei *Röthel* heißt es, er gebe sozusagen als erster Schritt der Konkretisierung eine „Bewertungstendenz" vor, bei *Barnert*, er sei „so variabel (...), wie es das situationale Argumentationsziel verlangt". In ebendieser Ausfüllungsbedürftigkeit hat eine

---

den Regeln, die auch sonst bei Beantwortung der Frage gelten, ob ein Gericht auf die Einholung eines Sachverständigengutachtens verzichten und statt dessen auf Grund eigener Sachkunde entscheiden kann, BGH, Urteil vom 2. Oktober 2003, GRUR 2004, 244 f. Gehören die entscheidenden Richter selbst zu den angesprochenen Verkehrskreisen bedarf es im Allgemeinen keines durch eine Meinungsumfrage untermauerten Sachverständigengutachtens, um das Verständnis des Verkehrs zu ermitteln, BGH, Urteil vom 2. Oktober 2003, GRUR 2004, 244 f.; das gilt auch für Waren des täglichen Bedarfs, BGH, Urteil vom 3. Mai 2001, NJW-RR 2002, 329 (331).

[83] BGH, Urteil vom 2. Oktober 2003, Z 156, 250 (255)

[84] Die Sprache vom Durchschnittsverbraucher ist angesichts der niedrigen Quoten insofern selbst irreführend.

weitere Eigenschaft der Figur ihren Grund: Sie lässt dem Richter durch ihre Offenheit einen weiten Wertungsspielraum, den dieser auszufüllen hat. Das wird in der Literatur teilweise sehr kritisch gesehen (*Eckert*), wobei weitgehend unklar bleibt, ob die Figur des Durchschnittsmenschen den Richterinnen im Vergleich zu anderen Konkretisierungsinstrumenten mehr Subjektivität in ihren Entscheidungen ermöglicht und welche Konsequenzen das hat. Umstritten ist die Funktionsweise der Maßstabsfigur im Hinblick auf die Parteien des Prozesses. Sie bewirkt insoweit eine Objektivierung, als sie die Entscheidungsperspektive jedenfalls nicht bei einer der beiden Parteien eines Rechtsstreits belässt. Die einen sehen darin eine Gefahr für die Privatautonomie (*Eckert*), während *Limbach* findet, dass die Figur immer noch zu sehr im Privaten verhaftet ist; wieder andere verstehen sie als Mittel einer gerechten Risikoverteilung (*Barnert, Röthel*).

2. Die objektive Zurechnung und der objektive Fahrlässigkeitsbegriff im Strafrecht

Das Strafrecht zeichnet sich durch zwei Aspekte aus, die für die Maßstabsfigur von Relevanz sind: eine sehr geringe Normierungsdichte, die zur Konsequenz hat, dass die Konkretisierung der offen formulierten Tatbestände und damit auch die Maßstabsfigur als Konkretisierungsinstrument eine große Bedeutung haben, und die im Gesetz jedenfalls teilweise verankerte und in der Forschung und Rechtsprechung anerkannte Trennung von objektivem und subjektivem Tatbestand. Nimmt man diese Trennung ernst – und hier wird noch zu zeigen sein, welche Gründe sie über formal-ordnende Erwägungen hinaus haben kann – so dürfte die Maßstabsfigur auf halber Strecke zwischen subjektivem und objektivem Tatbestand liegen, denn sie ist in ihrer Ausprägung als ‚gewissenhafter Mensch' oder ‚objektiver Beobachter' im Strafrecht weder mit dem Wissen und Wollen des Täters gleichzusetzen, noch objektiv in dem Sinne, dass sie losgelöst von situativen und persönlichen Besonderheiten gebildet wird. Sie ist also eine Abstraktion vom Individuum einerseits und eine Abstraktion von einer allwissenden und alleskönnenden, immer rechtmäßig handelnden Figur andererseits.

Heute spielt die Maßstabsfigur des gewissenhaften und besonnenen Verkehrsteilnehmers oder des Durchschnittsmenschen[85] – auch hier gibt es keine einheitliche Terminologie – vor allem in zwei Bereichen des Strafrechts eine Rolle: bei der Konkretisierung von Sorgfaltspflichten im Fahrlässigkeitsdelikt[86] und bei der

---

[85] BGH, Urteil vom 4 September 2014, NJW 2015, 96 (Rn. 35 m.w.N.); *Andrea Castaldo*, Offene und verschleierte Individualisierung, GA 1993, 495 und 505 m.w.N.
[86] Für die Prüfung des strafrechtlichen Fahrlässigkeitsdelikts finden sich im Gesetz kaum Anhaltspunkte, vgl. § 15 StGB: „Strafbar ist nur vorsätzliches Handeln, wenn nicht das Gesetz fahrlässiges Handeln ausdrücklich mit Strafe bedroht." Seine Voraussetzungen sind auch des-

objektiven Zurechnung eines Taterfolges zum Täterhandeln, die sowohl bei Vorsatz- als auch Fahrlässigkeitstaten geprüft wird, bei letzteren aber die größere Relevanz hat.[87] Vereinfacht gesagt, wird die Gefährlichkeit bestimmter Verhaltensweisen im Strafrecht aus Sicht der Maßstabsfigur eines verständigen Durchschnittsmenschen beurteilt.

Die Maßstabsfigur hat im Strafrecht zwar einen gewissen Anwendungsbereich, ihre Verwendung beeinflusst aber kaum die Strafbarkeit.[88] Denn jede Objektivierung wird letztlich durch die starke Ausrichtung des Strafrechts am Individuum spätestens bei der Prüfung der Schuld wieder zurückgenommen. Die Ausrichtung am handelnden Subjekt zeigt sich in der Zurückführung der strafbaren Handlungen auf den individuellen Täter – so für die Vorsatztat als strafrechtlicher ‚Regelfall' – und im Fahrlässigkeitsdelikt in der Berücksichtigung unter- und teilweise auch überdurchschnittlicher persönlicher Fähigkeiten und Kenntnisse des Täters insbesondere als Prüfungspunkt der individuellen Vermeidbarkeit im Rahmen der Schuld. Trotzdem bleibt der ‚objektive Dritte' aber kein ganz folgenloses Konkretisierungsinstrument, was sich auch in der Literatur zu diesem Thema widerspiegelt; seine Auswirkungen sind aber eher systematischer Natur und werden sogleich im Kontext der Forschung besprochen.

a) Bedeutung und Probleme der Verkehrskreisbildung

Die Maßstabsfigur wird im Strafrecht wie im Staatshaftungsrecht verkehrskreisspezifisch gebildet und in Bezug auf den zu entscheidenden Fall charakterisiert,

---

halb – anders als die des Vorsatzdeliktes – im Einzelnen sehr umstritten, vgl. nur *Armin Kaufmann*, Das fahrlässige Delikt, ZfRV 5 (1964), 41. Vorrangig ergeben sich die Verhaltensanforderungen, deren Missachtung ein Fahrlässigkeitsverdikt nach sich ziehen kann, aus dem Gesetz. Fehlen aber solche Vorgaben, darf auf den Maßstab des objektiven Dritten zurückgegriffen werden, *Hans Kudlich* in: Beck OK, Stand 01. September 2016, § 15 StGB, Rn. 42 f.

[87] *Niclas Börgers*, Gefahrurteil, S. 20. Sie wird außerdem auch im Rahmen der Notwehr benutzt, wenn es um die Beurteilung des Angreiferverhaltens geht, nicht aber bei der Prüfung konkreter Gefährdungsdelikte wie der Gefährdung des Straßenverkehrs nach § 315c StGB, ebd. S. 21. „Im Bereich der Fahrlässigkeit ist es (Anm. die objektive Zurechnung) ein Versuch übrigens, dem Zufallsmoment, das im Erfolgseintritt liegt, wenigstens teilweise die Spitze zu nehmen.", *Armin Kaufmann*, Das fahrlässige Delikt, ZfRV 5 (1964), 41 (48). Außerdem beschreibt die Maßstabsfigur auch die Perspektive, aus der heraus die Erforderlichkeit einer Notwehrhandlung beurteilt wird, *Volker Erb*, in MüKo, 3. Auf. 2017, § 32 StGB, Rn. 130. Die Frage, ob ein rechtswidriger Angriff vorlag, wird hingegen objektiv ex post beurteilt, ebd. Rn. 62 f. Auf das Urteil des objektiven Dritten kommt es hier nur ausnahmsweise im Bereich der hoheitlichen Gefahrenabwehr sowie in einigen Sonderfällen, insbesondere bei so genannten Scheinangriffen an.

[88] *Niclas Börgers*, Gefahrurteil, S. 54 f. m.w.N.; für ihre Abschaffung und einen durchweg individualisierten Fahrlässigkeitsmaßstab deshalb *Alexandra Kremer-Bax*, Das personale Verhaltensunrecht, S. 170 ff; a.A. u.a. *Armin Kaufmann*, Das fahrlässige Delikt, ZfRV 5 (1964), 41 (47).

zum Beispiel als ‚sorgfältiger Kerzenbenutzer'[89] und ‚umwelt- und risikobewusster Rechtsgenosse'[90], als ‚bilanzkundiger Leser', der Maßstab für die Richtigkeit einer Ad-hoc-Mitteilung ist,[91] oder als ‚ordentlicher Kaufmann' zur Konkretisierung des Fahrlässigkeitsmaßstabs beim Bankrott.[92] Die Bildung von Verkehrskreisen setzt jedoch voraus, dass es ein tatsächlich geübtes Verhaltensmuster oder wenigstens ein normatives Leitbild in bestimmten Lebensbereichen gibt.[93] Problematischer als der eher seltene Fall gar nicht vorhandener Standards innerhalb einer bestimmten Gruppe von Menschen ist die Frage, inwieweit die Maßstabfigur überhaupt Ausdruck empirisch erfassbarer Verkehrsübung sein soll. Wird sie ganz losgelöst davon gebildet als rein normative Figur, so – meint *Lothar Kuhlen* – könne ihr nur noch ein „didaktischer Wert" zukommen als „veranschaulichende(...) Darstellung von rechtlichen Sorgfaltsanforderungen, die zuvor normativ festgelegt wurden."[94] *Alexandra Kremer-Bax* ist jedoch der Ansicht, dass die Maßstabfigur auf diese Weise nicht nur keine Aussage treffe, sie kaschiere vielmehr das Problem der Festlegung von Sorgfaltspflichten und entlaste somit den Rechtsanwender.[95] Das andere denkbare Extrem wäre, dass empirisch bestimmte Verkehrskreise und Figuren bei der Maßstabsbildung zugrundegelegt werden, die eine konservierende Wirkung haben. Denn aus dem Verhalten einer Gruppe lässt sich zwar ablesen, was die übliche Sorgfalt ist, nicht aber ohne weiteres, was die normativ gewollte, also erforderliche Sorgfalt ist.[96] Diese ergibt sich schon eher aus den Regeln, die das Verhalten des Verkehrs bestimmen.[97]

Kuhlen versucht, dieses Dilemma[98] aufzubrechen und zugleich einen zusätzlichen Wert der Maßstabsfigur als Konkretisierungsinstrument zu erhalten, dergestalt, dass aus „dem wirklichen (...) Verhalten in einer bestimmten Situation der Schluß gezogen werden darf, dieses Verhalten entspreche den von Rechts

---

[89] BayOLG, Urteil vom 27. April 1990, NJW 1990, 3032.
[90] OLG Düsseldorf, Urteil vom 26. September 1990, NJW 1991, 1123 (1124); OLG Stuttgart, Urteil vom 2. Dezember 1988, NStZ 1989, 122.
[91] BGH, Urteil vom 16. Dezember 2004, St 49, 381 (391).
[92] S. schon RG, Urteil vom 18. Februar 1885, St 13, 354 (360).
[93] *Ralf Kaminski*, Der objektive Maßstab, S. 137 f., der noch weitere Kriterien zur Eingrenzung von Verkehrskreisen entwickelt, S. 135 ff. *Rudolf A. Mikus*, Die Verhaltensnorm, S. 153 ff.: Hier helfe auch der „Mustermensch" nicht weiter.
[94] *Lothar Kuhlen*, Strafrechtliche Produkthaftung, S. 102.
[95] *Alexandra Kremer-Bax*, Das personale Verhaltensunrecht, S. 175 f.
[96] „Je mehr man diese Figuren den wirklichen Akteuren eines bestimmten Verkehrskreises angleicht, desto gehaltvoller ist ihre argumentative Verwendung, desto stärker gleicht sich aber auch die *Bestimmung* der im Verkehr *erforderlichen* Sorgfalt der *Deskription* der im Verkehr *tatsächlich* geübten Sorgfalt an", *Lothar Kuhlen*, Strafrechtliche Produkthaftung, S. 102.
[97] Vgl. auch *Claus Roxin*, Strafrecht AT I, § 24, Rn. 35: z. B. Regeln der ärztlichen Kunst.
[98] „Spannung zwischen Faktizität und Norm", *Rudolf A. Mikus*, Die Verhaltensnorm, S. 52.

wegen zu stellenden Verhaltensanforderungen."[99] Ein derartiger empirischer Bezug fehle einer rein normativen Maßstabsbildung. Voraussetzung einer solchen Verwendung von Maßstabsfiguren sei aber erstens, dass, wenn man sie nach bestimmten normativen Kriterien (besonnen, verständig) bildet, sie nicht durch ihr Verhalten in Situationen gerade der Art bestimmt, „um deren Beurteilung es jeweils geht."[100] Zweitens müssten die Figuren einen Bezug zum wirklichen Verhalten der Angehörigen eines Verkehrskreises haben, sonst handele es sich wieder um rein normative Sorgfaltsbestimmung.[101] Auf diese Art und Weise würde die Maßstabsfigur ad absurdum geführt,[102] da ihr Wert – der Bezug zur Wirklichkeit und zur handelnden Person – verloren ginge.

Andererseits korrigiert *Kuhlen* die Maßstabsfigur, um zu vermeiden, dass die Bestimmung der im Einzelfall erforderlichen Sorgfalt zu sehr an die Teilnehmer der Verkehrskreise delegiert wird und es keine rechtlichen Korrekturmechanismen mehr gibt, wenn sie sich in anderen Bereichen sorgfaltsgemäß verhalten:[103] Er reguliert also empfundene Mißstände im subjektiven (Unrechtsbewusstsein) oder im objektiven Sinne („*besonders* weit von dem abweicht, was sich bei interessenorientierter Abwägung als Verkehrskreiserfordernis ergibt"[104]).

Die an tatsächlicher Verkehrsübung ausgerichtete Maßstabsfigur leistet eine Anbindung des rechtlichen Maßstabs an lebensweltliche Gegebenheiten und realistische Erwartungen.[105] Während der empirische Ursprung der Maßstabsfigur betont wird, bleibt aber unklar, wie ihre normativen Vorgaben konkretisiert werden können, was also vernünftig oder gewissenhaft in diesem Zusammenhang bedeutet.[106] *Kuhlen* definiert die erforderliche Sorgfalt durch die Beobachtung der geübten Sorgfalt unter besonnenen und gewissenhaften Menschen, verrät

---

[99] *Lothar Kuhlen*, Strafrechtliche Produkthaftung, S. 103.
[100] *Lothar Kuhlen*, Strafrechtliche Produkthaftung, S. 103.
[101] „Postulat des empirischen Bezugs", *Lothar Kuhlen*, Strafrechtliche Produkthaftung, S. 104.
[102] *Lothar Kuhlen*, Strafrechtliche Produkthaftung, S. 104.
[103] *Lothar Kuhlen*, Strafrechtliche Produkthaftung, S. 105. Der „einer solchen Qualifizierung anhaftende Anschein der schon logischen Widersprüchlichkeit (lässt sich) insofern ausräumen, als die allgemeine Disposition zu gewissenhaftem und besonnenem Verhalten mit unsorgfältigem Verhalten in spezifischen Situationen verträglich ist." ebd. S. 110. Bestehende unerwünschte Sorgfaltspraktiken könne man ändern, nicht indem man vergangenes Verhalten bestraft, sondern zukünftiges durch gerichtliche Entscheidungen lenkt, S. 111.
[104] *Lothar Kuhlen*, Strafrechtliche Produkthaftung, S. 107 f.
[105] Sie lege die wichtige Mindestvoraussetzung für eine Strafbarkeit fest, nämlich, dass „nur bei Verletzung realistischer, nicht schon bei Enttäuschung utopischer Verhaltenserwartungen bestraft wird". Mit Verzicht auf die Maßstabsfigur werde „das Urteil ermöglicht, ein von allen besonnenen und gewissenhaften Verkehrsteilnehmern für unbedenklich gehaltenes Verhalten verdiene sozialethischen Tadel.", *Lothar Kuhlen*, Strafrechtliche Produkthaftung, S. 110.
[106] „Sowohl aus tatsächlichen wie auch aus Rechtsgründen läßt sich über den Begriffsinhalt

I. Der Forschungsstand zur Maßstabsfigur in der modernen Rechtswissenschaft 23

aber nicht, wie sich diese finden lassen. Letztlich würde das auch nur wieder zu der Frage führen, was erforderliche Sorgfalt ist. Von Bedeutung bleiben aber zwei Erkenntnisse: Erstens ergibt eine solche Maßstabsfigur nur Sinn, wenn sie an tatsächliches Verhalten anknüpft, dann senkt sie aber unter Umständen auch Sorgfaltsanforderungen.[107] Zweitens darf der Kreis der Vernünftigen und Besonnenen jedenfalls nicht im Hinblick auf die streitige Situation gebildet werden.

Im Hinblick auf die Bildung von Maßstabsfiguren innerhalb von Verkehrskreisen wird richtigerweise auch bemängelt, dass es kaum Klarheit zu den Grenzen solcher Kreise gebe,[108] sie also nicht zwingend sind, sondern durch Individualisierung oder auch Generalisierung leicht nach dem gewünschten Ergebnis zugeschnitten werden können. Für die Frage einer Sorgfaltspflichtverletzung kann es einen bedeutenden Unterschied machen, ob der Verkehrskreis „aller Männer Mitte zwanzig", „aller Männer Mitte zwanzig mit einer Ausbildung zum Rettungssanitäter", „aller Männer Mitte zwanzig mit einer Ausbildung zum Rettungssanitäter, aber ohne Berufserfahrung" oder „aller Männer Mitte zwanzig mit Ausbildung zum Rettungssanitäter mit einem schweren Alkoholproblem" hinzugezogen wird.

Darüber hinaus wird im Anwendungsbereich der Figur des Durchschnittsmenschen weiter individualisiert, indem die herrschende Meinung unterdurchschnittliche Fähigkeiten der Täterin berücksichtigt. Das tut sie aber nicht im Unrechtstatbestand, sondern im Rahmen der individuellen Vermeidbarkeit bei der Prüfung der Fahrlässigkeitsschuld.[109] Die Rechtsprechung verzichtet aber darauf, den überdurchschnittlich Befähigten an strengeren Sorgfaltsanforderungen zu messen; für ihn gelten die Anforderungen der Maßstabsfigur. Indem die Gerichte seine besonderen Fähigkeiten bei der Bildung der Verkehrskreise mit einbezie-

---

des Vernünftigen, Einsichtigen oder Besonnenen im konkreten Einzelfall trefflich streiten.", *Rudolf A. Mikus*, Die Verhaltensnorm, S. 50.

[107] „Der praktisch wichtigste Ertrag der hier unternommenen Diskussion des Maßstabsfiguransatzes besteht nun aber gerade darin, daß mit der Möglichkeit eines auf diesen Ansatz gestützten Strafausschlusses sehr ernsthaft und nicht nur in seltenen Ausnahmefällen gerechnet werden muß. Denn auch besonnene und gewissenhafte Verkehrsteilnehmer unterschreiten nicht selten in bestimmten Hinsichten das Maß der Sorgfalt, das aufzubringen dem Rechtsanwender bei seiner nachträglichen, in reiflicher Überlegung durchgeführten, Interessenabwägung als noch zumutbar erscheint.", *Lothar Kuhlen*, Strafrechtliche Produkthaftung, S. 113 f.

[108] *Andrea Castaldo*, Offene und verschleierte Individualisierung, GA 1993, 495 (505). Vgl. auch *Karl Binding*, Die Normen und ihre Übertretung, Bd. 4, S. 518: „Der durchschnittene Kreis kann dann den verschiedensten Radius enthalten: der Kreis kann aus allen Andern, aus den Gleichaltrigen, aus den Standesgenossen, aus den Angehörigen der gleichen Bildungsstufe, den Berufsgenossen, den Leuten gleichen Gebrechens u.s.w. bestehen."

[109] Vgl. *Claus Roxin*, Strafrecht AT I, § 24, Rn. 54 m.w.N. Dann ist aber immer noch zu prüfen, ob dem Täter ein Übernahmeverschulden vorzuwerfen ist, weil er seine Unfähigkeit zur sorgfältigen Handlung hätte erkennen können.

hen, relativieren sie diese Differenzierung jedoch.[110] Andere Stimmen in der Literatur wollen überdurchschnittliche Kenntnisse[111] und Fähigkeiten[112] des Täters schon im Unrechtstatbestand zum Maßstab machen. Begründet wird das Abweichen vom ‚Durchschnittsmenschen' damit, dass der überdurchschnittlich Kompetente nicht besser gestellt werden soll als der weniger Befähigte und ebenfalls die ihm möglichen Anstrengungen zur Vermeidung einer Rechtsgutsverletzung erbringen soll.[113]

b) Die strafrechtliche Maßstabsfigur im Spiegel der Forschung

Der Blick auf die strafrechtliche Forschung zeigt, dass die Auffassungen über die Maßstabsfigur auseinandergehen, auch wenn insgesamt Einigkeit herrscht, dass es letztlich keine Bestrafung geben darf, wenn der Täter die Gefährlichkeit seines Handelns oder Unterlassens nicht erkennen konnte.

Ende des 19. Jahrhunderts wurde diskutiert, wie die strafrechtliche Kausalität zu bestimmen sei: Sollte das Setzen irgendeiner Bedingung für den Erfolg ausreichend sein (sozusagen im Sinne einer naturwissenschaftlichen Kausalität oder *conditio sine qua non*) – so die herrschende Meinung – oder muss darüber hinaus eine Möglichkeit oder Wahrscheinlichkeit des Schadenseintritts bestehen?[114] Für Letzteres plädierte *August Thon* in einer Festrede in Jena im Jahr 1894 und beschrieb die Perspektive, aus der heraus dieses Möglichkeitsurteil zu fällen ist, wie folgt: „Auch hier hat der Richter wie so oft als bonus vir zu urteilen: als Glied der menschlichen Gesellschaft und nach den Anschauungen, welche diese jeweils durchdringen."[115] Während *Thon* also ein „Normalmensch" als „Reprä-

---

[110] *Claus Roxin*, Strafrecht AT I, § 24, Rn. 57 ff. S. zu den unterschiedlichen Ansichten in der Literatur m. w. N. *Gunnar Duttge*, in: MüKo zum StGB, 3. Aufl. 2017, § 15, Rn. 95 ff.

[111] Sonderwissen ist „Täterwissen, das mit der Wirklichkeit übereinstimmt und über die Kenntnisse der Maßfigur hinausgeht", *Niclas Börgers*, Gefahrurteil, S. 42, der das aber – wie die Verwendung der Maßstabsfigur insgesamt – ablehnt; s. auch *Eberhard Struensee*, Der subjektive Tatbestand, JZ 1987, 53 (59): das Sonderwissen zu berücksichtigen, ziehe systematische Aufbauprobleme nach sich. Anders aber *Roland Graßberger*, Grenzen der Fahrlässigkeit, ZfRV 5 (1964), 18 (25): „Wissen verpflichtet".

[112] *Rudolf A. Mikus*, Die Verhaltensnorm, S. 84. A.A. *Niclas Börgers*, Gefahrurteil, S. 44: Sonderfähigkeiten seien nur insofern relevant, als im Falle des Unterlassens einer Handlung geprüft werden müsse, ob ihre Vornahme dem Täter möglich gewesen wäre.

[113] *Lothar Kuhlen*, Strafrechtliche Produkthaftung, S. 85.

[114] *Gustav Radbruch*, Die Lehre von der adäquaten Verursachung, S. 9 ff. Manche beurteilten die Verursachung subjektiv aus Sicht des Täters, *Johannes von Kries*, Objektive Möglichkeit, Vierteljahrsschrift für wissenschaftliche Philosophie 1888, 179 (229 ff.), vgl. dazu die Kritik von *Gustav Radbruch*, Die Lehre von der adäquaten Verursachung, S. 31 ff.

[115] *August Thon*, Festrede, S. 23, zitiert nach *Gustav Radbruch*, Die Lehre von der adäquaten Verursachung, S. 51 f.

sentant des gesellschaftlichen Durchschnittswissens" vorschwebte,[116] nutzte *Ludwig Traeger* in seiner Arbeit zum Kausalbegriff 1904 ebenfalls eine Figur, allerdings im Sinne eines strengeren Maßstabs: Der ‚einsichtigste Mensch' sollte beurteilen, ob die in Rede stehende Handlung die „objektive Möglichkeit eines Erfolgs" erhöht, ob also die Gefahr einer Rechtsgutsverletzung gegeben war:

„Um das erforderliche Möglichkeitsurteil zu bilden, ist das gesamte Erfahrungswissen zu Grunde zu legen und es sind vorauszusetzen alle zur Zeit der Begehung der Handlung (...) vorhandenen Bedingungen, die zu diesem Zeitpunkte dem einsichtigsten Menschen erkennbar waren, ferner die dem Täter selbst außerdem noch bekannten."[117]

Traeger nahm eine objektivierte Perspektive ein, die der Richter ausfüllen und, „falls er sich selbst diese Einsicht nicht zutraut, Sachverständige zurate ziehen" solle.[118]

Karl Binding hingegen hielt nichts von personifizierten Maßstäben, wie er in seiner Arbeit „Die Normen und ihre Übertretung" 1919 deutlich machte:[119] Ob der des *pater familias* oder seine Nachfolger, der ‚Normalmensch'[120] oder der ‚tüchtige Durchschnittsmensch'; sie seien „alle hypostasirte Durchschnittsmaßstäbe, nur mit verkleinertem Radius."[121] Als solche seien sie zu unbestimmt und verleiteten zu oberflächlichen Urteilen und Mutmaßungen über das tatsächliche Verhalten einer großen Anzahl von Menschen.[122] Zudem übe jeder eine unterschiedliche Sorgfalt in verschiedenen Dingen, weshalb es nicht nur in einer grö-

---

[116] *Gustav Radbruch*, Die Lehre von der adäquaten Verursachung, S. 52 mit Kritik auf den folgenden Seiten.

[117] *Ludwig Traeger*, Kausalbegriff, S. 159.

[118] *Ludwig Traeger*, Kausalbegriff, S. 161. Andere vor *Traeger* nahmen die Perspektive objektiv ex ante im Sinne des heutigen Polizeirechts ein, so zum Beispiel *Max Rümelin*, Der Zufall im Recht, S. 45 ff., der sie „objektiv nachträgliche Prognose" nennt.

[119] *Karl Binding*, Die Normen und ihre Übertretung, Bd. 4, S. 518 ff. Allerdings ist für ihn die objektive Vorhersehbarkeit des Erfolgseintritts Teil der Fahrlässigkeitsschuld und wird dort durch die individuelle Vermeidbarkeit flankiert, S. 508 ff.

[120] *Gustav Radbruch*, Über den Schuldbegriff, ZStrW 24 (1904), 333 (346).

[121] *Karl Binding*, Die Normen und ihre Übertretung, Bd. 4, S. 522 f. Die Konkretisierung durch die Maßstabsfigur sei der Vergleich „eines Menschen in Fleisch und Blut mit einem Phantom, welches bei genauerer Untersuchung genau der gleiche Mensch ist, nur ausgestattet gedacht mit einer von aller Wandelbarkeit des Lebens vollständig unabhängigen, unverändert gleichbleibenden, stets musterhaften, aufs höchste gespannten Fähigkeit und Willigkeit zur Sorgfaltsleistung." Ebd. S. 522 f.

[122] „Auch für Recht und Richter verliert dieser Massstab alle Deutlichkeit: er wird selbst unmessbar. An Stelle eines individuellen, relativ leicht durchschaubaren Falles tritt für den Richter die Notwendigkeit sehr schwer durchführbarer Massenbeobachtung, und er sieht sich gezwungen, aus lauter verschiedenen Fällen einen Durchschnitt zu ziehen, den er ohne die grösste Oberflächlichkeit gar nicht fertig bringt, und zu dessen Begründung er nur sagen kann: mir scheint es so.", *Karl Binding*, Die Normen und ihre Übertretung, Bd. 4, S. 519.

ßeren Gruppe keinen Sorgfaltsdurchschnitt gebe, sondern auch für den Einzelnen nicht.[123]

Karl Larenz stellte in seiner Dissertation aus dem Jahr 1927 wie *Traeger* aber diesmal für die Vorhersehbarkeit als Grundlage der objektiven Zurechnung auf die Möglichkeit nicht des individuellen Täters, sondern auf die eines einsichtigen Menschen ab.[124] Danach sei der Erfolg dem Täter dann zurechenbar, „wenn dieser nicht als konkretes Individuum, sondern als abstrakte Person die Möglichkeit hatte, den Erfolg durch seinen Willen zu steuern und damit ihn bezwecken zu können."[125] *Larenz* hält es für erforderlich, ein Subjekt als Ausgangspunkt dieses Möglichkeitsbegriffes zu nehmen.[126] Von der individuellen Person des Täters müsse aber abstrahiert werden, denn nur so könne für die Zurechnung an den menschlichen Willen angeknüpft und zugleich seine Zufälligkeit ausgeschlossen werden.[127] Diese Typisierung sei zudem notwendig und charakteristisch für das rechtliche Denken, das „sich vorwiegend an abstrakte Maßstäbe, ‚typische' Tatbestände, und Fälle hält und überhaupt in der Spannung zwischen dem Einmaligen, Individuellen, das jedem Rechtsfall seine besondere Bedeutung gibt, und dem Typischen und Normalen, das allein im Gesetz seinen Ausdruck finden kann, seine besondere Eigenart findet."[128]

Das hatte auch *Armin Kaufmann* im Blick, als er fast 40 Jahre später über Sorgfaltswidrigkeit schreibt.[129] Die Maßstabsfigur ist für ihn ein „Homunkulus aus der Retorte der Rechtswissenschaft",[130] „(d)er objektive Beurteiler, ausgestattet mit dem ontologischen Sonderwissen des Täters, im Besitze des nomologischen Höchstwissens seiner Zeit",[131] irgendwo zwischen „dem exquisit Dum-

---

[123] *Karl Binding*, Die Normen und ihre Übertretung, Bd. 4, S. 520, „Wer vom Durchschnittsmassstab der Diligenz spricht, wendet eine Bequemlichkeits- und Beschwichtigungsphrase an, bei der sich in Wahrheit nichts denken lässt."

[124] *Karl Larenz*, Zurechnungslehre, S. 84.

[125] *Christoph Hübner*, Objektive Zurechnung, S. 51; *Karl Larenz*, Zurechnungslehre, S. 83 f.: „Die sogenannte ‚objektive Möglichkeit', die von der Theorie der adäquaten Verursachung verwendet wird, ist somit richtig verstanden, eine subjektive Möglichkeit, die Möglichkeit (der Voraussicht, des Wissens) für ein Subjekt; nur nicht für ein individuell bestimmtes Subjekt, sondern für ein gedachtes Subjekt, nämlich für einen ‚einsichtigen Menschen' in der Lage des Täters."

[126] Damit verliert der Möglichkeitsbegriff seine Objektivität im Verhältnis zum Wahrscheinlichkeitsbegriff, der epistemisch ist, s. *Gustav Radbruch*, Die Lehre von der adäquaten Verursachung, S. 10.

[127] *Karl Larenz*, Zurechnungslehre, S. 83 f.; *Christoph Hübner*, Objektive Zurechnung, S. 51.

[128] *Karl Larenz*, Zurechnungslehre, S. 94. Er nannte es, den Menschen „lediglich nach seinem abstrakten Begriff als Person" zu betrachten.

[129] *Armin Kaufmann*, Das fahrlässige Delikt, ZfRV 5 (1964), 41 (47), „In maßvoller Generalisierung kristallisiert sie das typischerweise sorgfaltswidrige Verhalten heraus.", S. 51.

[130] *Armin Kaufmann*, Das fahrlässige Delikt, ZfRV 5 (1964), 41 (49).

[131] *Armin Kaufmann*, Das fahrlässige Delikt, ZfRV 5 (1964), 41 (48); vgl. auch *Roland*

I. Der Forschungsstand zur Maßstabsfigur in der modernen Rechtswissenschaft

men und dem La Place'schen Weltgeist".[132] Wie auch immer sie aber konkret gebildet wird, sie werde nie die Konkretisierung aller Pflichten leisten können.[133] *Kaufmann* gibt der Figur im Normativen Kontur, wo sie bei *Kuhlen* im Vagen geblieben ist, nach seiner Beschreibung als „Personifizierung der Rechtsordnung" verliert sie aber den Bezug zur tatsächlich geübten Verkehrssitte:

„Der Sorgfältige, das ist derjenige, der Sorge entfaltet weil er besorgt ist um Rechtsgüter, um die Richtigkeit des Verhaltens. Seine ‚Gewissenhaftigkeit' resultiert aus *rechtlichem* Gewissen, seine Besonnenheit ist Besinnung auf das in der Sache Gerechte.

Kurz: Der Sorgfaltstyp verkörpert den Standpunkt des Rechtes; er ist die Personifizierung der Rechtsordnung in der konkreten Situation."[134]

Auch *Dieter Lorenz* klassifiziert die strafrechtliche Maßstabsfigur ein Jahr nach *Kaufmann* als Typus: „ein Musterbild", das „Repräsentant für ein Allgemeines und zugleich für die wesentlichen Züge und Ausprägungen einer konkreten Entscheidung" ist.[135] Die „Modellperson"[136] sei „kein Teil der empirisch feststellbaren, realen Welt", sondern dieser nur entlehnt.[137] Die Konkretisierung mithilfe gerade einer Maßstabsperson sei deshalb erforderlich, weil die von der Rechtsnorm geforderte sorgfältige Handlung „nicht anders vorstellbar (sei) als mit einem ‚leitbildhaften Täter', dem Subjekt, das Träger der Handlung ist."[138] Auch dürften Normen keine prinzipell unerfüllbaren Forderungen stellen. Da sie nun mal an den Menschen gerichtet seien, müssten sie in ihren „Anforderungen dem Wesen seines Adressaten, des Menschen, Rechnung tragen."[139] Aber eine gewisse, im Menschen angelegte Möglichkeit „sich über das kausale Naturgeschehen

---

Graßberger, Grenzen der Fahrlässigkeit, ZfRV 5 (1964), 18 (21): „Bei der Beurteilung der Gefahr im Rahmen der Tatbildmäßigkeit hat man sich unter dem objektiven Beobachter nicht einen Menschen mit bloßem Durchschnittswissen, sondern den (...) unter den Umständen angemessenen bestens unterrichteten Beurteiler vorzustellen. (...) Es kommt also hier nicht auf das individuelle Wissen und Wissenkönnen an, (...) sondern auf das den Umständen angemessene menschenmögliche Urteil."

[132] *Armin Kaufmann*, Das fahrlässige Delikt, ZfRV 5 (1964), 41 (49).

[133] „Es ist a priori ausgeschlossen, axiologische Erwägungen bruchlos in intellektuelle Tatsachenprognosen zu transferieren.", *Armin Kaufmann*, Das fahrlässige Delikt, ZfRV 5 (1964), 41 (49).

[134] *Armin Kaufmann*, Das fahrlässige Delikt, ZfRV 5 (1964), 41 (51). Ebenso *Rudolf A. Mikus*, Die Verhaltensnorm, S. 53: Die Maßstabsfigur diene „als Vehikel, um die Rechtsordnung im Tatbestand des Fahrlässigkeitsdelikts unterzubringen, ohne nach dem Legitimationsgrad einzelner Regeln und Richtlinien differenzieren zu müssen."

[135] *Dieter Lorenz*, Der Maßstab des einsichtigen Menschen, S. 57.

[136] *Dieter Lorenz*, Der Maßstab des einsichtigen Menschen, S. 57.

[137] *Dieter Lorenz*, Der Maßstab des einsichtigen Menschen, S. 57 f.

[138] *Dieter Lorenz*, Der Maßstab des einsichtigen Menschen, S. 56.

[139] *Dieter Lorenz*, Der Maßstab des einsichtigen Menschen, S. 7.

zu erheben und die wirkenden Kräfte zweckhaft einzusetzen" sei zwingende Voraussetzung ihn „als Urheber seiner Taten zu bezeichnen und sozial verantwortlich zu machen".[140] Dabei soll es nicht darauf ankommen, ob der einzelne Täter diese Fähigkeit besitzt, solange sie dem Menschen grundsätzlich zu eigen ist.[141]

Lorenz plädiert also für die Erfüllbarkeit der Normen einerseits, andererseits aber gegen die Berücksichtigung individueller Fähigkeiten, um die Trennung zwischen objektiver Rechtswidrigkeit und subjektiver Vorwerfbarkeit zu wahren.[142] Andererseits dürfe es aber auch nicht auf ein „fiktives Wesen, einen übermenschlichen, alles überschauenden Geist" ankommen, „der bezüglich der vorhandenen Bedingungen und der gegebenen Zusammenhänge allwissend ist."[143]

„Insgesamt ist der e.M. (Anm. einsichtige Mensch) also ein Idealbild, das den Menschen so darstellt, wie er nach seinen in ihm vorhandenen Anlagen und Fähigkeiten sein könnte. Es zeigt den Menschen als über die niederen Triebe und Strebungen erhabenens, geistbetontes, personales Wesen, nicht, wie er gemeinhin ist, sondern wie er sein soll, wie er von der Rechtsordnung als Maßstab des Seienden angelegt wird und wie er letztlich auch jedem nach Selbstvervollkommnung strebenden Menschen als erwünschtes Ziel erscheint."[144]

Dieses Resumé offenbart zweierlei: Erstens ist *Lorenz'* Maßstabsfigur näher an einem Ideal als am Durchschnitt, den der Autor für ein schlechtes Vorbild hält.[145] Zweitens zeigt der Verweis auf die „Selbstvervollkommnung", Erhabenheit und Geistbetontheit der Figur, dass es bei dieser offensichtlich um mehr geht, als um einen rechtlichen Maßstab: Sie soll nicht nur einen Maßstab für rechtmäßiges Handeln bieten, sie soll zugleich Vorbild sein für den Normadressaten, der sich mit und an ihr zu Größerem entwickelt. Letztlich sind es moralische Erwägungen, mit denen *Lorenz* die Maßstabsfigur charakterisiert.

Niclas Börgers hingegen steht der Maßstabsfigur ablehnend gegenüber und plädiert in seiner Arbeit über das Gefahrurteil im Strafrecht aus dem Jahr 2008

---

[140] *Dieter Lorenz*, Der Maßstab des einsichtigen Menschen, S. 11.
[141] *Dieter Lorenz*, Der Maßstab des einsichtigen Menschen, S. 11.
[142] „Diese pflichtgemäße Sorgfalt ist nun notwendig eine objektive, d.h. von der subjektiven Täterpersönlichkeit abstrahierte. Der tatbestandsmäßige Erfolg, die Rechtsgutsverletzung soll unbedingt vermieden werden. Die Normen richten sich deshalb an jeden Menschen, indem sie von den Fähigkeiten des einzelnen Täters vollkommen abstrahieren. Das Recht ,will' primär, daß jeder Rechtsgenosse, auch der Jugendliche oder der Geisteskranke, die von Rechts wegen mißbilligten Erfolge vermeidet. Es verlangt dies von jedem Menschen unabhängig von seiner persönlichen Leistungsfähigkeit. Die Imperative machen, indem sie abstrahieren, keine Differenzierungen nach den konkreten Fähigkeiten zur Normbefolgung. Daraus erklärt sich auch die generelle und abstrakte Fassung der strafrechtlichen Normen", *Dieter Lorenz*, Der Maßstab des einsichtigen Menschen, S. 20 und 61.
[143] *Dieter Lorenz*, Der Maßstab des einsichtigen Menschen, S. 63, er beschreibt diesen Typus als Idealtypus im Weber'schen Sinne.
[144] *Dieter Lorenz*, Der Maßstab des einsichtigen Menschen, S. 143.
[145] *Dieter Lorenz*, Der Maßstab des einsichtigen Menschen, S. 68.

für die objektive Beurteilung der Gefährdung im Sinne eines allwissenden ex ante-Urteils.[146] Die Figur könne nur sehr unbestimmte normative Erwartungen fixieren[147] und störe die strenge Trennung von objektiven und subjektiven Tatbestandsmerkmalen, indem sie den objektiven Tatbestand subjektiviere.[148] Die Unterscheidung von objektivem und subjektivem Tatbestand habe aber nicht nur formal ordnende Funktion, sondern verhindere, dass strafrechtliche Interessen im Konfliktfall nach unterschiedlichen Parametern geschützt werden. Dass die Gefahr nach herrschender Meinung aus Sicht des ‚objektiven Dritten' beurteilt werde, führe dazu, dass bei der strafrechtlichen Bewertung eines Verhaltens auf unterschiedliche Sachverhalte zurückgegriffen werde: Es gebe verschiedene situative Referenzpunkte für die Maßstabsfigur (derjenige, der unter der Straßenlaterne steht, kann mehr sehen als der, der im Dunkeln steht) und unterschiedliche verkehrskreisbezogene Figuren (die Ärztin hat andere Kenntnisse als der medizinische Laie). Zudem ändere sich das erforderliche Sorgfaltslevel je nach dem verfügbaren Sonderwissen des Täters. Diese sich unterscheidenden Sachverhaltsannahmen könnten in bestimmten Fällen zu Systembrüchen führen, so zum Beispiel zur Zulässigkeit einer „Notwehr gegen Notwehr".[149] Die Maßstabsfigur führe also dazu, dass im objektiven Unrechtstatbestand nicht mehr sicher sei, „ob ein Verhalten einerseits den Vorgaben der Strafrechtsordnung entspricht oder nicht und ob es andererseits auf der Grundlage eines Notrechtes abgewehrt werden darf oder eben nicht."[150] Laut *Börgers* könnten solche Brüche nur verhindert werden, beurteile man den objektiven Tatbestand tatsächlich ausschließlich nach objektiven Kriterien (bei ihm objektiv ex post genannt) und ergänze diese Erkenntnisse durch eine subjektive ex ante-Perspektive im subjektiven Tatbestand, den er auch für das Fahrlässigkeitsdelikt einführen möchte.[151]

Die Maßstabsfigur im Strafrecht weist Parallelen auf zum Sorgfaltsmaßstab des ‚pflichtgetreuen Durchschnittsbeamten' im Staatshaftungsrecht und im Kontext der objektiven Zurechnung mit der Figur des besonnenen Polizisten im Gefahren-

---

[146] Er nennt es insoweit irreführend objektives ex post-Urteil, da es auf das Wissen ankommen kann, das erst ex post verfügbar ist, ex ante aber schon vorhanden war.
[147] *Niclas Börgers*, Gefahrurteil, S. 22 und 75.
[148] *Niclas Börgers*, Gefahrurteil, S. 78, Zu den subjektiven Tatbestandsmerkmalen gehörten solche, die „der Täterpsyche zum Tatzeitpunkt entnommen werden."
[149] *Niclas Börgers*, Gefahrurteil, S. 81 ff. mit einem Beispiel auf S. 82. Gegen ein rechtmäßiges Verhalten dürften aber keine Notrechte zugelassen sein, ebd. S. 84.
[150] *Niclas Börgers*, Gefahrurteil, S. 85.
[151] „Soll der Konflikt zwischen den auch strafrechtlich geschützten Interessen zweier Bürger nicht einseitig entschieden werden, muss sich seine Beurteilung auf den wirklichen, objektiv ex post zu prüfenden Sachverhalt stützen.", *Niclas Börgers*, Gefahrurteil, S. 85; mit objektiv ex post ist hier eigentlich das ex ante vorhandene ideale Wissen gemeint, vgl. zur Beschreibung der Perspektiven auch S. 65 ff. Ausführlich zu *Börgers* Ansatz, ebd. S. 73 ff.

abwehrrecht. Die Ähnlichkeit mit dem Staatshaftungsrecht zeigt sich dort, wo die strafrechtliche Maßstabsfigur einen Sorgfaltsmaßstab konkretisiert und eine Interessenabwägung verbildlicht. Im Unterschied zum strafrechtlichen ‚Durchschnittsmenschen' wird der ‚pflichtgetreue Durchschnittsbeamte' aber nicht zur Konkretisierung der objektiven Amtspflicht benutzt, sondern zur Charakterisierung des Verschuldens.[152] Das staatshaftungsrechtliche Verschulden wird mit Hilfe der Maßstabsfigur objektiviert, während das strafrechtliche Pendant dazu – die Schuld – anhand der individuellen Fähigkeiten des Täters geprüft wird. In dieser Unterscheidung treten die verschiedenen, teils gegenläufigen Zwecke von Strafrecht und Staatshaftungsrecht zu Tage. Während das Strafrecht individuelle Verfehlungen sanktioniert, die an einen freien Willensakt des Täters rückgekoppelt werden müssen, regelt das Staatshaftungsrecht mit Hilfe der Maßstabsfigur eine möglichst weite Einstandspflicht des Staates für amtspflichtwidriges Verhalten seiner Beamten. Es wird außerdem deutlich, dass die Maßstabsfigur wegen ihrer geringen inhaltlichen Programmierung gegenläufigen Motiven dienen kann.

Sowohl die Maßstabsfigur im Strafrecht, die zur Konkretisierung der objektiven Zurechnung benutzt wird als auch die Maßstabsfigur des Polizeirechts beschreiben die Perspektive auf ein Gefahrurteil ex ante. Beide verfolgen das Ziel, Pflichten zur Gefahrvermeidung zu konkretisieren und die Vorhersehbarkeit von Rechtsgutsverletzungen normativ zu fassen. Während es im Strafrecht noch das Korrektiv der individuellen Vermeidbarkeit gibt, drängt die polizeirechtliche Literatur nach einer stärkeren Objektivierung des Gefahrbegriffes und damit letzlich nach einer Abschaffung der Maßstabsfigur des besonnenen Polizisten.

3. Die reasonable person *im anglo-amerikanischen Recht*

The reasonable person – ursprünglich und auch heute manchmal noch als *the reasonable man*[153] oder *the man on the Clapham Omnibus*[154] bezeichnet –, gehört zu den klassischen Topoi des anglo-amerikanischen Rechts[155] und findet

---

[152] Diesen Unterschied gibt es natürlich auch zwischen Straf- und Zivilrecht, s. dazu *Lothar Kuhlen*, Strafrechtliche Produkthaftung, S. 83 f. Schließlich wird der Staatshaftungsanspruch mit zivilrechtlichen Verschuldensmaßstäben geprüft.

[153] Erstmals wohl in einem Fall aus dem Jahr 1837, Vaughan v. Menlove, 132 ER 490 (CP), in dem sich ein Heuhaufen auf dem Grundstück des Beklagten entzündete, weil er ihn unsachgemäß errichtet hatte. Daraufhin wurde das Eigentum des Klägers, eines Nachbarn, zerstört. Der Richter wies die Jury an, über die Fahrlässigkeit nach folgendem Maßstab zu urteilen: „he was bound to proceed with such reasonable caution as a prudent man would have exercised under such circumstances." Die Jury befand den Beklagten für schuldig, das eingelegte Rechtsmittel blieb erfolglos.

[154] Clapham ist ein Pendler-Vorort im Südwesten Londons.

[155] Es gibt vergleichbare Maßstabsfiguren in anderen Commonwealth-Rechtsordnungen,

I. Der Forschungsstand zur Maßstabsfigur in der modernen Rechtswissenschaft 31

sich in zahlreichen Urteilen.[156] Die Figur konkretisiert den Fahrlässigkeitsbegriff im Straf- und Deliktsrecht[157] und wird im Vertragsrecht als Auslegungsmaßstab benutzt,[158] insbesondere auch als *reasonable bystander* oder *reasonable man* bei der Frage, ob ein Vertrag durch Angebot und Annahme zustande gekommen ist.[159] Darüber hinaus wird aus der Perspektive einer Maßstabsfigur entschieden, ob sexuelle Handlungen im Einverständnis vorgenommen wurden oder ob ein Fall der Belästigung (*sexual harassment*) oder gar der Vergewaltigung vorliegt.[160] Im Öffentlichen Recht wird die Maßstabsfigur als *reasonable public authority* benutzt und legt dort den reduzierten Maßstab für die gerichtliche Überprüfung von Verwaltungshandeln fest.[161]

---

zum Beispiel im kanadischen Patentrecht (Beloit v. Valmet Oy (1986), C.P.R. (3d) 289), im australischen Arbeitsrecht (Re Sortirios Pandos and Commonwealth of Australia AATA 18 (1991)) und in Singapurs Verwaltungsrecht (Securities and Futures Appeals Tribunal between Ng Chiu Mui and Securities and Futures Commission (2007); Nachweise bei *Kevin P. Tobia*, How People Judge What Is Reasonable, Alabama Law Review, Vol. 70 (2018), S. 293 (353).

[156] In Kodifikationen hingegen werden meist Formulierungen wie „reasonable care", „reasonable time", „reasonable grounds" oder „reasonableness" benutzt so zum Beispiel im britischen „Unfair Contract Terms Act 1977", „Licensing Act 1964" im „Patents Act 1977" und „Protection of Freedoms Act 2012" sowie im amerikanischen „Uniform Commercial Code". Die *reasonable person* taucht auch in den Harmonisierungs-Entwürfen eines gemeinsamen europäischen Privatrechts seit den späten 90er Jahren auf. So kommt sie zweimal in den „Principles, Definitions and Model Rules of European Private Law – Draft Common Frame of Reference" der *Study Group on a European Civil Code* und der *Acquis Group* vor, nämlich als Auslegungsmaßstab für Verträge und Rechtsakte: Chapter 8, Section 1, II.–8:101 para. 3: „The contract is, however, to be interpreted according to the meaning which a reasonable person would give to it (...)." und fast gleichlautend Chapter 8, Section 2, II.–8:201 para. 3. Auch in den Vorarbeiten der Lando-Kommission zum „European Contract Law" gab es eine Maßstabsfigur, Nachweise bei *Jürgen Schmidt*, Zur ‚reasonable person', in: Ulrich Hübner u. a. (Hrsg.) Festschrift für Bernhard Großfeld, S. 1018.

[157] Zum Deliktsrecht s. Vaughan v. Menlove, 132 ER 490 (CP) und im Rahmen der Vorhersehbarkeit ein Fall, in dem zwei Kinder sich in einem Kanalschacht verletzten: Hughes v. Lord Advocate (1963) AC 837 at 85–6 per Lord Guest; *Alan D. Miller/Ronen Perry*, The Reasonable Person, NYU Law Review 87, 2012, 323 ff. Zum Strafrecht *Peter Westen*, Criminal Law and Philosophy (2008), Volume 2, 137–162.

[158] Investors Compensation Scheme Ltd v. West Bromwich Building Society (1998) 1 WLR 896 at 912–13 per Lord Hoffman und für die Frage, ob eine Äußerung diffamierend ist, Astaire v. Campling (1966) 1 WLR 34 at 41 per Diplock LJ.

[159] Smith v. Hughes (1871) LR 6 QB 597 at 607 per Blackburn J.

[160] Zur Gefahr der Stereotypisierung durch die Figur s. *Mayo Moran*, Rethinking the Reasonable Person; *Elizabeth Handsley*, The Reasonable Man, Sister in Law 1 (1996) 58 ff., die selbst umgekehrten Stereotypisierungen erliegt; *Kim Lane Scheppele*, The Reasonable Woman, in: Feinberg/Coleman (Hrsg.), Philosophy of Law, S. 456 ff.

[161] Der sog. Wednesbury standard, Associated Provincial Picture Houses Ltd v. Wednesbury Corporation (1948) 1 KB 223 at 230 per Lord Greene MR: „if no reasonable authority, acting within the four corners of (its) jurisdiction" could have decided as the defendant authority did.

Die Maßstabsfigur kommt wie im deutschen Recht in unterschiedlichen Ausprägungen vor, zum Beispiel als *right-thinking member of society, officious bystander, reasonable parent, reasonable landlord* und *fair-minded and informed observer*.[162] Sie beschreibt einen objektivierten Maßstab,[163] der jedoch auch hier verkehrskreisbezogen gebildet wird.[164] Dabei soll es sich um eine normative Figur handeln, die nicht durch empirische Erhebungen begründet oder widerlegt werden darf:[165]

„Even if the party offered to prove that his witnesses were reasonable men, the evidence would be beside the point. The behaviour of the reasonable man is not established by the evidence of witnesses, but by the application of a legal standard by the court. The court may require to be informed by evidence of circumstances which bear on its application of the standard of the reasonable man in any particular case; but it is then for the court to determine the outcome, in those circumstances, of applying that impersonal standard."

Die Maßstabsfigur hat im anglo-amerikanischen *Common Law* eine Funktion, die ihr in dieser Weise im deutschen Recht nicht zukommt:[166] Sie dient als Vorstellungshilfe für die mit Laien besetzte Jury[167] und wird deshalb auch für Fragen

---

Im Prinzip geht es dabei um eine Willkürkontrolle, *John Gardner*, The Many Faces of the Reasonable Person, S. 7.

[162] Beispiele aus Healthcare at Home Limited v. The Common Services Agency, Supreme Court of the United Kingdom, UKSC 49, 30, July 2014.

[163] „All standards for persons are impersonal standards. It is part of the nature of a standard for us that we are judged by it, not it by us.", *John Gardner*, The Many Faces of the Reasonable Person, S. 28.

[164] „(A)n ordinary prudent pilot having the same training and experience as Fred Heath", Heath v. Swift Wings, Inc., 252 S.E.2d 526 (N.C. 1979).

[165] Healthcare at Home Limited v. The Common Services Agency, Supreme Court of the United Kingdom, UKSC 49, 30, July 2014, „It follows from the nature of the reasonable man, as a means of describing a standard applied by the court, that it would be misconceived for a party to seek to lead evidence from actual passengers on the Clapham omnibus as to how they would have acted in a given situation or that they would have foreseen, in order to establish how the reasonable man would have acted or what he would have foreseen." Für eine rein normative Definition der *reasonable person Alan D. Miller/Ronen Perry*, The Reasonable Person, NYU Law Review (87) 2012, 323 ff. allerdings in Abgrenzung zu einem wenig überzeugenden und praktikablen Konzept einer empirischen Figur der reasonable person, vgl. S. 370 ff.; *Peter Westen*, Criminal Law and Philosophy (2008), Volume 2, 137 (138).

[166] Im deutschen Recht geht ihr diese Funktion nicht völlig ab. Hier wird die kommunikativ-pragmatische Aufgabe der Maßstabsfigur darin gesehen, den Parteien des Rechtsstreits ein Angebot zum Hineindenken zu machen.

[167] Zu einseitig ist es wohl zu sagen, dass die Figur lediglich diesen Zweck erfüllt, so aber in Regina v. Smith, House of Lords, 4 AER 289, 27 July 2000: „the concept of the ‚reasonable man' has never been more than a way of explaining the law to a jury; an anthromorphic image to convey to them, with a suitable degree of vividness, the legal principle that even under provocation, people must conform to an objective standard of behaviour that society is entitled to expect". Jürgen Schmidt hält die *reasonable person* für eine Figur, die besonders im *case law*

benutzt, die an die Geschworenen gerichtet werden.[168] Indem die Richterinnen auf eine fiktive, aber vorbildliche Figur verweisen, können sie den juristisch nicht Vorgebildeten den rechtlichen Maßstab anschaulich machen, weil die Figur an außerrechtliche, ihnen bekannte Parameter anknüpft. Und gerade weil die *reasonable person* auf außerrechtliche Maßstäbe Bezug nimmt, kommt ihr laut *Gardner* auch außerhalb von Geschworenen-Verfahren eine besondere Bedeutung zu.[169] Sie sei nicht nur eine Hilfestellung für die Jury, sondern auch für die Rechtsprechung attraktiv, die sie benutzt, um zu vermeiden, einen Präzedenzfall zu schaffen. Mit Hilfe der *reasonable person* werde die Verantwortung für die rechtlich bindende Entscheidung aus dem Recht herausgenommen:

„He exists to allow the law to pass the buck, to help itself pro tempore to standards of justification that are not themselves set by the law, and which therefore are only as good as the standards of justification used by the person or people to whom the buck is passed."[170]

Gardner hält die *reasonable person* für eine Figur, die auf außerrechtliche Normativitäten Bezug nimmt[171] und im Recht einen deregulierten Raum schafft, der es den Richterinnen ermöglicht, zu generalisieren, ohne Standards zu setzen, die die Rechtsprechung in künftigen Fällen binden.[172] Dabei habe sie keine entscheidungsleitende Funktion, denn sie mache keine Aussage darüber, welche Maß-

---

gut funktioniert und diskutiert das im Rahmen der „Anschlußfähigkeit" des europäischen Rechts für die Figur der *reasonable person*: „Argumentieren könnte man zunächst damit, daß die ‚reasonable person' deshalb eine für das angloamerikanische Recht typische und für das kontinentaleuropäische Recht untypische Rechtsfigur ist, weil sie (...) eine Einbruchstelle für Einzelfallentscheidungen darstellen solle, wie sie für das System des ‚Case Law' (...) charakteristisch sei.", Zur ‚reasonable person', in: Ulrich Hübner u.a. (Hrsg.) Festschrift für Bernhard Großfeld, S. 1022.

[168] So ausdrücklich im Homicide Act 1957, section 3: „(...) the question whether the provocation was enough to make a reasonable man do as he did shall be left to be determined by the jury". *Benjamin C. Zipursky*, Reasonableness in and out of Negligence Law, UPen Law Review (163), 2155 f. Wie *Zipursky* beschreibt, benutzen die Richterinnen im Deliktsrecht häufig andere Bezeichnungen gegenüber der Jury (‚reasonably prudent person'), als sonst (‚reasonable person').

[169] *John Gardner*, The Many Faces of the Reasonable Person, S. 3.

[170] *John Gardner*, The Many Faces of the Reasonable Person, S. 11.

[171] Gerade kein „socially prevailing standard", *John Gardner*, The Many Faces of the Reasonable Person, S. 22.

[172] *John Gardner*, The Many Faces of the Reasonable Person, S. 12, „They do not enter the law. They are used by the law to avoid the need for a legal generalization to be made. And that, so far as the law is concerned, is the genius of the reasonable person as all-purpose standardsetter. He is also an all-purpose buck-passer.", s. auch S. 15. Diesen Raum versuchen die Richterinnen oft selbst wieder einzuhegen, indem sie die Figur durch Eigenschaften, Berufe, soziale Rollen näher bestimmen, S. 37. „There is an inevitable pressure, a pressure from the ideal of the rule of law, for courts to construct legal standards out of extra-legal ones.", S. 4.

stäbe durch sie Anwendung finden sollen.[173] Sie könne fehlerhaften Ansichten ebenso zur Geltung verhelfen wie zutreffenden.[174]

Andere verstehen die Figur stärker als ein Konglomerat normativer und empirischer Elemente, wobei deren Verhältnis zueinander in der Maßstabsfigur wie im deutschen Recht ungeklärt bleibt:

> „The way that the reasonable person seamlessly interwines the normative and descriptive may be one source of its appeal, but this very feature makes disentanglement difficult when the actual person no longer so closely resembles his ‚legal' counterpart."[175]

Ein Blick in die Rechtsprechung zeigt, dass die Figur mit Eigenschaften der Parteien des Rechtsstreits ausgestattet wird.[176] Je stärker sie an der betroffenen Person ausgerichtet wird, desto eher können persönliche Beschränkungen und Abweichungen von Normalitätserwartungen Berücksichtigung finden, desto beliebiger wird sie aber auch als Konkretisierungsinstrument.

Die *reasonable person* stellt einen objektivierenden, von unterschiedlichen individuellen Ausprägungen abstrahierenden Standpunkt für die Beurteilung menschlichen Verhaltens dar. Gerade deshalb stößt sie aber auch auf grundlegende Kritik: Für benachteiligte Gruppen perpetuiere sie die Diskriminierung, indem sie sie an einer Normalitätserwartung misst, die ihre Bedürfnisse und Probleme nicht beachtet und bestehende Diskriminierung legitimiert.[177] Auch schein-

---

[173] Allerdings wird ‚reasonable' nicht selten mit ‚socially acceptable' gleichgesetzt, kritisch *John Gardner*, The Many Faces of the Reasonable Person, S. 22.

[174] *John Gardner*, The Many Faces of the Reasonable Person, S. 10.

[175] *Mayo Moran*, Rethinking the Reasonable Person, S. 2, 301; vgl. auch *Benjamin C. Zipursky*, Reasonableness in and out of Negligence Law, UPen Law Review (163), 2130 f.; *Kevin P. Tobia*, How People Judge What Is Reasonable, Alabama Law Review, Vol. 70 (2018), S. 293 (334): „large and sensible masses".

[176] *Mayo Moran*, Rethinking the Reasonable Person, S. 3. Kritisch *John Gardner*, The Many Faces of the Reasonable Person, S. 29: „Attempts to personalize the reasonable person to mitigate his impersonal harshness often gets into logical trouble." Rücksicht wird dabei zum Beispiel auf die begrenzte Einsichtsfähigkeit von Kindern genommen (‚reasonable person of like age, intelligence and experience under like circumstances', allerdings zeigte sich in Fällen von Unfällen spielender Kinder, dass an Jungen weniger strenge Sorgfaltsanforderungen gestellt wurden als an Mädchen, *Mayo Moran*, Rethinking the Reasonable Person, S. 8 f.). Auch körperliche Beschränkungen werden berücksichtigt, und zwar eher vorübergehende als dauerhafte Beeinträchtigungen, genauso wie physische Beschränkungen eher Berücksichtigung finden als psychische, ebd., S. 5, 21 ff.

[177] „Women, people of color, and other politically disadvantaged groups are ill-served by a standardized concept of a reasonable man or an average person or a point-of-viewless point of view.", *Kim Lane Scheppele*, The Reasonable Woman, in: Philosophy of Law, S. 460. Wenig überzeugende Kritik an dieser Einschätzung findet sich für den Fahrlässigkeitsbegriff im Deliktsrecht bei *Alan D. Miller/Ronen Perry*, The Reasonable Person, NYU Law Review (87) 2012, 361 ff. Zum Problem eines Verweises auf sozial übliches Verhalten s. Ellison v Brady, 924 F.2d 872 (1991): „If we only examined whether a reasonable person would engage in alle-

bar unverfängliche Bezeichnungen wie *reasonable person* (in Abgrenzung zum lange benutzten *reasonable man*) sind geeignet zu diskriminieren, denn es kommt insoweit weniger auf die Benennung, als auf die mit ihr verbundenen Vorstellungen des Verwenders an.[178] Legt der Richter der Figur sein Bild von einem weißen heterosexuellen Mann Mitte 30 zugrunde, um ein oft genanntes Beispiel zu bemühen, wird zu einer deutlich anderen Bewertung kommen, als wenn er einen Afroamerikaner oder eine junge Frau zum Maßstab macht: Wie eine Person sich fühlt, wenn sie einer Polizeistreife begegnet,[179] oder wenn sie am Arbeitsplatz ständig Komplimente von einer Person des anderen Geschlechts bekommt, hängt ganz maßgeblich von Faktoren wie Geschlecht und ethnischer Zugehörigkeit ab. Diese Kritik greift auch *Moran* in ihrer Arbeit „Rethinking the Reasonable Person" auf.[180] Die Figur werde als ein Normalitätsstandard benutzt,[181] der Stereotypenbildung und Ungleichheit fördere.[182] Sie sei ein unpräziser Maßstab,[183] der es einem als Personifikation schwer mache, nicht in bestimmte geschlechterspezifische Zuschreibungen zu verfallen[184] und die Personen zusätzlich belaste, die ohnehin diskriminiert würden, weil sie Normalitätserwartungen nicht entsprächen.[185]

---

gedly harassing conduct, we would run the risk of reinforcing the prevailing level of discrimination. Harassers could continue to harass merely because a particular discriminatory practice was common, and victims of harassment would have no remedy."

[178] *John Gardner* sieht das Problem gerade in der Maßstabslosigkeit der Figur: „If the reasonable person often ends up giving effect to a male standard of justification that is not because he sets a male standard of justification. It is because he sets no particular standard of justification.", The Many Faces of the Reasonable Person, S. 11.

[179] Zur Verfassungswidrigkeit des sogenannten Racial Profiling, also verdachtsunabhängiger Personenkontrollen aufgrund solcher Merkmale, die (vermeintlich) auf die ethnische Herkunft schließen lassen, s. *Alexander Tischbirek/Tim Wihl*, Verfassungswidrigkeit des „Racial Profiling", JZ 2013, 219 ff. Zur Bedeutung des Racial Profiling in Europa vgl. die Studie der European Union Agency for Fundamental Rights (FRA), Polizeikontrollen und Minderheiten, EU-MIDIS 2010, http://fra.europa.eu/de/publication/2012/bericht-der-reihe-daten-kurz-gefasst-polizeikontrollen-und-minderheiten (zuletzt abgerufen am 10. Juli 2019).

[180] „(T)hat there is something troubling about using an idealized person as a legal standard", *Mayo Moran*, Rethinking the Reasonable Person, S. 1. Ihre Kritik zielt letztlich darauf, die Personifizierung, nicht das Vernunftskriterium zu überdenken (rethinking the person, not the reason).

[181] „tendency to read reasonableness as normalcy", *Mayo Moran*, Rethinking the Reasonable Person, S. 9.

[182] „the reasonable person is presumtively white, male, educated, an English speaker, literate, adult, employed, physically able, and the like.", *Mayo Moran*, Rethinking the Reasonable Person, S. 306. S. auch *Kim Lane Scheppele*, The Reasonable Woman, in Philosophy of Law, S. 456 ff.

[183] *Mayo Moran*, Rethinking the Reasonable Person, S. 305.

[184] *Mayo Moran*, Rethinking the Reasonable Person, S. 303.

[185] Und das gehe dann auch noch mit moralischen Bewertungen einher, „The language of

Ursprünglich als *reasonable man*-Standard verwendet, wird die Maßstabsfigur im angloamerikanischen Recht heute überwiegend (vordergründig[186]) geschlechterneutral als *reasonable person* und in bestimmten Fällen als *reasonable woman* bezeichnet. Teilweise durchgesetzt hat sich ein *reasonable woman*-Standard in Fällen sexueller Übergriffe und Stalking, weil dort deutlich unterschiedliche Wahrnehmungen zwischen Männern und Frauen angenommen werden, wann ein Verhalten als übergriffig empfunden wird.[187] Hintergrund dieser Entwicklung ist die Erkenntnis, dass die Personifizierung insbesondere zum ‚vernünftigen Mann' unweigerlich geschlechterspezifische Assoziationen weckt, einen vermeintlich ‚natürlichen Zustand' beschreibt und sich auf diese Weise nicht nur benachteiligend auf Frauen, sondern auch auf Minderheiten auswirken kann, die diesem Bild nicht entsprechen.[188] Dabei kann es ebenso schädlich sein, das Verhalten von Frauen nach ‚männlichen' Maßstäben zu beurteilen,[189] wie unterschiedliche Maßstäbe für Frauen und Männer oder Jungen und Mädchen anzuwenden.[190]

Diese Problematik einer Maßstabsfigur scheint im deutschen Recht weitgehend unreflektiert geblieben und nur gelegentlich im Hinblick auf die hinter dem Recht stehenden Subjektkonstruktionen und Menschenbilder thematisiert wor-

---

‚normal' and ‚natural' shortcomings also seems to import unstated assumptions about culpability." *Mayo Moran*, Rethinking the Reasonable Person, S. 140.

[186] „There is still a serious possibility that the use of gender-neutral language merely serves to mask the maleness of the standard – to turn an explicit male norm into an implicit male norm.", *Elizabeth Handsley*, Sister in Law Volume 1 1996, 53 (61).

[187] S. Fn. 188.

[188] „Where gender structures societal expectations and affects perception and experience, the law defines what is lawful in terms of traditional male rights and conduct.", *Caroline A. Forell, Donna M. Matthews*, A Law of Her Own, S. 4. „when a reasonable person standard is used to assess sexual or violent conduct, present social and legal norms make this standard male", ebd. S. 17.

[189] *Kim Lane Scheppele*, The Reasonable Woman, in: Philosophy of Law, S. 457; *Caroline A. Forell/Donna M. Matthews*, A Law of Her Own, S. 7 mit Hinweis auf empirische Studien. Dieses Argument basiert auf zwei Annahmen: Erstens nehmen Frauen bestimmte Verhaltensweisen anders wahr als Männer: Ellison v Brady, 924 F.2d 872 (1991); „(M)en (are) more likely than women to label any given behavior as sexual", und gehen deshalb davon aus, dass sie die Erlaubnis haben, darauf selbst mit ‚sexuellem Verhalten' zu reagieren, *Barbara Gutek*, Sex and the Workplace, S. 92 ff. Als Ursachen dieser unterschiedlichen Wahrnehmung werden sowohl soziobiologische, als auch sozial konstruierte Unterschiede genannt, *Caroline A. Forell/Donna M. Matthews*, A Law of Her Own, S. 13. Zweitens sind Frauen gefährdeter Opfer solcher Übergriffe zu werden: „it is often reasonable for women to be afraid in situations where most men would be merely annoyed.", ebd. S. 133 f.

[190] Zum Beispiel ‚woman driver', Nachweise bei *Caroline A. Forell/Donna M. Matthews*, A Law of Her Own, S. 7; so werden bei Unfällen spielender Kinder Mädchen schneller für fahrlässiges Verhalten bestraft, als Jungen, die sich ja nur austoben wollen, *Mayo Moran*, Rethinking the Reasonable Person, S. 8 f.

den zu sein.[191] Nur im Immissionsschutzrecht finden sich noch Erwägungen zum mangelnden Schutz besonders empfindlicher Personen vor dem Hintergrund des Maßstabs eines ‚Durchschnittsmenschen'.[192] Problematisch bei jeder Form von Typisierungen ist, dass Unterschiede zwischen Personen eingeebnet werden und Persönlichkeitsmerkmale außer Acht bleiben müssen, um die Abstraktion vom Individuellen zu ermöglichen. Würde jede Varianz berücksichtigt, so handelte es sich nicht mehr um einen Maßstab. Dem Dilemma kann teilweise begegnet werden, wenn man zwar typisiert, dabei aber an dem Merkmal für die Maßstabsbildung anknüpft, das typischerweise Anlass für diskriminierende Stereotypisierung ist.[193] Um auf die genannten Beispiele zurückzukommen, könnte die Reaktion auf die Polizeistreife aus Sicht eines *reasonable Afroamerican* beurteilt werden und die Komplimente am Arbeitsplatz aus Sicht einer *reasonable woman*. Hier bleibt trotz Individualisierung des Maßstabs Raum für generalisierende Vorgaben. Neben der Auswahl des Maßstabs geht es aber um institutionelle Fragen, nämlich darum, wer diese Fälle entscheidet. Je vielfältiger die Richterbank besetzt ist, desto geringer ist das Risiko der immer gleichen Stereotypisierung und desto geringer das Legitimitätsproblem angesichts vielfältiger möglicher Standpunkte.[194]

II. Zur Geschichte der Maßstabsfigur im Recht

Nachdem im Jahr 1888 der Entwurf eines bürgerlichen Gesetzbuches für das Deutsche Reich veröffentlicht worden war,[195] verfasste *Otto von Gierke* dazu eine kritische Abhandlung. Darin kommentierte er auch die Sprache und Terminologie des Entwurfs und monierte die Beschreibung des allgemeinen Sorgfaltsmaßstabs als „Sorgfalt eines ordentlichen Hausvaters (§ 144)":

---

[191] *Susanne Baer*, Der Bürger, S. 14 ff.; *dies.*, Schlüsselbegriffe, Typen und Leitbilder, in: Schmidt-Aßmann/Hoffmann-Riem (Hrsg.), Methoden der Verwaltungsrechtswissenschaft, S. 223 (234); *Christian Bumke*, Menschenbilder des Rechts, in: Jahrbuch des Öffentlichen Rechts, Bd. 57, 125 (146 ff.).
[192] S. 235 ff.
[193] *Caroline A. Forell, Donna M. Matthews*, A Law of Her Own, S. 83 ff. Auch ließen sich verschiedene Identitäten in einer Typisierung verarbeiten, z.B. als Maßstab der ‚Puerto Rican Woman'. *Kim Lane Scheppele*, The Reasonable Woman, in: Philosophy of Law, S. 459: „the victim's point of view."; *Elizabeth Handsley*, Sister in Law Volume 1 1996, 53 (66).
[194] Vgl. *Kim Lane Scheppele*, The Reasonable Woman, in: Philosophy of Law, S. 456: „A serious problem for the legitimacy of public institutions occurs when truths become multiple, when stories proliferate in incommensurable versions, when different people with different ways of seeing become empowered to be heard in public debate."
[195] Entwurf eines bürgerlichen Gesetzbuches für das Deutsche Reich, Berlin & Leipzig 1888.

„Nun mag ja dem Juristen, dem aus den Pandekten die *diligentia boni patrisfamilias* geläufig ist, diese Verwendung des ins Deutsche übersetzten Ausdrucks seinen besonderen Anstoß geben. Gehört derselbe aber wirklich in das deutsche Gesetzbuch? Hat er nicht bei den Römern einen ganz bestimmten historischen Hintergrund, der ihm bei uns fehlt? Von wem anders können wir denn im Ernste die *Sorgfalt eines ordentlichen Hausvaters, welcher über die Seinigen und das Seine mit Gewissenhaftigkeit und Treue wacht* (Motive I S. 279),[196] verlangen als von jemandem, der eben wirklich Hausvater im deutschen Sinne des Wortes ist oder mindestens die Stelle eines solchen vertritt? (....) Daß aber im täglichen Verkehr des bürgerlichen Lebens jede Person männlichen wie weiblichen Geschlechtes sich nach Art eines *Hausvaters* benehmen soll, ist eine seltsame Zumutung. Auch die Hausfrau, der Haussohn, die Haustochter, das Hausgesinde müssen sich nun stets in die Lage eines Hausvaters hineindenken, um genau zu wissen, was sie zu thun und zu lassen haben. Der Studierende auf der Universität, der Geselle in der Werkstatt muß sich zum Vater träumen. Mit der Sorgfalt eines ordentlichen Hausvaters muß die Schauspielerin ihren Engagementsvertrag erfüllen, die Balettänzerin tanzen, die Köchin kochen und die Markteinkäufe besorgen. (...)"[197]

Die „Sorgfalt des ordentlichen Hausvaters" (*diligentia boni patris familias*) fand bekanntlich keinen Eingang in das BGB,[198] wo es stattdessen nun heißt: „Fahrlässig handelt, wer die im Verkehr erforderliche Sorgfalt außer Acht lässt." (§ 276 Abs. 2 BGB).[199] Damit war die Karriere einer knapp zweitausend Jahre alten Figur aus dem römischen Recht hierzulande beendet. Dies liegt nicht daran, dass *von Gierke*, wie viele seiner Kollegen, den Entwurf eines bürgerlichen Gesetzbuches als „undeutsch" ablehnte, weil er sich gegen den „Geist einer abgestande-

---

[196] *Von Gierke* zitiert die Motive zu dem Entwurf eines bürgerlichen Gesetzbuches für das Deutsche Reich, 5 Bde. Berlin 1888.

[197] *Otto von Gierke*, Entwurf, S. 38 f.

[198] Wohl aber bis heute in die Zivilgesetzbücher anderer europäischer Staaten: Im spanischen *Código Civil* dient der *bonus pater familias* noch heute als Sorgfaltsmaßstab, so art. 1104: „Cuando la obligación no exprese la diligencia que ha de prestarse en su cumplimiento, se exigirá la que correspondería a un buen padre de familia" oder art. 1094: „El obligado, a dar alguna cosa lo está también a conservarla con la diligencia propia de un buen padre de familia." Ebenso im italienischen *Codice Civile*, etwa art. 1176: „Nell'adempiere l'obbligazione il debitore deve usare la diligenza del buon padre di famiglia" oder art. 382: „Il tutore deve amministrare il patrimonio del minore con la diligenza des buon padre di famiglia." Im französischen *Code Civil* bildete der *bon père de famille* in verschiedenen Gesetzen den Maßstab sorgfältigen Verhaltens. Dieser wurde erst 2014 ersetzt (LOI n° 2014–873 du 4 août 2014 pour l'égalité réelle entre les femmes et les hommes – Article 26). Nun heißt es: „I. – Le code civil est ainsi modifié: 1° A l'article 601, au 1° de l'article 1728, à l'article 1729 et au premier alinéa de l'article 1766, les mots: *en bon père de famille* sont remplacés par le mot: *raisonnablement*;" und so für die anderen Gesetze.

[199] *Hans-Joachim Hoffmann*, Abstufung der Fahrlässigkeit, S. 183: unterschätzt diese Veränderung: „(...) daß sachlich gegenüber dem Entwurf des BGB, der als Maßstab den ordentlichen Hausvater enthielt, keine Änderung bewirkt wurde, als an seine Stelle die im Verkehr erforderliche Sorgfalt trat. (...) Nunmehr ist die beispielhafte durch eine abstrakte Umschreibung ersetzt worden."

nen Pandektenwissenschaft" wandte.[200] Als Sorgfaltsmaßstab, der sich auf eine Leitfigur des sozialen Lebens bezog, entsprach der *pater familias* nicht mehr den sich im Laufe des 19. Jahrhunderts wandelnden gesellschaftlichen Verhältnissen und auch nicht mehr der sich damit verändernden Rechtswissenschaft:[201] Mit der allmählichen Emanzipation sozialer Gruppen, aber auch der Frauen, aus sozialen Herrschaftsverbänden wie Haushalt, Zunft oder Grundherrschaft wurde der einzelne Mensch zum eigenständigen Subjekt der Rechtsordnung, dessen Rechtsstellung nicht mehr durch Herrschaftsträger wie Hausvater, Zunftmeister oder Grundherr mediatisiert war.[202] Im Zuge dieser Individualisierung und prinzipiellen Gleichstellung aller Personen als Rechtssubjekte war – wie die spöttischen Bemerkungen *von Gierkes* zeigen – auch die Maßstabsfigur des Hausvaters obsolet geworden. Zugleich wurde damit auch die eine, das ganze soziale Leben repräsentierende und damit als sozial anerkanntes Vorbild fungierende, abstrakte Leitfigur des Hausvaters verabschiedet, weshalb der Sorgfaltsmaßstab zunehmend konkretisiert und funktional an die vielfältigen wirtschaftlichen Tätigkeiten und gesellschaftlichen Rollen der Rechtssubjekte angepasst werden musste: Nicht mehr soziale Herrschaftsverbände, sondern berufs- und verkehrskreisspezifische Anforderungen wurden zum Bezugspunkt von Maßstabsbildung, etwa die Sorgfaltspflicht eines Handwerkers oder eines Kindes.[203] Damit einhergehend hat sich auch der Charakter der Maßstabsfigur selbst verändert: Wurde diese bislang von der überwiegend qualitativ definierten Minderheit der „Hausväter" abstrahiert, so nun quantitativ als ‚Durchschnittsmensch' von allen Bürgern.[204]

Die Diskussion über die „Sorgfalt eines ordentlichen Hausvaters" am Ende des 19. Jahrhunderts zeigt allerdings auch, dass diese Maßstabsfigur im zivil-

---

[200] *Otto von Gierke*, Entwurf, S. 20 ff., 23.
[201] Dazu *Franz Wieacker*, Industriegesellschaft und Privatrechtsordnung.
[202] Vgl. *Ernst-Wolfgang Böckenförde*, Das Bild vom Menschen, in: ders., Recht, Staat, Freiheit, S. 58 ff., 58: „In der heutigen Rechtsordnung wird der Mensch grundsätzlich als einzelnes Individuum vorausgesetzt und in den Blick genommen. Das in ihr wirksame Bild vom Menschen ist das des einzelnen, auf sich gestellten Individuums, das zwar auch in sozialen und anderen Gemeinschaftsbeziehungen lebt, aber als solches diesen Beziehungen vorausliegt."
[203] Vgl. *Ernst-Wolfgang Böckenförde*, Das Bild vom Menschen, in: ders., Recht, Staat, Freiheit, S. 65: „Die heutigen Rechtsregelungen betreffen – als Reflex der fortschreitenden gesellschaftlichen Differenzierung – die Menschen in zunehmendem Maße nicht mehr als Person und insgesamt, sondern in *abgegrenzten Rollen und Funktionen*."; *Marietta Auer*, Der privatrechtliche Diskurs der Moderne, S. 13.
[204] Dass der ‚Durchschnittsmensch' nicht empirisch bestimmt wird, spielt in diesem Zusammenhang keine Rolle. Zur allmählichen Ausbildung des Staatsbürgerkonzepts seit dem 18. Jahrhundert und zur sukzessiven Ausweitung des Personenkreises, der als Staatsbürger politisch durch aktives und passives Wahlrecht am Gemeinwesen partizipieren durfte, *Michael Stolleis*, Untertan – Bürger – Staatsbürger, in: Vierhaus (Hrsg.), Bürger und Bürgerlichkeit im Zeitalter der Aufklärung, S. 65 ff.

rechtlichen Bereich auf eine lange, nur durch die fehlende Rezeption der Digesten zwischen dem 7. und 11. Jahrhundert unterbrochene Tradition zurückblicken kann. Im Öffentlichen Recht hingegen erscheint die Maßstabsfigur des Durchschnittsmenschen erst gegen Ende des 19. Jahrhunderts, sie ist aber am Vorbild des zivilrechtlichen *pater familias* orientiert. Überdies findet sich im Staatshaftungsrecht das aus dem Zivilrecht stammende Verschuldensmerkmal wieder, das für die Figur des *diligens pater familias* zentral war. Aus diesen Gründen kann die Betrachtung der historischen Dimension der zivilrechtlichen Maßstabsfigur deren Verwendung im Öffentlichen Recht als Durchschnittsmensch und besonnener Amtswalter erhellen. Der Genese und Geschichte des *pater familias* gilt deshalb die folgende Skizze.

1. Die Zwitterrolle des pater familias: *Soziale Norm und Maßstab im Recht*

Verfolgt man diese Maßstabsfigur zurückblickend in der europäischen Tradition, so wird deutlich, dass sie im Bereich der sozialen Normen entstanden ist. Ihren Ursprung hat sie als *bonus vir* oder *pater familias* in ethischen Vorstellungen der Griechen und Römer.[205] Erst in der römischen Kaiserzeit erhielt sie als *diligens pater familias* Einzug in das kodifizierte Recht. Im römischen Privatrecht wie auch in den nachantiken Rechtstraditionen des Mittelalters und der Frühen Neuzeit behält die Figur diese Zwitterrolle zwischen ethischem Vorbild und rechtlichem Maßstab bei: Als eine Person, die sich durch status- und geschlechtsspezifisch codierte moralische Qualitäten in ihrem Lebenswandel wie Handeln auszeichnet und daher – als einer bestimmten sozialen Klasse zugehörig – zum Maßstab und Vorbild dienen kann. Historisch betrachtet funktionierte dies auf zweierlei Weise: Einerseits erhielten solche rechtschaffenen und vorbildlichen männlichen Personen tatsächlich eine Rolle im Rechtsaustrag – etwa als Schiedsrichter –, andererseits aber wurden sie auch zum abstrakten Maßstab des *pater familias* verbildlicht, der der Normkonkretisierung diente. Die Geschichte der Maßstabsfigur zu betrachten erlaubt es daher auch, die ethischen und moralischen Implikationen eines bis heute im Recht verwendeten Konkretisierungsinstruments zu erkennen und zu problematisieren.

Verstöße gegen Brauch und Sitte sind in jeder Gesellschaft sozial sanktioniert.[206] Die Erwartungen an richtiges Handeln können in einer Leitfigur verkör-

---

[205] Die Unterscheidung von gesetztem Recht (*nomos, ius*) und im Herkommen begründeter Moral (*ethos, mos*) ist in der Antike grundlegend. Vgl. den Beginn der *Institutionen* des Gaius (1,1): „omnes populi, qui legibus et moribus reguntur (...).“

[206] Aus der soziologischen Perspektive *Max Webers* betrachtet, besteht ein Brauch in der Regelmäßigkeit sozialen Handelns: „Brauch soll heißen Sitte, wenn die tatsächliche Uebung

pert und zum Maßstab erhoben werden. Diese Figur vermittelt den Mitgliedern einer Gesellschaft Orientierung darüber, wie ein jeder in einer bestimmten Situation handeln sollte; sie dient zum Vorbild und zum Maßstab. Der Bürger wird daran in ethischer Hinsicht gemessen und für seine Handlungen verantwortlich gemacht. Diese ethische Maßstabsfigur des *bonus vir* oder *pater familias* spielte auch punktuell im Rechtsaustrag in Griechenland und Rom – vor allem in der Gerichtsrede – eine Rolle bei der Beurteilung der vor Gericht streitenden Personen, ohne dass sie aber zu einem Rechtsinstrument institutionalisiert wurde.

Während die Figur bei den Griechen eine rein ethische blieb,[207] wurde sie in Rom in der Kaiserzeit zum Maßstab auch der Rechtsanwendung. Aus rechtshistorischer Sicht betrachtet stellt der *diligens* oder *bonus pater familias* damit die erste Maßstabsfigur der Rechtswissenschaft dar; sie erscheint im justinianischen Gesetzeswerk, dem später sogenannten *Corpus Iuris Civilis*, wobei zum Teil bis heute strittig ist, ob diese Figur schon den Juristen der klassischen römischen Rechtswissenschaft vertraut war oder ob es sich bei den einschlägigen Stellen um Interpolationen der nachklassischen Juristen und Kompilatoren handelt.[208]

---

auf langer Eingelebtheit beruht." Dieser deskriptiven Bestimmung folgt eine normative: „Eine Ordnung soll heißen a) Konvention, wenn ihre Geltung äußerlich garantiert ist durch die Chance, bei Abweichung innerhalb eines angebbaren Menschenkreises auf eine (relativ) allgemeine und praktisch fühlbare Mißbilligung zu stoßen; b) Recht, wenn sie äußerlich garantiert ist durch die Chance (des) (physischen oder psychischen) Zwanges durch ein auf Erzwingung der Innehaltung oder Ahndung der Verletzung gerichtetes Handeln eines eigens darauf eingestellten Stabes von Menschen.", *Max Weber*, Wirtschaft und Gesellschaft, S. 15 und 17. Siehe aber *Christoph Möllers*, Möglichkeit der Normen: zur Wiederholung (S. 117 f., 169 f.) und zur Sanktion im engeren Sinn von auf einen Normbruch bezogener Konsequenzen (S. 171 ff.) als Indizien, aber nicht notwendige Bedingungen für Normativität.

[207] *J. Walter Jones*, The Law and Legal Theory of the Greeks, S. 264 f., 274: „But there is no evidence that Greek law ever took advantage of it (moral culpability) so far as to accept such an objective standard of conduct as was later to be represented by the *bonus paterfamilias* of Roman and the *reasonable man* of English law." Im ‚Öffentlichen Recht' gab es eine Rechenschaftspflicht der Amtsträger: Vor allem in der athenischen Demokratie galt das Prinzip einer ‚Amtshaftung' insofern, als alle Amtsträger sowohl während ihrer einjährigen Amtszeit als auch danach der Bürgerschaft rechenschaftspflichtig waren, vgl. *Jochen Bleicken*, Die athenische Demokratie, S. 277 ff. Man verfügte dabei aber nicht über den Maßstab eines ‚sorgfältigen Amtswalters', sondern sanktionierte schlicht die Amtsträger, wenn sie gegen ein Gesetz verstießen.

[208] Die grundlegende Abhandlung von *Wolfgang Kunkel*, Diligentia, Savigny-Zeitschrift für Rechtsgeschichte, Rom. Abt. 45, 1925, 266 ff., dient dem Versuch nachzuweisen, dass alle einschlägigen Stellen bei den klassischen Juristen interpoliert seien: „So ist der diligens pater familias mit all seinen Spielarten ein Erzeugnis nachklassischer Scholastik.", S. 311, vgl. S. 278, 296. Einschränkend *Franz Wieacker*, Römische Rechtsgeschichte I, S. 504, Anm. 9; *Heinrich Honsell/Theo Mayer-Maly/Walter Selb*, Römisches Recht, S. 238, Anm. 45. Zur heutigen Beurteilung der früher exzessiv betriebenen Interpolationenkritik, *Franz Wieacker*, Römische Rechtsgeschichte I, S. 154 ff.

Der *diligens pater familias* fungierte im römischen ‚Privatrecht'[209] als Verschuldensmaßstab für Schadensersatzansprüche. Das Verschuldensprinzip als Vermittlung zwischen sozialer oder rechtlicher Norm und Lebenswelt hatte sich schon sehr früh im ‚strafrechtlichen' Bereich der Tötungsdelikte entwickelt,[210] wurde aber erst später in das Zivilrecht übertragen. Mit der Differenzierung zwischen absichtlichem und unabsichtlichem Handeln stellte sich aber auch die Frage, wer für die unabsichtliche Handlung Verantwortung trägt und ob diese hätte vermieden werden können.[211] Mit anderen Worten: Der Verschuldensgedanke wirft die Frage nach der Fahrlässigkeit beim Handeln und damit nach dem Maßstab für die Sorgfaltspflicht auf.

a) Der ‚spoudaios anēr' in der griechischen Philosophie

Der *pater familias* bleibt auch als Rechtsmaßstab seinen ethischen Ursprüngen verpflichtet. *Wolfgang Kunkel* geht in seiner wegweisenden Abhandlung zur *Diligentia* hierbei nur von Einflüssen griechischer Ethik aus,[212] doch muss für diese

---

[209] Privatrecht und Zivilrecht sind in der römischen Rechtsordnung nicht dasselbe: Die römische Rechtswissenschaft (vgl. *Ulpian*, D. I 1,1–9) unterscheidet zunächst ‚Öffentliches Recht', *ius publicum* (*quod ad statum rei Romanae spectat*), von ‚Privatrecht', *ius privatum* (*quod ad singulorum utilitatem spectat*), s. auch *Marietta Auer*, Diskurs der Moderne, S. 30. Das Privatrecht unterteilt sie in *ius naturale*, das allen Lebewesen gemeinsam ist (Ehe, Kinderaufzucht etc.), *ius gentium*, das allen Völkern gemeinsam ist (Götterverehrung, Mordverbot, Sklaverei etc.) und *ius civile*, das einer politischen Gemeinschaft eigene Recht (*ius proprium ipsius civitatis*). Deshalb finden sich im *Corpus Iuris Civilis* in den *Digesta* im modernen Sinne ‚privatrechtliche' und ‚strafrechtliche' Juristengutachten, im *Codex Iustinianus* kaiserliche Konstitutionen ‚privatrechtlicher', ‚öffentlichrechtlicher' und ‚strafrechtlicher' Natur. Nur die *Institutiones* sind ein rein ‚privatrechtliches' Lehrbuch für angehende Juristen. Zum *Corpus Iuris Civilis* vgl. *Wolfgang Kaiser*, Justinian and the *Corpus Iuris Civilis*, in: Johnston (Hrsg.), The Cambridge Companion to Roman Law, S. 119 ff.

[210] Zunächst gab es in Griechenland und Rom in den meisten Rechtsbereichen kein Verschuldenserfordernis – die Schuld im Sinne einer Schädigung war objektiv gegeben und musste vergolten werden –, sie spielte aber für Tötungsdelikte von Anfang an eine Rolle. Historisch betrachtet hat es hier niemals eine „reine Erfolgshaftung" gegeben, vielmehr zeigen das altorientalische und griechische Recht sowie das altrömische Recht, dass von Anfang an willentliche und versehentliche Tötungsdelikte unterschieden wurden; vgl. *David Daube*, Roman Law, S. 171: „All this talk about *reine Erfolgshaftung*, intent without legal significance since without ethical significance, is nineteenth- and early twentieth-century mythology."

[211] *David Ibbetson*, Wrongs and Responsability in Pre-Roman Law, Journal of Legal History 25, 2004, 99. *Drakon* wird die Unterscheidung von absichtlicher und unabsichtlicher Tötung zugeschrieben, die sich auch im römischen Zwölftafelrecht findet. Inscriptiones Graecae I³ 104 (Wiederaufzeichnug der drakonischen Gesetze); Zwölftafelgesetz VIII 24: „Wenn ein Speer der Hand eher entfloh als geworfen wurde …". Zum altrömischen Recht *Geoffrey MacCormack*, Fault and Causation, Revue Internationale des Droits de l'Antiquité 28, 1981, 97 ff.

[212] Seiner Ansicht nach handelte es sich dabei besonders um Einflüsse der hellenistischen

II. Zur Geschichte der Maßstabsfigur im Recht

Frage auch die römische Tradition berücksichtigt werden.[213] *Kunkel* sieht in der Figur des „ehrenwerten Mannes" (*spoudaios anēr*) in der Nikomachischen Ethik des *Aristoteles* im 4. Jahrhundert v. Chr. das griechische Äquivalent zum römischen *bonus* oder *diligens pater familias*:

> „Genau besehen ist der *diligens pater familias* nämlich nichts anderes als das ethische Ideal der Philosophie in juristischem Gewande."[214]

Der *spoudaios anēr* bei *Aristoteles* stellt ein auf die gesamte Gruppe grundbesitzender männlicher Bürger bezogenes, sozusagen demokratisiertes Ideal dar.[215] Es verbindet die ethische Bestimmung individueller ‚Tugend' mit der Zugehörigkeit zur grundbesitzenden Klasse; die „Schlechten" per se sind die Angehörigen der unteren, nicht grundbesitzenden Klassen der Gewerbetreibenden und Lohnarbeiter.[216] Damit unterscheidet sich der *spoudaios anēr* von der traditionellen griechischen Vorstellung von einem vortrefflichen und ehrenhaften, das heißt einem „schönen und guten Mann", die seit homerischer Zeit das aristokratische Ideal der Kalokagathia[217] bildete, welches *Platon* als Verkörperung der vier ‚Kardinaltugenden' Gerechtigkeit, Besonnenheit, Mut und Weisheit bestimmt. Wie *Platon* teilt auch *Aristoteles* die Auffassung, dass diese Leitbilder (‚Tugenden') nur in einer Orientierung am Gemeinwohl realisiert werden könnten. Anders als jener stellt er aber nicht die Frage nach dem bestmöglichen Herrscher in den Mittelpunkt seiner ethischen und politischen Schriften,[218] sondern die nach dem idealen Bürger einer Stadtgemeinde. Die Frage, ob der ehrenwerte bzw. vortreff-

---

Zeit. Diese wirkten auf die spätantiken Juristen, die das justinianische Corpus kompilierten, *Wolfgang Kunkel*, Diligentia, Savigny-Zeitschrift für Rechtsgeschichte, Rom. Abt. 45, 1925, 266 (344): „Auf die griechische Herkunft weisen auch die Zusammenhänge der Diligenzlehre mit der hellenistischen Philosophie. Sie betreffen die eigentümliche Ausgestaltung des diligens pater familias als Idealmaßstab für das Verhalten des Verpflichteten"; vgl. auch ebd. 286 und *Max Kaser*, Das römische Privatrecht, Zweiter Abschnitt, S. 351: „Dieser Maßstab des sorgsamen Hausvaters stammt aus der griechischen Sozialethik." *Kunkel* wurde bezüglich des Zeitpunktes des griechischen Einflusses auf die römische Jurisprudenz widersprochen. Für die frühe Kaiserzeit: *Bernhard Kübler*, Der Einfluß der griechischen Philosophie, in: Larenz u.a. (Hrsg.), Rechtsidee und Staatsgedanke, S. 63 ff. Für das 3. Jahrhundert: *Helmut Coing*, Zum Einfluß der Philosophie des Aristoteles, Savigny-Zeitschrift für Rechtsgeschichte, Rom. Abt. 69, 1952, 24 ff.

[213] Dazu sogleich, S. 45 ff.
[214] *Wolfgang Kunkel*, Diligentia, Savigny-Zeitschrift für Rechtsgeschichte, Rom. Abt. 45, 1925, 266 (286, 344).
[215] *Rudolf Schottlaender*, Der aristotelische „spoudaios", Zeitschrift für Philosophische Forschung 34, 1980, 385.
[216] Vgl. *Roberto Fiori*, The vir bonus, in: Shirvindt (Hrsg.), Aequum ius, S. 189.
[217] Zu diesem Ideal s. *Aristoteles*, Eudemische Ethik, VIII 3, 1248b8–1249a17; vgl. *Kenneth J. Dover*, Greek Popular Morality, S. 41 ff.
[218] Nach antiker Auffassung bildete die Politik einen Teilbereich der Ethik.

liche Bürger über dieselben Tugenden wie ein ehrenwerter bzw. vortrefflicher Mann verfügen müsse, verneint *Aristoteles*: Besonnenheit, Gerechtigkeit und Mut reichten für einen vollkommenen Bürger aus; vorausschauende Vernunft und Wissenschaft sei nur für die Regierenden erforderlich.[219] Weil für *Platon* wie *Aristoteles* der wahrhaft Tugendhafte auch der wahrhaft Wissende (und nicht bloß Meinende) ist, kann *Aristoteles* sagen:

„Denn der vortreffliche Mann beurteilt jedes Einzelne richtig, und in jedem Einzelnen erscheint ihm die Wahrheit [...], da er gewissermaßen Richtschnur (*kanon*) und Maß (*metron*) dafür ist."[220]

Der vortreffliche Mann (*spoudaios anēr*) beurteilt aber nicht nur alles richtig, sondern er handelt auch immer richtig. Als Richtschnur und Maß bleibt er auch bei *Aristoteles* eine Idealfigur aristokratischen Zuschnitts, kein Durchschnittsmaßstab. Dies gilt jedoch nicht für den vortrefflichen Bürger, der nicht über Weisheit und Wissenschaft verfügen muss, sondern nur über Klugheit im Überlegen und Handeln sowohl im eigenen Interesse als Haushaltsvorstand, als auch im Interesse der Allgemeinheit als Bürger, der in den politischen Institutionen mitwirkt.[221] Seine Vorzüglichkeit erweist sich in der Praxis. In der stoischen Ethik wird diese Auffassung dann aufgegriffen und popularisiert,[222] wobei die aristotelische Differenzierung zwischen dem vortrefflichen Bürger und dem vorzüglichen Mann verlorenging.[223]

Diese philosophischen Leitbilder beeinflussten zu hellenistischer Zeit die ethischen Vorstellungen der Aristokratie[224] in den griechischen Städten. Die aristro-

---

[219] *Aristoteles*, Politik, III 4, 1277a12–b32.

[220] *Aristoteles*, Nikomachische Ethik, III 6, 1113a29–34. Diesen Satz zitiert *Wolfgang Kunkel*, Diligentia, Savigny-Zeitschrift für Rechtsgeschichte, Rom. Abt. 45, 1925, 266 (286 und 344).

[221] *Aristoteles*, Nikomachische Ethik, VI 5–9, 1140a24–1142a30. *Aristoteles* unterscheidet strikt zwischen auf Vernunft und Wissenschaft basierender Weisheit und praktischer Klugheit.

[222] Stobaios II 99, 3–8: „Zenon und die ihm folgenden stoischen Philosophen sind der Ansicht, dass es zwei Arten von Menschen gibt, den Typ der rechtschaffenen (*spoudaios*) und den der schlechten Menschen. Der rechtschaffene Typ wendet durch sein ganzes Leben hindurch die Tugenden an, während der schlechte Typ die Untugenden zum Zuge bringt. Demnach handelt der erstere in allem, was er unternimmt, immer richtig, der letztere dagegen falsch." *Helmut Coing*, Zum Einfluß der Philosophie des Aristoteles, Savigny-Zeitschrift für Rechtsgeschichte, Rom. Abt. 69, 1952, 24 (54), ist der Auffassung, dass die römischen Juristen den aristotelischen *spoudaios aner* nicht direkt, sondern nur über populärphilosophische Konzepte der Stoiker vermittelt rezipiert hatten.

[223] *Rudolf Schottlaender*, Der aristotelische „spoudaios", Zeitschrift für Philosophische Forschung 34, 1980, 385 (392).

[224] Das heißt derjenigen Stadtbürger, die über genügend Grundbesitz verfügten, um sich – ökonomisch abkömmlich – ganz der Ausbildung geistiger und körperlicher Fertigkeiten (,Tugenden'), einer darauf beruhenden aristokratischen Lebensweise und der Übernahme politischer Ämter widmen zu können.

kratische Klasse nutzte ihr Vermögen auch dazu, durch umfangreiche Schenkungen und Stiftungen als Wohltäter ihrer Heimatgemeinde und deren Bürger aufzutreten. Deshalb wurden sie unablässig mit Statuen und Dekreten öffentlich geehrt, wobei in den Ehrendekreten die Tugenden eines vorbildlichen Bürgers beschworen wurden. In diesen Beschlüssen will *Wolfgang Kunkel* die „früheste Spur der Diligenzidee" erkennen.[225] Angehörige dieser sozialen Klasse berief man als auswärtige Schiedsrichter bei Streitigkeiten zwischen den Städten oder bei innerstädtischen Konflikten, und aus ihnen rekrutierten sich in den oligarchisch verfassten Gemeinwesen die Magistrate und die Geschworenen auf den Richterbänken.[226] Auf diese Art und Weise wirkten die philosophischen Leitbilder bis in den Rechtsaustrag hinein. Es zeigt sich also schon bei den Griechen die in der späteren Maßstabsfigur verwirklichte Zwitterrolle als soziale Norm und Rechtsmaßstab.

b) Der ‚bonus vir' und ‚pater familias' als ethisches Leitbild und Sorgfaltsmaßstab

Auch die römische Tradition kannte unabhängig von griechischem Einfluss das ethische Ideal eines *bonus vir*.[227] Dieser orientierte sich an den Beispielen der als vorbildlich betrachteten Vorfahren, in denen die römische Tradition (*mos maiorum*) verkörpert war. Der *mos maiorum* bestand in einem Bündel zentraler römischer Leitbilder wie *fides, pietas, religio, disciplina, gravitas, constantia, virtus, dignitas* und *auctoritas*, an denen sich vor allem die Aristokratie der Senatoren und Ritter orientierte,[228] aber auch der *pater familias* aus der grundbesitzenden, nichtaristokratischen Bürgerklasse.[229] Mittels der auf dem *mos maiorum* beruhenden *boni mores* wurde außerhalb der Rechtsanwendung das soziale Verhalten der Bürger reglementiert und sanktioniert. Doch wirkte auch dieses ethische Ideal in das Recht hinein: Rechtsgeschäfte waren *contra bonos mores* un-

---

[225] *Wolfgang Kunkel*, Diligentia, Savigny-Zeitschrift für Rechtsgeschichte, Rom. Abt. 45, 1925, 266 (344).

[226] *Hans-Joachim Gehrke*, Bürgerliches Selbstverständnis, in: Hölkeskamp u. a. (Hrsg.), Sinn (in) der Antike, S. 225 ff.

[227] *Roberto Fiori*, The *vir bonus*, in: Shirvindt (Hrsg.), Aequum ius, S. 191; *Jörn Eckert*, Der „objektive Beobachter", S. 10: Unter einem *bonus vir* verstand man den „angesehenen, gut beleumundeten, im öffentlichen Leben stehenden Mann".

[228] *Wolfgang Blösel*, mos maiorum von den Anfängen bis zu Cicero, in: Linke/Stemmler (Hrsg.), Mos maiorum. S. 25 ff.

[229] *Roberto Fiori*, The *vir bonus*, in: Shirvindt (Hrsg.), Aequum ius, S. 196: „Just as *fides* transformed into ‚bona' fides, becoming an abstract criterion rather than personal quality, the title *bonus* changed its meaning, and instead of referring to single individuals, connoted the good citizen who follows aristocratic, i.e. traditional values. In contrast to the past, this good citizen did not necessarily belong to *nobilitas*."

wirksam,[230] und der *mos maiorum* insgesamt bildete eine Art Gewohnheitsrecht.[231] Darüber hinaus wurden aber auch gut beleumundete, grundbesitzende Bürger tatsächlich für den Rechtsaustrag hinzugezogen: Bereits für die Mitte des 2. Jahrhunderts v. Chr. ist belegt, dass zunächst außergerichtlich ein *bonus vir* als einvernehmlich von beiden Parteien bestellter Schiedsrichter Schadensersatz nach Ermessen (*boni viri arbitratu*) festlegen konnte.[232] Später war es so selbstverständlich, dass die *boni viri* auch Aufgaben in der Rechtspflege übernahmen, dass *Horaz* den *bonus vir* auf folgende Weise charakterisieren konnte:

„Wer gilt als Ehrenmann (*bonus vir*)? Wer die Senatsbeschlüsse, wer Recht und Gesetz hochhält, wer viele gewichtige Streitsachen als Richter entscheidet, wer als Bürge in Geschäften und als Zeuge in Prozessen den Erfolg sichert."[233]

Diese Praxis spielte noch in der klassischen und spätklassischen Jurisprudenz eine wichtige Rolle; und auch die *boni homines* im frühen und hohen Mittelalter standen in dieser Tradition.[234]

Diese römische Auffassung eines *bonus vir* wurde durch die folgenreiche Rezeption der griechischen Philosophie bei *Cicero* um eine mit stoischen Kategorien reflektierte ethische Dimension erweitert.[235] In *De officiis* behandelt *Cicero* die Prinzipien des Ehrenhaften und des Nützlichen sowie deren Konflikt. In diesem Zusammenhang berichtet er über einige Betrugsfälle, anhand derer die Fra-

---

[230] *Franz Wieacker*, Römische Rechtsgeschichte I, S. 504 f: „Diese Paradigmen konzentrieren sich schon außerhalb des Ius in dem selbständigen Sanktionssystem des zensorischen *regimen morum*; der Maßstab des *bonus vir* insbesondere auch in den *exempla maiorum* für vorbildliche Rechtschaffenheit der Väter."

[231] *Max Kaser*, Mores maiorum und Gewohnheitsrecht, Savigny-Zeitschrift für Rechtsgeschichte, Rom. Abt. 59, 1939, 52 ff. und *ders.*, Das römische Privatrecht. Erster Abschnitt, S. 196 verneint, dass der *mos* Recht schaffe; a.A. *Dietmar Schanbacher*. Ius und *mos*, in: Braun u. a. (Hrsg.), Moribus antiquis res stat Romana. S. 358. *mos* und *ius* konnten aber auch in Konflikt geraten, ebd.

[232] Bei Kauf- und Mietverträgen: *Cato*, De agri cultura, 148,2: „Allen Schaden, den der Käufer (der Weide) oder seine Hirten oder das Vieh des Käufers dem Besitzer zugefügt haben, soll er nach Ermessen eines rechtlichen Mannes (*boni viri arbitratu*) ersetzen." (ebenso 143,3; 144,3).

[233] *Horaz*, Epistulae, I 16, 40 ff.; vgl. *Cicero*, De finibus malorum et bonorum, III 64: „Wie nämlich die Gesetze das Wohlergehen aller dem Wohlergehen der Einzelnen voranstellen, so sorgt der gute, weise, gesetzestreue Mann, der die bürgerliche Pflicht kennt (*vir bonus et sapiens et legibus parens et civilis officii non ignarus*), mehr für das gemeinsame Wohl als für das eines beliebigen Einzelnen oder auch als für das eigene." Hier findet sich bereits die Idee einer altruistischen, zur Rücksichtnahme verpflichteten Maßstabsfigur, die sich später im ‚Durchschnittsbürger' wiederfinden wird.

[234] Etwa *Ulpian* D. VII 1,9; VII 9,1 pr.; *Proculus* D. XVII 2,76 und 78; dazu *Karin Nehlsen-von Stryk*, Die boni homines, S. 261 ff.

[235] *Roberto Fiori*, The *vir bonus*, in: Shirvindt (Hrsg.), Aequum ius.

II. Zur Geschichte der Maßstabsfigur im Recht

ge diskutiert wird, ob etwa ein Verkäufer von Getreide oder von Häusern den Käufern Sachmängel verschweigen dürfe.²³⁶ Dabei wird nicht nur deutlich, dass Cicero arglistige Täuschungen aus ethischen Gründen als *dolus malus* und *contra bonos mores* verurteilt, sondern dass diese ethische Bewertung zu seiner Zeit bereits Eingang in das Recht gefunden hatte; eine *lex Aquilia de dolo malo* (66 v. Chr.) ermöglichte eine Klage wegen arglistiger Täuschung. Wer den *boni mores* folge, so *Cicero*, sei ein „offener, gerader, freigeborener, gerechter, guter Mann" (*apertus, simplex, ingenuus, iustus, bonus vir*).²³⁷ Und er konstatiert, „dass der ein guter Mann ist, der nützt, wem er kann, niemandem aber schadet, außer wenn er durch angetanes Unrecht gereizt ist."²³⁸ Die hier beschriebenen Eigenschaften der Besonnenheit und der Fähigkeit zur Rücksichtnahme finden sich auch in der heutigen Maßstabsfigur wieder.

Der *diligens pater familias* als Maßstabsfigur im römischen Privatrecht lässt sich durchaus aus der römischen Tradition des *bonus vir* herleiten. Sozial gesehen handelte es sich dabei um den gewissenhaften Haus- und Familienvorstand mit Grundbesitz,²³⁹ der nach römischem Recht die einzige voll rechtsfähige Person war. Alle anderen Personen waren ihm gewaltunterworfen – seine Ehefrau, Kinder und Enkel – oder gehörten als Sklaven zu seinem Sachvermögen. Frauen, die nicht in der Gewalt des Ehemannes oder Vaters standen, bedurften eines *tutor*. Was heute der rechtsmündige Bürger ist, war in Rom der *pater familias*.²⁴⁰

Dass die Forschung zum Teil bis heute fast ausschließlich griechische Einflüsse für die Maßstabsfigur des *diligens pater familias* geltend macht, liegt an der für lange Zeit vertretenen Auffassung, dass das Verschuldensprinzip erst in nachklassischer Zeit in das römische Recht Eingang gefunden habe.²⁴¹ Unstrittig hingegen ist, dass im römischen Obligationenrecht²⁴² eine Entwicklung vom Verur-

---

²³⁶ *Cicero*, De officiis, III 50 ff.
²³⁷ *Cicero*, De officiis, III 57.
²³⁸ *Cicero*, De officiis, III 76.
²³⁹ Vgl. *Columella*, De re rustica, I 1, 3: „Deshalb wird ein gewissenhafter Familienvater (*diligens pater familias*), der die Absicht hat, einen zuverlässigen Weg der Vermögensmehrung aus der Landwirtschaft zu beschreiten, sich angelegen sein lassen, in jeder Sache die kundigsten Landwirte seiner Zeit zu Rate ziehen, die Fachliteratur der Alten eifrig zu studieren und genau zu erwägen, was jeder von ihnen denkt und vorschreibt (...)"; vgl. I 8, 18: *diligens dominus*. Diese Bestimmung erinnert an eine berufsbezogene Diligenzpflicht.
²⁴⁰ Zum *pater familias* und zur *patria potestas* vgl. Max Kaser, Das römische Privatrecht. Erster Abschnitt, S. 56 ff., 341 ff.
²⁴¹ *Wolfgang Kunkel*, Diligentia, Savigny-Zeitschrift für Rechtsgeschichte, Rom. Abt. 45, 1925, 266 (296), kategorisch: „Das klassische Recht hat eine Diligenzpflicht überhaupt nicht gekannt."
²⁴² *Gaius*, Institutiones, III 88, unterscheidet Vertragshaftung und deliktische Haftung aus Sachbeschädigung. Die meisten Fälle bei der Diskussion letzterer beziehen sich auf die ‚Sach-

sachungsprinzip zum Verschuldensprinzip stattgefunden hatte.²⁴³ Damit einher ging die Ausdifferenzierung von Verschuldensaspekten in Vorsatz, Fahrlässigkeit²⁴⁴ und Zufall.²⁴⁵ Die Kategorie der Fahrlässigkeit wiederum erforderte einen Maßstab für die Sorgfaltspflicht bzw. deren Verletzung als Nachlässigkeit oder Unerfahrenheit. Für diese Rechtsmaterie bot sich der *pater familias* als Maßstab geradezu an. Diese Entwicklung wird heute zumeist unter Zurückweisung einer als übertrieben betrachteten Interpolationenkritik, wie sie nicht nur bei *Kunkel* zu finden ist, früher angesetzt und die Genese des Verschuldensprinzips für das 1. Jahrhundert v. Chr., also noch für die Zeit der vorklassischen Jurisprudenz, angenommen.²⁴⁶

Lange Zeit hatte man auch die drei Verschuldenskriterien im römischen Privatrecht als Übernahme aus der griechischen Ethik betrachtet und auf folgende Passage des Aristoteles verwiesen:

„Ist es nun wider Erwarten geschehen, so ist der Schaden ein Unglück, ist es zwar nicht unerwartet, aber ohne bösen Willen, so ist es eine Verfehlung (denn eine Verfehlung haben wir dann, wenn die erste Ursache im Handelnden selbst liegt, ein Unglück, wenn sie außerhalb ist). Wenn man mit Absicht handelte, aber ohne vorherige Planung, ist es eine unrechte Tat, etwa was im Zorn oder in anderen zwingenden oder natürlichen Affekten den Menschen zu tun begegnen kann. Denn wenn man dann schädigt und sich verfehlt, so tut man zwar Unrecht, und es sind unrechte Taten, aber der Mensch ist darum noch nicht ungerecht oder schlecht. Wenn man aber aus Willensentscheidung so handelt, ist man ungerecht und schlecht."²⁴⁷

Der Gleichsetzung dieser Kriterien mit den römischen Verschuldenskategorien und damit einer anachronistischen Interpretation des *Aristoteles* als Begründer des Gedankens der Sorgfaltspflicht aus römisch-rechtlicher Perspektive hat *David Daube* widersprochen. Er hat darauf hingewiesen, dass die Beispiele, die Aristoteles für eine Verfehlung anführt, sich alle auf einen Irrtum oder eine Unkenntnis des Handelnden beziehen, etwa dass ein Soldat seinen Mitkämpfer irrtümlich als Feind betrachtet oder dass Ödipus aus Unkenntnis seinen Vater er-

---

beschädigung' am Sklaven oder Haustier eines anderen; ebenso die justinianischen Institutiones (III 13,2).

²⁴³ Heinrich Honsell/Theo Mayer-Maly/Walter Selb, Römisches Recht, S. 229 ff.

²⁴⁴ Vgl. *Paul,* D. IX 2,31 pr: „Denn Fahrlässigkeit liege vor (so Quintus Mucius), wenn Vorkehrungen nicht getroffen wurden, obwohl sie von einem umsichtigen Menschen getroffen werden konnten (*a diligente provideri poterit*)." *Gaius,* D. XIX 25,7: „Fahrlässigkeit ist aber nicht gegeben, wenn alles geschehen ist, was jede äußerst sorgfältige Person (*diligentissimus*) beachtet hätte."

²⁴⁵ Vgl. *Ulpian* D. IV 4,11,5: „(...) und was durch Zufall geschieht, kann jedem noch so sorgfältigen Hausvater (*pater familias diligentissimus*) widerfahren."

²⁴⁶ Heinrich Honsell/Theo Mayer-Maly/Walter Selb, Römisches Recht, S. 228 ff.

²⁴⁷ *Aristoteles*, Nikomachische Ethik, V 10, 1135b16–25. Etwa *Richard Maschke*, Willenslehre, S. 123; *Bernhard Kübler,* Der Einfluß der griechischen Philosophie, in: Larenz u. a. (Hrsg.), Rechtsidee und Staatsgedanke.

II. Zur Geschichte der Maßstabsfigur im Recht

schlägt und seine Mutter heiratet.[248] Ob die Unkenntnis oder der Irrtum vermeidbar gewesen wären, diskutiert *Aristoteles* nicht. Die aristotelische auf Unkenntnis oder Irrtum beruhende „Verfehlung" hat also nichts mit *culpa* im Sinne von Fahrlässigkeit zu tun.[249]

Es spricht also vieles dafür, dass die Ausdifferenzierung der Verschuldensaspekte Vorsatz (*dolus*), Fahrlässigkeit und Zufall eine genuine Entwicklung des römischen *ius civile* war. Das Gleiche gilt für die Konzeption sowohl der Fahrlässigkeit als Nachlässigkeit, Unterlassung oder Unerfahrenheit als auch des Maßstabs einer abgestuften Sorgfaltspflicht.[250] Diese Entwicklungen begannen im Bereich der deliktischen Haftung mit der Diskussion um die *lex Aquilia de damno iniuria dato* (286 v. Chr.) in der vorklassischen Jurisprudenz des 1. Jahrhunderts v. Chr., erfuhren ihre Übertragung auf die Vertragshaftung in der klassischen Rechtswissenschaft der hohen Kaiserzeit[251] und schließlich ihre dogmatische Systematisierung in der nachklassischen Jurisprudenz seit der justinianischen Zeit.

---

[248] *David Daube*, Roman Law, S. 134. Gerade Ödipus hatte ja jede denkbare Vorsicht walten lassen, damit sich an ihm das Orakel nicht erfülle.

[249] Auch der Begriff *culpa* hatte eine Bedeutungsverschiebung erfahren von ‚Schuld' im objektiven Sinne von Widerrechtlichkeit (*iniuria*) hin zur subjektiv bestimmten ‚Fahrlässigkeit', die im nachklassischen Recht in *culpa lata* und *culpa levis* differenziert wurde; vgl. *Paulus* D. L 16,223 pr.: „Latae culpae finis est non intellegere id quod omnes intellegunt." Die bei den klassischen Juristen genannte *culpa* entspricht der nachklassischen *culpa levis*, vgl. *Hans-Joachim Hoffmann*, Abstufung der Fahrlässigkeit, S. 9. Ein weiterer Einwand besteht darin, dass Aristoteles und andere Philosophen die Schuldfrage im strafrechtlichen Bereich der Tötungsdelikte erörterten, während die römische Rechtswissenschaft die Verschuldensproblematik im Privatrecht entfaltete: *David Daube*, Roman Law, S. 147 und 151.

[250] Im Laufe der Kaiserzeit entwickelte sich die Unterscheidung zwischen *diligentia quam in suis* (*rebus*) und einer *diligentia exact(issim)a* oder *diligentia diligentis*. „Ein Gesellschafter haftet dem anderen auch für Fahrlässigkeit, das heißt wegen Untätigkeit und Nachlässigkeit. Die Fahrlässigkeit ist aber nicht an der höchstmöglichen Sorgfalt auszurichten. Es genügt nämlich, eine solche Sorgfalt in den gemeinschaftlichen Angelegenheiten anzuwenden, wie man sie in seinen eigenen Angelegenheiten anzuwenden pflegt.", *Gaius* D. XVII 2,72; vgl. *Celsus* D. XVI 3,32; Inst. III 25,9; *Herbert Hausmaninger*, Diligentia quam in suis, Cornell International Law Journal 18, 1985, 179 ff.; *Reinhard Zimmermann*, Law of Obligations, S. 210 ff. So noch heute in § 277 und § 708 BGB: „Ein Gesellschafter hat bei der Erfüllung der ihm obliegenden Verpflichtungen nur für diejenige Sorgfalt einzustehen, welche er in eigenen Angelegenheiten anzuwenden pflegt." Der subjektivierende Maßstab der Sorgfalt in eigenen Angelegenheiten verbietet die Bezugnahme auf die Maßstabsfigur eines *pater familias*.

[251] *Gaius*, Institutiones, III 211 (zur *lex Aquilia*): „Begreiflicherweise tötet derjenige widerrechtlich, durch dessen Vorsatz oder Fahrlässigkeit dies vorgekommen ist; ein Schaden, der nicht widerrechtlich zugefügt wird, wird auch durch kein anderes Gesetz gebüßt, und so ist straffrei, wer ohne Fahrlässigkeit und Vorsatz durch einen unglücklichen Zufall einen Schaden herbeigeführt hat."

Den Maßstab für die Sorgfaltspflicht bildete der *pater familias*, der zumeist als *diligens* oder *bonus*, doch auch als *prudens*, *studiosus* oder *idoneus* charakterisiert wurde. Anstelle des *pater familias* konnte auch schlicht vom *vir diligens* bzw. *vir bonus* oder den *homines frugi et diligentes* die Rede sein.[252] Über diese wenig trennscharfen ethischen Prädikate hinaus findet sich kaum eine präzisere Bestimmung, was die Maßstäblichkeit bzw. Vorbildlichkeit des *pater familias* ausmacht. Das liegt sicher daran, dass diese Figur als soziale Norm zu tief in der damaligen Gesellschaft verankert war, um erklärungsbedürftig zu sein. Beim *pater familias* wurde in Bezug auf die Sorgfaltspflicht nur auf die Art und Weise verwiesen, in der er als Haushaltsvorstand seine Geschäfte führte. Man erwartete von ihm, dass er seinem Haushalt in Rom oder einer provinzialen Stadt vorstand, denn wer unstet herumreiste, galt nicht als *vir bonus et diligens pater familias*.[253] Um seine Geschäfte zu besorgen, musste der *pater familias* kein Experte sein – etwa in der Landwirtschaft oder im Zivilrecht –, aber er sollte auf sachverständigen Rat hören.[254] Generell nahm man von einem sorgfältigen Mann und Haushaltsvorstand an, dass er sich in seinen Geschäften nicht leicht irrte,[255] da er aufgrund seiner Sachkunde in der Lage war, vorausschauend zu handeln.

Als Maßstab für die Sorgfaltspflicht diente aber nicht nur der *diligens pater familias*. Seit dem 1. Jahrhundert n. Chr. entwickelten die Juristen auch die Konzeption einer ‚berufsbezogenen' Sorgfaltspflicht im Bereich des Werkvertrages und des Dienstvertrages,[256] die sich noch heute in der Bildung von Verkehrskreisen wiederfindet:

„Celsus hat im 8. Buch seiner Digesten geschrieben, dass auch Unerfahrenheit (*imperitia*) dem Verschulden zuzurechnen sei. Wenn jemand die Verpflichtung übernommen hat, Jungrinder zu weiden oder Kleidungsstücke auszubessern oder zu reinigen, dann müsse er für Verschulden einstehen, und was er aus Unerfahrenheit falsch gemacht habe, sei ihm gleichwohl als Verschulden vorzuwerfen; er habe nämlich, wie Celsus sagt, die Vertragsleistung als Fachmann (*ut artifex*) übernommen."

Der Maßstab eines Sachkundigen (*ut artifex*) war kein subjektiver, sondern ein objektivierter, weil es nicht auf die persönlichen Fähigkeiten des Fachmannes ankam, sondern auf das, was man allgemein von der Sachkunde etwa eines Pächters landwirtschaftlicher Betriebe, eines Arztes,[257] Handwerkers[258] oder Maul-

---

[252] Nachweise alle in den vorgenannten Quellen.
[253] *Paulus* D. XXXVIII 1,201.
[254] *Columella*, De re rustica, I 1, 3; *Ulpian* D. XXXVIII 15,2,5.
[255] *Paulus* D. XXII 3,25 pr.: "homo diligens est et studiosus pater familias, cuius personam incredibile est in aliquo facile errasse."
[256] *Ulpian* D. XIX 2,9,5. Dazu *Susan D. Martin*, Imperitia: The Responsibility of Skilled Workers, American Journal of Philology 122, 2001, 107 ff.
[257] *Ulpian* D. IX 2,7,8.
[258] *Ulpian* D. XIX 2,13,5; *Ulpian* D. IX 2,27,29.

tiertreibers²⁵⁹ erwartete. Wer einen Vertrag mit einem Fachmann schloss, durfte *ex bona fide* erwarten, dass dieser nach allgemeinem Maßstab sachkundig war²⁶⁰ und auch körperlich in der Lage, die Arbeiten auszuführen: *imperitia* und *infirmitas*²⁶¹ wurden als Verschulden gewertet.²⁶²

c) Zwischenergebnis

Zusammenfassend lässt sich für die antike Entwicklung des *diligens pater familias* als Sorgfaltsmaßstab festhalten,²⁶³ dass sowohl in der griechischen wie in der römischen Ethik das Vorbild eines rechtschaffenen Mannes und Bürgers zum Maßstab diente (*spoudaios/agathos anēr* bzw. *bonus vir/pater familias*). Dieser gehörte als Haushaltsvorstand den grundbesitzenden aristokratischen und ‚bürgerlichen' Klassen²⁶⁴ an und partizipierte als solcher an der politischen Verwaltung der oligarchisch oder demokratisch regierten städtischen Gemeinwesen. Wenn auch die Angehörigen der nicht grundbesitzenden Klassen Bürger ihrer Gemeinwesen waren, galten sie doch immer als die „Schlechten"; ihre Lebens-

---

²⁵⁹ *Labeo* D. XIX 2,60,7; *Gaius* D. IX 2,8,1; *Ulpian* D. IX 2,27,34.

²⁶⁰ *Heinrich Honsell/Theo Mayer-Maly/Walter Selb*, Römisches Recht, S. 237: „Der Satz des Celsus: *imperitia culpae adnumeranda* lebt in dem objektiv-abstrakten Verhaltensmaßstab des modernen Rechts fort, das ebenfalls nicht auf die subjektiven, sondern auf die im Verkehr objektiv erforderlichen Fähigkeiten abstellt." *Reinhard Zimmermann*, Law of Obligations, S. 1009.

²⁶¹ *Gaius* D. IX 2,8,1.

²⁶² Gab es Zweifel oder Streit über die sachgerechte Leistungserbringung, konnte das Urteil eines „rechtlichen Mannes" (*boni viri arbitrium*) eingeholt werden. *Paulus* D. XIX 2,24 pr.: „Wenn in den Vertragsbedingungen eines Werkvertrages vereinbart worden ist, daß der Eigentümer das Werk nach seinem Ermessen als vertragsmäßig anerkennen soll, dann wird das so angesehen, daß die Vereinbarung das Ermessen eines redlichen Mannes (*viri boni arbitrium*) meint. Und dasselbe wird angenommen, wenn die Vereinbarung auf das Ermessen eines beliebigen Dritten verweist. Denn Treu und Glauben (*fides bona*) gebieten, daß das Ermessen (*arbitrium*) so ausgeübt wird, wie es sich für einen redlichen Mann (*viro bono*) gehört. Dieses Ermessen betrifft die Beschaffenheit des Werkes."

²⁶³ Die Arbeit von *Katharina Stypulkowski* zum *bonus pater familias* im klassischen Römischen Recht war bei Einreichung der Dissertation noch nicht erschienen und konnte für die Drucklegung nur noch ergänzend berücksichtigt werden. Sie bietet im Wesentlichen eine Bestandsaufnahme der Erscheinungsformen der Figur, aber keine neuen Erkenntnisse zu Funktionen und Konzeption, die für diese Bearbeitung von Bedeutung wären. Zum *diligens pater familias* ebd. S. 63–132.

²⁶⁴ Die Bürgerschaft war in Athen wie in Rom in Vermögensklassen eingeteilt: In der timokratischen Ordnung Solons in Athen umfassten die drei obersten Klassen Grundbesitzer, die vierte bildeten die Lohnarbeiter; in der servianischen Ordnung in Rom waren die *equites* und die Mitglieder aller fünf *classes* Grundbesitzer, nicht aber die Personen *infra classem* und die *proletarii*.

weise und ihr Charakter taugten nicht zum „Maß" und zur „Richtschnur" (*Aristoteles*).

Obwohl die Thematisierung charakterlicher Vorzüge und Mängel in den Gerichtsreden sowohl der Griechen wie der Römer eine bedeutende Rolle als Argument für die Urteilsfindung der Geschworenen spielte, fand der „rechtschaffene Mann" als Maßstab nur in Rom Eingang in die Rechtsanwendung. Das an den *boni mores* orientierte Urteil eines *bonus vir* diente bereits in republikanischer Zeit als Richtschnur in Konflikten des sozialen Lebens, bevor es von den *iurisprudentes* im 1. Jahrhundert v. Chr. als Argument in den Rechtsgutachten verwendet und in der Figur des *diligens pater familias* konkretisiert wurde. Im römischen Schuldrecht fungierte der *diligens pater familias* zunächst bei Ansprüchen aus deliktischer Haftung, seit dem 1. Jahrhundert n. Chr. dann auch bei Ansprüchen aus vertraglicher Haftung als Verschuldensmaßstab. Mit der in Werk- und Dienstverträgen zum Maßstab erhobenen Sachkunde etablierte sich ein weiterer, nun berufsbezogener Maßstab, der vor allem für die Vertragsgeschäfte der Pächter, Gewerbetreibenden und Lohnarbeiter von Bedeutung war. Zu dieser Gruppe gehörten die allermeisten Römer, doch galten solche Personen überwiegend nicht als *boni viri*.

2. Der diligens pater familias *in den nachantiken Rechtstraditionen*

Mit dem justinianischen Gesetzeswerk waren die Konzeption der Maßstabsfigur eines *bonus vir* oder *diligens pater familias* und die Grundzüge des Sorgfalts- bzw. Nachlässigkeitsmaßstabs für die folgende zivilrechtliche Tradition gelegt. Betrachtet man nun die nachantiken Rechtstraditionen, so spielte in der byzantinischen Rechtswissenschaft die Maßstabsfigur des *diligens pater familias* so gut wie keine Rolle mehr.[265] Das gilt auch für das aus der Maßstabsfigur entwickelte Konzept der Fahrlässigkeit.[266]

Ähnlich verhält es sich mit der lateineuropäischen Tradition: Da die westlichen Gebiete des Römischen Reiches wie auch Italien selbst im Laufe des 5. Jahrhunderts an die germanischen Invasoren verloren gingen, wurde dort das justinianische Recht in der Antike nie rezipiert.[267] Wohl aber fungierten im Früh- und Hochmittelalter die *boni homines* als Maßstabsfiguren im Rechtsaustrag. Sie

---

[265] *Dieter Nörr,* Die *Fahrlässigkeit* im byzantinischen Vertragsrecht, S. 78 ff.

[266] „Die Begriffswelt der Fahrlässigkeit liegt im byzantinischen Recht in einer ständigen Agonie, ohne je zum Sterben zu kommen. Die sachliche Berücksichtigung der Fahrlässigkeit ist im Schwinden, ohne je völlig zu verschwinden", *Dieter Nörr,* Die *Fahrlässigkeit* im byzantinischen Vertragsrecht, S. 204.

[267] Das sogenannte Vulgarrecht der barabarischen Leges war ein Amalgam aus dem römischen Recht des Codex Theodosianus (438 n. Chr.) und germanischen Traditionen, in dem die

erscheinen in Quellen der merowingischen Zeit – danach sollten sie bei der Gerichtsbarkeit mitwirken –, in den karolingischen Kapitularen, denen zufolge ihnen Aufgaben außerhalb der Prozessführung zukamen, in der *Lex Romana Curiensis*, wo ihre Anwesenheit in Gerichtssitzungen und bei der Verabschiedung von Rechtsakten zur Voraussetzung gemacht wurde, und seit dem 10. Jahrhundert in Italien, wo sie als Geschäftszeugen hinzugezogen wurden, geistliche Güter bei Tauschgeschäften schätzten, als Öffentlichkeit bei Gerichtsverhandlungen auftraten oder sogar Unterstützung bei der Urteilsfindung leisteten.[268] Hier wirkte die römische Tradition des *bonus vir* fort, und wie dieser als reale Person Maßstäblichkeit im Rechtsaustrag oder Schiedsgerichtswesen verkörperte, so fungierte auch der *bonus homo* im Rechts- und Schiedswesen der mittelalterlichen Gesellschaften.[269] Die *boni homines* gehörten zwar keiner bestimmten gesellschaftlichen Schicht an, sie vereinten aber eine herausgehobene gesellschaftliche Stellung (als Freie, Aristokraten o.ä.) und eine als anständig betrachtete Lebensführung; sie waren aber gerade nicht spezifisch juristisch ausgebildet.

Mit der Rezeption des justinianischen Gesetzeswerks, vor allem der Digesten, seit dem 11. Jahrhundert in Pavia und Bologna fand die antike Rechtstradition auch Eingang in die lateineuropäische Tradition. Die Glossatoren und Kompilatoren, die humanistischen Rechtsgelehrten und die Juristen des Usus modernus, die Vertreter des Naturrechts und die Verfasser der Kodifikationen des 19. Jahrhunderts, schließlich die Juristen der Historischen Rechtsschule und die Vertreter der positivistischen Pandektenwissenschaft im 19. Jahrhundert, sie alle kommentierten und systematisierten vor allem das Fallrecht der justinianischen Digesten aus unterschiedlicher Perspektive.[270] Dabei kam es zur Ausdifferenzierung der antiken Klassifikation, doch blieben deren Konzepte im Wesentlichen unangetastet. Die Geschichte des Fahrlässigkeitsmaßstabs in der nachantiken Tradition nachzuzeichnen, würde den Rahmen dieser historischen Skizze sprengen und würde auch sachlich wenig Neues erbringen.[271] Die Geschichte des *diligens pater familias* in der nachantiken Tradition ist noch kaum erforscht.

Maßstabsfigur des *pater familias* und der Sorgfaltsmaßstab keine Rolle spielten, *Peter G. Stein*, Römisches Recht und Europa, S. 3 ff.

[268] *Nelsen-von Stryk*, Boni homines, S. 50 ff.; *Gerhard Dilcher*, Handwörterbuch der deutschen Rechtsgeschichte Bd. I., „Boni homines".

[269] *Gerhard Dilcher*, Handwörterbuch der deutschen Rechtsgeschichte Bd. I, „von Richtern und Schöffen unterscheiden sie sich auch dadurch, daß sie keine eigentliche rechtliche Bildung haben und nur an ihrem Heimatorte tätig werden".

[270] Dazu *Peter G. Stein*, Römisches Recht, S. 68 ff.; *Franz Wieacker*, Privatrechtsgeschichte der Neuzeit.

[271] Dazu umfassend *Hans-Joachim Hoffmann*, Abstufung der Fahrlässigkeit, S. 35 ff.

3. Die Entwicklung einer Maßstabsfigur im Öffentlichen Recht

Die Maßstabsfigur kann also im Zivilrecht auf eine lange Tradition als Fahrlässigkeits- und Sorgfaltsmaßstab zurückblicken. Das gilt nicht für das Öffentliche Recht, wo die Figur des besonnenen, gewissenhaften und sorgfältigen Amtswalters deutlich jüngeren Datums ist. Dies liegt daran, dass der besonnene Amtswalter eine Maßstabsfigur darstellt, die sich als Staatsdiener in ihrem Handeln an den Rechten und den Interessen der Staatsbürger auszurichten hat, besonders natürlich in der Demokratie, wo die gesamte Bürgerschaft (das „Volk") der Souverän ist, aber auch in den konstitutionellen Monarchien, die sich im Laufe des 19. Jahrhunderts auf dem Kontinent etablierten. Doch in der europäischen Geschichte und damit auch dem Öffentlichen Recht herrschten lange Zeit andere politische Konstellationen: Seit römischer Zeit dominierte die Monarchie, wobei die Monarchen auch die zentralen Akteure bei der Herausbildung des frühneuzeitlichen nationalen Machtstaates waren.[272] Als die Fürsten dann im Zuge der Durchsetzung ihrer territorialen Souveränität zunehmend eines professionalisierten Beamtenstabs bedurften, der allmählich die auf lehensrechtlichen Bindungen beruhenden adligen Fürstendiener ersetzte, waren diese neuen Amtswalter in ihrer Loyalität wie in ihrem Handeln ebenfalls dem Herrscher verpflichtet, also Fürstendiener, noch keine Staatsdiener.[273] Die Ämter konnten damals vererbt und erworben werden und wurden dementsprechend als persönliches Eigentum und Mittel zur Durchsetzung der Interessen der Amtsträger und derjenigen ihrer Klientel betrachtet.[274] Auch gab es keine strikte Trennung des Vermögens des Amtsträgers und der für das Amt erforderlichen Mittel: Amtsinhaber glichen aus eigener Tasche Haushaltsdefizite aus, ließen sich auf der anderen Seite von Bittstellern und Untertanen Geschenke machen. Patronagenetzwerke und erbliche Ansprüche spielten auch bei der Rekrutierung eine erhebliche Rolle. Erst im Laufe des späten 18. Jahrhunderts wurden Aufnahmeprüfungen und ein geregeltes Laufbahnsystem eingeführt.[275] Trotz dieser Strukturen verstärkten sich schon in der Frühen Neuzeit die Professionalisierung und Akademisierung des Amtes sowie die Tendenzen zu einem „transpersonalen Amtsverständnis."[276] Erst gegen

---

[272] Zu diesem Prozess *Wolfgang Reinhard*, Geschichte der Staatsgewalt.

[273] *Ronald G. Asch*, Enzyklopädie der Neuzeit Online, „Beamter", 1; mit Ausnahme der Richter und Juszizbeamten, die sich bis zu einem gewissen Grade objektivem Recht verpflichtet fühlten. Sie ließen sich aber auch für andere Interessen einspannen; in ländlichen Gegenden wuchsen die Amtswalter in die Dorfgemeinde hinein und solidarisierten sich mit ihr in den Revolten gegen die Obrigkeit, *Carl Horst u. a.*, Enzyklopädie der Neuzeit Online, „Amt", 2.5

[274] *Carl Horst u. a.*, Enzyklopädie der Neuzeit Online, „Amt", 2.1.

[275] *Ronald G. Asch*, Enzyklopädie der Neuzeit Online, „Beamter", 1; in vielen Ländern sogar noch später.

[276] *Carl Horst u. a.*, Enzyklopädie der Neuzeit Online, „Amt", 2.3; „Einer zunehmenden

Ende des 18. Jahrhunderts, als sich Friedrich II. von Preußen als „erster Diener seines Staates" bezeichnete, wurden auch – so prominent im *Allgemeinen Landrecht der Preußischen Staaten* von 1794 – die Beamten als Staatsdiener benannt.

Das Idealbild eines „guten Beamten" als Repräsentant eines Monarchen oder eines Staates, das zum Vorbild und Maßstab dienen konnte und in einer ‚Beamtenethik' formuliert war, hing also von der politischen Verfassung und der allmählichen Emanzipation der Bürokratie aus patrimonialen Herrschaftsverhältnissen ab.[277] Solange der Beamte Fürstendiener war, blieb jede Beamtenethik auf den Monarchen bezogen: So geht es in den zahlreichen Fürstenspiegeln, Regimentstraktaten sowie in den Politik- und Statistikhandbüchern der frühen Neuzeit nur darum, nach welchen Kriterien aus fürstlicher Sicht die Räte am Hof, die *consiliarii*, auszuwählen seien; die Amtsträger der untergeordneten „Ämter", die *ministri*, wurden kaum je eigens behandelt. Für den Fürsten ging es darum,[278] ob er seine Hofbeamten aus Untertanen oder Landfremden nehmen sollte und aus welchem Stand sie zu rekrutieren waren; ob sie in anderen lehensrechtlichen Bindungen stehen durften, wie alt sie sein sollten, welche Ausbildung sie absolviert haben sollten, über welche persönlichen Qualitäten sie verfügen mussten (fromm, unbescholten und unbestechlich, dem Fürsten gegenüber aufrichtig, verschwiegen und treu). Als fromme und unbescholtene Untertanen, die über allgemeine und fachliche Fähigkeiten verfügen, sollten sie die monarchische Herrschaft gegenüber den Untertanen angemessen repräsentieren.[279] Erst im 19. Jahrhundert haben sich diese Umstände geändert und den Weg für die Maßstabsfigur im Öffentlichen Recht bereitet.

Die Genese des *pater familias* im Zivilrecht zeigt, dass die Figur im Rahmen der sozialen Normen entstanden ist, weder als Abbild empirisch erfassten Verhaltens, noch als rechtlicher Maßstab. Diese Beobachtung bleibt für ihre heutige Wirkungsweise bedeutsam. Erst im 19. Jahrhundert wurden die Voraussetzungen für die Entwicklung eines ‚Durchschnittsbürgers' und eines ‚besonnenen Amts-

---

Objektivierung der Amtspflichten durch Einschränkung individueller Ermessensakte der Beamten entsprach aber noch keine fortschreitende Rationalität der Beamtenrechte – ein geregeltes Besoldungssystem war die Ausnahme, meist blieben die Beamten auf die Einkünfte aus ihren Ämtern angewiesen."

[277] Zur Genese des modernen Beamtentums und der modernen Bürokratie vgl. *Otto Hintze*, Der Beamtenstand (1911), in: ders., Soziologie und Geschichte, S. 66 ff.; *Max Weber*, Wirtschaft und Gesellschaft, S. 551 ff.

[278] Dazu *Michael Stolleis*, Grundzüge der Beamtenethik, 1550–1650, in: ders., Staat und Staatsräson in der frühen Neuzeit, S. 197 ff.

[279] *Michael Stolleis*, Grundzüge der Beamtenethik, 1550–1650, in: ders., Staat und Staatsräson in der frühen Neuzeit, S. 197 ff. Nur das schon damals viel diskutierte Korruptionsproblem betraf ihr Handeln den Untertanen gegenüber.

walters' geschaffen. Wie sich die einzelnen Ausprägungen der Maßstabsfigur im Öffentlichen Recht entwickelten und wie sie heute funktionieren, bleibt nun der Untersuchung in den jeweiligen Rechtsbereichen überlassen.

B. Die Maßstabsfigur des besonnenen Amtswalters

Die Figur des besonnenen oder pflichtgetreuen Amtswalters wird hier in zwei Rechtsbereichen untersucht. Im Polizeirecht dient sie der Konkretisierung des Tatbestandsmerkmals der Gefahr und entscheidet über die Rechtmäßigkeit einer polizeilichen Maßnahme zur Gefahrenabwehr. Im Rahmen des Staatshaftungsrechts fungiert sie als Maßstab für das Verschulden. An ihr misst sich die Verantwortung des Amtswalters für eine begangene Amtspflichtverletzung.

Die Maßstabsfigur ist weder objektiv in dem Sinne, dass sie eine von der handelnden Person ganz losgelöste Idealfigur wäre oder auch nur die ‚perfekte‘ Beamtin zum Vorbild hätte, noch ist sie deckungsgleich mit der subjektiven Perspektive des handelnden Amtswalters. Vielmehr steht sie zwischen diesen Polen und für die Erwartung eines verständigen und pflichtgemäßen Handelns unter Anerkennung der tatsächlichen und kognitiven Beschränkungen, denen der besonnene und sachkundige Rechtsanwender unterliegt. Sowohl im Polizei- als auch im Staatshaftungsrecht dient die Maßstabsfigur des Amtswalters somit der Distanzierung von und der Disziplinierung der konkret handelnden Person.

Dabei erfüllt sie zwei gegenläufige Funktionen: im Polizeirecht wird der ‚besonnene Polizist‘ maßgeblich dazu benutzt, die Härte der normativen Anforderungen durch Bezugnahme auf eine Maßstabsperson (die eben kein perfekter Beamter ist) auf ein erträgliches Maß abzumildern (Relativierungsfunktion): Er subjektiviert den Gefahrbegriff, um die Zeitnot und den Umgang mit Unsicherheiten in der Eingriffssituation zu bewältigen. Das tut er aber nicht etwa, um den Erkenntnisgrenzen der Polizistin als Person gerecht zu werden, sondern um eine im Ganzen effektive, nicht übermäßig schwerfällige Behördenoperation zu ermöglichen. Als ‚pflichtgetreuer Durchschnittsbeamter‘ im Staatshaftungsrecht hat die Figur eher eine Rationalisierungsfunktion, da mit ihrer Hilfe die Hoheitsausübung gegen individuelle Verfehlungen abgesichert werden soll. Sie legt den Maßstab für das Verschulden des Amtsinhabers bei der Verletzung seiner Amtspflichten fest und objektiviert den Fahrlässigkeitsmaßstab.

I. Die Maßstabsfigur des besonnenen Polizisten im Recht der Gefahrenabwehr

Die Abwehr drohender Rechtsgüterverletzungen vollzieht sich im Spannungsfeld von Sicherheit und Freiheit: Sicherheit vor Gefahren und Freiheit gegenüber Eingriffen des Staates.[1] In eben diesem Spannungsfeld muss die Polizei häufig unter Zeitdruck und aufgrund mangelhafter Informationslage ein Urteil über den präventiven Eingriff zur Gefahrenabwehr fällen. Ist die konkrete Situation tatsächlich gefährlich oder bildet die Polizistin sich das nur ein? Lassen sich bestehende Zweifel über den Sachverhalt noch ausräumen, ohne dass sich eine potenzielle Gefahr realisiert? Das Merkmal der Gefahr ist der ‚Leitstern' des Sicherheitsrechts.[2] Indem es die Eingriffsschwelle für Maßnahmen der Gefahrenabwehr markiert,[3] entscheidet es über Effektuierung und Ermächtigung der Polizeibehörden.[4] Die Intensität von Gefahrenabwehrmaßnahmen ist beachtlich, da sie auch Nichtstörer betreffen können und nicht an den strengen Voraussetzungen repressiver Maßnahmen gemessen werden.[5] Die Maßstabsfigur des besonnenen Polizisten konkretisiert den unbestimmten Rechtsbegriff der ‚Gefahr' und damit den zentralen Begriff des Polizei- und Ordnungsrechts. Aus „Sicht eines objektiven, besonnenen Amtswalters"[6] wird beurteilt, ob ein Schaden an einem

---

[1] Vgl. *Markus Thiel*, „Entgrenzung" der Gefahrenabwehr, S. 51 f., *Paul Kirchhof*, Handlungsvollmachten der Polizei, DÖV 1976, 449. Zum komplexen und ambivalenten Verhältnis von Sicherheit und Freiheit als Staatszwecke *Markus Möstl*, Die staatliche Garantie, S. 37 ff.

[2] *Markus Möstl*, Die staatliche Garantie, S. 162; BVerwG, Urteil vom 25. Juli 2007, E 129, 142 (148): „Die polizei- und ordnungsrechtliche Generalermächtigung genügt grundsätzlich diesen Anforderungen. Mit ihren unbestimmten Rechtsbegriffen ist sie zwar in besonderem Maße der Auslegung und Konkretisierung bedürftig. Sie ist aber in jahrzehntelanger Entwicklung durch Rechtsprechung und Lehre nach Inhalt, Zweck und Ausmaß hinreichend präzisiert, in ihrer Bedeutung geklärt und im juristischen Sprachgebraucht verfestigt."

[3] *Friedrich Schoch*, Die ‚Gefahr', JURA 2003, 472 (473).

[4] *Dieter Kugelmann*, Der polizeiliche Gefahrenbegriff in Gefahr?, DÖV 2003, 781 (782); *Christoph Gusy*, Polizeirecht, S. 49; *Markus Möstl*, Die staatliche Garantie, S. 147 ff. Ist aber nicht unbedingt – wie teilweise geschrieben wird – die Scheidelinie zwischen präventivem Ordnungsrecht und repressiver Strafverfolgung. Denn es gibt viele ordnungsrechtliche Vorschriften, die auf bereits realisierte Gefahren (i.e. Störungen) reagiert, indem sie sie beenden, ohne dass dies zu repressiven Maßnahmen Anlass gäbe. Diese Abgrenzung zwischen Ordnungsrecht und Straf- und Ordnungswidrigkeitsrecht scheint doch eher an die Stoßrichtung der staatlichen Handlung (Beendigung des ordnungswidrigen Zustands vs. Verantwortungszuschreibung und Sanktion für den ordnungswidrigen Zustand) anzuknüpfen.

[5] In den Fällen der Strafverfolgung bedarf es jedenfalls eines Anfangsverdachts, §§ 152 Abs. 2, 163 StPO.

[6] VG Lüneburg, Urteil vom 13. Januar 2011 – 6 A 143/09 –, juris Rn. 22; OVG Lüneburg, Urteil vom 22. September 2005 – 11 LC 51/04, BeckRS 2005, 30227; VG Braunschweig, Urteil vom 2. Dezember 2009 – 5 A 25/08, BeckRS 2010, 45180. Alternative Formulierungen sind

I. Die Maßstabsfigur des besonnenen Polizisten im Recht der Gefahrenabwehr

geschützten Rechtsgut droht. Er ist der prominenteste Vertreter der Maßstabsfigur.

Im Folgenden sollen zunächst die Rahmenbedingungen der allgemeinen Gefahrenabwehr dargestellt werden, innerhalb derer die Maßstabsfigur des besonnenen Polizisten Anwendung findet (1.). Neben der Gesetzeslage verdienen die Elemente des Gefahrurteils einen Blick, um die folgenden Ausführungen verständlich zu machen. Ein Vergleich mit dem Gefahrbegriff des Asylrechts zeigt außerdem, dass das Gefahrenabwehrrecht auch andere Maßstabsfiguren als die des besonnenen Polizisten kennt und ein Blick auf die historische Entwicklung des Polizeirechts, auf welchem Nährboden sie gedeihen konnte (2.). Anschließend werden die Zeitnot und die Unsicherheiten bei der Sachverhaltsfeststellung als Kernproblem des Gefahrenabwehrrechts und als Ursache für die Verwendung einer Maßstabsfigur identifiziert (3.). Eine Sichtung der Rechtsprechung zum ‚besonnen Polizisten' im Polizeirecht verdeutlicht, dass diese verschiedene Funktionen wahrnimmt: Sie legt nicht nur die Perspektive fest, aus der heraus das Wahrscheinlichkeitsurteil gefällt wird. Die Gerichte wollen mit ihrer Hilfe auch den Umgang mit prozeduralen Unsicherheiten bewältigen, die Verantwortung für Irrtümer vom Staat auf den rechtsunterworfenen Bürger verlagern und die Anforderungen der an den Staat gerichteten Normen auf das Machbare zurückstutzen, um eine effektive Behördenoperation zu ermöglichen (4.). Anhand der Literatur wird aufgezeigt, welche Rolle dem ‚besonnenen Polizisten' für die unterschiedlichen Gefahrbegriffe zugeschrieben wird (5.), um schließlich noch einmal auf die Kernfunktionen der Maßstabsfigur zurückzukommen und ihre Wirkweise kritisch zu beleuchten (6.).

---

zum Beispiel: „vom Standpunkt eines fähigen, besonnenen und sachkundigen Amtswalters aufgrund objektiver Anhaltspunkte", OVG Saarland, Urteil vom 2. Juli 2009 – 3 A 217/08 –, juris Rn. 170; „Anhand dieses Tatsachenwissens muss aus Sicht eines objektiven, besonnenen Amtswalters das Vorliegen einer Gefahr bejaht werden können.", OVG Lüneburg, Beschluss vom 14. Juni 2006 – 11 ME 172/06 – BeckRS 2006, 23623; „Solange das objektive Fehlen einer Gefahr für einen sorgfältig, gewissenhaft, klug, besonnen und sachkundig handelnden Beamten nicht zu erkennen ist, sind die notwendigen polizeilichen Maßnahmen zulässig.", VG Münster, Urteil vom 11. Dezember 2009 – 1 K 2338/08, BeckRS 2009, 42563; VG Chemnitz, Urteil vom 2. Januar 2012 – 3 K 243/10, BeckRS 2012, 60066, „aus Sicht eines besonnenen und sachkundigen Polizeibeamten"; „Wenn ein gewissenhafter, besonnener und sachkundiger Amtswalter im Zeitpunkt des polizeilichen Handelns zutreffend von einer Gefahrenlage ausgeht, (...) so kann eine ursprünglich rechtmäßige Entscheidung nicht aufgrund besserer nachträglicher Erkenntnisse rechtswidrig werden.", VG Aachen, Urteil vom 29. Juli 2009 – 6 K 112/09, BeckRS 2009, 37860 und zur Ausweisung als Gefahrengebiet, „Maßstab für die Rechtmäßigkeit der Prognose ist dabei die ex-ante-Sicht eines gut ausgebildeten, erfahrenen und besonnenen Mitglieds der entsprechenden Leitungsebene der Polizei." VG Hamburg, Urteil vom 2. Oktober 2012 – 5 K 1236/11, BeckRS 2013, 52593.

1. Die Perspektive auf das Gefahrurteil

Die polizeirechtliche Gefahr ist eine Sachlage, „in der mit hinreichender Wahrscheinlichkeit bei ungehindertem Geschehensablauf in absehbarer Zeit ein Schaden für die geschützten Rechtsgüter (...) eintreten wird."[7] Die Schadenswahrscheinlichkeit darf als Ausdruck der Verhältnismäßigkeit umso geringer sein, je höherwertiger das gefährdete Schutzgut ist oder je intensiver der drohende Schaden. Der weitgehenden Einigkeit der Literatur über den Begriff der Gefahr steht eine große Meinungsvielfalt bei der Konkretisierung und Interpretation der einzelnen Voraussetzungen und der Bildung zahlreicher Unterkategorien gegenüber.[8] Diese Uneinigkeit spielt auch für die Funktion der Maßstabsfigur eine bedeutende Rolle, weil insbesondere ihr Zuschnitt und damit der dem Gefahrurteil zugrundezulegende Wissenshorizont Gegenstand der Auseinandersetzung sind. Die Wahl der Perspektive, aus der heraus das Gefahrurteil gefällt wird, entscheidet über seine Rechtmäßigkeit und damit darüber, wer die Konsequenzen von Unsicherheiten und Irrtümern zu tragen hat, die sich trotz sorgfältiger Sachverhaltsaufklärung nicht vermeiden lassen. Eben deshalb hat die Maßstabsfigur als Beschreibung nicht nur des Handlungsmaßstabes, sondern auch des Wissenshorizonts für das Gefahrurteil eine solche Bedeutung.

Das heutige System der Gefahrenabwehr in der Rechtsprechung der Verwaltungsgerichte beruht auf dem herrschenden normativ-subjektiven Gefahrbegriff,[9] aus dem auch die Maßstabsfigur entstanden ist. Danach ist eine Gefahr gegeben, wenn nach pflichtgemäßer Einschätzung des ‚besonnenen Polizisten' ein Schaden an einem Schutzgut droht, auch wenn sich im Nachhinein heraus-

---

[7] *Andreas Voßkuhle*, Der Gefahrenbegriff, JuS 2007, 908; *Jan Sturm*, Der Gefahrenverdacht, BLJ 2011, 8 (9); *Christoph Gusy*, Polizeirecht, S. 50 f.; *Markus Thiel*, „Entgrenzung" der Gefahrenabwehr, S. 51 f.; *Friedrich Schoch*, Die ‚Gefahr', JURA 2003, 472; BVerwG, Urteil vom 26. Februar 1974, E 45, 51 (58); OVG Bautzen, Beschluss vom 19. November 2007 – 3 B 665/05, BeckRS 2008, 34757. Die Entscheidung der Behörde ist gerichtlich voll überprüfbar, *Andreas Voßkuhle*, Der Gefahrenbegriff, JuS 2007, 908. A.A. *Fritz Ossenbühl*, Der polizeiliche Ermessens- und Beurteilungsspielraum, DÖV 1976, 463 (466); BayVerwGH, Urteil vom 2. Dezember 1991 – 21 B 90.1066 –, juris Rn. 54; OVG Saarland, Urteil vom 2. Juli 2009 – 3 A 217/08 –, juris Rn. 78. Die Schwierigkeit der so genannten je desto-Formel liegt allerdings darin, Schadenspotenzial und Wahrscheinlichkeitsgrad zu bestimmen, s. *Dietrich Murswiek*, Risiken der Technik, S. 179 f.

[8] So z. B. die abstrakte und konkrete Gefahr, der Gefahrverdacht, die Anscheins- und Scheingefahr, die latente und die unmittelbar bevorstehende Gefahr.

[9] S. die umfangreichen Nachweise bei *Liv Jaeckel*, Gefahrenabwehrrecht und Risikodogmatik, S. 91, Fn. 18; vgl. auch *Jan Sturm*, Der Gefahrenverdacht, BLJ 2011, 8 (9) m.N. zur Terminologie; *Dietrich Murswiek*, Risiken der Technik, S. 384. A.A sind die Vertreter des sogenannten objektiven Gefahrbegriffes, Nachweise in Fn. 438.

stellt, dass eine Schädigung tatsächlich nicht hätte eintreten können.[10] Ohne die Darstellung des Streits um die richtige Perspektive auf die Gefahr ist die Maßstabsfigur nicht zu erklären, ihre Bedeutung reicht aber – wie sich später zeigen wird – über diese Diskussion hinaus.

Auch bei der Störerauswahl im Polizeirecht, also bei der Frage, gegen wen bei Vorliegen einer Gefahr eingeschritten werden darf, wird die Maßstabsfigur zu Rate gezogen.[11] Dabei ist die Prüfung der Störereigenschaft kein Wahrscheinlichkeitsurteil, das eine besondere Beschreibung der Perspektive erforderte.[12] Die Störerauswahl als Diagnoseproblem könnte mit den üblichen Mitteln der Sachverhaltsfeststellung bewältigt werden. Erst auf der Sekundärebene, nämlich im Rahmen der Frage, wer die Kosten für einen Einsatz zu tragen hat, kommt es der Rechtsprechung und Literatur aber darauf an, ob jemand tatsächlich eine Gefahr bzw. den Anschein einer Gefahr schuldhaft verursacht hat.[13] Der Gedanke dahinter ist, dass es auf der Sekundärebene nicht mehr um effektive Gefahrenabwehr, sondern um faire Lastenverteilung geht.

a) Die Gesetzeslage zum Recht der Gefahrenabwehr

Die Gefahrenabwehr ist im Polizei- und Ordnungsrecht der Länder geregelt.[14] Die Gefahr ist das wesentliche Tatbestandsmerkmal für die Eingriffsbefugnis der Polizei- und Ordnungsbehörden. So heißt es zum Beispiel in der Generalklausel des Allgemeinen Sicherheits- und Ordnungsgesetzes von Berlin:

---

[10] *Thomas Schwabenbauer/Michael Kling*, Prognoseentscheidungen, VerwArch 101 (2010), 231 (240 f.) bezeichnen das als „Diagnoseermächtigung" des Gesetzgebers gegenüber der Verwaltung, die die Aufklärung der Prognosebasis (Diagnose) begrenze. Die Formulierung ist unglücklich, weil sie nach einem zurückgenommenen gerichtlichen Kontrollmaßstab klingt, auch wenn sie so ausdrücklich nicht gemeint ist.

[11] „Vielmehr ist auch derjenige (Verhaltens-)Störer, der aus der ex-ante-Sicht eines verständigen und besonnenen Dritten, der die Situation beobachtet, als Störer, das heißt als eine Person, deren Verhalten die öffentliche Sicherheit gefährdet, wahrgenommen wird und zwar selbst dann, wenn sich diese Wahrnehmung im Nachhinein als Irrtum erweist, der Irrtum aber für jedermann verständlich erscheint, weil bei der gebotenen ex-ante-Sicht hinreichende objektive Anhaltspunkte für die Annahme einer durch das Verhalten ausgelösten Gefahr, bzw. Störung vorlagen.", VG Freiburg, Urteil vom 5. Februar 2009 – 4 K 961/08, BeckRS 2009, 34795. Siehe auch Fn. 135.

[12] Dazu sogleich S. 65 ff.

[13] „Die Frage der Entschädigung ist mithin nach den tatsächlichen Umständen, wie sie wirklich vorlagen, also nach einer objektiven Betrachtungsweise ex post zu entscheiden", BGH, Urteil vom 23. Juni 1994, NJW 1994, 2355 (2356); BGH, Urteil vom 12. März 1992, Z 117, 303 (307); OVG Hamburg, Urteil vom 24. September 1985, NJW 1986, 2005; OVG Berlin, Beschluss vom 28. November 2001, NVwZ-RR 2002, 623; *Thorsten Finger*, Haftung für Vollstreckungskosten, DVBl. 2007, 798 (800).

[14] Die Gesetzgebungskompetenz liegt bei den Ländern, Art. 70 Abs. 1 GG.

B. Die Maßstabsfigur des besonnenen Amtswalters

§ 17

Allgemeine Befugnisse, Begriff der Straftat von erheblicher Bedeutung

(1) Die Ordnungsbehörden und die Polizei können die notwendigen Maßnahmen treffen, um eine im einzelnen Falle bestehende Gefahr für die öffentliche Sicherheit oder Ordnung (Gefahr) abzuwehren, soweit nicht die §§ 18 bis 51 ihre Befugnisse besonders regeln.

(...)

Wenige Polizei- und Ordnungsgesetze definieren selbst den Begriff der Gefahr.[15] Zur Perspektive, aus der das Vorliegen einer Gefahr beurteilt werden soll, findet sich nur in § 3 Abs. 3 Nr. 1 des Sicherheits- und Ordnungsgesetzes Mecklenburg-Vorpommern eine Aussage:

(3) Im Sinne dieses Gesetzes ist

1. eine im einzelnen Falle bevorstehende Gefahr:

eine Sachlage, bei der bei ungehindertem Ablauf des objektiv zu erwartenden Geschehens ein die öffentliche Sicherheit oder Ordnung schädigendes Ereignis im konkreten Einzelfall in absehbarer Zeit mit hinreichender Wahrscheinlichkeit eintreten wird (...)

Da Wahrscheinlichkeitsurteile nur relativ zu einem bestimmten Wissenshorizont formuliert werden können, stellt sich die Frage, was mit Objektivität in Bezug auf ein Gefahrurteil überhaupt gemeint sein kann?[16] Das Sicherheits- und Ordnungsgesetz Mecklenburg-Vorpommern verwendet den herrschenden, sogenannten normativ-subjektiven Gefahrbegriff mit dem Wissenshorizont eines pflichtgemäß handelnden Polizisten, also der Maßstabsfigur; die Terminologie eines objektiv zu erwartenden Geschehens ist irreführend.[17] Die Vertreter eines

---

[15] § 2 Nr. 3 a) des Bremer Polizeigesetzes, § 2 Nr. 1 a) Niedersächsisches SOG; § 3 Nr. 3 a) SOG Sachsen-Anhalt.

[16] *Sebastian Kral*, Die polizeilichen Vorfeldbefugnisse, S. 47. Zu den möglichen Maßstäben/Erkenntnisquellen neben dem perspektivischen Bewertungshorizont für ein Wahrscheinlichkeitsurteil, ebd. S. 40 ff: Statistisch abgesicherte Erkenntnissätze, praktische Erfahrung und Alltagswissen, Verhältnismäßigkeit. S. auch *Wolfgang Hoffmann-Riem*, „Anscheingefahr" und „Anscheinverursachung", Festschrift für Gerhard Wacke, S. 334. Es handelt sich um ein Verständnis von Objektivität, das mit dem herkömmlichen der Gegenstandswelt nicht vereinbar ist. Denn der Gefahrbegriff wird relativ zu einem Wissenshorizont (allgemeines Experten- oder Alltagswissen) verstanden, *Ralf Poscher*, Gefahrenabwehr, S. 125. Der ideale Beobachter ist dabei „kein Laplacescher Dämon, dem die Zukunft allen Weltgeschehens offen vor Augen läge.", *Liv Jaeckel*, Gefahrenabwehrrecht und Risikodogmatik, S. 124. So für das Strafrecht auch schon *Dieter Lorenz*, Der Maßstab des einsichtigen Menschen, S. 63 f. und *Armin Kaufmann*, Das fahrlässige Delikt, ZfRV 5 (1964), 41 (49).

[17] Solche missverständlichen Formulierungen kommen nicht selten vor, vgl. zum Beispiel VG Dresden, Urteil vom 14. April 2003 – 14 K 2986/01 –, juris, Rn. 34: „Die Polizeibeamten hatten nämlich bei objektiver Betrachtung aus Sicht eines verständigen Beobachters keine hinreichenden Anhaltspunkte dafür, dass die fraglichen Geräte ohne Weiteres in den Zustand der

I. Die Maßstabsfigur des besonnenen Polizisten im Recht der Gefahrenabwehr

objektiven Gefahrbegriffs hingegen wollen über die Wahrscheinlichkeit eines künftigen Schadenseintritts auf Grundlage aller zum Zeitpunkt der Eingriffsentscheidung theoretisch verfügbaren Informationen im Sinne eines idealen Beobachters entscheiden.[18] Diese Präzisierung durch einen bestimmten Wissenshorizont ist natürlich nicht deckungsgleich mit dem, was man wissenschaftstheoretisch unter Objektivität versteht. Sie kann nicht den Anspruch eines „Weltwissens" erfüllen, sondern ist wie jede andere Situation einer Feststellung rechtserheblicher Gegebenheiten den Notwendigkeiten einer effektiven Rechtsanwendung unterworfen und deshalb lediglich um die bestmögliche Informationsbasis bemüht:[19] Mit den Mitteln des Verfahrensrechts konstruiert das Gericht den entscheidungserheblichen Sachverhalt (der regelmäßig mit den den Gerichten verfügbaren Erkenntnismitteln identisch ist) und trifft auf seiner Grundlage die Subsumtionsentscheidung, die insofern stets auf den Wissenshorizont der gerichtlichen Entscheidung bezogen ist.

Neben den Generalklauseln[20] findet sich das Tatbestandsmerkmal der Gefahr und mit ihm die Maßstabsfigur als Voraussetzung sogenannter Standardbefugnisse im Polizei- und Ordnungsrecht der Länder, wie zum Beispiel für den Platzverweis, die Identitätsfeststellung und den Gewahrsam.[21] Auch spezialgesetzliche Regeln sind an das Vorliegen einer Gefahr geknüpft wie das Verbot einer Versammlung in § 15 Versammlungsgesetz oder Maßnahmen zum Schutz vor ansteckenden Krankheiten in § 16 Abs. 1 Infektionsschutzgesetz. Im Grundgesetz gibt es den Gefahrbegriff im Kontext der Landesverteidigung; Art. 87a Abs. 4

Betriebsbereitschaft versetzt werden konnten." So auch *Christoph Gusy*, Polizeirecht, S. 114: „Die Gefahr muss also ‚objektiv' vorgelegen haben, sie muss von jedem verständigen Dritten zum maßgeblichen Zeitpunkt gleichermaßen erkennbar gewesen sein."

[18] *Ralf Poscher*, Gefahrenabwehr, S. 118 ff: Er verfügt über „alles Wissen, was idealer Weise ex ante erreichbar ist. So sind etwa Tatsachen auch dann dem objektiven Wissenshorizont zuzurechnen, wenn sie niemand wahrgenommen hat, sie mit dem Erkenntnisinstrumentarium der Zeit aber wahrnehmbar wären", S. 118 f. Dieser Wissenshorizont ist allerdings auch durch das Gericht im Nachhinein nicht immer konstruierbar, s. dazu *Liv Jaeckel*, Gefahrenabwehr und Risikodogmatik, S. 126; VGH Mannheim, Urteil vom 22. Juli 2004 – 1 S 410/03 – juris, Rn. 24. Zu den sich daran anschließenden Problem der mangelnden richterlichen Überzeugung siehe S. 95 ff.

[19] Vgl. dazu die Nachweise bei *Jan Sturm,* Der Gefahrenverdacht, BLJ 2001, 8 (Fn. 17).

[20] Neben § 17 ASOG zum Beispiel § 3 Abs. 1 Hmb SOG: „Die Verwaltungsbehörden treffen im Rahmen ihres Geschäftsbereichs nach pflichtgemäßem Ermessen die im Einzelfall zum Schutz der Allgemeinheit oder des Einzelnen erforderlichen Maßnahmen, um bevorstehende Gefahren für die öffentliche Sicherheit oder Ordnung abzuwehren oder Störungen der öffentlichen Sicherheit oder Ordnung zu beseitigen (Maßnahmen zur Gefahrenabwehr)." oder Art. 2 Abs. 1 BayPAG: „Die Polizei hat die Aufgabe, die allgemein oder im Einzelfall bestehenden Gefahren für die öffentliche Sicherheit oder Ordnung abzuwehren."

[21] §§ 29, 21, 30 ASOG Berlin.

GG wird als polizeiliche Generalklausel „nach außen" bezeichnet. Hier verfügt die Verteidigungsministerin allerdings über eine – der sonstigen Gefahrabwehr unbekannte – Einschätzungsprärogative im Hinblick auf die Lagebeurteilung und Qualität des Angriffs und damit für das Vorliegen einer Gefahr.[22] Art. 91 GG trifft Vorkehrungen für den Fall einer drohenden Gefahr für den Bestand des Bundes, eines Landes sowie der freiheitlichen demokratischen Grundordnung. Irrt sich die handelnde Behörde über das Vorliegen einer Bedrohung, so kommt es darauf an, ob sie „bei normaler Beurteilung der Sachlage der Überzeugung sein konnte, daß objektiv eine Gefahr vorläge".[23] Diese Formulierung entspricht der Perspektive der Maßstabsfigur des besonnenen Amtswalters auf institutioneller Ebene. Schließlich sind auch Grundrechtseingriffe an das Vorliegen einer Gefahr gebunden, so in Art. 11 Abs. 2 GG, Art. 13 Abs. 4 und 7 GG. Der Gefahrbegriff orientiert sich in diesen Fällen an den im Polizeirecht entwickelten Grundsätzen.

Neben der hier dargestellten Eingriffsermächtigungen bei einem unmittelbar drohenden Schaden, also einer konkreten Gefahr, gibt es noch die sogenannte abstrakte Gefahr, deren Bekämpfung typischerweise durch Rechtsverordnungen geregelt wird. Eine solche liegt vor „wenn eine generell-abstrakte Betrachtung für bestimmte Arten von Verhaltensweisen oder Zuständen zu dem Ergebnis führt, daß mit hinreichender Wahrscheinlichkeit ein Schaden in Einzelfall einzutreten pflegt".[24] An dieser Stelle verwendet die Rechtsprechung jedoch keine Maßstabsfigur. Das zeigt, dass die Verwendung der Figur im Gefahrenabwehrrecht ihre Ursache nicht so sehr darin findet, dass eine Prognoseentscheidung notwendig auf einen Wissenshorizont bezogen ist, sondern darin, dass die Anforderungen an die Sachverhaltsaufklärung zurückgenommen werden sollen, weil die Zeitnot eine sorgfältige Diagnose erschwert. Dieser zeitliche Druck fehlt in den Fällen der abstrakten Gefahr. Eben weil es sich um eine Abstraktion handelt, kann auf den Nachweis eines tatsächlich drohenden Schadens im Einzelfall verzichtet werden. Denn die im Einzelfall sich nicht realisierende konkrete Gefahr würde die Annahme einer abstrakten Gefahr noch nicht widerlegen. Andererseits sind gemutmaßte abstrakte Gefahren durchaus falsifizierbar. Sie können sowohl auf einer falschen Tatsachenerhebung basieren, als auch mit einer irrigen Prog-

---

[22] *Otto Depenheuer*, in: Maunz/Dürig, Grundgesetz-Kommentar, 73. Ergänzungslieferung 2014, Art. 87a GG, Rn. 89 und 91.
[23] *Theodor Maunz* in: ders./Dürig, Grundgesetz-Kommentar, 73. Ergänzungslieferung 2014, Art. 91 GG, Rn. 51.
[24] BVerwG, Beschluss vom 13. August 1970, DÖV 1970, 713 (715); BVerwG, Urteil vom 3. Juli 2002, DVBl. 2002, 1562 (1564). Dazu und zur Abgrenzung von der Vorsorge, BVerwG, Urteil vom 3. Juli 2002, NVwZ 2003, 95 (96 f.); *Christoph Gusy*, Polizeirecht, S. 123; *Thomas Darnstädt*, Gefahrenabwehr und Gefahrenvorsorge, S. 100 ff.

nose begründet werden.²⁵ Eine grundsätzliche Ungeeignetheit, Schäden hervorzurufen, müsste zur Ablehnung der Annahme einer abstrakten Gefahr führen. Die Behörden sind bei der Regelung abstrakter Gefahren gegenüber den handelnden Polizistinnen im Vorteil: Sie haben nicht denselben Handlungsnotstand und können sich für den Erlass einer Rechtsverordnung zur Bekämpfung abstrakter Gefahren typischerweise Zeit nehmen. Auch geht der Rechtsverordnung ein Verfahren voran, in dem über die Gefahrträchtigkeit der Situationen beraten wird und externer Sachverstand hinzugezogen werden kann. Deshalb sind die auf dieser Grundlage getroffenen Entscheidungen weniger fehleranfällig als die unter Zeitdruck getroffene Entscheidung, zur Abwehr einer konkreten Gefahr einzuschreiten. Eine Rechtsverordnung, die zwar auf einer pflichtgemäßen Erfassung der Lage beruht, bei der die Behörde aber irrig eine abstrakte Gefahr angenommen hatte, die tatsächlich nicht bestand, ist nichtig.²⁶ Abstrakte Gefahren werden also nicht aus der Perspektive einer der Maßstabsfigur vergleichbaren besonnenen Maßstabsbehörde, sondern objektiv ex ante beurteilt.²⁷

b) Die Elemente des Gefahrurteils

Für eine Darstellung und Analyse der Funktionsweise der Maßstabsfigur ist es zunächst erforderlich, den Mechanismus des Gefahrurteils darzustellen und die für seine Beschreibung verwendeten Begriffe zu erklären. Denn es gibt – das zeigt sich jedenfalls immer wieder in der Literatur zum Gefahrbegriff – unterschiedliche Vorstellungen von den Komponenten des Gefahrurteils sowie eine Vermischung der begrifflichen Ebenen.

Das Gefahrurteil ist – so gibt es der Begriff der Gefahr vor – ein Wahrscheinlichkeitsurteil. Ein Wahrscheinlichkeitsurteil ist ein Urteil über die künftige Entwicklung eines gegenwärtigen Zustands. Der Urteilende muss sich also mit zwei Fragen befassen: Was erkenne ich (Diagnose) und wie wird sich das, was ich sehe,

---

[25] Nimmt man zum Beispiel das Verbot, eine bestimmte Hunderasse zu halten, weil dieser eine aggressive Neigung bescheinigt wird, so ist denkbar, dass diese Neigung entgegen der ursprünglichen Annahme auf der Beigabe von Medikamenten zum Futter beruhte oder nur bei einer seltenen Zucht eintritt oder, dass diese Neigung zwar vorhanden ist, aber lediglich zu lautem Bellen und nicht zum Angriff auf andere Tiere oder Menschen führt. Beispiel angelehnt an die Niedersächsische Gefahrtierverordnung, die im Normkontrollverfahren teilweise für nichtig erklärt wurde, weil sie nicht mit einer abstrakten Gefahr, sondern lediglich einem Gefahrverdacht begründet wurde, BVerwG, Urteil vom 3. Juli 2002, E 116, 347.
[26] BVerwG, Urteil vom 3. Juli 2002, E 116, 347.
[27] Dauerverwaltungsakte hingegen werden so lange für rechtmäß erachtet, wie sie auf einer pflichtgemäß gewonnenen Einschätzung beruhen. Sie können aber rechtswidrig werden, wenn neue Erkenntnisse hinzutreten. Ein solches flexibles, weil an einem beschränkten Wissenshorizont ausgerichtetes Rechtmäßigkeitsverständnis gibt es jedoch nicht bei Normen.

in der Zukunft entwickeln (Prognose).[28] Die Prognose des Zukünftigen lässt sich also nur auf Grundlage des Gegenwärtigen leisten. Im juristischen Gefahrurteil müssen Ungewissheiten auf beiden Ebenen, der Diagnose des Gegenwärtigen und der Prognose des Zukünftigen, rechtlich verarbeitet werden. Die Schwierigkeit des Gefahrurteils liegt wider Erwarten nicht nur in den unvermeidbaren Unsicherheiten über den künftigen Verlauf der Dinge (Prognose-Unsicherheit). Vor allem bei der Erfassung des gegenwärtigen Sachverhalts mangelt es häufig an den erforderlichen Informationen (Diagnose-Unsicherheit). Die Diagnose-Unsicherheit ist nur insofern ein Spezifikum des Polizeirechts, als Eingriffsentscheidungen zur Gefahrabwehr typischerweise unter großer Zeitnot getroffen werden müssen und sich eine sorgfältige Sachverhaltsaufklärung hier als besonders schwierig darstellt. Sieht der Polizeibeamte ein scheinbar herrenloses Gepäckstück auf dem Bahnsteig, dann ist sein erster Gedanke nicht, mit welcher Wahrscheinlichkeit eine dort platzierte Bombe explodiert, sondern, ob es sich überhaupt um eine Bombe handelt oder nur um eine Tasche, die eine Reisende dort vergessen hat.[29] Schon die Aufklärung dieser Unsicherheit würde von ihm ein Einschreiten und damit einen Eingriff in geschützte Rechtsgüter verlangen.[30] Häufig finden sich auch Unsicherheiten sowohl bei der Diagnose als auch der Prognose einer Gefahr.[31]

Zur Bewältigung der Unsicherheiten im Umgang mit dem Gefahrurteil werden drei weitere Kategorien verwendet, die nicht in den Polizeigesetzen stehen, sondern von Rechtsprechung und Literatur eingeführt wurden.[32] Die ‚Anscheins-

---

[28] Zur Differenzierung zwischen Diagnose und Prognose grundlegend *Wolfgang Hoffmann-Riem*, „Anscheingefahr" und „Anscheinverursachung", Festschrift für Gerhard Wacke, S. 327 f.; *Jan Sturm*, Der Gefahrverdacht, BLJ 2011, S. 8 (10); Diagnose als „Wahrnehmung von Tatsachen", *Christoph Gusy*, Polizeirecht, S. 54 bzw. als „Sachlage", *Jörn Ipsen*, Niedersächsisches Gefahrenabwehrrecht, S. 55; *Juliane Kokott*, Beweislastverteilung und Prognoseentscheidungen, die die Diagnose „Basistatsachen" nennt und die Prognose „Zukunftseinschätzung", z.B. S. 310. Die Ebenen ließen sich in der Rechtsanwendung selten sauber voneinander unterscheiden, *Ernst Ludwig Nell*, Wahrscheinlichkeitsurteile, S. 80 f.

[29] Sogenanntes doppeltes Wahrscheinlichkeitsurteil, *Wolfgang Hoffmann-Riem*, „Anscheingefahr" und „Anscheinverursachung", Festschrift für Gerhard Wacke, S. 327 f. Kritisch zu diesem Begriff *Ernst Ludwig Nell*, Wahrscheinlichkeitsurteile, S. 79 ff. Der VerwGH B-W hatte mit einem Fall zu tun, in dem der Kläger einer Bekannten als Scherz ein Päckchen mit dem Absender der Botschaft der Vereinigten Arabischen Emirate schickte, in das er einen Dessertteller gelegt hatte, den er zurückgeben wollte und damit einen Polizeieinsatz mit Hubschraubern auslöste. Auch hier lag der Irrtum über die Gefährlichkeit in der Diagnoseunsicherheit, VerwGH B-W, Urteil vom 25. Juli 2013 – 1 S 733/13 –, juris.

[30] Zum Beispiel in Rechtsgüter des Eigentümers der Tasche, der Reisenden, die sich vom Bahnsteig entfernen müssen und des Bahnunternehmens, dass Verzögerungen hinnehmen muss.

[31] VerwGH B-W, Urteil vom 7. Dezember 2004 – 1 S 2218/03 –, juris Rn. 33 ff.

[32] Die Sinnhaftigkeit dieser Kategorien im Hinblick auf die daran geknüpften Rechtsfolgen zu überprüfen, ist nicht Aufgabe dieser Arbeit. Auf sie wird Bezug genommen, weil die Maß-

gefahr' beschreibt die Situation, in der die handelnde Polizistin in Übereinstimmung mit der Maßstabsfigur zu der Überzeugung gekommen ist, dass ein Schaden drohe, sich später aber herausstellt, dass sie sich geirrt hatte. Sie wird nach der heutigen normativ-subjektiven Dogmatik mit Hilfe der Maßstabsfigur als normale Gefahr und als Ermächtigungsgrund für rechtmäßiges polizeiliches Einschreiten gewertet.[33] Eine weitere Kategorie ist die der ‚Scheingefahr', die sich dadurch auszeichnet, dass zwar die handelnde Polizistin, nicht aber die Maßstabsfigur eine Gefahr annimmt, sie also zu einer unsorgfältigen Einschätzung kommt und somit einem vermeidbaren Irrtum unterliegt.[34] Das ist keine Gefahr nach normativ-subjektivem Verständnis.

Die wohl häufigste und problematischste Kategorie ist die des ‚Gefahrverdachts'. Darunter ist eine Situation zu verstehen, in der auch ein ‚besonnener Polizist' keine ausreichende Tatsachengrundlage findet, um eine für sein Einschreiten hinreichende Überzeugung zu bilden.[35] Er hält eine Gefahr für möglich, nicht aber für sicher. Nicht selten ist diese Kategorie nur schwer von jener der subjektiv normativen Gefahr zu unterscheiden. Denn die beiden Kategorien lassen sich nur anhand der Reflexion der eigenen Ungewissheit durch den handelnden Polizisten voneinander trennen. Während manche die beiden Kategorien streng auseinanderhalten,[36] verstehen andere fast jeden Gefahrverdacht als Gefahr im normativ-subjektiven Sinne.[37] Nach der Rechtsprechung können sich Fäl-

---

stabsfigur des besonnenen Polizisten im geltenden Polizeirecht mit diesen begrifflichen Beschreibungen Anwendung findet.

[33] S. Fn. 394.

[34] VerwGH B-W, Urteil vom 7. Dezember 2004 – 1 S 2218/03 –, juris Rn. 33; „Von einer derartigen subjektiven Gefahrenannahme infolge unzureichender objektiver Würdigung ist auszugehen, wenn der Beamte wegen nicht ordnungsgemäßer oder nicht hinlänglicher eigener Aufklärung der Sache die Situation falsch eingeschätzt hat oder entgegen gefahrenabwehrrechtlichen Grundsätzen prognostiziert hat.", OVG Saarland, Urteil vom 2. Juli 2009 – 3 A 217/08 –, juris Rn. 84. Die Vermeidbarkeit bezieht sich hier nicht auf den handelnen Polizisten – für ihn mag sich keine andere Option gestellt haben – , sondern auf die Maßstabsfigur.

[35] VerwGH B-W, Urteil vom 25. Juli 2013 – 1 S 733/13 –, juris Rn. 29 f. Dazu ausführlich *Jan Sturm*, Gefahrverdacht, BLJ 2011, 8 (11) der zurecht feststellt, dass gerade ein sorgfältiger Beamter dazu neigen wird, seine Wahrnehmung in Zweifel zu ziehen, weil er sich den Beschränkungen bewusst ist, denen sie unterliegt. Die für Gefahrverdachtsfälle spezifischen Unsicherheiten betreffen typischerweise die diagnostische Komponente des Wahrscheinlichkeitsurteil, sind aber auch auf prognostischer Ebene denkbar. Hier ist allerdings zu beachten, dass die der Prognose zwangsläufig innewohnende Unsicherheit über den künftigen Verlauf deshalb nicht jeden Fall zu einem des Gefahrverdachts macht. Erforderlich wäre, dass die Prognoseregeln selbst ungewiss sind, ebd. S. 10.

[36] Nachweise bei *Jan Sturm*, Gefahrverdacht, BLJ 2011, 8 (Fn. 35) mit überzeugender Kritik dieser Exklusivität auf S. 11.

[37] *Dieter Classen*, Gefahrerforschung und Polizeirecht, JA 1995, 608 (610, 614); vgl. auch *Edmund Brandt/Ulrich Smeddinck*, Gefahrenbegriff, Jura 1994, 225, (229 f.).

le des Gefahrverdachts und der Gefahr im subjektiv-normativen Sinne überschneiden, wenn der Polizist zwar zweifelt, aber der drohende Schaden so groß wäre oder die bedrohten Rechtsgüter von solcher Bedeutung sind, dass ihre Überzeugung noch hinreichend ist.[38] Der Begriff Gefahrverdacht hat somit einen beschreibenden, aber keinen im Hinblick auf die Befugnisse und Rechtsfolgen klärenden Gehalt. Liegt ein Verdacht ohne hinreichende Überzeugung, also keine Gefahr vor, so sind unter Umständen sogenannte Gefahrerforschungsmaßnahmen zulässig.[39] Die Tatsache, dass die handelnden Polizisten häufig nicht hinreichend überzeugt vom Vorliegen einer Gefahr sind, ist – wie die Sichtung der Rechtsprechung zeigen wird – die Hauptursache für die Subjektivierung des Gefahrbegriffes und die Einführung der Maßstabsfigur des besonnenen Polizisten.

Das Gefahrurteil wird aus einer ex ante-Perspektive gefällt. Als Wahrscheinlichkeitsurteil muss es jedenfalls immer zu einem Zeitpunkt getroffen werden, der vor dem Eintritt oder Ausbleiben des Ereignisses liegt, dessen Wahrscheinlichkeit eingeschätzt werden soll. Der Zeitraum ex ante muss aber noch weiter konkretisiert werden. Denn der Wissens- und Erkenntnishorizont der Maßstabsfigur ändert sich ständig und kann immer nur in Bezug auf einen bestimmten Zeitpunkt beschrieben werden. Das ist kein spezifisches Problem der Gefahrabwehr; in jedem verwaltungsrechtlichen Fall stellt sich die Frage, auf welcher Tatsachengrundlage die Behördenentscheidungen vor Gericht beurteilt werden. Im Verwaltungsrecht ist der maßgebliche Zeitpunkt normalerweise derjenige des Einschreitens durch die Behörde, so auch in der Gefahrabwehr.[40]

---

[38] Je-desto-Formel, vgl. oben S. 60; „Die Anforderungen, die an die Eintrittswahrscheinlichkeit zu stellen sind, verhalten sich umgekehrt proportional zu Schwere und Ausmaß des Schadens: Je größer der drohende Schaden ist, desto geringer sind die Anforderungen, die an die hinreichende Wahrscheinlichkeit zu stellen sind", *Jan Sturm*, Der Gefahrverdacht, BLJ 2011, 8 (12, Fn. 48); OLG Hamm, Urteil vom 8. Mai 1991 – 11 U 260/90 –, juris Rn. 19; *Markus Möstl*, Die staatliche Garantie, S. 187 m.w.N. in Fn. 118.

[39] Welche Maßnahmen im Falle eines Gefahrverdachts zulässig sein sollen, ist umstritten, siehe dazu *Friedrich Schoch*, Die ‚Gefahr', JURA 2003, 472 (475); *Markus Möstl*, Die staatliche Garantie, S. 164; *Jan Sturm*, Der Gefahrverdacht, BLJ 2011, 56 (59f.) m.w.N. Dogmatisch wird die Polizei mittles einer Ausweitung der Generalklausel oder deren analoger Anwendung zu Gefahrerforschungsmaßnahmen ermächtigt.

[40] Brechen Polizisten zum Beispiel eine Wohnung auf, weil sie verdächtige Geräusche hören, so ist der maßgebliche Zeitpunkt für den Wissens- und Erkenntnishorizont eben der, in dem die Wohnung aufgebrochen wird. Anders verhält es sich bei sogenannten Dauerverwaltungsakten, die über einen längeren Zeitraum wirken. In diesen Fällen muss die behördliche Entscheidung angepasst werden, sollten neue Erkenntnisse auftreten, die eine andere Bewertung der Lage erfordern. So entschied das Verwaltungsgericht Lüneburg im Fall einer Wohnungsverweisung wegen vermeintlich drohender häuslicher Gewalt: Zunächst wurde eine Anscheinsgefahr angenommen, dann aber ergaben sich Indizien, die auch den Anschein einer Gefahr nicht mehr rechtfertigten. Damit war die Grundlage für die andauernde Verweisung aus

c) Der ‚vernünftige Asylsuchende'

Einen Sonderweg geht das Asylrecht. Art. 16a GG gewährt politisch Verfolgten ein Recht auf Asyl. Eine beachtliche Gefahr politischer Verfolgung nach dieser Vorschrift droht, wenn „bei einem vernünftig denkenden, besonnenen Menschen in der Lage des Asylsuchenden aufgrund dieser Umstände Furcht vor Verfolgung hervorgerufen werden kann."[41] Hier wird das Tatbestandsmerkmal der Gefahr also nicht aus der Perspektive ‚des besonnenen Polizisten' beurteilt,[42] Maßstab ist vielmehr die Figur des ‚vernünftigen' Asylsuchenden. Dieselbe Perspektive gilt für die Gefahr politischer Verfolgung nach § 3 Abs. 1 AsylG, der bei „begründeter Furcht vor Verfolgung" ebenfalls einen gesetzlichen Flüchtlingsstatus begründet.[43] Es handelt sich auch hier um eine Prognoseentscheidung, deren Einzelheiten aber umstritten sind.[44] Der Perspektivenwechsel im Gefahrbegriff

---

der Wohnung entfallen, VG Lüneburg, Urteil vom 13. Januar 2011 – 6 A 143/09 –, juris Rn. 22. S. auch für das Asylrecht Fn. 319.

[41] OVG Lüneburg, Urteil vom 25. November 1993 – 12 L 7101/91 –, juris Rn. 14; BVerwG, Urteil vom 15. März 1988, E 79, 143 (150); VGH Mannheim, Urteil vom 24. Januar 1992, NVwZ-RR 1992, 585. Vgl. auch schon VGH Mannheim, Urteil vom 25. September 1958, VerwRspr 1959, 798 zur Behandlung eines Sowjetflüchtlings nach Bundesvertriebenengesetz: es sei jedenfalls „eine besondere Zwangslage in subjektiver Hinsicht gegeben", der Kläger „und mit ihm auch jeder andere besonnene Bewohner der SBZ in der gleichen Lage wie er" würde das Vorliegen einer politisch bedingten Gefahr annehmen. Der maßgebliche Zeitpunkt für die Entscheidung ist hier in der Verpflichtungssituation die letzte gerichtliche Tatsachenentscheidung, BVerfG, Beschluss vom 2. Juli 1980, E 54, 341 (359 f.).

[42] Tatbestände, die im Asylrecht Gefahr als Voraussetzung haben, sind neben Art. 16a GG § 3 Abs. 1 AsylG, § 60 Abs. 1 AufhG, Art. 18 EU-Grundrechte-Charta; Art. 45 Genfer Abkommen über den Schutz von Zivilpersonen in Kriegszeiten: „Eine geschützte Person darf auf keinen Fall in ein Land übergeführt werden, in dem sie Verfolgungen wegen ihrer politischen und religiösen Überzeugung befürchten muss."; Art. 2 d) Richtlinie 2011/95/EU des Europäischen Parlaments und des Rates vom 13. Dezember 2011 (sog. Qualifikationsrichtlinie).

[43] Sie droht nach der Rechtsprechung auch hier, wenn in Anbetracht der gegebenen Umstände „bei einem vernünftig denkenden, besonnenen Menschen in der Lage des Betroffenen Furcht vor Verfolgung hervorgerufen werden kann", BVerwG, Urteil vom 20. Februar 2013, E 146, 67 (81); VG Gelsenkirchen, Urteil vom 10. Februar 2015, 6a–K 1035/14.A – , juris Rn. 21. Der Flüchtlingsstatus kann widerrufen werden, wenn die Anhaltspunkte für eine begründete Furcht vor Verfolgung entfallen, BVerwG, Urteil vom 1. Juni 2011, NVwZ 2011, 1463. Der Begriff der „begründeten Furcht der Verfolgung" findet sich auch in Art. 2 d) der Qualifikationsrichtlinie. Anders als *Constantin Hruschka/Tillmann Löhr*, Der Prognosemaßstab, ZAR 2007, 180 (181) behaupten, steht die Maßstabsfigur nicht im Widerspruch zu einer individuellen, also Einzelfallprüfung, wie sie von der Richtlinie 2011/95/EU des Europäischen Parlaments und des Rates vom 13. Dezember 2011 in Art. 4 vorgesehen ist. Jede Anwendung der Maßstabsfigur funktioniert nur auf Grundlage der Tatsachen, wie sie sich im Einzelfall darstellen.

[44] Konkret geht es um die Frage, ob für die Prognoseentscheidung auch relevant sein darf, dass eine Rückkehr ins Heimatland für Flüchtlinge mit vergangegenen Vefolgungserfahrungen besonders belastend ist. So BVerfG, Beschluss vom 2. Juli 1980, E 54, 341 (360); BVerwG,

ist darin begründet, dass diese asylrechtlichen Vorschriften nicht Möglichkeiten und Grenzen des Einschreitens durch die Polizei zur Gefahrenabwehr festlegen, deren Einhaltung im Nachhinein gerichtlich überprüft werden. Vielmehr gewähren sie ein positives Aufenthaltsrecht für Flüchtende aufgrund der Gefahrenprognose. In diesem Kontext ist es die Funktion der Maßstabsfigur, rechtlich als schützenswert erachtete Beweggründe gegen eine Rückkehr in das Heimatland zu identifizieren. Voraussetzung der asylrechtlichen Gefahr ist folglich – anders als im Polizeirecht – ein Gefühl, nämlich die begründete Furcht vor Verfolgung.[45] Auch deshalb wird die Maßstabsfigur nicht anhand eines Amtswalters konstruiert – dieser müsste immer rational handeln – sondern anhand des Asylsuchenden. Dabei spielt auch eine Rolle, dass die zuständige Asylbehörde die Situation des Flüchtenden in dessen Heimatland nur unvollständig erfassen, also die Beweggründe höchstens auf ihre Nachvollziehbarkeit hin überprüfen kann.[46] Es zeigt sich also, dass Gefahrurteile typischerweise mit dem Wissens- und Erkenntnishorizont derjenigen gefällt wird, die auf seiner Grundlage handeln müssen. Das sind im Polizeirecht die Beamten, im Asylrecht die Flüchtenden.

Tatsächlich wird der Unterschied zwischen den zwei Gefahrbegriffen in ihrer Anwendung durch die Rechtsprechung weitgehend eingeebnet. Zwar nimmt die asylrechtliche Gefahr ein Gefühl als Ausgangspunkt, dieses wird aber mit der Maßstabsfigur des „vernünftig denkenden, besonnenen Menschen in der Lage des Asylsuchenden" bzw. der „begründeten Furcht vor Verfolgung" objektiviert. Nicht derjenige, der sich vor Verfolgung fürchtet, hat einen Anspruch auf Asyl, sondern derjenige, der sich vor Verfolgung fürchten ‚darf'.[47] Das Gefühl muss

---

Urteil vom 27. April 2010, NVwZ 2011, 51; sowie BVerwG, Urteil vom 26. März 1985, E 71, 175 (178); *Johannes Masing*, in: Dreier (Hrsg.), GG I, 2. Aufl. 2004, Art. 16 a, Rn 59. Kritik an dieser „subjektiven Lösung" bei *Juliane Kokott*, Beweislastverteilung und Prognoseentscheidungen, S. 463; *Julia Dürig*, Beweismaß, S. 140 sieht das kritisch, weil die Beweislastverteilung im Rahmen derselben Asylgründe dann je nach Prüfungsstadium unterschiedlich ausfallen könne; *Gertrude Lübbe-Wolff*, in: Dreier (Hrsg.), GG I (1. Aufl. 1996), Art. 16 a, Rn. 23 lehnt dieses Verständnis ab, weil die „Verfolgteneigenschaft nicht nach dem Ausmaß subjektiver Verfolgungsfurcht, sondern nach objektiven Kriterien zu bestimmen ist". Grundsätzlich erforderlich ist eine „beachtliche Wahrscheinlichkeit" der Verfolgung, BVerwG, Urteil vom 27. April 2010, NVwZ 2011, 51 (52). Kritisch *Constantin Hruschka/Tillmann Löhr*, Der Prognosemaßstab, ZAR 2007, S. 180 (182 f.), die eine „reale Möglichkeit der Verfolgung" als Wahrscheinlichkeitsmaßstab vorschlagen.

[45] *UNHCR*, Handbuch über Verfahren und Kriterien zur Feststellung der Flüchtlingseigenschaft, S. 12 ff.

[46] Zu den Beweisschwierigkeiten im Asylrecht *Juliane Kokott*, Beweislastverteilung und Prognoseentscheidungen, S. 317 f.; *Julia Dürig*, Beweismaß, S. 6 ff.

[47] Deshalb gehen *James C. Hathaway* und *William S. Hicks*, Subjective Element, Michigan Journal of International Law 2005, 505 (507), davon aus, dass die Voraussetzung „well founded fear of being persecuted" nur ein „individuated, forward-looking appraisal of actual risk" be-

auf Tatsachen gründen, womit die Frage, ob eine begründete Furcht vor Verfolgung besteht wiederum nach der Sachlage beurteilt wird und damit danach, ob eine Rechtsgutsverletzung nach einem subjektiv-normativen Verständnis – allerdings aus Perspektive des Asylsuchenden – wahrscheinlich erscheint.

d) Zusammenfassung

Das klassische Recht der Gefahrenabwehr hat trotz der thematischen Ausdifferenzierung in Spezialgesetzen und Regelungen zu Vorsorge und Risiken im technischen Sicherheitsrecht und in der Terrorismusbekämpfung weiterhin eine große Bedeutung.[48] Das liegt insbesondere daran, dass sich die meisten neuen Regelungen nicht so weit emanzipiert haben, dass sie ohne die klassischen dogmatischen Strukturen des allgemeinen Gefahrenabwehrrechts auskommen. Sie statuieren zwar neue Rechtspflichten, deren Durchsetzung bleibt aber meistens dem Recht der allgemeinen Gefahrenabwehr und damit der polizeilichen Generalklausel überlassen.[49]

Der Gefahrbegriff ist im Öffentlichen Recht weit verbreitet und funktioniert nicht nur in den Polizeigesetzen der Länder, sondern auch in anderen spezialgesetzlichen Vorschriften und im Grundgesetz auf ähnliche Weise. Zur Perspektive, aus der heraus eine Gefahr beurteilt werden soll, schweigen die Gesetze jedoch. Feststellen lässt sich schon einmal so viel: Das Wahrscheinlichkeitsurteil über eine drohende Gefahr ist notwendig auf einen bestimmten Wissenshorizont bezogen, der von der Rechtsprechung im Sinne eines subjektiv-normativen Gefahr-

---

schreibt, nicht aber die emotionale Reaktion des Anspruchstellers. „,fear' merely denotes the refugee's expectation of impending persecution", S. 508; so auch *Constantin Hruschka/Tillmann Löhr*, Der Prognosemaßstab, ZAR 2007, 180: „Bei letzterem geht es nicht notwendigerweise um eine innerlich empfundene Angst, sondern um die anhand aller objektiven Umstände zu beantwortende Frage, in welcher Intensität sich eine möglicherweise eintretende Verfolgung individuell auf den Antragsteller in seiner speziellen Situation auswirkt."

[48] Bei der Vorsorge müssen „auch solche Schadensmöglichkeiten in Betracht gezogen werden, die sich nur deshalb nicht ausschließen lassen, weil nach dem derzeitigen Wissensstand bestimmte Ursachenzusammenhänge weder bejaht noch verneint werden können und daher insoweit noch keine Gefahr, sondern nur ein Gefahrendverdacht oder ‚Besorgnispotenzial' besteht." Es darf auch nicht nur auf das „ingenieursmäßige Erfahrungswissen zurückgegriffen werden, sondern Schutzmaßnahmen müssen auch anhand ‚bloß theoretischer' Überlegungen und Berechnungen in Betracht gezogen werden", BVerwG, Urteil vom 19. Dezember 1985, E 72, 300 (315); BVerwG, Urteil vom 3. Juli 2002, NVwZ 2003, 95; zur Abgrenzung einer konkreten Gefahr zu Vorfeldmaßnahmen: BVerfG, Beschluss vom 4. April 2006, NJW 2006, 1939; s. auch *Markus Möstl*, Eingriffsschwellen im polizeilichen Informationsrecht, in: Spiecker/Collin (Hrsg.), Generierung und Transfer staatlichen Wissens, S. 239 ff.; zu Risiken vgl. *Liv Jaeckel*, Gefahrenabwehr und Risikodogmatik; *Arno Scherzberg*, Risikosteuerung durch Verwaltungsrecht, VVDStRL, Bd. 63 S. 214 ff.; *Dietrich Murswiek*, Risiken der Technik.

[49] *Ralf Poscher*, Gefahrenabwehr, S. 9 ff.

begriffes mit der Maßstabsfigur des besonnenen Polizisten beschrieben wird. Im Rechtmäßigkeitsurteil kommt es auf ihren Wissenstand zum Zeitpunkt des Einschreitens (Ausnahmen sind Dauerverwaltungsakte) an. Dabei wird mit der Figur nicht nur der diagnostische und prognostische Wissenshorizont festgelegt, sondern auch eine Antwort auf die Frage gegeben, welche Schlüsse aus den zur Verfügung stehenden Informationen gezogen werden dürfen; sie ist also zugleich Handlungsmaßstab. Dabei dürfen die handelnden Polizisten, wie die Gefahrverdachtsfälle zeigen, auch Unsicherheiten verspüren und am Vorliegen einer Gefahr zweifeln.

2. Zur Geschichte der Gefahrenabwehr

Historisch betrachtet war die Ausdehnung des Rechts der Gefahrenabwehr wahrscheinlich nie geringer als heute. Die polizeilichen Zuständigkeiten unterlagen schon immer einem starken Wandel;[50] über lange Zeiträume nahm die Polizei in der Vergangenheit Aufgaben wahr, die wir heute nicht mehr mit Gefahrenabwehr assoziieren, so z. B. die Wohlfahrtsförderung. Der Begriff „Polizei"[51] lässt sich im historischen Kontext deshalb auch nur funktionell sinnvoll fassen. Verbindendes Element über die Jahrhunderte hinweg ist die ihr zugrundeliegende „Ordnungsidee".[52] Bis in das 17. Jahrhundert hinein wurde ungeschriebene Polizeigewalt von den Städten, den Grundherren auf dem Land[53] und insbesondere von den Landesfürsten ausgeübt. „Gute Policey" bezeichnete die Aufrechterhaltung einer guten Ordnung, von der kaum ein Lebensbereich verschont blieb. Zu ihr zählte seinerzeit fast alles, von der Sicherung eines gottgefälligen Lebens bis zur Regelung militärischer und auswärtiger Angelegenheiten,[54] später sogar die „Beförderung der allgemeinen Wohlfahrt und Glückseligkeit".[55] Selbst der Wohlfahrtsstaat war deshalb ein Polizeistaat absoluter Herrschaft, der keine verbürgten Rechte des Einzelnen kannte.[56]

---

[50] *Hans Boldt/Michael Stolleis*, Geschichte der Polizei, in: Denninger/Rachor (Hrsg.), Handbuch des Polizeirechts, A Rn. 1, 6.

[51] Zum Ursprung des Wortes, *Hans Boldt/Michael Stolleis*, Geschichte der Polizei, in: Denninger/Rachor (Hrsg.), Handbuch des Polizeirechts, A Rn. 4.

[52] *Hans Boldt/Michael Stolleis*, Geschichte der Polizei, in: Denninger/Rachor (Hrsg.), Handbuch des Polizeirechts, A Rn. 5; *Sebastian Kral*, Die polizeilichen Vorfeldbefugnisse, S. 19.

[53] Sog. niedere Polizei, *Hans Boldt/Michael Stolleis*, Geschichte der Polizei, in: Denninger/Rachor (Hrsg.), Handbuch des Polizeirechts, A Rn. 10.

[54] *Hans Boldt/Michael Stolleis*, Geschichte der Polizei, in: Denninger/Rachor (Hrsg.), Handbuch des Polizeirechts, A Rn. 5.

[55] *Andreas Voßkuhle*, Der Gefahrenbegriff, JuS 2007, 908; *Bodo Pieroth/Bernhard Schlink u. a.*, Polizei- und Ordnungsrecht, S. 1.

[56] *Bodo Pieroth/Bernhard Schlink u. a.*, Polizei- und Ordnungsrecht, S. 2 f; *Dieter Kugelmann*, Polizei- und Ordnungsrecht, 2. Kapitel, Rn. 4.

Beschränkung erfuhren absolute Macht und Ordnungsbedürfnis erstmals im Zuge der Aufklärung durch die polizeiliche Generalklausel im Preußischen Landrecht von 1794,[57] nach der die Polizeiarbeit von nun an nur noch in der Abwehr drohender Gefahren für die öffentliche Sicherheit und Ordnung bestehen sollte.[58] Der heutigen Formulierung in den Landesgesetzen ähnlich, markierte die Norm den „Ausgangspunkt für generalklauselartige Ermächtigungen im Gefahrenabwehrrecht".[59] Wohlfahrtstaatliche Bestimmungen blieben aber bestehen, und es dauerte noch bis zur Märzrevolution 1848, bis eine wirkliche Disziplinierung der Polizei und damit ihre Beschränkung auf die Gefahrenabwehr in Angriff genommen wurde.[60] Große Bedeutung hatte in diesem Zusammenhang das „Kreuzberg-Erkenntnis" von 1882, in dem das Preußische Oberverwaltungsgericht urteilte, dass ein Bauverbot zum Erhalt einer ästhetischen Bauweise nicht durch die Generalklausel zur Gefahrenabwehr gedeckt sei. In dieser Lesart beschreibt die Generalklausel des § 10 Abs. 17 ALR nicht mehr nur noch die Aufgabe, sondern zugleich auch die Befugnis der Polizeibehörden.[61] Sie wurde 1931 in § 14 des Preußischen Polizeiverwaltungsgesetzes fortgeschrieben und konkretisiert. Anders als im Recht der Verunstaltungsabwehr hält die Zeit des Nationalsozialismus für die Gefahrenabwehr als Anwendungsbereich der Maßstabsfigur kaum etwas bereit.[62] Auch hier zeigt sich die bemerkenswerte Kontinuität, mit der das deutsche Verwaltungsrecht die durchgreifenden Regimewechsel des 20. Jahrhunderts überstand.[63] Nach dem Zweiten Welt-

---

[57] § 10 II 17 ALR lautete damals: „Die nöthigen Anstalten zur Erhaltung der öffentlichen Ruhe, Sicherheit und Ordnung und zur Abwendung der dem Publiko oder einzelnen Mitgliedern derselben bevorstehenden Gefahr zu treffen, ist das Amt der Polizey.", *Sebastian Kral*, Die polizeilichen Vorfeldbefugnisse, S. 19 f.

[58] *Andreas Voßkuhle*, Der Gefahrenbegriff, JuS 2007, 908, wirklich vollzogen wurde diese Beschränkung jedoch erst durch das Kreuzbergurteil von 1882, DVBl. 1985, 219. Siehe dazu später auch S. 163.

[59] *Carsten Schucht*, Generalklausel und Standardmaßnahme, S. 45.

[60] Zur Zwiespältigkeit des ALR, das auch immer noch wohlfahrtsstaatliche Bestimmungen beinhaltete oder durch solche konkretisiert wurde, *Bodo Pieroth/Bernhard Schlink u. a.*, Polizei- und Ordnungsrecht, S. 3; s. auch *Dieter Kugelmann*, Polizei- und Ordnungsrecht, 2. Kapitel, Rn. 10.

[61] PrOVG Erkenntnis vom 14. Juni 1882, E 9, 353; *Bodo Pieroth/Bernhard Schlink u. a.*, Polizei- und Ordnungsrecht, S. 5.

[62] § 14 des Preußischen Polizeiverwaltungsgesetzes galt auch während des Nationalsozialismus fort und wurde – wo es politisch gewollt war – durch die Gerichte im Sinne der nationalsozialistischen Ideologie ausgelegt, *Walter Hempfer*, Die nationalsozialistische Staatsauffassung, S. 116 ff., insbes. S. 122 ff. Die nationalsozialistische Handhabung des Polizeirechts unterscheidet sich insofern nicht von der sonstigen Pervertierung des Rechts im Nationalsozialismus. Letztlich war Recht wegen seiner Formalität fundamental inkompatibel mit nationalsozialistischer Ideologie.

[63] S. *Otto Mayer* mit seiner bekannten Einschätzung „Verfassungsrecht vergeht, Verwal-

krieg wurde die Polizei entmilitarisiert und entnazifiziert. Um einer Zersplitterung des Polizeirechts in den Ländern entgegenzutreten, beschloss die Innenministerkonferenz 1977 den Musterentwurf eines einheitlichen Polizeigesetzes des Bundes und der Länder (MEPolG), den die Mehrheit der Bundesländer in ihrem Landesrecht umsetzte. Zwar gibt es inzwischen zahlreiche spezialgesetzliche Regelungen. Doch noch immer wird die Polizei in vielen Fällen auf Grundlage der Generalklausel tätig.

Vor diesem Hintergrund soll nun herausgearbeitet werden, welche Funktion der Maßstabsfigur im Polizeirecht zukommen soll, um im Anschluss mit Blick auf ihre Verwendung durch die Rechtsprechung zu prüfen, ob sie diese sinnvoll erfüllen kann.

3. Das Problem: Die Unsicherheit, Dringlichkeit und Zeitlichkeit des Gefahrurteils

Das Gefahrurteil ist eine aufgrund von Sachverhaltsfeststellungen (Diagnose) getroffene Prognoseentscheidung.[64] Diese Prognoseentscheidung ist zwar kein Alleinstellungsmerkmal der Gefahrenabwehr,[65] bringt aber zwei Besonderheiten mit sich, die als Grund und Grenze für die Verwendung der Maßstabsfigur gehandelt werden: Zunächst die unausrottbare Subjektivität des Gefahrurteils, die darin liegt, dass Gefahren immer nur dort existieren, wo es urteilende Subjekte gibt.[66] Das steckt auch im Begriff der „Wahr-Scheinlichkeit": dieser setzt voraus, dass es jemanden gibt, dem auf Grundlage eines gegebenen Sachverhalts zukünftige Ereignisse als wahr erscheinen. Die Notwendigkeit, das Wahrscheinlichkeitsurteil auf einen bestimmten Wissens- und Erkenntnishorizont zu beziehen,[67] scheint der

---

tungsrecht besteht", Deutsches Verwaltungsrecht, Bd. I, S. VI; kritisch dazu *Matthias Ruffert*, „Verfassungsrecht ergeht, Verwaltungsrecht besteht", in: Pauly (Hrsg.), Wendepunkte, S. 159 ff.

[64] Oft wird gesagt, das Gefahrurteil bestünde aus einer Diagnose und einer Prognose, Fn. 306. Zweifelsohne ist die Diagnose notwendige Voraussetzung des Wahrscheinlichkeitsurteils. Die Besonderheit des Gefahrbegriffes ist aber das Prognostische, die Diagnose (also die Sachverhaltsfeststellung) hingegen stellt sich bei jeder anderen Rechtsanwendung auch. Deshalb ist durchaus zweifelhaft, ob sie Teil des Gefahrbegriffes ist.

[65] Sie findet sich zum Beispiel auch im Rahmen der gewerberechtlichen Unzuverlässigkeit, § 35 GewO.

[66] Das soll durch ein Beispiel illustriert werden. Die Aussage „In Berlin hat es am 26. März geregnet." hat einen Wahrheitswert, unabhängig davon, welches Wissen man über Berlin, sein Wetter und den Zeitpunkt der Äußerung hat. Die Aussage „Es ist wahrscheinlich, dass es morgen in Berlin regnen wird." lässt sich ohne diesen Horizont nicht bewerten. Erst, wenn wir die Wetteraufzeichnungen der letzten 150 Jahre kennen, wenn wir wissen, dass es März ist, dass die Wolkenfront bereits Schleswig-Holstein erreicht hat usw., können wir der Aussage sinnvollerweise einen Wahrheitswert zuschreiben.

[67] *Ralf Poscher*, Gefahrenabwehr, S. 112; *Dietrich Murswiek*, Risiken der Technik, S. 382 f.:

erste Grund für die Verwendung der Maßstabsfigur zu sein. Schließlich legt der ‚besonnene Polizist' die Perspektive fest, aus der heraus das Prognoseurteil gefällt wird. Als zweites Motiv hebt die Literatur die Prognoseunsicherheit im Gefahrurteil hervor. Das Dilemma der staatlichen Gefahrenabwehr ist ihre unvermeidliche Konfrontation mit Ungewissheit. Weil ihre Aufgabe im Verhindern zukünftiger Schadenseintritte liegt, muss sie mit Unsicherheiten umgehen.[68] Die Figur des besonnenen Polizisten bietet dafür den Maßstab.

Ein genauerer Blick in die polizeirechtliche Rechtsprechung wird aber zeigen, dass die Prognose als Spezifikum des Polizeirechts die geringsten Probleme bei der Normkonkretisierung hervorruft und auch die Rolle der Maßstabsfigur hier eher untergeordneter Natur ist. Die Figur wird nämlich nicht nur bei der Prognoseentscheidung benutzt, die – wie eben festgestellt – notwendig auf einen bestimmten Wissens- und Erfahrungshorizont bezogen und mit Ungewissheiten über den künftigen Verlauf der Dinge konfrontiert ist. Sie findet ebenso Anwendung bei der dem Wahrscheinlichkeitsurteil zugrundeliegenden Sachverhaltsfeststellung und bei der Störerauswahl, die ebenfalls eine Diagnoseentscheidung ist. Tatsächlich bilden die Diagnoseunsicherheiten – wie die Sichtung der Rechtsprechung und die vielen Diskussionen um den Gefahrverdacht zeigen – die größte Herausforderung des Polizeirechts und den größten Anwendungsbereich des ‚besonnenen Polizisten'. Sie werden durch das situative Entscheiden unter Zeitnot verschärft. Während die Dringlichkeit eine Besonderheit der Gefahrenabwehr ist, sind Unsicherheiten bei der Sachverhaltsfeststellung kein Problem allein des Polizeirechts; administrative Entscheidungen müssen häufig auf unsicherer Informationsbasis getroffen werden.[69] Die Sachverhaltsermittlung und ihre Grenzen sind Teil jeder Rechtsanwendung.

„Die ‚Wahrscheinlichkeit' des Schadenseintritts ist kein Element der ‚objektiven', unabhängig vom Menschen gedachten Realität. Sie ist vielmehr eine Funktion der Grenzen unseres Erkenntnisvermögens (...). Die unvermeidliche Ungewißheit unserer Prognosen ist eine Folge unseres Erkenntnisdefizits."

[68] Gefahrenabwehr als „rechtlich geregelter Umgang mit Ungewißheit", *Udo Di Fabio*, Vorläufiger Verwaltungsakt, DÖV 1991, 629 (631). Zu den konkreten Erkenntnisgrenzen s. *Dietrich Murswiek*, Risiken der Technik, S. 382 f.: nicht alle Umstände, die Einfluss auf den Geschehensablauf haben, sind bekannt (diagnostisches Wahrscheinlichkeitsurteil), bei komplexen Vorgängen erlaubt das vorhandene Erfahrungswissen nicht immer genaue Voraussagen und es fehlt an Erfahrungsschatz zu der Ursache-Wirkung-Beziehung, z.B. weil es sich um eine neuartige Gefahrensituation handelt.

[69] Für das Polizeirecht *Christoph Gusy*, Polizeirecht, Rn. 115; BayVerwGH, Urteil vom 2. Dezember 1991 – 21 B 90.1066 –, juris Rn. 67. Der unter Zeitdruck handelnde Polizist sei grundsätzlich nicht in einer anderen Situation als andere staatliche Organe, insbesondere auch der eines Richters, dessen Entscheidung von der nächsten Instanz aufgehoben wird, wenn neue Tatsachen hinzutreten, *Bernhard Schlink*, Das Objektive und das Subjektive, Jura 1999, 169 (171). Auch eine Baugenehmigung kann nicht immer auf zweifelsfreier Tatsachenlage erteilt

76   B. Die Maßstabsfigur des besonnenen Amtswalters

Dass sich der Maßstab gerade bei der dem Gefahrurteil zugrundeliegenden Diagnose von einer objektiven Sachverhaltsfeststellung durch das Gericht mit den Mitteln des Verfahrensrechts zu dem ‚Behördenmaßstab' eines ‚besonnenen Polizisten' verschiebt, liegt auch daran, dass bei polizeilichen Maßnahmen der Zeitdruck besonders hoch ist. Ein langes Abwarten und Abwägen kann zur Realisierung der Gefahr und zu einem schweren Schaden an wichtigen Rechtsgütern führen. Im Unterschied zu anderen Bereichen kollidiert im Recht der Gefahrenabwehr deshalb eine angemessene Sachverhaltsaufklärung häufig mit dem Zweck der Abwehr selbst.[70] Andererseits ist die Gefahrenabwehr ein Rechtsgebiet, in dem durch präventive Abwehrmaßnahmen besonders intensiv in die Rechte sogar von Personen eingegriffen wird, denen die Gefahr polizeirechtlich oder jedenfalls objektiv nicht zuzurechnen ist. Das rät zu großer Vorsicht davor, die Eingriffsschwellen zu niedrig zu ziehen.

Dieses Dilemma soll die Maßstabsfigur zumindest teilweise auflösen. Sie hat im Kontext des subjektiv-normativen Gefahrbegriffes die Funktion, die eben beschriebenen Unsicherheiten rechtlich zu verarbeiten. Die Rechtmäßigkeit polizeilichen Handelns wird ganz maßgeblich über die Maßstabsfigur entschieden.[71] Mit der Wahl des ‚besonnenen Polizisten' als Perspektive wird idealiter festgelegt, welche Informationen in dem Entscheidungsprozess berücksichtigt werden müssen, und das Irrtumsrisiko dem Rechtsunterworfenen aufgebürdet, wenn der Polizist pflichtmäßig handelte und trotzdem irrte. Dieses Irrtumsrisiko ist für den Bürger umso größer, je niedriger die Sorgfaltsanforderungen an die handelnde

---

werden, wenn beispielsweise eine Kontamination mit Altlasten nicht ausgeschlossen werden kann, deren Nachweis aber das Umgraben des Grundstückes erfordern würde. Es gibt ebenso prognostische Unsicherheiten in anderen Entscheidungen, wie im Falle der Untersagung einer Gaststättenerlaubnis wegen Unzuverlässigkeit nach § 35 GewO. „Wahrscheinlichkeitsurteile sind nicht lediglich Zugeständnisse an die Eigenheit spontanen Regelns, sondern Bestandteil jeder Rechtspflege. (...) Der Verbindlichkeitsanspruch objektiven Rechts gilt hier wie auch bei der Gefahrenabwehr uneingeschränkt.", *Paul Kirchhof*, Handlungsvollmachten der Polizei, DÖV 1976, 449 (452). *Arno Scherzberg* stellt seinem Beitrag das *Kant*-Zitat „Die Notwendigkeit zu entscheiden reicht weiter als die Fähigkeit zu erkennen." voran, Risikosteuerung durch Verwaltungsrecht, VVDStRL, Bd. 63, S. 216. Diese Referenz passt hier jedoch nicht, denn das *Kantsche* Problem der Urteilskraft (die eben nicht der theoretischen, d.h. wissenden Vernunft angehört) stellt sich unabhängig davon, wie sicher die Entscheidungsgrundlage feststeht und wie sehr wir unter Unwissenheit entscheiden müssen. Auch der perfekt und mit sämtlichen Erkenntnismöglichkeiten ermittelte Sachverhalt verlangt uns noch ab, auf seiner Grundlage ein Urteil zu fällen und entsprechend zu handeln. *Kant* geht es um diese unaufhebbare Kluft zwischen Wissen und Handeln und nicht um das Handeln aufgrund unvollständigen Wissens.

[70] *Ralf Poscher*, Der Gefahrenverdacht, NVwZ 2001, 141 (142).
[71] „Das epistemische Element (...) des Gefahrbegriffs liegt in seiner Relativität zu einem bestimmten Wissenshorizont.", *Ralf Poscher*, Gefahrenabwehr, S. 112; *Dietrich Murswiek*, Risiken der Technik, S. 383.

Polizistin angesetzt werden. Für die Verwaltung hingegen besteht solange kein Risiko, wie sie die Sorgfaltsanforderungen erfüllt; sie hat es also selbst in der Hand, ob sie haftet.

Die Maßstabsfigur dient also dazu, die normativen Anforderungen an die handelnden Polizisten auf das Tunliche zu begrenzen, nicht, um den Erkenntnisgrenzen der Polizistin als Person gerecht zu werden, sondern um eine effektive, nicht übermäßig schwerfällige Behördenoperation zu ermöglichen. Das Verwaltungsverfahren ist sich seiner epistemischen Unsicherheiten und der Defizite gegenüber gerichtlichen Verfahren bewusst. Anstatt das hinzunehmen wird das Irrtumsrisiko auf die Rechtsunterworfenen verlagert, indem man die Auswirkungen der im gerichtlichen Verfahren getroffenen Feststellungen auf diejenigen des Verwaltungsverfahrens mit Hilfe der Maßstabsfigur relativiert. Die Feststellungs- oder Diagnoseunsicherheit, die es überall im Recht gibt und die etwas ganz anderes ist als die von der Literatur immer als Grund und Grenze des Gefahrurteils hervorgehobene Prognoseungewissheit ausgerechnet im Polizeirecht den Rechtsunterworfenen aufzubürden, scheint fragwürdig.

Nun könnte in dieser Funktionsweise der Maßstabsfigur aber auch der Vorteil liegen, dass sie sich als erfüllbare Vorgabe und zugleich Rationalisierungsinstrument an die Akteure richtet: den handelnden Polizisten, der mit der beschriebenen Ungewissheit und Zeitnot zu kämpfen hat, und die Richterin, die die Entscheidungssituation des Polizisten später mit oft überlegenem Wissen rekonstruieren muss.[72] Gegenüber dem Amtswalter in der Gefahrensituation formuliert die Figur nicht nur Sorgfaltserwartungen, sondern erkennt auch an, dass er eine Prognose treffen musste, der zwangsläufig ein gewisses Maß an Unsicherheit über die tatsächliche Entwicklung innewohnt.[73] Dieser Unsicherheitsfaktor kann aus einer ex ante-Sicht nie und auch aus einer ex post-Sicht häufig nicht ganz ausgeschlossen werden. Anders als der Richterin stehen dem handelnden Amtswalter nicht die durch ein „kontradiktorisches Verfahren im Einzelfall vermittelten Rationalitätshilfen"[74] zur Verfügung. Er hat in der Entscheidungssituation auch keine Auswahl zwischen verschiedenen Informationshorizonten. Höchstens kann er seine Fähigkeiten mit der einer vorgestellten Maßstabsfigur

---

[72] Die Maßnahmen der Gefahrenabwehr werden typischerweise mit der allgemeinen Feststellungsklage oder der heute als Fortsetzungsfeststellungsklage bezeichneten Klageart angegriffen. Es liegt in der Natur der Gefahrenabwehr, dass es zu einer Überprüfung der behördlichen Entscheidung meistens erst dann kommt, wenn die Gefahr sich realisiert oder eben nicht realisiert hat; jedenfalls aber dann, wenn die Gefahrensituation bereits beendet ist.

[73] So über das Gefahrurteil in der polizeilichen Generalklausel, *Andreas Voßkuhle*, Der Gefahrenbegriff, JuS 2007, 908.

[74] *Wolfgang Hoffmann-Riem*, „Anscheingefahr" und „Anscheinverursachung", Festschrift für Gerhard Wacke, S. 341.

abgleichen, seine eigenen Erkenntnisgrenzen reflektieren und versuchen, fehlende Informationen zu erlangen. Die Vorstellung, dass ein einschreitender Polizist in der Gefahrensituation sein Handeln mit dem einer fiktiven Maßstabsfigur abgleicht, scheint jedoch eher wirklichkeitsfern. Naheliegender ist da schon, dass er Vorbilder aus dem eigenen (beruflichen) Umfeld gedanklich zu Rate zieht. Nun sind Defizite des Verwaltungsverfahrens gegenüber dem Gerichtsverfahren, was Möglichkeiten und Intensität der Sachverhaltsaufklärung angeht, kein Spezifikum der Gefahrenabwehr, sondern administrativer und judikativer Entscheidungen generell. Sie treten im Polizeirecht aber verstärkt auf, was insbesondere der zeitlich eng begrenzten Sachverhaltsaufklärung und weniger ausgeprägt der notwendigen prognostischen Unsicherheit geschuldet ist.

Auch auf die Entscheidung der Richterin kann die Figur des besonnenen Amtswalters unter Umständen Einfluss ausüben: Als Maßstab für die Subsumtion unter den Gefahrbegriff und als Vergegenwärtigung, dass sich die Entscheidungssituationen und Wissenshorizonte der urteilenden Richterin und des einschreitenden Polizisten unterscheiden. Denn das Gefahrurteil ist nicht nur abhängig von der personellen Perspektive (wer entscheidet), es unterliegt auch einer Zeitlichkeit. Damit ist gemeint: Ob eine Situation tatsächlich hätte zu einem Schaden führen können, lässt sich – wenn überhaupt – mit annähernder Sicherheit meistens nur ex post feststellen. Wenn sich ein Schaden tatsächlich realisiert, steht damit auch seine Möglichkeit fest. Für das Wahrscheinlichkeitsurteil selbst ist die zeitliche Dimension bei einmal festgelegtem Wissenshorizont zwar unergiebig, die Richterin verfügt aber nicht selten im Nachhinein über zusätzliche Informationen.

Der handelnden Polizistin bleibt nichts anderes übrig, als den Sachverhalt aus ihrer aktuellen Situation heraus – also im Vorhinein – zu beurteilen. Das gerichtliche Rechtmäßigkeitsurteil wird dann im Nachhinein, also mit dem Wissen zum Zeitpunkt der Urteilsverkündung, gefällt. Das verlockt manche in der Literatur dazu, ein objektives Gefahrurteil als ex post-Urteil zu verstehen.[75] Der Schadensausfall sagt aber offensichtlich nichts über die Wahrscheinlichkeit des Ereignisses aus. Es ist eben nur eine Wahrscheinlichkeit erforderlich, „die die Möglichkeit eines anderen als des wahrscheinlichen Verlaufs immer einschließt."[76]

---

[75] *Fritz Ossenbühl*, Der polizeiliche Beurteilungs- und Ermessensspielraum, DÖV 1976, 463 (466); s. außerdem *Markus Möstl*, Die staatliche Garantie, S. 165. Danach wird der subjektive Gefahrbegriff an einer ex ante-, der objektive an einer ex post-Perspektive festgemacht. Dieser Fehlschluss findet sich auch im strafrechtlichen Adäquanzurteil, *Max Rümelin*, Causalsbegriffe im Straf- und Civilrecht, AcP 90 (1900), 171 (217). Nach verbreitetem Verständnis knüpfen sowohl der objektive, als auch der subjektive Gefahrbegriff an eine ex ante-Perspektive an, weil nur aus dieser ein Wahrscheinlichkeitsurteil denkbar ist, vgl. auch *Friedrich Schoch*, Die ‚Gefahr', Jura 2003, 472 (473).

[76] „Die Wahrscheinlichkeit des Eintritts eines schädigenden Ereignisses (...) kann nicht im Nachhinein deshalb verneint werden, weil das schädigende Ereignis tatsächlich nicht eingetre-

Versteht man das Gefahrurteil als eine Entscheidung über die Wahrscheinlichkeit eines Schadenseintritts, so ist es notwendig ein ex ante-Urteil, das nicht mit einem erst ex post verfügbaren Wissensstand gefällt werden darf.[77] Es wird noch zu klären sein, ob die Maßstabsfigur als Denkhilfe den Richter vor dieser als *hindsight bias* bezeichneten Verfälschung seines rekonstruierten Gefahrurteils entweder durch Informationen, die ihm im Nachhinein, aber nicht einem ‚besonnenen Polizisten' im Vorhinein zur Verfügung stehen,[78] oder durch sein Wissen über den Ausgang der Gefahrensituationen schützen kann.[79]

Die Maßstabsfigur – so viel ist von vorneherein klar – beseitigt die Unsicherheiten im Gefahrurteil nicht. Sie kann diese lediglich rechtlich verarbeiten und die Verantwortung für unverschuldete Irrtümer dem Rechtsunterworfenen übertragen, indem sie die Anforderungen an die Sachverhaltsaufklärung senkt. Ob sie ihren Grund in der besonderen Struktur des Gefahrurteils findet und welche Anforderungen mit ihr für den konkreten Rechtsfall verbunden werden, wird sich nur durch eine Sichtung der Rechtsprechung zum ‚besonnenen Polizisten' feststellen lassen.

4. Die Maßstabsfigur des besonnenen Polizisten in der Rechtsprechung zum Polizeirecht

Die Maßstabsfigur des besonnenen Polizisten wird von der Rechtsprechung das erste Mal 1990 in einer veröffentlichten Entscheidung verwendet.[80] Dieser späte Einsatz der Maßstabsfigur im Vergleich zu den anderen Rechtsbereichen lässt

---

ten ist bzw. auch ohne Abwehrmaßnahme nicht eingetreten wäre.", *Ernst Ludwig Nell*, Wahrscheinlichkeitsurteile, S. 76; *Ralf Poscher*, Gefahrenabwehr, S. 115; vgl. auch *Christoph Gusy*, Polizeirecht, S. 122; *Sebastian Kral*, Die polizeilichen Vorfeldbefugnisse, Fn. 66; *Thomas Schwabenbauer/Michael Kling*, Prognoseentscheidungen, VerwArch 101 (2010), 231 (233).

[77] So schon PrOVG Erkenntnis vom 15. Oktober 1894, PrVBl. 16, 125 (127); PrOVG, Urteil vom 28. Juni 1934, E 93, 87 (91 f., LS). „(...), da es für die Rechtfertigung einer polizeilichen Verfügung nur darauf ankommt, ob die Sachlage so, wie sie zur Zeit des Erlasses der Verfügung beschaffen war, sich bei objektiver Betrachtung als gefahrdrohend darstellte: trifft letzteres zu, so wird die Verfügung nicht deshalb nachträglich ungültig, weil die als gefahrdrohend beurteilte Sachlage tatsächlich irgendeine Schädigung der Allgemeinheit nicht im Gefolge gehabt hat." So auch das BayVerwGH, Urteil vom 2. Dezember 1991 – 21 B 90.1066 –, juris Rn. 54: das Urteil über die Gefahr „beruht mithin auf einer Prognose, die auf der Grundlage der im Zeitpunkt der behördlichen Entscheidung zur Verfügung stehenden Erkenntnismöglichkeiten zu treffen ist. Hat der *handelnde Amtsträger* die Lage – ex ante gesehen – *zutreffend eingeschätzt*, dann wird die getroffene Maßnahme – ex post betrachtet – nicht dadurch rechtswidrig, daß die Entwicklung anders als prognostiziert verlaufen ist." (Herv. im Original).

[78] Dieser Wissenshorizont würde dem eines idealen Beobachters im Sinne des objektiven Gefahrbegriffes am nächsten kommen, sich aber nicht immer damit decken, s. Fn. 296.

[79] S. dazu S. 110 ff.

[80] VGH Mannheim, Urteil vom 10. Mai 1990 – 5 S 1842/89 –, juris, Rn. 30.

sich nur vor dem Hintergrund der Entwicklung des Gefahrbegriffes verstehen. Das Preußische Oberverwaltungsgericht beurteilte die Gefahr zunächst objektiv, also mit allem ex ante vorhandenem Wissen und unabhängig davon, ob dieses dem handelnden Polizisten tatsächlich zur Verfügung stand oder der normativen Figur eines besonnenen Polizisten hätte verfügbar sein müssen.[81] Ihm ging es nicht um die Verantwortung des einzelnen Polizisten, sondern um das objektive Rechtmäßigkeitsurteil bei der nachträglichen Kontrolle der Verwaltungsentscheidung.[82] Soweit jedenfalls das Selbstverständnis des Gerichts. Tatsächlich sind nur wenige Entscheidungen zu Zweifelsfällen veröffentlicht worden, und diese legen nahe, dass in den Fällen einer Anscheinsgefahr anders als heute eine objektive Perspektive eingenommen wurde, während Gefahrverdachtsfälle mit einem sachverständigen oder verständigen Wissenshorizont beurteilt wurden.[83]

Vor dem Hintergrund eines objektiven Gefahrbegriffs wäre die Maßstabsfigur des besonnenen Polizisten nicht denkbar gewesen, höchstens die eines idealen Polizisten. Trotzdem ist eine Sichtung der Rechtsprechung für das Verständnis der Figur des ‚besonnenen Polizisten' unverzichtbar. Denn sie hat die Grundlagen für die Verschiebung von der Verwendung eines objektiven Gefahrbegriffs zu der Figur eines ‚besonnenen Polizisten' gelegt.

Die bundesrepublikanische Rechtsprechung trieb die Subjektivierung des Gefahrbegriffes[84] voran, führte die Maßstabsfigur aber erst spät für Fälle der Anscheinsgefahr und des Gefahrverdachts ein. Auch wenn sich die Figur des besonnenen Polizisten nur vor dem Hintergrund der Entwicklung des Gefahrbegriffes verstehen lässt, gilt es auch, sie von der Diskussion um die Subjektivierung der Gefahr zu entkoppeln und ihren eigenständigen Wert über die Beschreibung eines Wissenshorizonts und Sorgfaltsmaßstabs hinaus zu analysieren. Dass dieses erforderlich ist, zeigt die Rechtsprechung, die mit ihrem normativ-subjektiven Ansatz lange ohne den ‚besonnenen Polizisten' ausgekommen ist.

---

[81] Vgl. PrOVG Erkenntnis vom 30. April 1915, PrVBl. 38, 360 (361): „(..) daß die Polizei zu einem Einschreiten (...) nur dann berechtigt ist, wenn tatsächlich eine objektive Gefahr vorhanden ist. Die bloße Annahme einer Gefährdung reicht hierzu nicht aus."; näher dazu und zur Entwicklung der Rechtsprechung, *Ralf Poscher*, Gefahrenabwehr, S. 31 ff.

[82] Also gerade nicht im Sinne einer „Teleologie der (Entscheidungs-) Verhaltenssteuerung", *Georg Freund*, Richtiges Entscheiden, GA 1991, 387 (391).

[83] *Ralf Poscher*, Gefahrenabwehr, S. 39; vgl. auch *Bernhard Schlink*, Das Objektive und das Subjektive, Jura 1999, 169.

[84] *Bernhard Schlink*, Das Objektive und das Subjektive, Jura 1999, 169 (171 f.); *Fritz Ossenbühl*, Der polizeiliche Beurteilungs- und Ermessensspielraum, DÖV 1976, 463 (466); *Mathias Schröder*, Das „Irrtumsprivileg" des Staates, S. 68 ff. für die Subjektivierung von Eingriffsvoraussetzungen im Strafrecht.

a) Die Vorläufer des ‚besonnenen Polizisten' in der Rechtsprechung des Preußischen Oberverwaltungsgerichts

Unter Gefahr verstand das Preußische Oberverwaltungsgericht einen solchen Zustand, „welcher die Besorgniß begründet, daß ein schädigendes Ereigniß eintreten wird."[85] Schon damals wurde das Gefahrurteil als Wahrscheinlichkeitsurteil verstanden und die Wahrscheinlichkeit aufgrund von Tatsachen beurteilt.[86] Der Mechanismus des damaligen Gefahrurteils war dem heutigen sehr ähnlich. Allein die Perspektive, aus der heraus die Diagnose der „gegenwärtigen Zustände" und die Prognose der zukünftigen Entwicklung vorgenommen wurde, war eine andere. Für die Rechtmäßigkeit jeder Art von polizeilichen Verfügungen kam es darauf an, „ob sie objektiv dem bestehenden Rechte entspricht".[87] Auch die polizeiliche Verantwortung behandelte das Preußische Oberverwaltungsgericht unter Verzicht auf ein Verschuldenselement nach objektiven Kriterien.[88]

Die objektivierende Perspektive des Gerichts ist als die Summe der Informationen und Erfahrungen zu verstehen, die ihm im Moment seines Urteils über die Entscheidungssituation des handelnden Polizisten zur Verfügung standen. Auch das Preußische Oberverwaltungsgericht konsultierte aber nicht jeden Spezialisten zu einer strittigen Frage, sondern suchte lediglich die bestmögliche Informationsbasis, die ein effizienter Verwaltungsprozess erlaubte. Das zeigt sich daran, dass das Gericht in einem frühen Fall aus dem Jahr 1894 darauf hingewiesen hatte, spätere – also nach dem polizeilichen Einschreiten – eintretende Umstände würden vielleicht Anlass zur Aufhebung einer Verfügung geben, sie aber nicht

---

[85] PrOVG, Erkenntnis vom 15. Oktober 1894, PrVBl. 16, 125 (126); PrOVG, Entscheidung vom 26. Januar 1910, PrVBl. 32, 119 (LS); *Hartmut Heuer,* Die Generalklausel, S. 178 f. m. w. N.

[86] S. später auch ausdrücklich PrOVG, Urteil vom 29. Februar 1904, E 45, 339 (340). Dass wir die Wahrscheinlichkeit – anders als die Besorgnis, mit der das Preußische Oberverwaltungsgericht zunächst die Perspektive des Gefahrurteils beschrieb – externalisieren und den objektiven Dingen in der Welt und nicht unserem subjektiven Empfinden zuschreiben, sollte darüber nicht hinwegtäuschen.

[87] PrOVG, Urteil vom 10. April 1880, E 6, 359 (366); Urteil vom 22. Januar 1900, E 36, 237 (239); Urteil vom 13. Februar 1901, E 39, 292 (294 f.) „(...) kann füglich nicht entscheidend sein, daß die Polizeibehörde sich von der bevorstehenden Störung der öffentlichen Ordnung (...) überzeugt hielt, sondern allein, ob die Besorgniß der Polizeibehörde den Umständen nach berechtigt war, d. h. ob Thatsachen die Annahme rechtfertigen, daß die öffentliche Sicherheit oder Ordnung unmittelbar gefährdet (...) sei."; Urteil vom 24. Oktober 1901, E 40, 363 (374) zur Versagung einer Baugenehmigung: „Vielmehr kommt es allein darauf an, ob der Inhalt der Verfügung (...) objektiv dem bestehenden öffentlichen Rechte entspricht."; PrOVG, Urteil vom 28. Juni 1934, E 93, 87 (91).

[88] PrOVG, Urteil vom 10. November 1880, E 7, 348 (351); Ausnahme, in der auf mangelndes Verschulden eines Schiffsbergungsvereins abgestellt wird PrOVG, Urteil vom 19. November 1903, E 44, 418 (424, 426); *Hartmut Heuer,* Die Generalklausel, S. 186 ff.

zwangsläufig rechtswidrig machen.[89] Diese ausdrückliche Differenzierung zwischen dem ex ante und dem ex post verfügbaren Wissen ergäbe vor dem Hintergrund eines rein objektiven Gefahrbegriffs kaum Sinn. Stellte man auf die Perspektive eines ‚idealen, allwissenden Beobachters' ab, so ist dessen Wissen nur in sehr geringem Maße zeitgebunden.[90]

Irrte sich der Polizist bei der rechtlichen Beurteilung der Gefahrensituation, war das für die rechtliche Beurteilung seiner Gefahrentscheidung unbeachtlich.[91] Irrte er sich im Tatsächlichen, so war das ebenfalls nicht relevant, ganz unabhängig davon, ob der Irrtum vermeidbar gewesen wäre. In diesem Fall unterscheidet sich das Gefahrverständnis des Preußischen Oberverwaltungsgerichts vom heutigen. Bezogen auf die ordnungsgemäße Amtsausübung wurden Tatsachenirrtümer aber in separaten sogenannten Konfliktverfahren entschieden. Konfliktgerichte prüften, ob der Amtswalter seine Amtspflichten sorgfältig erfüllt oder seine Befugnisse schuldhaft überschritten hatte. Hier kam es dann auf die subjektive Verantwortlichkeit des Handelnden an.[92] Allerdings hatten diese Verfahren nur die Überschreitung von Amtsbefugnissen zum Gegenstand, nicht aber die Rechtmäßigkeit der Maßnahme selbst.[93] Mit Hilfe des Konfliktverfah-

---

[89] „Später eintretende Umstände konnten event. der Polizeibehörde Anlaß geben, ihre Verfügung wieder aufzuheben, lassen aber keineswegs ohne Weiteres den Schluß zu, daß ihre Verfügung beim Erlasse derselben ungerechtfertigt war.", PrOVG, Erkenntnis vom 15. Oktober 1894, PrVBl. 16, 125 (127).

[90] Das „Weltwissen" ändert sich zwar ständig, ist aber für den Einzelfall gerade im Hinblick auf die Zeiträume, um die es in verwaltungsrechtlichen Prozessen üblicherweise geht, relativ statisch.

[91] PrOVG, Urteil vom 10. April 1880, E 6, 359 (366); PrOVG Urteil vom 16. Juni 1886, E 14, 420 (424 ff.) zum Rechtsirrtum als Amtspflichtverletzung; Urteil vom 17. Feburar 1886, E 14, 427 (431 f.); Urteil vom 16. April 1890, E 19, 445 (449); eine Ausnahme stellt der Fall dar, in dem es um die falsche, aber vertretbare Auslegung einer Rechtsfrage geht: „fällt dem Beamten eine Überschreitung der Amtsbefugnisse nur dann zur Last, wenn er bei einer pflichtmäßigen Überlegung zu der von ihm befolgten Ansicht über das bestehende Recht nicht gelangen konnte, nicht aber schon dann, wenn nur seine Rechtsansicht von den höchsten Gerichtshöfen bei ihren Entscheidungen nicht geteilt worden ist.", PrOVG, Urteil vom 1. Oktober 1909, E 55, 459 (465). *Nell* kritisiert die inflationäre Verwendung des Irrtumsbegriffes. Dieser setze eine positive Fehlvorstellung voraus, also die Annahme, es läge sicher eine Gefahr vor und weitere Erforschungseingriffe seien nicht erforderlich; das sei aber meist nicht gegeben, *Ernst Ludwig Nell*, Wahrscheinlichkeitsurteile, S. 84.

[92] Das PrOVG urteilte, dem Beklagten falle „trotz des in thatsächlicher Beziehung unterlaufenen Irrthums eine Ueberschreitung seiner Amtsbefugnisse nicht zur Last", da sein Einschreiten „das Resultat einer pflichtgemäßen Prüfung nach Maßgabe der ihm ertheilten (...) Weisung" gewesen sei, PrOVG, Urteil vom 15. Februar 1882, E 8, 417 (424). Vgl. auch PrOVG, Urteil vom 3. Januar 1905, E 46, 441 (448); *Hartmut Heuer,* Die Generalklausel, S. 187. Die Beispiele sind überwiegend typische Fälle der heutigen Anscheinsgefahr, *Ralf Poscher*, Gefahrenabwehr, S. 36.

[93] *Ralf Poscher*, Gefahrenabwehr, S. 37. „Aber nicht jede objektiv unzulässige Amtshand-

rens wurde aber eine Unterscheidung institutionalisiert, „die später im subjektiven Gefahrbegriff aufgelöst worden ist."⁹⁴ So in einem Fall aus dem Jahr 1920, in dem ein Forsthilfsaufseher auf Hunde schoss, die sich von einer Jagdgesellschaft entfernt hatten. Das Gericht stellte fest, dass er schuldlos angenommen hatte, es handele sich um wildernde Tiere. Die Forderung der genauen Prüfung des Tatbestandes finde „dort ihre Grenze, wo die Notwendigkeit eines sofortigen Einschreitens eine sichere Feststellung der tatsächlichen Verhältnisse nicht gestattet."⁹⁵ Mit diesen Effektivitätserwägungen – hier ist man schon im oben beschriebenen Ungewissheitsdilemma – begründete das Preußische Oberverwaltungsgericht im Konfliktverfahren genau die Perspektive, die heute der ‚besonnene Polizist' für die Rechtmäßigkeit polizeilichen Einschreitens einnimmt:

„Bei der Beurteilung, ob ein Beamter sich der Verletzung einer Amtspflicht schuldig gemacht hat, kommt es nicht auf die nachträglich ermittelte wirkliche Lage der Dinge als vielmehr darauf an, wie er sie zur Zeit der ihm zur Last gelegten Tat oder Unterlassung aufgefaßt hat und auffassen durfte."⁹⁶

Erste Hinweise darauf, dass das Preußische Oberverwaltungsgericht auch außerhalb der Konfliktverfahren nicht stets von einem objektiven Gefahrbegriff ausgehen würde, zeigten sich schon in einem Fall aus dem Jahr 1894.⁹⁷ Dort ging es um zwei Brüder, die auf ihrem Grundstück nach stark kohlensäurehaltigem Sprudel bohrten. Kurz darauf traten im Ort an verschiedenen Stellen große Mengen gasförmiger Kohlensäure empor und drangen in Keller, Erdgeschosse und Gärten. Das führte dazu, dass Lebensmittel und Futtervorräte verdarben, Obstbäume und Weinreben abstarben und wahrscheinlich sogar ein Mensch ums Leben kam. Ein Sachverständiger stellte fest, dass durch das Bohrloch die schützende Schicht Grundwasser abgeflossen war, die das schädliche Gas gebunden und somit daran gehindert hatte, an die Oberfläche zu steigen. Um die Gefahr zu bannen, sei eine Verengung des Bohrloches auf 6 cm erforderlich. Die Polizei folgte diesem Rat und erließ eine Verfügung, die die Brüder erfolglos vor Gericht angriffen. Der Sprudel versiegte. Ein Jahr später – die Brüder hatten trotzdem tiefer als zuvor und verstärkt durch Rohre mit 13 cm Durchmesser, nicht den vorgeschriebenen 6 cm, gebohrt – trat wieder viel Sprudel hervor. Die Polizei erneuerte ihre Aufforderung, nachdem sie ein zweites Sachverständigengutach-

---

lung stellt eine Überschreitung der Amtsbefugnisse dar; vielmehr kann auch (...) eine *objektiv* unzulässige Verfügung erlassen werden, ohne daß der Beamte hiermit seine Amtsbefugnisse überschreitet." PrOVG, Urteil vom 3. Januar 1905, E 46, 441 (448) (Herv. im Original).
[94] *Ralf Poscher*, Gefahrenabwehr, S. 38.
[95] PrOVG, Urteil vom 8. Januar 1920, E 75, 435, 439.
[96] PrOVG, Urteil vom 8. Januar 1920, E 75, 435, LS, 439.
[97] PrOVG, Erkenntnis vom 15. Oktober 1894, PrVBl. 16, 125.

ten hatte erstellen lassen. Die Brüder klagten erneut, die Vorinstanzen sahen noch keine Gefahr gegeben und hielten die Verfügung für rechtswidrig.

Das Preußische Oberverwaltungsgericht hob das Urteil aber auf und wies die Sache an die Vorinstanz zurück, der es vorwarf, den Gefahrbegriff verkannt zu haben. Die Polizeiarbeit müsse „den Bedürfnissen des praktischen Lebens dienen" und dürfe nicht abwarten, bis der drohende Schaden unmittelbar bevorstehe. Tatsächlich ging es dabei nicht um die zeitliche Nähe des drohenden Schadens, sondern um die Unsicherheit, ob diese Art der Bohrung überhaupt dazu geeignet wäre, einen Gasaustritt zu verursachen. Das Gericht führte aber aus, der richtige Zeitpunkt zum Einschreiten sei dann, „wenn die Verhältnisse eine solche Gestalt gewonnen haben, daß bei verständigem Ermessen nunmehr die Ausführung von Maßnahmen zur Abwehr einer zukünftigen Gefahr als geboten erscheint." Die Besorgnis eines Schadenseintritts müsse auf dem „Erfahrungsurteil" beruhen, „daß aus gewissen gegenwärtigen Zuständen nach dem Gesetze der Kausalität gewisse andere Schaden bringende Zustände und Ereignisse erwachsen werden."[98] Der ursächliche Zusammenhang könne „in so allgemein bekannten Erfahrungsthatsachen seine Grundlage finden, daß jeder Verständige darüber zu urtheilen vermag."[99] Er könne aber auch „dem gewöhnlichen, allgemeinen Wissen verborgen sein und nur das besondere Wissen Fachkundiger ihn, wie im gegenwärtigen Fall", entdecken und feststellen.[100]

Dem Preußischen Oberverwaltungsgericht schwebte in diesem Fall des Gefahrverdachts kein objektiver, sondern höchstens ein sachverständiger Gefahrbegriff vor: Ob die Art der Bohrung tatsächlich zu einem Gasaustritt führen würde, ließ sich nicht sicher feststellen.[101] Angesichts der vergangenen Erfahrungen wollte das Gericht die Entwicklung aber auch nicht abwarten. Deshalb legte es der Vorinstanz nahe, eine Gefahr anzunehmen.

Den ersten offensichtlichen Bruch mit dem rein objektiven Gefahrbegriff vollzog das Gericht 1910 in einer Entscheidung zur Stabilisierung einer vermeintlich einsturzgefährdeten Brandmauer. Nachdem in der Nachbarschaft der Kläger zwei Häuser eingestürzt waren, befürchtete die Baupolizei, dass deren Haus dadurch so in Mitleidenschaft gezogen worden war, dass es ebenfalls einzustürzen drohe. Bei der Brandmauer ließ sich nicht sicher sagen, ob sie für sich noch standfest war, da sie durch aufgetürmten Schutt stabilisiert wurde:

---

[98] PrOVG, Erkenntnis vom 15. Oktober 1894, PrVBl. 16, 125 (126).
[99] PrOVG, Erkenntnis vom 15. Oktober 1894, PrVBl. 16, 125 (126).
[100] PrOVG, Erkenntnis vom 15. Oktober 1894, PrVBl. 16, 125 (126).
[101] Hier war sich allerdings auch der Sachverständige nicht ganz sicher, ob durch die neuartige Bohrung der Brüder tatsächlich die Gefahr drohte, dass wieder kohlensäurehaltiges Gas austritt.

I. Die Maßstabsfigur des besonnenen Polizisten im Recht der Gefahrenabwehr 85

„Eine über die äußere Besichtigung hinausgehende Untersuchung der zunächst bedrohten Brandmauer war nach dem Gutachten des Sachverständigen ohne Gefahr nicht möglich. Eine Gewißheit über deren objektive Standfestigkeit war deshalb nicht zu erlangen, weshalb dem Umstande, daß nachher diese Brandmauer sich als standfest erwiesen hat, wesentliche Bedeutung nicht beizulegen ist."[102]

Die „Absteifung" des Hauses wurde im Auftrag der Polizei durchgeführt und den Klägern die Kosten hierfür auferlegt. Das Preußische Oberverwaltungsgericht rückte erneut aus Gründen der effektiven Gefahrenabwehr[103] von seinem objektiven Gefahrverständnis ab und ließ in diesem Fall, der heute in die Kategorie des Gefahrverdachts fiele, die von einem Sachverständigen pflichtgemäß gewonnene Überzeugung genügen, dass eine Gefahr drohe. Die Polizei nahm nicht irrig an, dass eine Gefahr vorliege, sondern konnte ihre Zweifel über die Gefährlichkeit nicht ausräumen und war gezwungen, auf unsicherer Tatsachengrundlage einzuschreiten. Die Perspektive entspricht dem heutigen Umgang mit der Gefahr, nur dass letztere aus Sicht eines verständigen, nicht sachverständigen Amtswalters beurteilt wird. Obwohl die Argumentation sehr ähnlich ist, nahm das Preußische Oberverwaltungsgericht nicht auf die Maßstabsfigur eines Sachverständigen oder besonnenen Polizisten Bezug.

Bereits fünf Jahre später zeigte das Gericht indes mit der Grudekoks-Entscheidung, dass es trotz Ausnahmen für Gefahrverdachtsfälle an seinem objektiven Gefahrverständnis festhielt:[104] Ein Amtswalter hatte beobachtet, wie auf seinem verpachteten Grundstück rauchender Grudekoks in eine Scheune geschafft wurde. Er rief den Kreisinspektor der Land-Feuersozietät an, um sich nach der Feuergefährlichkeit von Grudekoks zu erkundigen. Ihm wurde versichert, dass eine Selbstentzündung nicht ausgeschlossen sei. Im Rechtsstreit um die daraufhin ergangene Verfügung zur Entfernung des Grudekokses aus der Scheune stellte sich heraus, dass das Material tatsächlich gar nicht entzündlich war. In der Revision trug der Vertreter der Behörde vor, ein Polizist, „der auf Grund genügenden Materials nach sorgfältiger und gewissenhafter Prüfung und Erkundigung nach Lage der Sache annehmen könne, daß eine Gefährdung vorliege, müsse einschreiten und sei auch zum Einschreiten berechtigt, selbst dann, wenn tatsächlich eine Gefahr nicht vorgelegen habe."[105] Das „subjektive Moment" sei von erheblicher Bedeutung für die Rechtmäßigkeit eines Gefahrurteils.[106]

---

[102] PrOVG, Entscheidung vom 26. Januar 1910, PrVBl. 32, 119 (120).

[103] „Auch bei zweifelhafter Sachlage darf die Polizei nicht warten, bis das schädigenden Ereignis wirklich eintritt, sondern sie hat die nötigen Vorkehrungen zu treffen, um der Gefahr vorzubeugen (...).", PrOVG, Entscheidung vom 26. Januar 1910, PrVBl. 32, 119 (LS).

[104] PrOVG, Erkenntnis vom 30. April 1915, PrVBl. 38, 360.

[105] PrOVG, Erkenntnis vom 30. April 1915, PrVBl. 38, 360 (361).

[106] PrOVG, Erkenntnis vom 30. April 1915, PrVBl. 38, 360 (361).

Das Oberverwaltungsgericht urteilte jedoch unter Bezugnahme auf seine ständige Rechtsprechung:

„Die Polizei ist zum Einschreiten behufs Abwendung einer Gefahr nur dann berechtigt, wenn tatsächlich eine objektive Gefahr besteht. Es genügt nicht, daß die Polizei das Vorhandensein einer Gefahr angenommen hat und nach pflichtgemäßen Ermessen annehmen konnte."[107]

Die Berücksichtigung eines subjektiven Moments sei „gesetzlich nicht zugelassen und deswegen ausgeschlossen."[108]

Ein Fall aus dem Jahr 1922 zur Zulässigkeit von Gefahrerforschungseingriffen[109] zeigt, dass das Preußische Oberverwaltungsgericht seinen in der Brandmauer-Entscheidung eingeschlagenen Weg für Gefahrverdachtsfälle trotzdem beibehielt.[110] Ein Büroangestellter hatte die Polizei eingeschaltet, weil er sich in seinen Vermögensverwaltungsrechten aus dem gesetzlichen Güterstand verletzt sah. Seine Ehefrau habe seine sämtlichen Möbel und persönlichen Gegenstände aus der Wohnung in einen Umzugswagen schaffen lassen. Da die beantragte einstweilige Anordnung beim Zivilgericht nicht rechtzeitig erreicht werden konnte, bevor die Möbel endgültig weggeschafft wurden, wurde der Möbelwagen in Beschlag genommen und die Sachen zurück in die Wohnung verbracht. Die Ehefrau klagte gegen die inzwischen aufgehobene polizeiliche Verfügung. Die Sachen hätten ihr gehört und sie wollte diese mitnehmen, als sie sich von ihrem gewalttätigen Mann trennte. Ihr Mann habe, nachdem die Gegenstände aufgrund der polizeilichen Verfügung wieder in seiner Wohnung waren, einige davon veräußert, um seine Spielschulden zu begleichen. Den Schaden wolle sie ersetzt haben.

Das Preußische Oberverwaltungsgericht setzte sich damit auseinander, ob die pflichtgemäß erzielte Annahme, die Ehefrau habe sich rechtswidrig verhalten, für das Einschreiten genüge. Es urteilte in deutlicher Abwendung von seiner in der Grudekoks-Entscheidung vertretenen Linie, dass der objektive Gefahrbegriff nicht im Rahmen der Ermächtigung zu vorläufigen Gefahrerforschungseingriffen gelte.[111] Es wäre der Polizei nicht möglich gewesen, rechtzeitig zu klären, ob

---

[107] PrOVG, Erkenntnis vom 30. April 1915, PrVBl. 38, 360, LS, „ständige Rechtsprechung", 361.

[108] PrOVG, Erkenntnis vom 30. April 1915, PrVBl. 38, 360 (361).

[109] Zur Problematik des Einschreitens bei unvollständigem Sachverhalt mit Hilfe vorläufiger Verwaltungsakte *Udo Di Fabio*, Vorläufiger Verwaltungsakt, DÖV 1991, 629.

[110] PrOVG, Urteil vom 20. April 1922, E 77, 333.

[111] „Der Grundsatz, daß die Polizei zu einem Einschreiten behufs Abwendung einer Gefahr (...) nur dann befugt ist, wenn tatsächlich eine Gefahr vorhanden ist, während die bloße Annahme einer solchen nicht ausreicht, gilt unbedingt nur dann, wenn die Polizei eine endgültige Anordnung erläßt.", PrOVG, Urteil vom 20. April 1922, E 77, 333 (LS, 338). So auch in einer späteren Entscheidung PrOVG, Urteil vom 17. November 1938, E 103, 142.

eine objektive Gefahr tatsächlich bestand.[112] Die Ehefrau hatte noch geltend gemacht, der schwierige Charakter ihres Mannes sei in der Kleinstadt bekannt gewesen. Auch die Polizei hätte das deshalb wissen und ihrer Entscheidung zugrundelegen müssen. Das Gericht nahm jedoch an, für Erkundigungen sei keine Zeit gewesen. Im Prozess versicherten zwei Zeuginnen eidestattlich, „daß über die Verhältnisse der Eheleute K. in der Stadt nicht etwas Nachteiliges bekannt war". Dann – so argumentierte das Gericht – „brauchte auch die Polizei darüber nichts zu wissen."[113] Die pflichtgemäße Einschätzung der Lage durch den Polizisten wurde durch die Befragung im Nachhinein empirisch unterfüttert. Auch hier legte das Gericht keinen objektiven Maßstab an, sondern argumentierte: Was die Leute in der Stadt nicht wissen, das muss auch die Polizei nicht wissen.

Das Preußische Oberverwaltungsgericht behielt sein – weitgehend – objektives Gefahrverständnis bis in den Nationalsozialismus hinein bei.[114] In der uneinheitlichen Rechtsprechung des Gerichts treten jedoch augenscheinlich Zweifel am streng objektiven Gefahrurteil zu Tage. Es wäre den Richtern ein Leichtes gewesen, auch in Gefahrverdachtsfällen an einem objektiven Gefahrbegriff festzuhalten. Eine Differenzierung zwischen dem Polizisten, der trotz pflichtgemäßer Überlegung und Nachforschung irrte und demjenigen, der zweifelt, weil er keine Zeit oder keine Möglichkeit sah, sich eine sichere Tatsachengrundlage für sein Urteil zu schaffen, kann eigentlich nur einen Grund haben: Die Richter wollen nicht etwas vom Rechtsanwender verlangen, was dieser unmöglich erfüllen kann. So hätte der Amtswalter in der Grudekoks-Entscheidung, hätte er einen Fachmann konsultiert, erfahren, dass Grudekoks nicht entzündlich ist, während im Brandmauer-Urteil auch ein Sachverständiger keine Sicherheit über die Standfestigkeit erlangen konnte (außer er hätte sich in vermeintliche Lebensgefahr begeben). Auffallend ist, dass die Unsicherheiten, mit deren einheitlichen Umgang das Preußische Oberverwaltungsgericht Schwierigkeiten hatte, ausschließlich diagnostischer Natur und damit keine Besonderheit des Prognoseurteils waren.

---

[112] PrOVG, Urteil vom 20. April 1922, E 77, 333 (337).
[113] PrOVG, Urteil vom 20. April 1922, E 77, 333 (340).
[114] Vgl. *Walter Hempfer*, Die nationalsozialistische Staatsauffassung, S. 125; zur Ideologisierung der Generalklausel durch das PrOVG unter dem NS-Regime vgl. ebd. S. 122 ff; anders als *Hempfer* an anderer Stelle vorbringt (S. 126), ließ das Preußische OVG nicht in einem Urteil vom 26. März 1936 (E 98, 81 (87)) „die subjektive Befürchtung einer möglichen Gefährdung der öffentlichen Ordnung für ein polizeiliches Einschreiten ausreichen."

b) Die Maßstabsfigur des besonnenen Polizisten in der Rechtsprechung der Bundesrepublik

Die Rechtsprechung der Nachkriegszeit nahm zunächst die Grundsätze des Preußischen Oberverwaltungsgerichts auf und führte die Differenzierung zwischen einer grundsätzlich objektiv zu beurteilenden Gefahr und einem normativ-subjektiven Gefahrverdacht fort.[115] Die Verwaltungsrechtsprechung begann aber schon in den 1960er Jahren, auch die Anscheinsgefahr der polizeilichen Gefahr gleichzusetzen.[116] Es folgten erste Entscheidungen zur allgemeinen Gefahrenabwehr, die den unvermeidbaren Irrtum über das Vorliegen einer Gefahr als Gefahr im polizeirechtlichen Sinne behandelten. Damit wurde der ursprünglich objektive Befund jetzt einheitlich durch die sorgfältig gewonnene subjektive Einschätzung flankiert.[117] Eine dogmatische Differenzierung zwischen Verdacht und Anschein einer Gefahr wurde aber erst später vorgenommen.

---

[115] „Grundsätzlich muß die Gefahr objektiv vorhanden sein. Die bloße Annahme einer Gefährdung reicht nicht aus.", BGH, Urteil vom 7. Oktober 1954, DVBl. 1954, 813 im Rahmen eines Amtshaftungsprozesses. Aber BGH, Urteil vom 14. Februar 1952, NJW 1952, 586: „Ein Recht zum Einschreiten war bei dieser Sachlage nicht davon abhängig, daß eine objektive Gefahr bestand, sondern die Beamten konnten angesichts des vorhandenen dringenden Verdachts des Vorliegens einer polizeilichen Gefahr zur Feststellung, ob eine solche tatsächlich gegeben war oder nicht, das dem Anschein nach in der Entwicklung begriffene Geschehen unterbrechen, um eine Gefährdung der öffentlichen Ordnung zu verhindern"; für den Verdacht eines Seuchenbefalls BVerwG, Urteil vom 14. Oktober 1958, E 7, 257 (262).

[116] BVerwG, Urteil vom 10. Juni 1960, DVBl. 1960, 725 (726), „Die nach der Auslegung des BschwGerichts vom Irrenfürsorgegesetz getroffene Regelung, nach der eine Unterbringung in einer Anstalt auch dann zulässig ist, wenn der Betroffene irrtümlicherweise für geisteskrank gehalten wird, sofern dieser Irrtum entschuldbar ist, d.h. also durch das Erscheinungsbild gerechtfertigt wird, ist somit rechtlich nicht zu beanstanden." Der Irrtum wurde hier allerdings nicht für unvermeidbar gehalten. Zum Gefahrverdacht und dem Erfordernis effektiver Gefahrenabwehr, BVerwG, Urteil vom 28. Februar 1961, E 12, 87 (93). Hierbei ging es um ein Verbot von vermeintlich mit Typhus verseuchtem Endiviensalat, „Jeder Tag konnte neue Todesopfer bringen. Es mußten sofortige und durchgreifende Maßnahmen getroffen werden."

[117] „Rechtsprechung und Schrifttum stimmen außerdem darin überein, daß – entsprechend dem Zweck der polizeilichen Gefahrenabwehr – eine Gefahr i.S. der maßgebenden Ermächtigungsnorm auch in Fällen der sogenannten Anscheinsgefahr vorliegt, auf die das angefochtene Urteil abstellt.", BVerwG, Urteil vom 26. Februar 1974, NJW 1974, 807 (809), mit Verweis auf *Wolfgang Hoffmann-Riem*, „Anscheingefahr" und „Anscheinverursachung", Festschrift für Gerhard Wacke, S. 327 ff. Allerdings wurde hier nicht unter die Anscheinsgefahr subsumiert, es ging abstrakt um die Verfassungsgemäßheit der Ermächtigungsgrundlage. Der Fall würde nach heutigen Kategorien außerdem als Gefahrverdacht behandelt werden. Wie auch *Hoffmann-Riem* in seinem Beitrag aus dem Jahr 1972 differenzierte die Rechtsprechung aber zunächst nicht zwischen diesen beiden Kategorien und fasste alles unter die Anscheinsgefahr, vgl. dazu OVG Hamburg, Urteil vom 24. September 1985, NJW 1986, 2005 (2006). Die erste tatsächliche Anscheinsgefahr nahm das OVG Münster an, Urteil vom 7. Juni 1978, NJW 1980, 138 (139), s. sogleich.

I. Die Maßstabsfigur des besonnenen Polizisten im Recht der Gefahrenabwehr 89

Damit hatte sich die Anscheinsgefahr und mit ihr der normativ-subjektive Gefahrbegriff etabliert. Die Gefahr wurde nun immer – und nicht wie noch zu Zeiten des Preußischen Oberverwaltungsgerichts in bestimmten Ausnahmefällen – aus subjektiv-normativer Perspektive beurteilt. Es sollte aber noch bis zum Jahr 1990 dauern, bis die Maßstabsfigur des besonnenen Polizisten Eingang in die Rechtsprechung fand. Das wirft zunächst die Frage auf, ob diese Veränderung den Gefahrbegriff auch inhaltlich beeinflusste, oder ob die Figur lediglich der Verbildlichung des unverändert normativ-subjektiven Maßstabs diente. Und wenn sie eine inhaltliche Komponente hat, welche Bedeutung legen die Gerichte den Adjektiven bei, mit denen sie die Maßstabsfigur charakterisierten: besonnen, sachkundig, fähig, objektiv? Ist die Maßstabsfigur für die Prognose von gleicher Bedeutung wie für die Diagnose? Und wird sie immer verwendet oder nur in Zweifelsfällen?

aa) Der Ursprung des ‚besonnenen Polizisten'

Ihren ersten Auftritt hatte die Maßstabsfigur nicht in der Rechtsprechung, sondern in einem Festschriftbeitrag von *Wolfgang Hoffmann-Riem*, mit dem dieser 1972 die erste theoretische Konsolidierung des normativ-subjektiven Gefahrbegriffs leistete. Der Gefahrbegriff solle nach herrschender Ansicht einen „Durchgriff auf den *individuellen* Erlebnis- und Wertehorizont des handelnden Polizeibeamten" ausschließen und werde deshalb an der Maßstabsfigur eines „idealtypisch zu messenden Durchschnitt(s)"[118] ausgerichtet, den *Hoffmann-Riem* wie folgt charakterisierte:

„Gemeint soll ein verständiger, besonnener und sachkundiger Amtswalter sein, der den Sachverhalt mit dem ‚rechten Augenmaß' zu beurteilen und in die gesetzliche Wertordnung einzugliedern vermag. Der handelnde Polizeibeamte soll die Rolle als Individuum abstreifen und in eine neue, durch eine Rechtsnorm konzipierte Rolle schlüpfen."[119]

Zwar beschrieb *Hoffmann-Riem* den subjektiv-normativen Gefahrbegriff erstmals mit einer Maßstabsfigur – die starke Zurückdrängung des Individuellen hielt er aber für realitätsfern, das Resultat für eine „Schein-Objektivität".[120] Der Durchgriff auf „außerdogmatische und nicht positivierte Werturteile, Maßstäbe, Verkehrsanschauungen" verbürge erst die Richtigkeit des Ergebnisses;[121] subjek-

---

[118] *Wolfgang Hoffmann-Riem*, „Anscheingefahr" und „Anscheinverursachung", Festschrift für Gerhard Wacke, S. 339.
[119] *Wolfgang Hoffmann-Riem*, „Anscheingefahr" und „Anscheinverursachung", Festschrift für Gerhard Wacke, S. 339.
[120] *Wolfgang Hoffmann-Riem*, „Anscheingefahr" und „Anscheinverursachung", Festschrift für Gerhard Wacke, S. 339.
[121] Zum Verhältnis von Rechtmäßigkeit und Richtigkeit einer Verwaltungsentscheidung

tive Bewertungen und Werterlebnisse müssten dabei allerdings rationalisiert werden.[122] *Hoffmann-Riem* diskutierte den ‚besonnenen Polizisten' nicht so sehr als Wissens- und Erkenntnishorizont, aus dem heraus das Gefahrurteil gefällt werden soll, sondern setzte sich mit dem auf Erfüllbarkeit gerichteten Rechtmäßigkeits- und Sorgfaltsmaßstab auseinander. Obwohl die Figur bei *Hoffmann-Riem* ein Mittel der Kritik an der Auslegung des subjekiv-normativen Gefahrbegriffes war, fand sie später unter Rückgriff auf seinen Beitrag Eingang in die Rechtsprechung.[123]

Das Abstreifen des Individuellen ist ein Charakteristikum des Amtsbegriffs; auf diese Weise soll die Subjektivität des Rechtsanwenders normativ eingehegt werden.[124] Daraus entsteht hier der sogenannte normativ-subjektive Gefahrbegriff, der die Auffassung der Polizistinnen nur insofern berücksichtigt, als sie einer pflichtgemäßen Einschätzung der Lage entspricht.[125] Im Hinblick auf den Wissenshorizont erschöpft sich die Subjektivität weitgehend im Situativen.[126] Obwohl der Beitrag *Hoffmann-Riems* Beachtung fand und in nachfolgenden Entscheidungen zur Anscheinsgefahr zitiert wurde, übernahm die Rechtsprechung die Maßstabsfigur erst fast 20 Jahre später, dann aber ohne Änderungen. Der verständige, besonnene und sachkundige Amtswalter im Polizeirecht war geboren und ist in dieser Charakterisierung bis heute prominent vertreten.[127]

Eberhard Schmidt-Aßmann, Das allgemeine Verwaltungsrecht als Ordnungsidee, S. 312, der Maßstäbe als „Garantien der Rationalität des Verwaltungshandelns" versteht: „in einem über die Rechtmäßigkeit hinausgreifenden, auf Richtigkeit zielenden Sinne".

[122] „Die Bestimmungsfaktoren seines ‚Vorverständnisses' müssen erforscht und dem Rechtsanwender vermittelt werden", *Wolfgang Hoffmann-Riem,* „Anscheingefahr" und „Anscheinverursachung", Festschrift für Gerhard Wacke, S. 340.

[123] S. 93.

[124] Das ist die „(...) hergebrachte Synthese aus Flexibilität und objektiv nachvollziehbarer Eigenverantwortung des Polizisten auf Grund gesetzlicher Offenheit", *Christoph Möllers,* Polizeikontrollen, NVwZ 2000, 382 (384). Zum Amtsbegriff und -verständnis s. S. 93 ff. und 155 ff.

[125] *Wolfgang Hoffmann-Riem,* „Anscheingefahr" und „Anscheinverursachung", Festschrift für Gerhard Wacke, S. 339.

[126] Der Prognoseentscheidung liegt insofern „eine subjektive Einschätzung des Geschehensablaufs zugrunde (...), als sie auf den im Zeitpunkt der polizeilichen Entscheidung zur Verfügung stehenden Erkenntnismöglichkeiten basiert. Daraus folgt jedoch nur (...), dass die Prognose bezogen auf den Wissensstand zu diesem Zeitpunkt (ex ante) zu überprüfen ist, ansonsten aber ein objektiver Maßstab, d.h. eine pflichtgemäße, verständige und besonnene Lagebeurteilung, zugrunde zu legen ist.", OVG Bautzen, Beschluss vom 19. November 2007, BeckRS 2008, 34757.

[127] Lediglich das Adjektiv „verständig" wird immer wieder durch „objektiv" oder „fähig" ersetzt.

I. Die Maßstabsfigur des besonnenen Polizisten im Recht der Gefahrenabwehr

Bevor die Rechtsprechung die Maßstabsfigur einführte, wurde der normativsubjektive Gefahrbegriff anders beschrieben.[128] Das Oberverwaltungsgericht Münster entschied 1978 den ersten polizeirechtlichen Fall einer Anscheinsgefahr in der Rechtsprechung nach dem Zweiten Weltkrieg, in dem es um die Ingewahrsamnahme eines vermeintlichen Spähers der KPD ging.[129] Aufgrund des Todes eines Arbeiters hatte es nicht angemeldete Demonstrationen und mehrere schwerwiegende Zusammenstöße zwischen der Polizei und Demonstranten gegeben. Die Polizei vermutete, von der KPD ausgespäht zu werden, als sie einen Mann entdeckte, der vor dem Präsidium stand und sich Notizen machte. Sie glaubte, er überwache ihre Einsätze, damit weiter ungestört und ohne Anmeldung demonstriert werden könne. Später ergaben Ermittlungen, dass der Betroffene wohl nichts anderes wollte, als den bereits Inhaftierten rechtlich beizustehen. Das Gericht entschied, die Anscheinsgefahr sei im Polizei- und Ordnungsrecht als Voraussetzung für ein Eingreifen der tatsächlich bestehenden Gefahr gleichzusetzen.[130]

„Eine Anscheinsgefahr ist gegeben, wenn im Zeitpunkt des polizeilichen Einschreitens bei verständiger Würdigung objektive Anhaltspunkte für eine Gefahr vorliegen, sich aber nachträglich ergibt, daß eine Gefahr in Wirklichkeit nicht vorlag."[131]

An der Stelle, an die kurze Zeit später die Maßstabsfigur treten sollte, verlangte das Gericht eine „verständige Würdigung". Anders als die Figur des besonnenen Polizisten beschreibt diese Formulierung eigentlich nur einen Handlungs- bzw. Abwägungsmaßstab, nicht aber eine Perspektive, aus der heraus ein Gefahrurteil gefällt wird. Das Gericht wollte aber auch hier die situativen Erkenntnisbeschränkungen anerkennen. Gegenstand der Würdigung sind die objektiven Anhaltspunkte; damit sind die Tatsachen gemeint, die ein pflichtgemäßer Amtswalter hätte erkennen und auswerten müssen. Hätten die Polizisten alles verfügbare Wissen (z.B. durch eine Befragung) in die Diagnose einbezogen, so hätten sie gewusst, dass der vermeintliche Späher tatsächlich andere Motive hatte. Die Unsicherheiten lagen auch hier wieder auf der diagnostischen, nicht der prognostischen Ebene.

---

[128] Auch heute wird die Maßstabsfigur nicht immer benutzt; manchmal wird lediglich mit Begriffen wie dem der Anscheinsgefahr und des Gefahrverdachts operiert, ohne dass die Perspektive genau beschrieben würde. In anderen Fällen wird eine ähnliche Formulierung gewählt. Es ist davon auszugehen, dass trotz fehlender Bezugnahme auf die Figur oder Verwendung einer anderen Formulierung kein anderer rechtlicher Maßstab gewollt ist, so z.B.: „Das Aufbrechen der Wohnungstür war rechtmäßig, weil für einen objektiven Beobachter in Anbetracht der Umstände der Verdacht einer unmittelbaren Gefahr für Leib und Leben des Kl. bestand.", VG Berlin, Urteil vom 28. November 1990, NJW 1991, 2854.
[129] OVG Münster, Urteil. vom 7. Juni 1978, NJW 1980, 138.
[130] OVG Münster, Urteil. vom 7. Juni 1978, NJW 1980, 138 (139).
[131] OVG Münster, Urteil. vom 7. Juni 1978, NJW 1980, 138 (139).

Kurze Zeit später verwandte das Oberverwaltungsgericht Münster die Formulierung „verständige Würdigung" auch im Rahmen des Gefahrverdachts: Anlässlich einer Demonstration gegen das Atomkraftwerk Kalkar waren der Kläger und sein Auto an einer Kontrollstelle kurz vor Kalkar von der Polizei durchsucht worden. Diese hatte die Kontrolle eingerichtet, weil es zuvor gewalttätige Demonstrationen gegeben hatte und auch dieses Mal wieder mit Ausschreitungen militanter Gruppen gerechnet wurde. Bei der Kontrolle wurden unter anderem ein Beil, Wagenheber, Feuerlöscher, Kreuzschlüssel, mehrere Getränkeflaschen, ein Warndreieck, zwei Gepäckspinnen, eine Zeltstange und ein Abschleppseil sichergestellt und dem Kläger später auf seine Kosten zurückgesandt.[132] Das Gericht sah den Verdacht einer Gefahr als gegeben, „weil im Zeitpunkt des polizeilichen Einschreitens bei verständiger Würdigung objektive Anhaltspunkte für die Verwirklichung einer Gefahr bestanden."[133] Wie im vorherigen Fall soll die verständige Würdigung über das Informationsdefizit hinweghelfen, das daraus resultiert, dass die Polizisten nicht wissen können, was im Inneren des Klägers vorgeht. Sie konnten höchstens zu der sicherlich nicht zweifelsfreien Annahme kommen, dass diese Gegenstände als Wurfgeschosse und Waffen zweckentfremdet werden könnten. Die Motive des Klägers ließen sich als innere Tatsachen nicht ermitteln; allenfalls konnten die Amtswalter versuchen, sie anhand der äußeren Tatsachen zu konstruieren.

Diese beiden Fälle beschreiben ein anderes Problem, nämlich das der grundlegenden Unbrauchbarkeit des Gefahr- und Wahrscheinlichkeitsbegriffs im Bereich von allgemein als rechtskonform angesehenen Handlungen, über deren Gefährlichkeit sich nur durch die Kenntnis der Motive des Handelnden urteilen ließe. Diese sind als innere Tatsachen stets Teil der Diagnose, also der Sachverhaltsfeststellung und kennen kein prognostisches Element. Es handelt sich dabei also gerade nicht um gefahrenspezifische Probleme. Die Frage ist eben nicht, ob der vom Festgehaltenen geschleuderte Kreuzschlüssel eine andere Person treffen wird (Prognose), sondern ob er einen Plan gefasst hat, das Werkzeug so zu benutzen (Diagnose). Das im Einzelfall anhand von Häufigkeitsverteilungen (Wahrscheinlichkeit) ermitteln zu wollen, ist absurd. Letzlich verschiebt sich die Einschätzung der Polizei auf die Diagnose, ob der Handelnde seinem bisherigen Verhalten nach zu urteilen als gefährlich anzusehen ist, woraus sie Rückschlüsse auf die seiner rechtskonformen Handlung zugrundeliegenden Motive zieht.[134]

---

[132] OVG Münster, Urteil vom 10. Juni 1981, DVBl. 1982, 653 (654) m. kritischen Anmerkungen von *Jürgen Schwabe*.

[133] OVG Münster, Urteil vom 10. Juni 1981, DVBl. 1982, 653 (654).

[134] So auch bei der gewerberechtlichen Zuverlässigkeit. Diese ‚personale Prävention' erfordert deshalb eine eigene Dogmatik. Seit Oktober 2015 gibt es zu dem Thema das DFG-geför-

I. Die Maßstabsfigur des besonnenen Polizisten im Recht der Gefahrenabwehr 93

1990 schließlich beschrieb erstmals der Verwaltungsgerichtshof Baden-Württemberg den Wissenshorizont bei der Anscheinsgefahr mit der Maßstabsfigur. Es ging um einen Fall, in dem die Ursache einer Grundwasserverunreinigung nicht ermittelt werden konnte und die Kosten für die Untersuchungsmaßnahmen zu ihrer Lokalisierung der Klägerin auferlegt wurden. Zwar ging es dabei um die Verantwortung für die Gefahr und nicht um die Gefahr selbst. Die Maßstabsfigur erwähnte das Gericht aber im Kontext der Gefahr als Voraussetzung polizeilichen Einschreitens, um diese Grundsätze dann auf die Störereigenschaft im Sinne eines „Anscheinsverursachers" zu übertragen, der in Anspruch genommen werden darf, selbst wenn sich später herausstellt, dass er keine Gefährdung zu verantworten, dafür aber den Anschein einer Verantwortung gesetzt hat.[135]

„Anders (als bei der Scheingefahr, Anm.) verhält es sich bei der sogenannten Anscheinsgefahr. Sie bezeichnet zwar auch Situationen, denen objektiv die Schadenseignung fehlt. Sie unterscheidet sich von der Scheingefahr jedoch dadurch, daß die Gefahreinschätzung dem Urteil eines fähigen, besonnenen und sachkundigen Amtswalters entspricht."[136]

bb) Die Rationalitätsanforderungen aus der Figur des besonnenen Polizisten

Auch heute noch wird nahezu dieselbe Formulierung verwandt.[137] Fähigkeit, Besonnenheit und Sachkunde – die Charakterisierung der Maßstabsfigur, die maß-

---

derte Projekt „Personale Risikovorsorge im Polizei- und Ordnungsrecht" unter der Leitung von *Benjamin Rusteberg*.

[135] VGH Mannheim, Urteil vom 10. Mai 1990 – 5 S 1842/89 –, juris, Rn. 31 ff. „Selbst die Widerlegung des von der Klägerin zu verantwortenden und ihre Haftung begründenden Anscheins läßt ihre Inanspruchnahme nicht nachträglich rechtswidrig werden. Mit Rücksicht auf die Funktionsfähigkeit der Gefahrenabwehr hält der Senat nicht nur bei der Beantwortung der Gefahrenfrage, sondern auch bei der hier zu erörternden Frage, wer (...) richtiger Adressat einer Polizeiverfügung ist, die Ex-ante Perspektive für angebracht.", Rn. 34, dann hat der Betroffene aber unter Umständen einen Folgenbeseitigungsanspruch, Rn. 35. Vgl. auch VG Freiburg, Urteil vom 5. Februar 2009, BeckRS, 34795, „objektivierende Betrachtungsweise" bei der Störerauswahl. Auch die Störereigenschaft wird aus Sicht der Maßstabsfigur bewertet. Zur Tötung hormonverdächtiger Kälber: „Für die Befugnis der Ordnungsbehörde zum Einschreiten (...) ist nun zwar die Gefahrenbestimmung aus einer Sachlagenbeurteilung ex ante, nicht ex post zu treffen, wobei es auf das Urteil eines fähigen, besonnenen und sachkundigen Amtswalters ankommt. Legt man diesen Maßstab an, bestand im vorliegenden Fall nach dem vorhandenen Tatsachenmaterial nur der begründete Verdacht, daß der Kläger Zustandsstörer (...) sein könnte.", OLG Hamm, Urteil vom 8. Mai 1991 – 11 U 260/90 –, juris Rn. 19.

[136] VGH Mannheim, Urteil vom 10. Mai 1990 – 5 S 1842/89 –, juris, Rn. 30.

[137] OVG Saarland, Urteil vom 2. Juli 2009 – 3 A 217/08 –, juris, Rn. 82, „vom Standpunkt eines fähigen, besonnenen und sachkundigen Amzswalters aufgrund objektiver Erkenntnislage"; OVG Lüneburg, Urteil vom 2. Juli 2009, BeckRS 2009, 35800, „aus Sicht eines objektiven, besonnenen Amtswalters"; VG Göttingen, Urteil vom 28. September 2009, BeckRS 2009, 39308, „ein gewissenhafter, besonnener und sachkundiger Amtswalter"; BayVerwGH, Urteil vom 2. Dezember 1991 – 21 B 90.1066 –, juris Rn. 54, „daß die Gefahreinschätzung dem Urteil

geblich auf dem von *Hoffmann-Riem* entwickelten Bild des Amtswalters beruht – können kaum Auskunft darüber geben, welchen Rationalitätsanforderungen der Polizist im Einzelfall unterliegt, um welche Maßstabfigur es sich also handelt. Schon bei der „Fähigkeit" stellt sich die Frage nach dem Bezugspunkt: So kann es um die diagnostische Fähigkeit gehen, die für das Gefahrurteil relevanten Tatsachen zu erkennen ebenso wie um die Fähigkeit, aus solchen Tatsachen die richtigen Schlüsse zu ziehen, als auch um die Fähigkeit, die Sachkunde, die die Maßstabsfigur ebenfalls haben muss, sinnvoll einzusetzen. Die beiden Adjektive „fähig" und „sachkundig" lassen deshalb kaum entscheidungsleitende Aussagen über die Rationalitätsanforderungen an die Maßstabsfigur zu. Ähnlich verhält es sich mit der Besonnenheit. Darunter ist die Fähigkeit zu verstehen, ruhig und vernünftig abwägend zu entscheiden und sich nicht zu Unbedachtheiten hinreißen zu lassen. Die Kontrolle von Affekten ist für Situationen der Gefahrenabwehr unverzichtbar und notwendige Voraussetzung für die Erfüllung der übrigen Anforderungen an die Maßstabsfigur. Nur wer einen „kühlen Kopf" bewahrt und sich nicht von seinen Gefühlen hinreißen lässt, kann unter Zeitdruck angesichts einer (vermeintlichen) Gefahr und trotz Unsicherheiten zu einer begründeten Entscheidung kommen.

Aber auch wenn die Einführung der Maßstabsfigur die Anforderungen an das Gefahrurteil veranschaulicht haben mag, handelt es sich dabei lediglich um Andeutungen, nicht um Instruktionen. Im Einzelfall – und für diesen ist die Maßstabsfigur als Konkretisierungsinstrument gemacht – bleibt sie Vorgaben schuldig. Eine Erneuerung des Maßstabs oder auch nur eine merkbare Veränderung der Anforderungen im Unterschied zu der bisher benutzten Formel der verständigen Würdigung lässt sich im Ergebnis deshalb auch nicht herleiten. Für diese Art der Verwendung der Figur spricht, dass die Gerichte so gut wie nie unter die einzelnen Charakteristika der Maßstabsfigur subsumieren, häufig wird sie als Maßstab gewählt, ohne dass das Verhalten des handelnden Amtswalters mit dem des „normativen Referenzbeamten"[138] abgeglichen wird. Die Maßstabsfigur wird als Floskel verwendet, die zwar nicht inhaltlos, aber doch konturlos ist. Die Rechtsprechung hat sie von *Hoffmann-Riem* aufgegriffen und an ihr Gefallen

---

eines fähigen, besonnenen und sachkundigen Amtswalters entspricht"; OVG Lüneburg, Urteil vom 22. September 2005 – 11 LC 51/04, BeckRS 2005, 30227; VG Braunschweig, Urteil vom 2. Dezember 2009 – 5 A 25/08, BeckRS 2010, 45180. Für eine Anscheinsgefahr sei entscheidend, „ob der handelnde Beamte aus der ex-ante Sicht mit Blick auf die ihm tatsächlich zur Verfügung stehenden Informationen aufgrund hinreichender Anhaltspunkte vom Vorliegen einer Gefahr ausgehen konnte und diese Prognose dem Urteil eines fähigen besonnenen und sachkundigen Amtwalters entspricht", VGH Mannheim, Urteil vom 25. Juli 2013 – 1 S 733/13 –, juris Rn. 29; ebenfalls für die Anscheinsgefahr VGH Mannheim, Urteil vom 7. Dezember 2004 1 S 2218/03 –, juris Rn. 24

[138] *Ralf Poscher*, Der Gefahrverdacht, NVwZ 2001, 141 (144).

gefunden. Die Gründe für ihre Verwendung wurden jedoch nicht offengelegt. Worin aber liegt der Reiz der Figur, wenn nicht in einem anderen Gehalt oder in inhaltlicher Präzision?

cc) Die Externalisierung prozeduraler Unsicherheiten durch den ‚besonnenen Polizisten'

Der ‚besonnene Polizist' könnte, so zeigt eine Entscheidung im Eilverfahren des Verwaltungsgerichtshofs Mannheim nur ein paar Monate später im Jahr 1991, ein Hilfsmittel zur Bewältigung von Unsicherheiten im Gefahrurteil sein: Der Kläger wollte Kanalisationsanlagen verlegen und erhielt eine wasserrechtliche Anordnung, die ihm verbot, ohne weitere Absicherung in einem Umkreis von 100 m tiefer als einen Meter zu graben, da eine Absenkung des Grundwassers befürchtet werde. Grundlage für diese Einschätzung war insbesondere ein Gutachten des Geologischen Landesamtes. Das Gericht nahm eine Gefahr an, die auch nicht durch die „nach derzeitiger Einschätzung fernliegende" Möglichkeit in Frage gestellt werde, dass die gutachterlichen Feststellungen nicht zuträfen.

„Denn selbst in einem solchen Fall liegt im gegenwärtigen Zeitpunkt aufgrund der vorliegenden Erkenntnisse zumindest eine Anscheinsgefahr vor, eine Gefahr nämlich, die die Behörde aufgrund einer Einschätzung, die dem Urteil eines gewissenhaften, besonnenen und sachkundigen Amtswalters entspricht, annehmen durfte."[139]

Diese Argumentation macht deutlich, dass die Maßstabsfigur das Gericht davon entlastet, zwischen einer tatsächlichen und einer Anscheinsgefahr zu unterscheiden. Nicht nur der Polizist hat im Vorhinein mit den Unsicherheiten zu kämpfen, auf deren Grundlage er das Gefahrurteil fällen muss; auch die Gerichte können mit ihrem Wissen im Nachhinein oft nicht sicher sagen, ob eine Gefahr objektiv vorlag. Sie scheinen für jede Möglichkeit dankbar zu sein, die sie von entsprechenden Darlegungspflichten befreit.

Das Grundproblem der Gefahrenabwehr ist die Unsicherheit des Amtswalters. Für die Richterin stellt sich nachträglich nicht nur die Schwierigkeit, dessen Situation zu rekonstruieren und über die rechtliche Relevanz der Unsicherheiten zu entscheiden. Nicht selten weiß auch sie im Nachhinein nicht, ob nun eine Gefahr objektiv drohte oder nur der Verdacht oder auch nur der Anschein einer solchen bestand.[140] Dabei benötigen sowohl der Polizist als auch die Verwaltungsrichterin einen hinreichenden Überzeugungsgrad, um einschreiten und entscheiden zu

---

[139] VGH Mannheim, Beschluß vom 16. Oktober 1990, NVwZ 1991, 493.

[140] So zum Beispiel in einem Fall ausgebüchster Pferde, die durch die Polizei wieder eingefangen wurden: „Wie die Sache ausgegangen wäre, wenn die Polizei nicht gehandelt hätte, kann nicht gesagt werden.", VG Chemnitz, Urteil vom 2. Januar 2012 – 3 K 243/10, BeckRS 2012, 60066.

dürfen: Der Polizist muss alle entscheidungserheblichen Tatsachen ermitteln (§ 24 VwVfG) und mit an Sicherheit grenzender Wahrscheinlichkeit vom Vorliegen der Tatbestandsvoraussetzungen ausgehen.[141] Auch die Richterin muss nach § 108 VwGO die hinreichende Überzeugung gebildet haben, dass bzw. ob alle Tatbestandsmerkmale der zu überprüfenden Eingriffsermächtigung (hier: einer Gefahr) gegeben waren.[142]

Die Subjektivierung des Gefahrbegriffes und der Einsatz der Maßstabsfigur werden schon immer mit der Notwendigkeit einer effektiven Gefahrenabwehr begründet.[143] Es geht also um die rechtspolitische Notwendigkeit, in potentiellen Gefahrensituationen trotz Unsicherheiten einschreiten zu können. Die Vorgabe, nur bei einer mit an Sicherheit grenzende Wahrscheinlichkeit objektiv gegebenen Gefahr einzuschreiten, würde den Zweck der Gefahrenabwehr in vielen Fällen konterkarieren. Gerade die vernünftige Polizistin müsste in den meisten Situationen an ihrer hinreichenden Überzeugung zweifeln, da sie um die Begrenztheit ihres Erkennens, ihres Wissens und ihrer Erfahrung weiß.[144]

Nimmt man hingegen die Figur des besonnenen Polizisten zum Maßstab, so lässt sich die Unsicherheit scheinbar externalisieren und bei pflichtgemäßer Ein-

---

[141] S. Fn. 196 und 197.
[142] S. Fn. 198.
[143] OVG Lüneburg, Urteil vom 9. September 1982, DVBl. 1983, 464 (465), „(...) im Falle einer Anscheinsgefahr kann und darf die Polizei berechtigt zur Abwehr auch eines nur scheinbar drohenden Schadeneintrittes einschreiten, selbst wenn der weitere Geschehensablauf die Prognose als falsch erweist; dieser Grundsatz gilt, weil es Situationen gibt, in denen tatsächliche Umstände auf eine Gefahr hindeuten, ohne daß darüber sofort Klarheit geschaffen werden kann; es soll verhindert werden, daß die Polizei zu spät einschreitet." So auch der BayVerwGH zu einer Identitätsfeststellung bei einer großen Gruppe von RAF–Sympathisanten nach einem Prozess vor dem Bayerischen Obersten Landesgericht: „Denn in Verbindung mit dem mitgeführten Transparent und den während des Aufzugs veranstalteten Sprechchören war auch der bloße Anschein einer Vermummung geeignet, bei dem die Identitätsfeststellungen anordnenden Polizeibeamten, der angesichts der Eilbedürftigkeit seines Handelns keine Möglichkeit hatte, vor Ort diese Vorgänge einer eingehenden Überprüfung in tatsächlicher und rechtlicher Hinsicht zu unterziehen", Urteil vom 2. Dezember 1991 – 21 B 90.1066 –, juris Rn. 67. Generell zum Zeitdruck bei polizeilicher Gefahrenabwehr VG Aachen, Urteil vom 29. Juli 2009, n–6 K 112/09, BeckRS 2009, 37860; VGH Mannheim, Urteil vom 7. Dezember 2004 – 1 S 2218/03 –, juris, Rn. 25; s. auch VGH Mannheim, Beschluss vom 15. Juni 2005, NJW 2006, 635, 636.
[144] Einige Unsicherheiten lassen sich allerdings mit der je desto-Formel im Gefahrurteil selbst verarbeiten: „Die Gefahr für die Wasserwirtschaft beinhaltet (...) auch eine hinreichende Wahrscheinlichkeit des Schadenseintritts, denn es besteht eine nach der Lebenserfahrung begründete Befürchtung, daß es zu Schäden für die Wasserwirtschaft kommen wird bzw. gekommen ist. Der für den Schadenseintritt zu fordernde Wahrscheinlichkeitsgrad ist dabei im vorliegenden Fall (...) dadurch gemindert, daß es vorliegend um den Schutz vergleichsweise hochwertiger Rechtsgüter, nämlich um die Gewährleistung des Wasserhaushalts im benachbarten Naturschutzgebiet geht.", VGH Mannheim, Beschluß vom 16. Oktober 1990, NVwZ 1991, 493 f.

schätzung der Situation mit an Sicherheit grenzender Wahrscheinlichkeit sagen, dass dieser von einer Gefahr ausgegangen ist.[145] Die Maßstabsfigur dient hier der Selbstversicherung. Dass sich dieses Überzeugungs-Dilemma nicht über das Wahrscheinlichkeitsurteil allein im Gefahrbegriff lösen lässt, wird sich im letzten Teil dieses Kapitels zeigen. Dort wird aber auch deutlich werden, dass die Maßstabsfigur zwar ein erfolgreiches Instrument zur Senkung der Anforderungen an die Sachverhaltsermittlung ist, dass sich das Überzeugungs-Dilemma mit ihr aber nicht lösen lässt.

Eine offene Auseinandersetzung mit dem Problem der mangelnden Überzeugung vom Vorliegen der Tatbestandsvoraussetzung der Gefahr und einen konsequenten Umgang mit den daraus eigentlich resultierenden Rechtsfolgen sieht man in der Rechtsprechung aber selten. Eine Ausnahme bildet ein Urteil des Verwaltungsgerichts Dresden aus dem Jahr 2003: In dem Fall ging es um die Rechtmäßigkeit der Beschlagnahme und Einziehung eines Radarwarn- und Antiblitzgeräts. Auch hier konnte selbst das Gericht keine Klarheit über die Gefahrensituation gewinnen: Ob der für die Herstellung der Betriebsbereitschaft erforderliche Adapter im unmittelbaren Zugriffsbereich des Klägers oder in dessen Wohnung aufbewahrt wurde, „kann nicht mehr mit an Gewissheit grenzender Wahrscheinlichkeit festgestellt werden."[146] Eine Gefahr im Sinne dieser Norm läge aber nur beim betriebsbereiten Mitführen der Geräte vor. Das Gericht kam zu dem Ergebnis, die beiden einschreitenden Polizisten hätten sich „für die Beschlagnahme mit dem Anschein der Betriebsbereitschaft der Geräte begnügt".[147] Die Schilderung des einen Polizisten „der meinte, einen Gegenstand im Zigarettenanzünder gesehen zu haben, vermag das Gericht nicht mit der erforderlichen Richtigkeitsgewissheit von dem Vorhandensein des Adapters überzeugen."[148] Eine unmittelbar bevorstehende Störung der öffentlichen Sicherheit lasse sich „nicht mit der gemäß § 108 Abs. 1 VwGO erforderlichen Sicherheit feststellen."[149] Das ist einer der seltenen Fälle, in denen ein Gericht ausdrücklich die im Rahmen der Gefahrenabwehr unter Zeitdruck schwer zu erlangende Überzeugung im Hinblick auf das Vorliegen der Tatbestandsmerkmale problematisierte. Die Entscheidung macht außerdem deutlich, wer eigentlich die Folgen verbleibender Zweifel zu tragen hat: „Die fehlende Nachweisbarkeit der qualifizierten Gefahrenlage trifft die Beklagte als diejenige Partei, die hieraus für sie vorteil-

---

[145] Zum Zusammenhang zwischen prozeduraler Überzeugung und der Maßstabsfigur siehe auch schon *Ralf Poscher*, Gefahrenabwehr, S. 151 ff.
[146] VG Dresden, Urteil vom 14. April 2003 – 14 K 2986/01 –, juris, Rn. 32.
[147] VG Dresden, Urteil vom 14. April 2003 – 14 K 2986/01 –, juris, Rn. 32.
[148] VG Dresden, Urteil vom 14. April 2003 – 14 K 2986/01 –, juris, Rn. 32.
[149] VG Dresden, Urteil vom 14. April 2003 – 14 K 2986/01 –, juris, Rn. 32.

hafte Rechtsfolgen herleitet."[150] Dieser Grundsatz wurde durch die Maßstabsfigur und den subjektiv-normativen Gefahrbegriff weitgehend ausgehebelt. In vielen Fällen der Ungewissheit, in denen aber ein Anschein oder Verdacht genügt, trägt der Bürger, in dessen Rechtsgüter eingegriffen wird, die Konsequenzen, nicht die eingreifende Behörde. Eine Korrektur findet nur auf Sekundärebene bei der Verteilung der Kosten statt.

Das Verwaltungsgericht verneinte auch die Rechtfertigung über eine Anscheinsgefahr. Diese erfordere, dass der handelnde Beamte eine „objektiv ungefährliche Lage als gefährlich angesehen hat, wobei diese Einschätzung dem Urteil eines fähigen, besonnenen und sachkundigen Amtswalters entspricht".[151] Die Situation sei jedoch eine Verdachtssituation gewesen, die weiterer Aufklärungsmaßnahmen bedurft hätte. „Die Polizeibeamten hatten nämlich bei objektiver Betrachtung aus Sicht eines verständigen Beobachters keine hinreichenden Anhaltspunkte dafür, dass die fraglichen Geräte ohne Weiteres in den Zustand der Betriebsbereitschaft versetzt werden konnten."[152]

Dieser Fall zeigt, dass es den handelnden Amtswaltern im Vergleich zu der Maßstabsfigur an der erforderlichen Besonnenheit und nicht so sehr am Wissen oder der Fähigkeit zu erkennen mangelte. Das Gericht ist sehr darauf bedacht, erfüllbare Maßstäbe zu formulieren und die Beamten zu sorgfältigem Handeln anzuhalten. In diesem Sinne verlangte es nicht, dass die Polizisten sofort erkennen, wie Radarwarn- und Antiblitzgeräte im Auto verkabelt und ob sie betriebsbereit sind, obwohl man das in Anbetracht der Tatsache, dass es für die Verkehrspolizei keine seltene Situation sein dürfte, von einem Polizisten aus diesem Verkehrskreis wohl erwarten könnte.

dd) Der ‚besonnene Polizist' als dynamischer Maßstab

Schließlich wird die Maßstabsfigur von der Rechtsprechung nicht völlig losgelöst vom handelnden Polizisten gebildet. Nicht nur können die Besonderheiten der Eingriffssituation mit einbezogen werden, auch die berufliche Erfahrung, die Position innerhalb der Behörde und spezielle Fähigkeiten der Handelnden werden berücksichtigt. Das Verwaltungsgericht Hamburg zum Beispiel hatte 2012

---

[150] VG Dresden, Urteil vom 14. April 2003 – 14 K 2986/01 –, juris, Rn. 33; so auch VG Göttingen, Urteil vom 28. September 2009, BeckRS 2009, 39308: „Für die Frage, ob eine Gefahr vorlag oder nicht, kommt es deshalb entscheidend darauf an, ob der Einsatzleiter einem vermeidbaren oder unvermeidbaren Irrtum in Bezug auf die richtige Wohnung unterlegen war. Auch nach der Beweisaufnahme lässt sich dies nach Überzeugung des Gerichts nicht eindeutig beantworten. (...) Dies geht zulasten der Beklagten mit der Folge, dass keine Gefahr vorlag und damit die Untersuchung rechtswidrig war."
[151] VG Dresden, Urteil vom 14. April 2003 – 14 K 2986/01 –, juris, Rn. 34.
[152] VG Dresden, Urteil vom 14. April 2003 – 14 K 2986/01 –, juris, Rn. 34.

I. Die Maßstabsfigur des besonnenen Polizisten im Recht der Gefahrenabwehr

über mehrere polizeiliche Maßnahmen gegenüber einer Anwohnerin innerhalb einer als Gefahrengebiet deklarierten Zone im Stadtzentrum zu entscheiden. Diese umstrittene Deklaration war nach § 4 Abs. 2 PolDVG zulässig, „wenn aufgrund von konkreten Lageerkenntnissen anzunehmen ist, dass in diesem Gebiet Straftaten von erheblicher Bedeutung begangen werden".[153] Die Folge einer solchen Klassifizierung war, dass anlasslose Kontrollen durchgeführt werden konnten. Die Rechtmäßigkeit der Prognose, dass in dem Gebiet mit Straftaten zu rechnen ist, „ist dabei die ex-ante-Sicht eines gut ausgebildeten, erfahrenen und besonnenen Mitglieds der entsprechenden Leitungsebene der Polizei."[154]

Die Anforderungen an das Mindestmaß an Sachkunde und Fähigkeiten und damit an die Maßstabsfigur selbst sind nicht statisch, sondern orientieren sich am Sachbereich, in dem das jeweilige Gefahrurteil gefällt wird. Im Anlagen- und Atomrecht zum Beispiel sind die Anforderungen an die Wahrscheinlichkeitsurteile anspruchsvoller als in einem alltäglichen Fall der Gefahrenabwehr.[155] Deshalb kann hier gerade beim Einsatz spezialisierter Beamtinnen auch besonderes Fachwissen zur Voraussetzung gemacht werden. Ebenso können sich die Standards erhöhen, wenn es wie in dem Hamburger Fall um die Leitungsebene geht, aber auch gesenkt werden im Falle einer gewöhnlichen Verkehrskontrolle. Welcher Verkehrskreis dem Maßstab zugrundezulegen ist, ist nirgends festgeschrieben. Den Richterinnen bleibt damit einen gewissen Spielraum, wie abstrakt oder konkret sie diesen fassen wollen und welche Eigenschaften und Fähigkeiten sie für unabdingbar halten. Diese Ausdifferenzierung der Verkehrskreise ergibt Sinn vor dem Hintergrund der unterschiedlichen Anforderungen, denen Amtswalter je nach Einsatzgebiet und Qualifizierung gerecht werden müssen. Darin unterscheidet sich die Maßstabsfigur des besonnenen Polizisten etwa von der Figur des Durchschnittsbetrachters in der Verunstaltungsabwehr. Diese Offenheit – das überrascht nicht – ist aber auch das Problem der Figur des besonnenen Polizisten: Sie ist sehr variabel und die mit ihrer Hilfe getroffenen Entscheidungen sind deshalb nur schwer überprüfbar.

Die Rechtsprechung zur Gefahrenabwehr hat typischerweise mit Fällen zu tun, in denen der handelnde Polizist die Vorgaben der Maßstabsfigur nicht erfül-

---

[153] VG Hamburg, Urteil vom 2. Oktober 2012, BeckRS 2013, 52593; zur verfassungskonformen Auslegung der Ermächtigungsgrundlage in der nächsten Instanz s. OVG Hamburg, Urteil vom 13. Mai 2015 – 4 Bf 226/12 –, juris.
[154] VG Hamburg, Urteil vom 2. Oktober 2012, BeckRS 2013, 52593.
[155] *Benjamin Davy*, Gefahrenabwehr im Anlagenrecht, S. 431 ff.; *Dietrich Murswiek*, Risiken der Technik, S. 379, „nur von Experten aufgrund ihres besonderen Sachverstandes". In Fragen, die Fachwissen voraussetzen, kann es auch erforderlich sein, den Rat von einem Spezialisten einzuholen, VGH Mannheim, Urteil vom 22. Juli 2004 – 1 S 410/03 –, juris, Rn. 24.

len kann. Denkbar ist aber auch, dass er – um sich der strafrechtlichen Terminologie zu bedienen – über Sonderkönnen oder Sonderwissen verfügt, also fähiger oder sachkundiger ist, als für seinen Berufsstand oder Verkehrskreis üblich. Diese Fälle einer tatsächlichen oder möglichen Übererfüllung der Standards werden jedoch selten vor Gericht verhandelt, weshalb sich hierzu kaum Rechtsprechung finden lässt. Jedoch ist davon auszugehen, dass die Maßstabsfigur in solchen Fällen der Person des Amtswalters angepasst, also auch flexibel gebildet werden würde. Wer über mehr als durchschnittliche Sachkunde oder überdurchschnittliches Erfahrungswissen verfügt, muss diese(s) auch einsetzen. Es kann von einem Polizisten nicht grundsätzlich verlangt werden, zu wissen, dass Grudekoks entzündlich ist; weiß er es aber, so muss er dieses Wissen auch einzusetzen.

ee) Zusammenfassung

In keinem der anderen hier untersuchten Rechtsbereiche ist die Maßstabsfigur zu einem späteren Zeitpunkt aufgetaucht als im Polizeirecht. Die Verwaltungsgerichte haben die Figur in Anlehnung an *Hoffmann-Riem* aufgegriffen, der sie als kritische Beschreibung des subjektiv-normativen Gefahrverständnisses erst entwickelt und charakterisiert hat, als die Rechtsprechung zum Gefahrbegriff schon relativ konsolidiert war. Am Ende bleiben über die Beschreibung dieses subjektiv-normativen Gefahrverständnisses hinaus wenige konkrete Handlungsmaßstäbe, viel eher eine Denkfigur, die der Richter zu Hilfe nehmen kann, um sich in die Situation der handelnden Polizistin hineinzuversetzen. Und für die Polizistin ist sie ein Mittel, um eine hinreichende Überzeugung zum Tätigwerden zu erlangen.

Die Sichtung der Rechtsprechung zeigt auch keine wesentlichen inhaltlichen Veränderungen der Maßstabsfigur; das hat sie mit dem ‚pflichtgetreuen Durchschnittsbeamten' im Staatshaftungsrecht gemein. Während die Amtswalter also eher auf gleichbleibende Weise charakterisiert werden, unterlagen die Figuren des Durchschnittsbetrachters im Recht der Verunstaltungsabwehr und des Durchschnittsmenschen im Immissionsschutzrecht – das werden die folgenden Kapitel zeigen – einer deutlichen Entwicklung. Das liegt zum einen daran, dass die Maßstabsfigur des besonnenen Polizisten noch verhältnismäßig jung ist und zum Beispiel nicht mit nationalsozialistischer Ideologie aufgeladen wurde, wie es mit dem ‚Durchschnittsbetrachter' im Baurecht geschehen ist. Vielleicht könnte dieser Unterschied aber auch damit zu tun haben, dass das Bild des Bürgers seit dem Beginn des 20. Jahrhunderts einem stärkeren Wandel unterlag als das des Amtswalters.[156]

---

[156] Vgl. zu den verschiedenen verwaltungsrechtlichen Konstruktionen des Bürgers *Susanne Baer*, Der Bürger, S. 83 ff.i

5. Die Maßstabsfigur und die Kontroverse um den richtigen Gefahrbegriff in der Literatur

Obwohl die Dogmatik zum Gefahrbegriff inzwischen relativ gefestigt ist,[157] bleibt die Figur Anknüpfungspunkt für Diskussion und Kritik insbesondere in den Fällen der Anscheinsgefahr und des Gefahrverdachts.[158] Ausgangspunkt der Kontroverse in der Literatur ist die Frage, welcher Erfahrungs- und Wissenshorizont über das Vorliegen einer Gefahr entscheidet. Insgesamt ist die Diskussion um die Maßstabsfigur deshalb sehr an die Debatte um den richtigen Gefahrbegriff geknüpft und dabei insbesondere der Kontroverse zwischen objektivem und subjektiv-normativem Verständnis verhaftet. Dass sie damit untrennbar verbunden ist, wurde bereits dargestellt und zeigt sich nun noch einmal in der Analyse der Literatur. Dass die Figur des besonnenen Polizisten sich aber nicht darin erschöpft, einen Wissenshorizont für den Gefahrbegriff zu beschreiben, sondern auch als Denkfigur den Graben zwischen einer ex ante-Entscheidung und einer ex post-Beurteilung überbrücken und die Sachverhaltsermittlung erleichtern soll, wurde ebenfalls angedeutet und soll unter 6. näher beleuchtet werden. Die Literatur hat sich mit diesen Funktionen der Maßstabsfigur bislang kaum beschäftigt.[159]

Die Auseinandersetzung um die Perspektive im Gefahrurteil spielt sich im Wesentlichen zwischen den Polen des ursprünglich vom Preußischen Oberverwaltungsgericht und heute am prominentesten von *Poscher* vertretenen objektiven[160] und des herrschenden subjektiv-normativen Gefahrbegriffs ab.[161] Ein kurzer Blick auf die Debatte soll diejenigen Argumente zusammentragen, die für das Verständnis und die Charakterisierung der Maßstabsfigur des besonnenen Poli-

---

[157] *Markus Möstl*, Die staatliche Garantie, S. 163.
[158] „Die vollständige Vorhersehbarkeit (nach-)folgender Vollzugsakte kann der Begriff der konkreten Gefahr nicht gewährleisten.", *Dieter Kugelmann*, Der polizeiliche Gefahrenbegriff in Gefahr?, DÖV 2003, 781 (783). Einzuhegen sei das nur durch „materielle" (Verhältnismäßigkeit), „präventive" (Verfahrensrechte) und „konsekutive" (Anschlussrechte) Kompensation. Das Bundesverfassungsgericht meint, die Verwendung der polizeirechtlichen Generalklausel sei im Hinlick auf das Bestimmtheitsgebot unbedenklich, „weil sie in jahrzehntelanger Entwicklung durch Rechtsprechung und Lehre nach Inhalt, Zweck und Ausmaß hinreichend präzisiert, in ihrer Bedeutung geklärt und im juristischen Sprachgebrauch verfestigt ist." BVerfG, Beschluss vom 23. Mai 1980, E 54, 143 (144 f.).
[159] Eine Ausnahme bildet *Ralf Poscher*, Gefahrenabwehr, S. 151 ff., der sich ausführlich mit der notwendigen Überzeugung zum Einschreiten auseinandergesetzt hat.
[160] Außerdem *Bernhard Schlink*, Das Objektive und das Subjektive, Jura 1999, 169; *Liv Jaeckel*, Gefahrenabwehrrecht und Risikodogmatik, S. 317 ff.; *Jürgen Schwabe*, Anmerkung, DVBl. 1982, 655; sowie die Rezensionen von *Jan Zieckow*, DÖV 2000, 835 und *Matthias Wehr*, DVBl. 2002, 107 f. zu *Poscher*.
[161] Siehe hierzu nur die umfangreichen Nachweise aus Rechtsprechung und Literatur bei *Liv Jaeckel*, Gefahrenabwehrrecht und Risikodogmatik, S. 91, Fn. 18.

zisten von Bedeutung sind. Sie funktioniert nur vor dem Hintergrund des subjektiv-normativen Gefahrbegriffes, wobei auch die Vertreter eines objektiven Gefahrverständnisses ihre Position teils mit einer Figur konkretisieren, nämlich der eines idealen Beobachters.[162] Auch sie müssen nämlich damit umgehen, dass die Prognoseentscheidung ein notwendig an einen Wissenshorizont gebundenes Urteil ist. Die Figur des idealen Beobachters ist jedoch ein Maßstab, der von vorneherein nicht auf Erfüllbarkeit ausgerichtet ist, worin sie sich von allen in dieser Arbeit untersuchten Figuren unterscheidet. Sie ist mit diesen deshalb weder im Hinblick auf ihre Funktionen noch auf ihre Herausforderungen vergleichbar.

Die Gefahrverständnisse unterscheiden sich vor allem auf der diagnostischen Ebene: während im Rahmen des subjektiv-normativen Gefahrbegriffes der Horizont eines ‚besonnenen Polizisten' maßgeblich sein soll, ist bei einem objektiven Verständnis alles ex ante vorhandene Wissen in die Entscheidung mit einzubeziehen. Weniger deutlich zeigen sich die Unterschiede zwischen diesen beiden Auslegungen auf der Prognoseebene, auf der beide Gefahrbegriffe notwendig mit Ungewissheiten zu kämpfen haben. Dort stellt sich die Frage, welche Erfahrungssätze und Kenntnisse auf das prognostische Wahrscheinlichkeitsurteil anzuwenden sind. Der den Vertretern des objektiven Gefahrbegriffs vorschwebende ideale Beobachter ist aber auch hier im Vorteil. Er ist einer, der alles weiß und kennt, auch das, was er in dem Moment der Entscheidung nicht wissen und nicht kennen kann. Ihn gibt es in der Realität nicht. Aber er ist immerhin konstruierbar: Je mehr der Polizist weiß und je erfahrener er in der Auswertung dieses Wissens ist, desto zuverlässiger wird das Gefahrurteil. Ideal ist, wenn die Gefahr (im objektiven Sinne) erkannt wird, um ihre Realisierung zu verhindern. Anders verhält es sich zum Beispiel im Recht der Verunstaltungsabwehr und im Immissionsschutzrecht. In diesen Fällen ist eine ideale Maßstabsfigur a priori nicht konstruierbar, weil nicht klar ist, was Idealität in diesen Kontexten sein soll. Ist ideal, wer ein ausgewogenes Verunstaltungsurteil fällt? Dann ist der Maßstab schon die Antwort auf die Frage, für deren Lösung er entworfen wurde. Ist der ideale Mensch derjenige, der eine robuste Gesundheit hat und sich von leichten Immissionen nicht beeinträchtigt fühlt? Oder der Sensible, weil er für die Eindrücke der Umwelt empfänglich ist?

Als Vertreter des objektiven Gefahrbegriffes hält *Ralf Poscher* die Abkehr von diesem für systemwidrig und kritisiert, dass Rechtswidrigkeit und Pflichtwidrigkeit vermengt würden.[163] Von *Jürgen Schwabe* wird vorgebracht, das subjektive Gefahrverständnis widerspreche dem natürlichen Sprachgebrauch, in dem man

---

[162] *Ralf Poscher*, Gefahrenabwehr, S. 118.
[163] Vgl. auch für das Strafrecht *Mathias Schröder*, Das „Irrtumsprivileg" des Staates, S. 70.

den guten Glauben niemals als eine Gefahr bezeichnen würde.[164] Der Umgang mit der Anscheinsgefahr laufe jedem Sprachsinn und jeder vernünftigen Begrifflichkeit zuwider: „wie das Scheinbare gleichzeitig das Reale sein soll, bleibt unerfindlich."[165] *Bernhard Schlink* argumentiert für ein objektives Gefahrverständnis außerdem, dass subjektive Erwägungen lediglich auf der Ermessens-, nicht aber auf Tatbestandsebene etwas zu suchen hätten.[166] Interessant ist, dass die Maßstabsfigur auf der Ebene des Entschließungsermessens aber gerade keine Rolle spielt. Sie findet rechtsbereichsübergreifend nur bei der Konkretisierung unbestimmter Rechtsbegriffe im Tatbestand Anwendung, nicht aber bei der Rechtsfolgenwahl.[167] Dort, wo der Verwaltung ein größerer, einer Überprüfung nicht vollständig zugänglicher Spielraum zusteht, passt die Maßstabsfigur als Rationalisierungsinstrument nicht. Auch wenn die Ermessenskontrolle ebenfalls der Rationalität hoheitlichen Handelns verschrieben ist, so ist ihr Anforderungsprofil weniger streng als auf der Tatbestandsseite, sie zieht lediglich eine „Willkürgrenze".[168]

Die Subjektivierung des Gefahrbegriffes versteht *Schlink* als „prominentes Element einer größeren Entwicklung" hin zum Subjektiven im Polizeirecht, die sich auch im entstandenen subjektiven Anspruch auf polizeiliches Einschreiten ausdrücke.[169] Mit der Subjektivierung des Gefahrbegriffes vollziehe sich eine Verlagerung der Verantwortlichkeiten: Während früher die Ungewissheit zu Lasten der Polizei ging, gehe sie heute zu Lasten der Rechtsunterworfenen.[170] Diese Entwicklung stärkt nicht die Bürgerin als Grundrechtsträgerin, sondern zeigt Nachgiebigkeit gegenüber der Verwaltung, die – solange sie sorgfältig agiert – ohne Risiko handelt.

---

[164] *Jürgen Schwabe*, Fürmöglichhalten und irrige Annahme von Tatbestandsmerkmalen, in: Gedächtnisschrift für Wolfgang Martens, S. 436; „Ein normatives Tatbestandsmerkmal muß vorliegen, der bloße Glaube der eingreifenden Behörde oder ein Verdacht auf Vorliegen des Merkmals kann nicht genügen."

[165] *Jürgen Schwabe*, Anmerkung, DVBl. 1982, 655.

[166] „(...) kann freilich nichts daran ändern und muß sich daran brechen, daß die Rechtsnormen bei der Differenzierung nach Tatbestand und Rechtsfolge subjektive Einschätzungen mit dem Ermessen erst bei der Rechtsfolge zur Geltung bringen und beim Tatbestand, wenn sie von objektiven Gegebenheiten sprechen, auch objektive Befunde verlangen. die Subjektivierung des polizeirechtlichen Gefahrbegriffs ist somit methodisch und dogmatisch ein Bruch.", *Bernhard Schlink*, Das Objektive und das Subjektive, Jura 1999, 169 (170).

[167] Ausnahme ist das Auswahlermessen im Bezug auf den Störer, s. dazu oben S. 61.

[168] *Christoph Möllers*, Polizeikontrollen ohne Gefahrverdacht, NVwZ 2000, 382 (387).

[169] *Bernhard Schlink*, Das Objektive und das Subjektive, Jura 1999, 169 (171); ähnlich auch *Liv Jaeckel*, Gefahrenabwehr und Risikodogmatik, S. 99 f.

[170] *Bernhard Schlink*, Das Objektive und das Subjektive, Jura 1999, 169 (171); so auch *Liv Jaeckel*, Gefahrenabwehr und Risikodogmatik, S. 101; *Juliane Kokott*, Beweislastverteilung und Prognoseentscheidungen, S. 38.

Für den normativ-subjektiven Gefahrbegriff wird heute vor allem die Effizienz der Gefahrenabwehr, also die Notwendigkeit, trotz Unsicherheiten eingreifen zu müssen, ins Feld geführt.[171] Damit hängt das Argument zusammen, die Maßstabsfigur schütze die handelnden Amtswalter vor einem unverschuldeten Vorwurf der Rechtswidrigkeit:

„Indes können die zur Gefahrenabwehr berufenen Behörden die legitime Aufgabe präventiven Rechtsgüterschutzes nur effektiv erfüllen, wenn sie auch auf unsicherer Tatsachengrundlage einschreiten dürfen. Um zu vermeiden, dass ein im Rahmen dieser Aufgabe als Dienstpflicht auferlegtes Handeln in die Illegalität gedrängt wird, ist bei der Beurteilung der Gefahr allein auf die Erkenntnismöglichkeiten des konkret handelnden Beamten zum Zeitpunkt des Einschreitens abzustellen."[172]

Dabei müssen allerdings die rechtlichen und die moralischen Implikationen eines objektiven Gefahrbegriffes unterschieden werden. Dem Argument liegen nämlich zwei Annahmen zugrunde, von denen nur eine Berechtigung hat: Einerseits muss verhindert werden, dass den Gefahrenabwehrorganen disziplinar- oder strafrechtliche Sanktionen drohen, wenn sie in begründeten Verdachtssituationen einschreiten. Sonst wäre ihnen ein Einschreiten nicht zumutbar und sie wären tatsächlich nicht handlungsfähig.[173]

---

[171] Auch sei das Wahrscheinlichkeitsurteil an einen bestimmten Wissensstand gebunden und damit notwendig subjektiv, *Ernst Ludwig Nell*, Wahrscheinlichkeitsurteile, S. 32 ff., 47 ff. und 75 ff.; *Erhard Denninger*, Polizeiaufgaben, in: ders./Rachor (Hrsg.), Handbuch des Polizeirechts, D Rn. 46; *Otmar Schneider*, Polizeiliche Gefahr, DVBl. 1980, 406 (407 f.); *Dietrich Murswiek*, Risiken der Technik, S. 385 f.; *Markus Möstl*, Die staatliche Garantie, S. 169 f. A.A. *Jörn Ipsen*, Niedersächsisches Gefahrenabwehrrecht, S. 62 ; nicht der Gefahrenbegriff sei notwendig subjektiv, sondern die Situation des Handelnden bedinge Subjektivität, *Bernhard Schlink*, Das Objektive und das Subjektive, Jura 1999, 169 (170).

[172] VGH Mannheim, Urteil vom 7. Dezember 2004 – 1 S 2218/03 –, juris, Rn. 25; s. auch VGH Mannheim, Beschluss vom 15. Juni 2005, NJW 2006, 635, 636.

[173] *Liv Jaeckel*, Gefahrenabwehrrecht und Risikodogmatik, S. 118 ff. A.A. *Markus Möstl*, Die staatliche Garantie, S. 172 ff., den handelnden Beamten vor disziplinar- und strafrechtlicher Verfolgung zu schützen genüge nicht, da seine Handlung weiterhin rechtswidrig bleibe, was insbesondere angesichts subjektiver Rechte auf Schutz problematisch sei. Die Funktionsfähigkeit behördlicher Gefahrenabwehr wird immer wieder als Ursache der Subjektivierung angeführt, Rüdiger Breuer, Umweltschutz und Gefahrenabwehr, in Gedächtnisschrift für Martens, S. 334. Zu den Konsequenzen für die Polizisten unter dem objektiven Gefahrbegriff: „Die Subjektivierung ist auch nicht erforderlich, um motivatorische Handlungshemnisse zu beseitigen, die sich aus der Rechtswidrigkeit der im Irrtum vorgenommenen Handlung ergeben könnten. Hat sich der Beamte wie im Falle der Anscheinsgefahr pflichtgemäß verhalten, kann ihm verfahrens- und damit auch dienstrechtlich kein Vorwurf gemacht werden. Strafrechtlich handelt er in einem Erlaubnistatbestandsirrtum der ihn im Falle der Anscheinsgefahr mangels Vermeidbarkeit auch von strafrechtlicher Verantwortung freistellt.", *Ralf Poscher*, Der Gefahrenverdacht, NVwZ 2001, 141 (143). Falls tatsächlich kein Schaden drohe, wäre das polizeiliche Handeln sonst stets als rechtswidrig zu qualifizieren, „was jedoch schwerlich überzeugen kann,

I. Die Maßstabsfigur des besonnenen Polizisten im Recht der Gefahrenabwehr 105

Auf der anderen Seite wird aber befürchtet, das Rechtswidrigkeitsverdikt könne negative Auswirkungen auf den Rechtsanwender und seine Wirkung in der Öffentlichkeit haben. Es scheint unzumutbar, Handlungsanforderungen an die Polizei zu formulieren, die unmöglich einzuhalten sind. Es wird befürchtet, diese Unmöglichkeit normkonformen Verhaltens lasse die Polizisten resignieren und würde sie stigmatisieren.[174] Diese Argumentation trägt aber nicht. Dem Recht sind Situationen der tatsächlichen oder rechtlichen Unmöglichkeit normkonformen Verhaltens keineswegs unbekannt.[175] Diese Argumentation operiert mit einer Reinheitsvorstellung vom öffentlichen Amt, die einen deutlichen moralischen Impetus hat. In diesem Amtsverständnis scheint es nicht tragbar, dass das Verhalten eines Amtswalters rechtswidrig ist, obwohl ein normkonformes Verhalten trotz großer Sorgfalt nicht möglich war.[176] Dabei ist das Rechtswidrigkeitsurteil über eine Handlung der Verwaltung grundsätzlich objektiv und hat nichts mit einer persönlichen Vorwerfbarkeit zu tun. Es kann der Polizistin sogar durch eine Dienstpflicht aufgegeben sein, einzuschreiten, auch wenn sich im Nachhinein herausstellt, dass die Amtshandlung rechtswidrig war. Paradox ist, dass, wer so argumentiert, die gutgläubige Polizistin schützt, nicht aber den eventuell völlig unbeteiligten Bürger, in dessen Rechtsgüter eingegriffen wird. Der Schutz vor dem Rechtswidrigkeitsverdikt mit Hilfe der Maßstabsfigur geht zu Lasten der Rechtsunterworfenen. Am Ende tragen damit regelmäßig diejenigen die Folgen der Unsicherheit, die das Geschehen am wenigsten kontrollieren

---

weil die Poizei bei ihrem Handeln mit erheblichen Risiken belastet wäre.", *Wolf-Rüdiger Schenke*, Polizei- und Ordnungsrecht, Rn. 81. Korrespondierend zum normativ-subjektiven Gefahrbegriff wird auch im Rahmen des strafbaren Widerstands gegen Vollstreckungsbeamte nach § 113 StGB auf die pflichtgemäße Prüfung der sachlichen Eingriffsvoraussetzungen abgestellt: „Entscheidend ist, ob der Beamte im Bewusstsein seiner Verantwortung und unter bestmöglicher pflichtgemäßer Abwägung aller ihm erkennbaren Umstände die Handlung für nötig und sachlich gerechtfertigt halten durfte.", BVerfG, Beschluss vom 30. April 2007, NVwZ 2007, 1180 (1182 f.). Hielt er diese für nötig, so ist ein Widerstand gegen diese Handlung strafbar, selbst wenn die Eingriffsvoraussetzungen tatsächlich nicht vorlagen; das Gericht entschied, die „Kenntnis der Maßgeblichkeit versammlungsrechtlicher Regeln unter Einschluss der besonderen Voraussetzungen von Maßnahmen, die eine Versammlungsteilnahme unmöglich machen, kann von einem verständigen Amtswalter erwartet werden." Welche Anforderungen genau an den Rechtmäßigkeitsmaßstab zu stellen sind, ist umstritten, s. *Nikolaus Bosch*, in: MüKo zum StGB, 3. Aufl. 2017, § 113, Rn. 32 ff. Letztlich lassen alle Ansichten aber jedenfalls die Perspektive eines besonnenen Amtswalters als Rechtmäßigkeitsmaßstab genügen.

[174] So paraphrasiert von *Liv Jaeckel*, Gefahrenabwehrrecht und Risikodogmatik, S. 93 m.w.N.
[175] *Christian Bumke*, Relative Rechtswidrigkeit, S. 41 f., „Unmöglichkeitskollisionen führen stets dazu, dass eine Norm beachtet, eine andere missachtet wird.", S. 42.
[176] Auch der bloße Anscheins- oder Verdachtsstörer hat nach überwiegender Auffassung einen Ausgleichsanspruch für die erlittenenen Schäden, es sei denn, er hat den Anschein, dass er Störer ist, zurechenbar verursacht, BGH, Urteil vom 14. Februar 1952, Z 5, 144 (152); BGH, Urteil vom 12. März 1992, Z 117, 303 (308); BGH, Urteil vom 23. Juni 1994, Z 126, 279 (285 f.).

können. Das gilt allerdings nur für die Primärebene, also die Frage, ob der Eingriff in die Schutzgüter rechtmäßig war. In der nachgelagerten Entscheidung über die Frage, wer für die Kosten eines Einsatzes aufkommen muss (Sekundärebene), kommt es nicht mehr auf die verständige Einschätzung, sondern auf das tatsächliche Vorliegen einer Gefahr im Sinne des objektiven Gefahrbegriffs an.[177] Auf diese Weise wird die Belastung des Bürgers auf der Primärebene jedenfalls teilweise auf der Sekundärebene kompensiert.

Literatur zum Gefahrbegriff gibt es im Überfluss und viel davon streift die Maßstabsfigur des besonnenen Polizisten – allein weil diese heute fester Bestandteil des subjektiv-normativen Gefahrbegriffes geworden ist – ohne sich aber spezifisch mit ihr auseinanderzusetzen. Dies bleibt dem folgenden Fazit überlassen.

6. Die Funktionen der Maßstabsfigur im Recht der Gefahrenabwehr

Die Maßstabsfigur des besonnenen Polizisten fand erst spät Eingang in die Rechtsprechung zur Gefahrenabwehr. Wie die Diskussion um den richtigen Gefahrbegriff gezeigt hat, dient sie je nach Ausgangspunkt dazu, die subjektive Perspektive auf die Gefahrensituation zu normieren oder den objektiven Gefahrbegriff zu subjektivieren. Die Sichtung der Entscheidungen hat aber deutlich gemacht, dass ein wirklicher Wandel des Gefahrbegriffs mit der Subjektivierung und nicht mit der später hinzugezogenen Maßstabsfigur vollzogen wurde. Diese muss also darüber hinaus auf eine Weise funktionieren, die sie für die Rechtsprechung zu einem attraktiven Konkretisierungsinstrument hat werden lassen. Vier Funktionen der Maßstabsfigur scheinen dabei besondere Bedeutung zu haben: Es geht um den ‚besonnenen Polizisten' als Relativierung der normativen Anforderungen des Polizeirechts, zugleich aber auch als Rationalisierung individuell-situativer Fehlleistungen, den Versuch einer Überbrückung der persönlich und zeitlich auseinanderfallenden Entscheidungssituationen von Polizist und Richter und um die Externalisierung prozeduraler Unsicherheiten.

a) Relativierung normativer Anforderungen

Die Sichtung der Entscheidungen hat gezeigt, dass die Rechtsprechung sich letztlich in keinem einzigen Fall mit der unvermeidbaren Unsicherheit des Wahrscheinlichkeitsurteils als Gefahrprognose auseinandersetzen musste. Dabei wird

---

[177] „Das Polizeirecht kann bei der Störerhaftung keine Rücksicht nehmen auf die Vorhersehbarkeit bestimmter Gefahren. (...) Allgemein gilt: Ob die Entstehung der konkreten Gefahr für die Person ex ante vorhersehbar *war*, spielt für die Störerhaftung *hier und jetzt* keine Rolle." *Martin Hollands*, Gefahrenzurechnung im Polizeirecht, S. 25.

diese Prognoseungewissheit von der Literatur immer als Grund und Grenze des Gefahrurteils hervorgehoben. Vielmehr lagen die Probleme aller Fälle auf der Ebene der Sachverhaltsermittlung, die durch den besonderen Zeidruck, unter dem das Gefahrurteil typischerweise gefällt werden muss, verstärkt werden. Diagnoseunsicherheiten sind aber Teil jeder Rechtsanwendung und kein Spezifikum des Polizeirechts. Auch die Maßstabsfigur wird sowohl als Perspektive für das prognostische, als auch das diagnostische Urteil benutzt, dabei handelt es sich nur bei ersterem um ein notwendig an einen Wissenshorizont gebundenes Urteil. Wenn die Maßstabsfigur aber kein Instrument ist, mit dem die spezifischen Herausforderungen eines Wahrscheinlichkeitsurteils bewältigt werden sollen, wozu dient sie dann? Sie soll den Umgang mit Diagnoseunsicherheiten unter Zeitnot in der Gefahrenabwehr bewältigen, indem sie die normativen Anforderungen an das polizeiliche Handeln auf das Machbare und Tunliche reduziert. Dabei ist es nicht ihre Aufgabe, die Person der handelnden Amtswalterin vor überzogenen Verhaltensanforderungen zu schützen, sondern sie soll eine effektive Behördenoperation und Gefahrenabwehr ermöglichen. Dass das Tatbestandsmerkmal der Gefahr eigentlich eine an objektiven Maßstäben gemessene Diagnose erfordert und ein Einschreiten nur bei hinreichender Überzeugung erlaubt (dazu sogleich im Kontext der prozeduralen Unsicherheiten), verschleiert die Maßstabsfigur. Als Folge werden die Feststellungsunsicherheiten, die es ja überall im Recht gibt, ausgerechnet im Polizeirecht den Rechtsunterworfenen aufgebürdet. Das erscheint fragwürdig.

b) Rationalisierung individuell-situativer Fehlleistungen

Neben dieser ‚Relativierungsfunktion' kann die Rechtsprechung mit Hilfe der Maßstabsfigur aber auch individuell-situative Fehlleistungen ahnden: Dann steht der ‚besonnene Polizist' für einen austauschbaren Akteur des Staates, der seine Entscheidungen ohne Ansehung der Person trifft. Die Figur hat also auch eine Rationalisierungsaufgabe, die im Staatshaftungsrecht deutlicher zum Vorschein kommt. Dass diese Funktion im Polizeirecht größere Bedeutung erlangen sollte, zeigt nicht zuletzt die Häufigkeit sogenannter *racial profiling*-Fälle: Das sind verdachtsunabhängige Personenkontrollen aufgrund solcher Merkmale, die (vermeintlich) auf die ethnische Herkunft der kontrollierten Personen schließen lassen.[178]

Nicht nur der Bürger, auch die Verwaltung hat ein (institutionelles) Interesse an einem kontrollierbaren und nachvollziehbaren Verwaltungshandeln.[179] Nur wenn sich die Entscheidungen nach transparenten und verlässlichen Maßstäben

---

[178] S. dazu die Nachsweise in Fn. 179.
[179] *Christoph Möllers*, Materielles Recht – Verfahrensrecht – Organisationsrecht, in: ders./

richten, sind sie einer verwaltungsinternen Kontrolle zugänglich. Auf diese Weise kann überprüft werden, ob behördliche Entscheidungen einheitlichen Grundsätzen folgen und einer gerichtlichen Überprüfung standhalten. Darauf ist die Verwaltung angewiesen, um in der Bevölkerung akzeptiert zu werden und als Institution legitimiert zu sein. Daraus lässt sich zunächst aber nur schließen, dass es einen allgemeinen Maßstab geben muss, nach dem sich die Konkretisierung der Normen richtet. Dass dieser sich am Rechtsanwender orientiert, ist die Besonderheit der Maßstabsfigur. Sie verbildlicht sowohl den Entscheidungsprozess der Verwaltung als auch die nachträgliche Kontrolle durch die Gerichte. Jeder kann sich etwas darunter vorstellen, so macht sie die rechtliche Entscheidung auch für den juristischen Laien nachvollziehbar und – vermeintlich auch – nachprüfbar.

Individuelle Assoziationen sind jedoch als Anknüpfungspunkte für eine normative Figur wenig hilfreich. Die Anschaulichkeit und große Offenheit der Figur haben den Preis, dass sie letztlich kaum Anhaltspunkte für eine konkrete Subsumtion bietet. Die Charakterisierung der Maßstabsfigur selbst als besonnen, fähig und sachkundig, so hat die Auswertung der Rechtsprechung ergeben, gibt zwar Hinweise auf die Anforderungen an den handelnden Amtswalter: Er muss das für seine Aufgaben erforderliche Wissen haben und überlegt und nicht im Affekt handeln. In den Urteilen wird unter diese Eigenschaften jedoch so gut wie nie subsumiert. Das liegt nicht zuletzt daran, dass sie sich auch nur sehr schwer überprüfen lassen, weil sie eine Tendenz vorgeben, aber keine klaren begrifflichen Grenzen ziehen und ihrerseits konkretisierungsbedürftig sind.

Verwaltungsentscheidungen unterliegen fast immer der vollen gerichtlichen Kontrolle, nur im Rahmen des Ermessens bleibt der Behörde ein gewisser Spielraum, der keiner Überprüfung zugänglich ist. Hat die Maßstabsfigur mit ihrer Offenheit und Flexibilität nun die Funktion, einen solchen Beurteilungsspielraum der Verwaltung auch auf der Tatbestandsseite zu eröffnen? Die Maßstabsfigur wird als Konkretisierungsinstrument dort benutzt, wo schwierige Fragen oft mit außerrechtlichen Implikationen zu beantworten sind; sie ist gewissermaßen eine Grenzfigur. Es ist denkbar, dass die Rechtsprechung durch die Einführung der Maßstabsfigur der Behörde einen faktischen Spielraum auf der Tatbestandsseite eröffnen wollte und ihr so eine gewisse Freiheit bei der Konkretisierung des Tatbestandsmerkmals gewährt. Nachweise lassen sich dafür aber nicht erbringen. Dagegegen spricht, dass sie dort, wo es einen unüberprüfbaren Spielraum der Verwaltung gibt, nämlich im Ermessen, gerade nicht benutzt wird,

---

Trute/Groß/Röhl (Hrsg.), Allgemeines Verwaltungsrecht – zur Tragfähigkeit eines Konzepts, S. 494.

obwohl auch hier nicht die Perspektive der Amtsperson durchschlagen darf, sondern die Zielsetzungen der Behörde Ausdruck finden sollen.

In ihrer Funktion als Wissenshorizont und Handlungsmaßstab für die Eingriffsverwaltung im Polizeirecht und als Verschuldensmaßstab in der Staatshaftung unterliegt die Maßstabsfigur des besonnenen oder pflichtgetreuen Amtswalters strengeren Rationalitätsanforderungen als die des Durchschnittsbürgers. Daraus resultieren Bezeichnungen wie „objektivierter Beamter"[180] oder „normative(r) Referenzbeamte(r)".[181] Die Rationalitätsanforderungen an den Amtswalter speisen sich zunächst aus den gesetzlichen Anforderungen an das jeweilige Amt, außerdem aus übergreifenden Vorgaben im Dienst- und Laufbahnrecht und aus Festlegungen zu prozessualer Rationalität im Verwaltungsverfahren.

Über die verwaltungsverfahrensrechtliche Absicherung der Rationalität lässt sich eine gewisse Konkretisierung der Maßstabsfigur erreichen.[182] Mit den Vorschriften zur Anhörung (§ 28 VwVfG), Amtsermittlungs- (§ 24 VwVfG) und Begründungspflicht (§ 39 VwVfG) hat der Gesetzgeber seine Vorstellung von einem rationalen Entscheidungsprozess normiert. Die Suche nach dem rationalen Amtswalter ist zugleich eine Suche nach der Rationalität der Entscheidungsfindung.[183] Diese Vorgaben sind allerdings in Situationen polizeilichen Einschreitens aufgrund der Eilbedürftigkeit häufig nicht anwendbar. Darüber hinaus hat der Gesetzgeber auch Anforderungen an die Person des Amtswalters gestellt wie z.B. die Regelung zur Besorgnis der Befangenheit in § 21 VwVfG, wenn die unparteiische Amtsführung in Frage gestellt wird, oder im öffentlichen Dienst- und Laufbahnrecht. So lassen sich Rationalitätsanforderungen aus den Voraussetzungen für das öffentliche Amt herauslesen, z.B. aus der Verfassung in Art. 33 Abs. 2 GG, der die Eignung, Befähigung und fachliche Leistung als Kriterien für den Zugang zu öffentlichen Ämtern normiert. Darüber hinaus statuieren §§ 9, 21 BBG und §§ 60 ff. BBG Pflichten für Beamte, darunter die Forderung, die „Aufgaben unparteiisch und gerecht zu erfüllen und bei ihrer Amtsführung auf das Wohl der Allgemeinheit Bedacht" zu nehmen, ebenso wie bei politischer Betätigung „Mäßigung und Zurückhaltung" zu üben, vollen persönlichen Einsatz zu leisten und dienstlichen Anweisungen zu folgen. Auch diese hierarchische Einbindung in die bürokratischen Strukturen dient einer überindividuellen Entschei-

---

[180] *Wolf-Rüdiger Schenke*, Polizei- und Ordnungsrecht, Rn. 82.

[181] *Ralf Poscher*, Der Gefahrenverdacht, NVwZ 2001, 141 (144).

[182] Vgl. zum Eigenwert des Verfahrens *Michael Fehling*, Eigenwert des Verfahrens, VVDStRL 70, S. 280 ff.

[183] Das Verfahren ist auch ein Mittel, „materielle Regelungsabsichten zu verwirklichen", *Christoph Möllers*, Materielles Recht – Verfahrensrecht – Organisationsrecht, in: ders./Trute/Groß/Röhl (Hrsg.), Allgemeines Verwaltungsrecht – zur Tragfähigkeit eines Konzepts, S. 494, 497.

dungsfindung. Darüber hinaus gibt es spezifische Einstellungsvoraussetzungen für das Amt des Polizisten, die in allen Bundesländern ähnlich sind und neben körperlicher Leistungsfähigkeit und Vorstrafenfreiheit das Bekenntnis zur freiheitlichen demokratischen Grundordnung fordern.[184]

Der Amtsträger – so zeigen die Rationalitätsanforderungen aus der Maßstabsfigur und aus dem Gesetz – muss fachliche Befähigung besitzen und die Fähigkeit haben, Gefühle, persönliche Interessen und Motive zurückzustellen um so zu einem austauschbaren Repräsentant eines Staates und zum Garant der Unabhängigkeit der Verwaltung zu werden.[185]

c) Der ‚besonnene Polizist' als Verhinderung einer hindsight bias?

Die dritte Funktion der Maßstabsfigur scheint darin zu bestehen, die Unterschiedlichkeit der Entscheidungssituationen des handelnden Polizisten und der urteilenden Richterin zu überbrücken. Denn die Figur kontextualisiert die Entscheidung über das Vorliegen einer Gefahr in persönlicher (wer entscheidet) und zeitlicher Hinsicht (ex ante). Die Richterin hat berufs- und erfahrungsbedingt einen anderen Hintergrund und ist typischerweise risikoaverser als der handelnde Polizeibeamte. Die Maßstabsfigur kann die Richterin daher dazu anhalten, sich in den handelnden Polizisten hineinzuversetzen und sich zu fragen: Was hätte ein für Gefahrsituationen ausgebildeter Polizist getan? Insofern mag die Figur des ‚besonnenen Polizisten' durchaus helfen, unterschiedliche persönliche Voraussetzungen zu überbrücken.

Was die Maßstabsfigur aber nicht leisten kann, ist eine erfolgreiche Bewältigung der auseinanderfallenden Zeitpunkte des Urteils über eine Gefahr. Die Richterin, die über die Rechtmäßigkeit einer Gefahrabwehrmaßnahme entscheiden muss, steht vor der psychologischen Herausforderung, die ex ante-Wahrscheinlichkeit eines Ereignisses mit überlegenem Wissen im Nachhinein beurteilen zu müssen.[186] Aus der Psychologie ist dieses Phänomen als *hindsight bias*

---

[184] Für Berlin s. https://www.berlin.de/polizei/beruf/polizist-polizistin-werden/bewerbung-einstellung/ und für den Bund https://www.komm-zur-bundespolizei.de/bewerben/einstellungsvoraussetzungen/ (zuletzt abgerufen am 10. Juli 2019).

[185] „Objektive und rechtmäßige Entscheidungen werden am vielversprechensten durch eine unpersönliche und austauschbare Entscheidungsfindung garantiert.", *Christian Ernst*, Die Verwaltungserklärung, S. 327. Ein wichtiges Motiv, das hinter der Typisierung steht und eng mit dem Aspekt der Unparteilichkeit zusammenhängt, ist das Gebot der Gleichbehandlung. In Art. 3 GG verankert fordert es, dass der Staat jede Ungleichbehandlung von grundsätzlich Gleichem rechtfertigen können muss. Werden in Verwaltungsentscheidungen persönliche Wertvorstellungen außer Acht gelassen, so ist eine sachliche und damit gleiche Entscheidung wahrscheinlicher.

[186] *Kim A. Kamin/Jeffrey J. Rachlinski*, Ex Post ≠ Ex Ante, Law and Human Behavior, Vol. 19, No. 1, 1995, 89 (90).

bekannt, das die veränderte Bewertung des nachträglich Entscheidenden gegenüber demjenigen beschreibt, der ein Geschehen prognostiziert: Jener hält das Eingetretene immer für wahrscheinlicher als ein drohendes Ereignis, das ausgeblieben ist.[187] *Barouch Fishhoff* gibt verschiedene Erklärungen für diese Neubewertung und die Unfähigkeit, sie zu reflektieren:[188] Der nachträglich Entscheidende versucht, ein kohärentes Ganzes aus seinem Wissen über die Situation und deren Verlauf zu machen (*assimiliative meaning adjustment*); er hält ein Ereignis für wahrscheinlich, wenn es die Eigenschaften der Situation widerspiegelt, die es produziert hat (*representativeness*); er findet es schwierig, sich eine andere als die tatsächlich eingetretene Entwicklung vorzustellen (*availability of scenarios*); er rekonstruiert die Situation von seinem Ergebniswissen aus (*produce scenarios backwards*) und weist dem tatsächlich eingetretenen Ergebnis eine sehr hohe Wahrscheinlichkeit zu, während allen anderen Verläufen im Verhältnis zu diesem geringere Wahrscheinlichkeiten zugeschrieben werden (*anchoring and adjustment*).[189] Nachträgliche Entscheidungen werden auf diese Weise oft unbewusst beeinflusst, weil es schmeichelhaft ist zu glauben, man hätte schon vorher alles gewusst.

Es zeigte sich in verschiedenen Untersuchungen, dass die *hindsight bias* unvermeidbar ist. Sie ist das Produkt eines kognitiven Prozesses, dessen Automatismus wir nicht entkommen können:[190] „subjects are either unaware of outcome knowledge having an effect on their perceptions or, if aware, they are unable to ignore or rescind that effect."[191] Der Einfluss unseres nachträglichen Wissens lässt sich also selbst dann nicht ausschalten, wenn wir auf die Risiken einer ver-

---

[187] *Baruch Fischhoff*, Hindsight/Foresight, 1 J Experimental Psychol.Hum. Perception & Performance 288, 1975, „Reporting an outcome's occurence consistently increases its perceived likelyhood and alters the judged relevance of data describing the situation preceeding the event.", S. 307. Er zeigt allerdings, dass der Entscheidende auch im Vorhinein in seiner Tatsachenwahrnehmung stark davon geprägt ist, was er für wahrscheinlicher hält, „Inspection reveals that the relevance attributed to any datum is highly dependent on which outcome, if any, subjects believe to be true.", S. 306; s. für das Deliktsrecht *Kim A. Kamin/Jeffrey J. Rachlinski*, Ex Post≠Ex Ante, Law and Human Behavior, Vol. 19, No. 1, 1995, 89 (90); *Jeffrey J. Rachlinski*, Judging in Hindsight, The University of Chicago Law Review, Vol. 65, 1998, 571 ff.

[188] S. zu den unterschiedlichen Theorien zur Ursache des Phänomens der *hindsight bias* auch *Jeffrey J. Rachlinski*, Judging in Hindsight, The University of Chicago Law Review, Vol. 65, 1998, 571 (582 ff.).

[189] *Baruch Fischhoff*, Hindsight/Foresight, 1 J Experimental Psychol.Hum. Perception & Performance 288, 1975, S. 310.

[190] „No matter how a judgment made in hindsight is restructured, the feeling that an outcome was both inevitable and predictable is impossible to avoid.", *Jeffrey J. Rachlinski*, Judging in Hindsight, The University of Chicago Law Review, Vol. 65, 1998, 571 (587).

[191] *Baruch Fischhoff*, Hindsight/Foresight, 1 J Experimental Psychol.Hum. Perception & Performance 288, 1975, S. 309; *Kim A. Kamin/Jeffrey J. Rachlinski*, Ex Post ≠ Ex Ante, Law and

zerrten Einschätzung aufmerksam gemacht werden.[192] Auch die Maßstabsfigur vermag dies nicht zu verhindern. Deswegen ist es auch müßig, sich zu fragen: „Wie hätte ein vernünftiger Polizist in dieser Situation gehandelt?" Bei dieser Art von Frage werden wir immer zu einem Ergebnis kommen, das mit unserer tatsächlichen Einschätzung in der Situation des Polizisten nicht korrespondiert. Diese Art der Fragestellung baut die *hindsight bias* sozusagen in das System ein. Selbst wenn oder sogar gerade weil die Maßstabsfigur die verschiedenen Zeithorizonte des Gefahrurteils als Personifizierung vor Augen führt, kann sie diese nicht überbrücken.

d) Die Externalisierung prozeduraler Unsicherheiten

Schließlich hat die Maßstabsfigur die Aufgabe, unvermeidliche prozedurale Unsicherheiten im Gefahrurteil sowohl der Polizistin, als auch des Richters ins materielle Recht auszulagern. Polizistin und Richter müssen hinreichend überzeugt sein, dass die Voraussetzungen des ordnungsrechtlichen Tatbestandes gegeben sind.[193] Die Überzeugung bezieht sich auf den der Rechtsfrage zugrunde liegenden Sachverhalt.[194] Kann die notwendige Überzeugung nicht gebildet werden, beschränkt dies in Fällen der Eingriffsverwaltung die Handlungsoptionen der Behörde: Sie darf nicht tätig werden.[195] Die Rechtsprechung insbesondere zu den Fällen des Gefahrverdachts belegt, dass eine solche Überzeugung in Gefahrsituationen schwer zu bilden ist. Gemäß § 24 VwVfG muss die Behörde, im konkreten Fall der

---

Human Behavior, Vol. 19, No. 1, 1995, 89 (92, 98); *Jeffrey J. Rachlinski*, Judging in Hindsight, The University of Chicago Law Review, Vol. 65, 1998, 571 (573, 586 ff., 603).

[192] *Kim A. Kamin/Jeffrey J. Rachlinski*, Ex Post ≠ Ex Ante, Law and Human Behavior, Vol. 19, No. 1, 1995, 89 (92, 98); *Jeffrey J. Rachlinski*, Judging in Hindsight, The University of Chicago Law Review, Vol. 65, 1998, 571 (573, 586 ff., 603). Auch wenn es nie gelang, die *hindsight bias* zu verhindern, so konnte sie doch geringfügig reduziert werden in Fällen, in denen die entscheidenden Personen gezwungen wurden, alternative Szenarien zu durchdenken und Argumente dafür zu finden, ebd. S. 586. Hier könnte theoretisch auch die Rechtsprechung zur Gefahrenabwehr ansetzen, wobei es sich dabei um ein aufwendiges und deshalb wohl für die Judikative nicht praktikables Vorgehen handelt.

[193] S. oben S. 95 f.

[194] *Michael Dawin* in: Schoch/Schneider/Bier, VwGO Kommentar, 28. EL 2015, § 108, Rn. 12. Auch bei Prognoseentscheidungen gibt es grundsätzlich keine geringeren Überzeugungsanforderungen, *Juliane Kokott*, Beweislastverteilung und Prognoseentscheidungen, S. 39 f.

[195] *Dieter Kallerhoff* in: Stelkens/Bonk/Sachs, VwVfG Kommentar, 8. Aufl. 2014, § 24, Rn. 55; VG Göttingen, Urteil vom 28. September 2009, BeckRS 2009, 39308. Der Maßstab ‚mit an Sicherheit grenzender Wahrscheinlichkeit' wird durchaus streng gehandhabt: „Es besteht kein Grundsatz des Inhalts, daß die ‚überwiegende Wahrscheinlichkeit' in allen Fällen als ausreichend angesehen werden kann, in denen ein Beteiligter unverschuldet noch erforderliche Beweismittel nicht benennen kann und auch das Gericht nicht in der Lage ist, die erforderlichen Beweismittel heranzuziehen.", BVerwG, Urteil vom 22. Oktober 1981, NJW 1982, 1893.

Polizist als ihr Vertreter, den relevanten Sachverhalt von Amts wegen ermitteln und dabei einen Grad an Gewissheit erreichen, „der etwaigen Zweifeln Schweigen gebietet, ohne dass die Behörde mit absoluter Gewissheit die Richtigkeit des Sachverhalts feststellen muss."[196] Wenn das Fachrecht also keine besonderen Hinweise gibt, ist eine mit an Sicherheit grenzende Wahrscheinlichkeit erforderlich.[197] Für die Richterin gilt im Rahmen von § 108 VwGO das „Regelbeweismaß der vollen richterlichen Überzeugung".[198] Sie darf ihrer Entscheidung also nur solche Tatsachen zugrunde legen, von deren Existenz sie subjektiv Gewissheit hat. Sogenannte „unrealistische Möglichkeiten oder ganz entfernte Zweifel, die sich aus der allgemeinen Begrenztheit der menschlichen Erkenntnis ergeben", schließen eine solche Gewissheit nicht aus.[199] Das Beweismaß darf aber nicht auf eine überwiegende Wahrscheinlichkeit oder eine bloße Glaubhaftmachung reduziert werden; „bestehende Beweisschwierigkeiten (...) besagen für die Frage nach der vom Gericht zu gewinnenden Überzeugungsgewissheit nichts."[200] Die Überzeugung, die gebildet werden muss, bezieht sich auf das materielle Recht.

Sowohl der handelnde Polizist als auch die Richterin müssen also überzeugt davon sein, dass eine Gefahr vorliegt. Im System eines objektiven Gefahrbegriffs ist das fast immer unmöglich.[201] Kein Polizist, mag er noch so besonnen und informiert sein, kann es mit einem idealen Beobachter aufnehmen, dem das „Weltwissen" zur Verfügung steht. Deshalb müsste es regelmäßig dazu kommen, dass der handelnde Polizist nicht mit an Sicherheit grenzender Wahrscheinlichkeit von einer objektiven Gefahr ausgeht. Die Subjektivierung des Gefahrbegriffes könnte vom Preußischen Oberverwaltungsgericht als eine (teilweise) Lösung dieses Problems gedacht gewesen sein. Es hat den subjektiv-normativen Maßstab zunächst für die Fälle des sogenannten Gefahrverdachts etabliert. Diese beschreiben die Situationen, in denen sich Zweifel am Vorliegen einer Gefahr auch bei pflichtgemäßer Sachverhaltsaufklärung nicht ausräumen lassen,[202] also gera-

---

[196] *Matthias Heßhaus* in: Bader/Ronellenfitsch Beck OK VwVfG, Stand 1. Oktober 2014, § 24, Rn. 26.
[197] *Dieter Kallerhoff* in: Stelkens/Bonk/Sachs, VwVfG Kommentar, 8. Aufl. 2014, § 24, Rn. 20; BVerwG, Urteil vom 22. Oktober 1981, NJW 1982, 1893. Die Behörde kann deshalb nicht einfach den Sachverhalt annehmen, der ihr die Durchsetzung der Verwaltungsinteressen erlaubt, so aber *Juliane Kokott*, Beweislastverteilung und Prognoseentscheidungen, S. 39.
[198] BVerwG, Urteil vom 21. Mai 2008, VBlBW 2008, 476 (478); *Juliane Kokott*, Beweislastverteilung und Prognoseentscheidungen, S. 16 f., m.w.N. in Fn. 40.
[199] *Juliane Kokott*, Beweislastverteilung und Prognoseentscheidungen, S. 17.
[200] BVerwG, Urteil vom 21. Mai 2008, VBlBW 2008, 476 (478) m.w.N.
[201] Gerade für den objektiven Gefahrbegriff ist die hinreichende Überzeugung ein Problem. Deshalb plädiert *Poscher* auch für die Herabsetzung der Anforderungen an das Überzeugungsmaß, *Ralf Poscher*, Gefahrenabwehr, S. 165.
[202] Unsicherheit im Sinne des Gefahrverdachts empfindet nicht der handelnde Beamte, son-

de eine hinreichende Überzeugung fehlt. Im Gegensatz dazu sind Fälle der sogenannten Anscheinsgefahr unproblematisch, weil die einschreitende Polizistin irrig eine Gefahr annimmt und damit auch vom Vorliegen eines entsprechenden Sachverhalts subjektiv überzeugt ist.

Das Problem der hinreichenden Überzeugung lässt sich auch nicht über das Wahrscheinlichkeitsurteil im materiellen Recht lösen. Da sich die Überzeugung auf das materielle Recht bezieht, muss die Polizistin hinreichend überzeugt von der Wahrscheinlichkeit eines Schadenseintritts sein.[203] Das bedeutet jedoch nicht, dass sich der Wahrscheinlichkeits- und Überzeugungsgrad lediglich aus dem materiellen Gefahrenabwehrrecht ergibt und die prozedurale Überzeugung keine Bedeutung mehr hat.[204] So könnte man argumentieren, wäre die Überzeugung von der Wahrscheinlichkeit eines Schadenseintritts dasselbe wie das Fürwahrscheinlichhalten des Schadens selbst. Diese Aussage träfe jedoch nur zu, wenn die Wahrscheinlichkeiten mit identischen Wissenshorizonten beurteilt werden würden.[205] Das ist jedoch nicht der Fall, denn die prozedurale Überzeugung wird rein subjektiv gebildet, also aus der Perspektive der einschreitenden Polizistin und der entscheidenden Richterin, während die Wahrscheinlichkeit nach dem herrschenden Gefahrbegriff mit der Maßstabsfigur normativ-subjektiv bewertet wird.[206]

Die Verschiebung prozeduraler Unsicherheiten ins materielle Recht[207] scheint ein wichtiger Grund für den Wandel zum normativ-subjektiven Gefahrbegriff und zur Maßstabsfigur gewesen zu sein: Während das Vorliegen einer objektiven Gefahr häufig zweifelhaft bleiben wird, ist die Überzeugung, dass ein ‚besonnener Polizist' eine Situation für gefährlich hielte, leichter zu bilden. Der ‚besonnene Polizist' ist aber nur scheinbar eine Lösung des Überzeugungs-Problems. Zum einen kann der Beamte dann keine Überzeugung einer normativ-subjekti-

---

dern die Maßstabsfigur, sonst würde man ein Einschreiten auch bei Überreaktion für rechtmäßig erachten, *Jan Sturm*, Der Gefahrverdacht, BLJ 2011, 8 (9).

[203] „Hier ist die zuständige Behörde berechtigt und ggf verpflichtet, bei einem geringeren Wahrscheinlichkeitsmaßstab tätig zu werden.", *Matthias Heßhaus* in: Bader/Ronellenfitsch Beck OK VwVfG, Stand 1. Oktober 2014, § 24, Rn. 26.1; *Dieter Kallerhoff* in: Stelkens/Bonk/Sachs, VwVfG Kommentar, 8. Aufl. 2014, § 24, Rn. 21.

[204] So aber *Dieter Kallerhoff* in: Stelkens/Bonk/Sachs, VwVfG Kommentar, 8. Aufl. 2014, § 24, Rn. 21; *Julia Dürig*, Beweismaß, S. 70.

[205] *Ralf Poscher*, Gefahrenabwehr, S. 157.

[206] *Ralf Poscher*, Gefahrenabwehr, S. 162 f.; zur rein subjektiv zu beurteilenden prozessualen Überzeugung vgl. BVerfG, Beschluss vom 23. September 1987, NJW 1988, 477.

[207] Zu den Wechselwirkungen zwischen materiellem und Verfahrensrecht s. *Christoph Möllers*, Materielles Recht – Verfahrensrecht – Organisationsrecht, in: ders./Trute/Groß/Röhl (Hrsg.), Allgemeines Verwaltungsrecht – zur Tragfähigkeit eines Konzepts, S. 489 ff., insbes. S. 493 ff., 503.

ven Gefahr erlangen, wenn er glaubt, dass seine Möglichkeiten zur Sachverhaltsaufklärung und zur Prognose hinter denen des normativen Referenzbeamten zurückbleiben.[208] Die Fälle, in denen Polizisten sich selbst für weniger befähigt halten, werden aber wohl selten sein. Es ist davon auszugehen, dass die Amtswalterinnen angesichts ihrer Ausbildung und Erfahrung sich typischerweise – zu Recht oder zu Unrecht – befähigt sehen, die Anforderungen an einen ‚besonnenen Polizisten' zu erfüllen. Aber auch dann vermag die Figur das Problem mangelnder Überzeugung in Entscheidungssituationen unter Zeitdruck und angesichts zahlreicher Diagnose-Unsicherheiten nicht zu lösen. Nimmt man die Maßstabsfigur nämlich ernst, ist sie nicht dazu in der Lage, die Überzeugungsanforderungen herabzusenken. Denn ist der vorgestellte Referenzbeamte besonnen und fähig, so muss er sich der Beschränktheit seiner Erkenntnis ebenso bewusst sein wie der eigentlich handelnde Polizist. Auch der ‚besonnene Polizist' als Bezugspunkt beseitigt das Überzeugungsproblem also nicht. Der Verweis auf die Figur verschleiert nur die Herabsenkung der prozeduralen Überzeugungsanforderungen.

Das Gefahrurteil als Wahrscheinlichkeitsurteil, nicht aber die ihm zugrundeliegende Feststellung des Sachverhalts, ist notwendig an einen bestimmten Wissens- und Erfahrungshorizont gebunden. Nicht erforderlich ist jedoch, dass dieser ausgerechnet derjenige eines ‚besonnenen Polizisten' ist. Als Konkretisierungsinstrument hat die Figur ihre Tücken und ist weniger transparent als es ein vergleichbarer Maßstab in einem objektiven Gefahrbegriff wäre. Sie senkt zudem die normativen Anforderungen an die Sachverhaltsaufklärung und bürdet dem Rechtsunterworfenen das Irrtumsrisiko auf, auch wenn diese Belastung auf der Kostentragungsebene jedenfalls teilweise kompensiert wird. Aus diesen Gründen scheint eine Perspektive auf das Gefahrurteil vorzugswürdiger, die eine Unterscheidung zwischen den verschiedenen rechtlichen Anforderungen an eine Diagnose und Prognose berücksichtigt und die durch personalisierende Maßstabsfiguren hervorgerufene Intransparenz reduziert, so zum Beispiel die Formulierung „Tatsachen, die die Annahme rechtfertigen".

---

[208] „Daher können auch bei einem normativ-subjektiv definierten Gefahrbegriff die subjektive Wahrscheinlichkeit eines Schadenseintritts und die subjektive Überzeugung von einer Gefahr auseinanderfallen. Sie fallen auseinander, wenn der Beamte nicht in der Lage ist, sich rechtzeitig die Informationen zu verschaffen, die sich ein normativer Referenzbeamter verschaffen könnte.", *Ralf Poscher*, Der Gefahrenverdacht, NVwZ 2001, 141 (144).

II. Die Maßstabsfigur des pflichtgetreuen Durchschnittsbeamten im Staatshaftungsrecht

Die Maßstabsfigur des besonnenen Polizisten – so hat das vorherige Kapitel gezeigt – ist Konsequenz und Verstärker der Subjektivierung des Gefahrbegriffes. Während sie im Polizeirecht als Relativierungsinstrument eingesetzt wird, das die normativen Anforderungen an die handelnden Polizistinnen senken soll, funktioniert der ‚pflichtgetreue Durchschnittsbeamte' im Staatshaftungsrecht auf geradezu gegenläufige Weise: Er konkretisiert den Fahrlässigkeitsbegriff und objektiviert den Verschuldensmaßstab für die Unrechtshaftung des Staates. Damit sichert die Figur allgemeine Erwartungen an staatliches Handeln, indem sie versucht, individuell-situative Fehlleistungen der Amtswalterinnen zu unterbinden. Der ‚pflichtgetreue Durchschnittsbeamte' schließt damit an die Ursprünge der Maßstabsfigur im Recht an, die als *diligens pater familias* vor allem der Konkretisierung von zivilrechtlichen Sorgfaltsanforderungen diente.

Das Staatshaftungsrecht steckt schon seit längerem in einer „dogmatischen Krise", die sich auch, aber nicht nur mit der Uneinheitlichkeit seiner Anspruchsgrundlagen erklären lässt.[209] Sie kann unter anderem an den vielen Rekonstruktionsversuchen in der Literatur beobachtet werden.[210] Ein zentrales Element der Staatshaftung, an dem sich immer wieder Kontroversen entzünden und Reformversuche abgearbeitet haben, ist das haftungsbegründende Element des Verschuldens.[211] Es geht um die grundsätzliche Frage, ob eine Einstandspflicht des Staates wegen einer hoheitlichen rechtswidrigen Maßnahme darüber hinaus noch an einen Schuldvorwurf geknüpft werden soll. Der ursprüngliche Grund für eine verschuldensabhängige Haftung – die Begrenzung der Einstandspflicht des ein-

---

[209] *Athanasios Gromitsaris*, Rechtsgrund und Haftungsauslösung, S. 15; s. auch *Wolfram Höfling*, Vom überkommenen Staatshaftungsrecht, in: Hoffmann-Riem/Schmidt-Aßmann/Voßkuhle, Grundlagen des Verwaltungsrechts, Band III, § 51, Rn. 1 ff.; *Katharina Sobota*, Prinzip Rechtsstaat, S. 218 f.

[210] Zum Beispiel *Bernd Grzeszick*, Rechte und Ansprüche, S. 144 ff. („Ansatz für eine Rekonstruktion der Dogmatik des Staatshaftungsrechts"); *Bernd Hartmann*, Öffentliches Haftungsrecht, S. 205 ff. („Rekonstruktion des öffentlichen Haftungsrechts").

[211] *Fritz Ossenbühl*, Neuere Entwicklungen des Staatshaftungsrechts, S. 5. Gar als verfassungswidrig betrachtet *Katharina Sobota*, Prinzip Rechtsstaat, S. 234 das Verschuldenselement. Ebenfalls kritisch *Richard Bartlsperger*, Die Folgen von Staatsunrecht, NJW 1968, 1697 (1698, 1700); im Hinblick auf den Referentenentwurf zur Neuregelung der Amtshaftung 1967, *Gottfried Dietzel*, Zur Neuordnung des Amtshaftungsrechts, JZ 1969, 48 (50 f.). S. m. w. N. zur Kritik *Bernd Hartmann*, Öffentliches Haftungsrecht, S. 174 f., 206 f.; *Niklas Luhmann*, Öffentlich-rechtliche Entschädigung, S. 83 ff., 127; *Prodromos Dagtoglou*, Zur Reform des Staatshaftungsrechts, VerwArch 65 (1974), 345; *Boas Kümper*, Risikoverteilung im Staatshaftungsrecht, S. 323 ff. m. w. N. in Fn. 42; *Karin Lochte-Handjery*, Das Verschulden, JuS 2001, 1186: „Schlüsselfunktion".

zelnen Beamten – ist mit deren Überleitung auf den Staat gemäß Art. 34 GG entfallen. Nun entlastet die Verschuldensvoraussetzung im Wesentlichen die Staatskasse.

Hier liegt auch das Kernproblem des Amtshaftungsanspruchs aus § 839 BGB: Historisch war er als persönliche Beamtenhaftung konzipiert. Später wurde die Haftung auf den Staat übergeleitet, eine Wende zur unmittelbaren Einstandspflicht des Staates blieb aber aus, weshalb dieser heute von der Haftungsbegrenzung durch das Verschuldensmerkmal proftiert.[212] Dieser Zustand stößt auf Kritik in der Literatur, und auch die Rechtsprechung ergriff unterschiedliche Maßnahmen zum Ausgleich der empfundenen Haftungsdefizite: Einerseits objektivierte sie das Verschuldensmerkmal im Amtshaftungsanspruch, andererseits entwickelte sie Entschädigungsansprüche insbesondere für rechtswidrige, aber schuldlose hoheitliche Eingriffe außerhalb des Amtshaftungsanspruches.

Trotz der stetigen Aufweichung des Verschuldenserfordernisses im Amtshaftungsanspruch setzt § 839 BGB i. V. m. Art. 34 GG weiterhin die verschuldete, also vorsätzliche oder fahrlässige Amtspflichtverletzung einer Beamtin voraus. Bezugspunkt des Verschuldens ist nicht der Schaden beim Bürger, sondern die Verletzung der Amtspflicht.[213] Bei der Prüfung des Fahrlässigkeitsvorwurfs legt die Rechtsprechung wie im Zivilrecht einen sogenannten objektivierten Sorgfaltsmaßstab an.[214] Danach ist eine Amtspflichtverletzung fahrlässig, wenn der Amtsträger die im Verkehr erforderliche Sorgfalt außer Acht gelassen hat. Das ist der Fahrlässigkeitsbegriff des § 276 Abs. 2 BGB.[215] Im ersten Entwurf zu dieser Vorschrift hieß es noch: „Fahrlässigkeit liegt vor, wenn nicht die Sorgfalt eines ordentlichen Hausvaters angewendet wird."[216] Von dieser Übersetzung des latei-

---

[212] *Fritz Ossenbühl*, Neuere Entwicklungen im Staatshaftungsrecht, S. 5.
[213] S. BGH, Urteil vom 20. März 1961, Z 34, 375 (376). Ausnahme ist die Amtspflichtverletzung im Sinne eines deliktischen Eingriffs nach § 826 BGB und die Amtspflicht zur Schonung unbeteiligter Dritter, *Hans-Jürgen Papier/Foroud Shirvani*, in: MüKo BGB, 7. Aufl. 2017, § 839, Rn. 286.
[214] BGH, Urteil vom 15. November 1990, NJW 1991, 1168 (1169); BGH, Urteil vom 6. April 1995, NJW 1995, 2344 (2345).
[215] *Hans-Jürgen Papier/Foroud Shirvani*, in: MüKo BGB, 7. Aufl. 2017, § 839, Rn. 288.
[216] In den Motiven zum BGB wird deutlich, welcher Maßstab dem Gesetzgeber dabei vorschwebte: „Der angelegte Maßstab verlangt nichts Außerordentliches, keine Auszeichnung vor anderen, keine besondere körperliche oder geistige Beanlagung, nicht die äußerste Kraftanstrengung, nicht übertriebene Aengstlichkeit. Die pflichtgemäße Sorgfalt wird gemessen an dem Fleiß, der Umsicht, der Thatkraft eines tüchtigen, sorgsamen Hausvaters, welcher über die Seinigen und das Seine mit Gewissenhaftigkeit und Treue wacht. Der letztere nicht zu entbehrende Gesichtspunkt ginge verloren, wenn, wie in der Wissenschaft angeregt worden ist, nicht von der Sorgfalt eines ordentlichen Hausvaters, sondern von der Sorgfalt eines ordentlichen Mannes gesprochen würde.", Motive, Bd. I, S. 279. *Martin Friedrich*, Fahrlässigkeit des § 276 I Satz 2, hielt auch die im zweiten Entwurf verwendete Formulierung der „im Verkehr üblichen

nischen *pater familias* wurde jedoch Abstand genommen, weil sie als uneindeutig, „unzeitgemäß und verschwommen" kritisiert worden war.[217]

Allerdings ist im Staatshaftungsrecht eine Maßstabsfigur – der weniger anachronistische „pflichtgetreue Durchschnittsbeamte"[218]– durch die Hintertür der Rechtsprechung zurückgekehrt und konkretisiert den unbestimmten Rechtsbegriff der verkehrsgemäßen Sorgfalt. Mit ihr soll die Frage beantwortet werden, wie in der streitigen Situation sorgfältig hätte gehandelt werden müssen. Der Amtswalter muss dabei die „Kenntnisse und Fähigkeiten" aufweisen, „die für die Führung des übernommenen Amtes im Durchschnitt erforderlich sind."[219] Für die Frage, ob der Beamte vorsätzlich handelte, kommt es demgegenüber nicht auf den ‚pflichtgetreuen Durchschnittsbeamten', sondern allein auf die Person des Amtswalters an. Denn ob die Pflichtwidrigkeit des eigenen Verhaltens in Kauf genommen wurde oder gar beabsichtigt war, lässt sich nicht objektivieren.

Im Folgenden soll zunächst der gesetzliche Rahmen des Amtshaftungsanspruchs erläutert und ein Blick auf die unionsrechtliche Staatshaftung und die Historie der Haftung für staatliches Unrecht geworfen werden (1.). Im Anschluss

---

Sorgfalt" lediglich für eine „Modernisierung des veralteten Begriffs des paterfamilias", S. 12. Die Entwicklung von der üblichen zur erforderlichen Sorgfalt hatte den Grund, dass man befürchtete, erstere könne „vielleicht im Sinn eines im Verkehr eingerissenen Schlendrians mißverstanden werden", Protokoll I, 187, 301, zitiert nach *Martin Friedrich*, Fahrlässigkeit des § 276 I Satz 2, S. 13.

[217] *Martin Friedrich*, Fahrlässigkeit des § 276 I Satz 2, S. 12; *Otto von Gierke*, Entwurf eines bürgerlichen Gesetzbuchs, S. 39; siehe auch oben S. 37 f.

[218] BGH, Urteil vom 27. Oktober 1955, Z 18, 366 (371); BGH, Urteil vom 14. Juni 1984 – III ZR 68/83 –, juris, Rn. 14; BGH, Urteil vom 9. Juli 1998, Z 139, 200 (203), „Die Anforderungen eines amtspflichtgemäßen Verhaltens sind am Maßstab des pflichtgetreuen Durchschnittsbeamten zu messen."; BGH Urteil vom 8. Januar 1968, VersR 1968, 371 (373), „Gemessen an den Anforderungen, die an die Sorgfaltspflichten eines pflichtgetreuen Durchschnittsbeamten in der Stellung des Sachbearbeiters gestellt werden müssen (...)"; „geschulter, gewissenhaft arbeitender und pflichtgetreuer Durchschnittsbeamter", OLG Hamm, Urteil vom 25. Januar 1978 – 11 U 218/77 –, juris, Rn. 20; *Wolfgang Schlick/Eberhard Rinne*, Staatshaftungsrecht, NVwZ 1997, 1171 (1173); *Karin Lochte-Handjery*, Das Verschulden, JuS 2001, 1186 (1187).

[219] BGH, Urteil vom 14. März 1996, NJW 1996, 2422 (2424); BGH, Urteil vom 10. Juli 1967 – III ZR 120/66 –, juris, Rn. 15; so auch BGH, Urteil vom 22. März 1979, NJW 1979, 2097 (2098); BGH, Urteil vom 14. Juni 1984 – III ZR 68/83 –, juris, Rn. 14; BGH, Urteil vom 26. Januar 1989 – III ZR 194/87, juris, Rn. 28; so ähnlich auch schon RG, Urteil vom 29. Juni 1937, Z 156, 34 (51); *Wolfgang Schlick/Eberhard Rinne*, Staatshaftungsrecht, NVwZ 1997, 1171 (1173). BGH, Urteil vom 31. Januar 1991, NVwZ 1992, 298 (299). Erforderlich sei insbesondere die sorgfältige und gewissenhafte Prüfung der verfügbaren Hilfsmittel und die Bildung einer Rechtsmeinung aufgrund vernünftiger Überlegungen; insgesamt wortgleich im Fall der rechtswidrigen Verweigerung einer Baugenehmigung, BGH, Beschluss vom 28. September 1995, NVwZ-RR, 65; OLG München, Urteil vom 17. August 2006, NJW 2007, 1005 (1006); BGH, Urteil vom 18. Juni 1998, NVwZ 1998, 1329.

II. Die Maßstabsfigur des pflichtgetreuen Durchschnittsbeamten im Staatshaftungsrecht

daran wird herausgearbeitet, wie der ‚pflichtgetreue Durchschnittsbeamte' eine Vermittlungsfunktion zwischen subjektiv-individuellem Verschulden, das an einen menschlichen Willen gebunden ist, und der Objektivierung zu einem allgemeinen Maßstab einnimmt (2.). Ein Blick auf die Rechtsprechung zeigt, dass sie ursprünglich auf die Maßstabsfigur zurückgriff, um die Anforderungen eines objektivierten Sorgfaltsmaßstabs innerhalb von ihr definierter Verkehrskreise zu beschreiben, der zwischen einem ‚idealen Beamten' und dem handelnden Amtswalter vermittelt. Im Laufe der Zeit hat sich die Funktion der Figur gewandelt: Sie dient nun weniger der Konkretisierung des Verschuldens als der Emanzipation der Anspruchsgrundlage von ihrem subjektiven Tatbestand (3.). Die Literatur sieht im ‚pflichtgetreuen Durchschnittsbeamten' dementsprechend vor allem ein Instrument der Rechtsprechung zur Bewältigung eines überkommenen und fehlkonstruierten Staatshaftungsrechts (4.). Schließlich wird sich zeigen, dass sich die Maßstabsfigur zwar dazu eignet, das Verschuldenserfordernis aus sich heraus zu begrenzen – auch wenn das vor allem darauf zurückzuführen ist, *wie* und nicht *dass* auf den ‚pflichtgetreuen Durchschnittsbeamten' rekurriert wird –, dass sie aber nicht dazu taugt, konkrete Anforderungen an das Vertretenmüssen der Beamtin zu formulieren. Sie dient vor allem als Scharnier zwischen dem alten Modell der Beamtenhaftung aus § 839 BGB und deren Umleitung auf den Staat durch Art. 34 GG (5.).

1. Die Gesetzeslage zum Staatshaftungsrecht

Das Staatshaftungsrecht ist das Instrument zum Ausgleich von Schäden, die durch die Ausübung öffentlicher Gewalt entstanden sind. Dazu gehört eine Vielzahl von geschriebenen und ungeschriebenen Anspruchsgrundlagen, die nicht alle ein rechtswidriges und schuldhaftes Verhalten einer Amtswalterin zur Voraussetzung haben. Zu unterscheiden ist die geschriebene, verschuldensabhängige und auf den Staat übergeleitete Amtshaftung aus § 839 BGB i. V. m. Art. 34 GG von den übrigen verschuldensabhängigen (öffentlich-rechtliche Forderungsverletzung) und verschuldensunabhängigen, überwiegend von der Rechtsprechung entwickelten Ausgleichs- und Entschädigungsinstrumenten (Folgenbeseitigungsanspruch, enteignungsgleicher Eingriff,[220] enteignender Eingriff,[221] aufopferungsgleicher Eingriff und Sonderregelungen der Opferentschädigung).[222] Die Staatshaftung ist –

---

[220] Für rechtswidrige Eingriffe in das Eigentum; zum Verhältnis Amtshaftung und enteignungsgleicher Eingriff *Peter Lerche*, Amtshaftung und enteignungsgleicher Eingriff, JuS 1961, S. 237.
[221] Für rechtmäßige Eingriffe und Sonderopfer.
[222] S. auch die Übersicht bei *Katharina Sobota*, Prinzip Rechtsstaat, S. 221 ff.

obwohl inzwischen längst als Materie des Öffentlichen Rechts anerkannt – den ordentlichen Gerichten zugewiesen, § 40 Abs. 2 S. 1 VwGO.[223]

Die Maßstabsfigur des pflichtgetreuen Durchschnittsbeamten spielt nur beim Amtshaftungsanspruch und dort nur im Rahmen des Verschuldens eine Rolle. Dabei wird der nach der deliktsrechtlichen Anspruchsgrundlage des § 839 BGB entstandene Schadensersatzanspruch eines Dritten gegen den Amtswalter, der eine ihm obliegende Amtspflicht schuldhaft verletzt hat, mittels Art. 34 S. 1 GG auf den Staat in Person des Dienstherrn übergeleitet.[224] Die Amtshaftung wird so im Rahmen einer befreienden Schuldübernahme zur Staatshaftung.[225] Diese Überleitung des gegen den handelnden Beamten entstandenen Anspruchs auf den Staat soll sowohl den Geschädigten als auch den Schädiger schützen: Der betroffene Bürger sieht sich einem solventen Schuldner gegenüber und der Amtsträger wird von den mit der Amtsausübung verbundenenen hohen Haftungsrisiken befreit.[226] Das schützt letztlich auch den Staat, weil es seine Beamtinnen handlungsfähig hält. Ausnahmsweise darf der Amtsträger nach Art. 34 Satz 2 GG jedoch in Regress genommen werden, wenn er grob fahrlässig oder vorsätzlich gehandelt hat.[227]

---

[223] S. BVerfG, Urteil vom 19. Oktober 1982, E 61, 149 (LS 5a): „Die im Staatshaftungsrecht geregelte Haftung des Staates oder anderer Körperschaften des öffentlichen Rechts für durch hoheitliches Unrecht verursachte Schäden kann weder in heutiger Sicht noch kraft Tradition kompetenzrechtlich als ‚bürgerliches Recht' begriffen werden."

[224] § 839 BGB lautet „(1) Verletzt ein Beamter vorsätzlich oder fahrlässig die ihm einem Dritten gegenüber obliegende Amtspflicht, so hat er dem Dritten den daraus entstehenden Schaden zu ersetzen. Fällt dem Beamten nur Fahrlässigkeit zur Last, so kann er nur dann in Anspruch genommen werden, wenn der Verletzte nicht auf andere Weise Ersatz zu erlangen vermag. (2) Verletzt ein Beamter bei dem Urteil in einer Rechtssache seine Amtspflicht, so ist er für den daraus entstehenden Schaden nur dann verantwortlich, wenn die Pflichtverletzung in einer Straftat besteht. Auf eine pflichtwidrige Verweigerung oder Verzögerung der Ausübung des Amts findet diese Vorschrift keine Anwendung.(...)"

Art. 34 GG lautet: „Verletzt jemand in Ausübung eines ihm anvertrauten öffentlichen Amtes die ihm einem Dritten gegenüber obliegende Amtspflicht, so trifft die Verantwortlichkeit grundsätzlich den Staat oder die Körperschaft, in deren Dienst er steht. Bei Vorsatz oder grober Fahrlässigkeit bleibt der Rückgriff vorbehalten. Für den Anspruch auf Schadensersatz und für den Rückgriff darf der ordentliche Rechtsweg nicht ausgeschlossen werden."

[225] *Bernd Bender*, Staatshaftungsrecht, S. 146; *Hans-Jürgen Papier*, in: HStR, VIII, § 180, Rn. 13. In diesem Zusammenhang wird immer wieder *Walter Jellinek* zitiert, § 839 BGB sei an Art. 34 GG „angesiedelt". In besagtem Aufsatz mit dem Titel „Schadensersatz aus Amtshaftung und Enteignungsentschädigung" in der JZ 1955, 147 (149) ging es ihm jedoch darum, dass die Verbindung von Art 34 GG und § 839 BGB durch ein Urteil des BGH zum Verhältnis von Amtshaftung und Enteignungsentschädigung (vom 12. April 1954) aufgelöst werden würde, Nachweis ebd.

[226] *Bernd Grzeszick*, Rechte und Ansprüche, S. 415.

[227] Art. 34 Satz 2 GG ermöglicht diesen Regress, begründet ihn aber nicht selbst. Die Re-

II. Die Maßstabsfigur des pflichtgetreuen Durchschnittsbeamten im Staatshaftungsrecht

§ 839 BGB setzt voraus, dass der Beamte vorsätzlich oder fahrlässig eine Amtspflicht verletzt hat, die gegenüber einem Dritten bestand. Der Beamtenbegriff im Amtshaftungsanspruch ist funktional und umfasst jede dienstliche Wahrnehmung öffentlich-rechtlicher Belange.[228] Auf dieses Beamtenverständnis nimmt auch die Maßstabsfigur Bezug. Der Beamte muss außerdem seine persönlichen Verhaltenspflichten in Bezug auf seine Amtsführung schuldhaft verletzt haben und in Ausübung öffentlicher Gewalt tätig gewesen sein.[229] Für die Frage, ob eine Amtspflicht bestand, wird nicht auf den ‚pflichtgetreuen Durchschnittsbeamten' zurückgegriffen; es gibt aber eine sehr ausdifferenzierte Judikatur zu den verschiedenen Amtspflichten.[230] Die Beweislast für das Verschulden des handelnden Amtswalters liegt beim Bürger.[231] Bei diesem muss die schuldhafte Amtspflichtverletzung schließlich zu einem kausalen Schaden geführt haben.

a) Die Haftung der Union und der Mitgliedstaaten

Dass das kein zwingender Weg der Ausgestaltung ist, zeigt ein Blick in das Unionsrecht. Anders als das deutsche Recht kennt es eine unmittelbare ‚Unionshaftung', einmal im Sinne einer außervertraglichen Haftung der Unionsorgane aus Art. 340 Abs. 2 AEUV für in Ausübung ihrer Amtstätigkeit begangene Verletzungen des Unionsrechts und als Haftung der Mitgliedstaaten gegenüber den Unionsbürgern, die im Frankovich-Urteil durch den Europäischen Gerichtshof entwickelt und seitdem immer weiter konkretisiert worden ist.[232] Für beide An-

---

gressregelungen finden sich im einfachen öffentlichen Dienstrecht, z.B. in § 48 BeamtStG, § 75 BBG.

[228] BGH, Urteil vom 31. Januar 1991, NVwZ 1992, 298 (299); *Hans-Jürgen Papier*, in: HStR, VIII, § 180, Rn. 22.

[229] *Hans-Jürgen Papier*, in: HStR, VIII, § 180, Rn. 27, 32, eine Sonderhaftung des Staates komme nur dann in Betracht, „wenn der Staat von seinem Sonderrecht, also von den öffentlich-rechtlichen Handlungsformen, Gebrauch macht." Bei Amtspflichtverletzungen, die der Beamte in Wahrnehmung privatrechtlicher Belange des Dienstherrn begeht, bleibt es bei seiner Eigenverantwortlichkeit gemäß § 839. Dieser ist *lex specialis* zu den allgemeinen deliktsrechtlichen Vorschriften.

[230] Weiterhin ist jedenfalls bei der Verletzung subjektiv-öffentlicher Rechte erforderlich, dass die Amtspflicht gerade gegenüber dem Geschädigten bestand, *Hans-Jürgen Papier*, in: HStR, VIII, § 180, Rn. 40.

[231] OLG Saarbrücken, Urteil vom 9. April 2002 – 4 U 124/01 – , juris, Rn. 50; BGH, Urteil vom 9. Juli 1962, Z 37, 336 (337).

[232] EuGH, Urteil vom 19. November 1991, verb. Rs. C-6/90 u. C-9/90, Frankovich u. Bonifaci/Italien, Slg. 1991, I-5357; *Jutta Geiger*, Europäisches Staatshaftungsrecht, DVBl. 1993, 465 (472); *Bernd Grzeszick*, Rechte und Ansprüche, S. 497 ff. Nach Art. 340 Abs. 2 AEUV „ersetzt die Gemeinschaft den durch ihre Organe oder Bediensteten in Ausübung ihrer Amtstätigkeit verursachten Schaden nach den allgemeinen Rechtsgrundsätzen, die den Rechtsordnungen der Mitgliedstaaten gemeinsam sind". Der hinreichend qualifizierte Rechtsverstoß wird

sprüche ist das Verschulden keine Tatbestandvoraussetzung wie im deutschen Staatshaftungsrecht; es spielt in der Rechtsprechung des Europäischen Gerichtshofs aber insofern eine Rolle, als es Kriterium bei der Feststellung eines hinreichend qualifizierten Rechtsverstoßes ist.[233] Demgegenüber wird der unionsrechtliche Haftungsanspruch in der Literatur teilweise als verschuldensunabhängiges Instrument verstanden,[234] teilweise wird der hinreichend qualifizierte Rechtsverstoß als weitgehend funktionales Äquivalent[235] zum Verschuldensmerkmal gesehen, was auf die etwas zweideutigen Äußerungen des Europäischen Gerichtshofs in der Brasserie du Pêcheur-Entscheidung zurückzuführen ist.[236] Zutreffend ist wohl, dass das Verschulden keine notwendige Voraussetzung der Unionshaftung ist, aber ein Indiz sein kann.[237] Tatsächlich findet sich in der Literatur unter dem Stichwort der Objektivierung des Verschuldensmaßstabs sogar ein Äquivalent zum ‚pflichtgetreuen Durchschnittsbeamten‘, nämlich ein „mit normaler Sorgfalt handelnde(r) Mitgliedstaat",[238] wobei die Charakterisierung eben-

---

aus dem *effet utile*, der Rechtsprechung zur Unionshaftung und aus Art. 10 Abs. 1 EGV hergeleitet, *Athanasios Gromitsaris,* Rechtsgrund und Haftungsauslösung, S. 40; teils kritisch zu dieser dogmatischen Herleitung *Bernd Grzeszick*, Rechte und Ansprüche, S. 508 ff.

[233] Der EuGH übertrug diesen Grundsatz des ex-Art. 288 Abs. 2 EGV (heute Art. 340 Abs. 2 AEUV) in der Entscheidung zu Brasserie du Pêcheur auf den mitgliedschaftlichen Staatshaftungsanspruch, EuGH, Urteil vom 5. März 1996, Rs. C-46/93, Brasserie du Pêcheur, Slg. 1996, I-1143, Rn. 80; BGH, Urteil vom 24. Oktober 1996, Z 134, 30 (33 ff.); *Hans-Jürgen Papier*, in: HStR, VIII, § 180, Rn. 89; *Athanasios Gromitsaris,* Rechtsgrund und Haftungsauslösung, S. 57. Die Einordnung als hinreichend qualifizierter Verstoß hängt von „insbesondere" vier Kriterien ab: der Klarheit und Genauigkeit der verletzten Vorschrift, dem Umfang des Ermessens- und Gestaltungsspielraums, den sie einräumt, des Verschuldens und bei legislativem und judikativem Unrecht der Offenkundigkeit des Verstoßes, *Bernd Hartmann*, Öffentliches Haftungsrecht, S. 239.

[234] *Eckart Brödermann*, Verletzung europäischen Gemeinschaftsrechts, MDR 1996, 342 (347); s. auch die Nachweise bei *Bernd Hartmann*, Öffentliches Haftungsrecht, S. 239 in Fn. 158.

[235] *Hans-Jürgen Papier*, in: HStR, VIII, § 180, Rn. 89.

[236] EuGH, Urteil vom 5. März 1996, Rs. C-46/93, Brasserie du Pêcheur, Slg. 1996, I-1143, Rn. 75–80; unentschlossen insofern auch EuGH, Urteil vom 19. November 1991, verb. Rs. C-6/90 u. C-9/90, Frankovich u. Bonifaci/Italien, Slg. 1991, I-5357; *Jutta Geiger*, Europäisches Staatshaftungsrecht, DVBl. 1993, 465 (472). Für die Haftung der Unionsorgane, *Matthias Ruffert*, in: Calliess/ders., EUV/AEUV, 5. Auflage 2016, Art. 340 AEUV, Rn. 28: „ausdrücklich offen gelassen".

[237] Vgl. *Marc Jacob/Matthias Kottmann*, in: Grabitz/Hilf, Das Recht der Europäischen Union, 60. EL 2016, Art. 340 AEUV, Rn. 176. So auch *Bernd Hartmann*, Öffentliches Haftungsrecht, S. 240; vgl. auch *Matthias Ruffert*, in: Calliess/ders., EUV/AEUV, 5. Auflage 2016, Art. 340 AEUV, Rn. 68.

[238] *Matthias Herdegen/Thilo Rensmann*, Gemeinschaftsrechtliche Staatshaftung, ZHR 161 (1997), 522 (542).

II. Die Maßstabsfigur des pflichtgetreuen Durchschnittsbeamten im Staatshaftungsrecht 123

so tautologisch ist, wie die des ‚Durchschnittsbeamten', da sie den Sorgfaltsmaßstab mit Hilfe des Kriteriums einer ‚normalen Sorgfalt' konkretisiert.

b) Zur Geschichte des Staatshaftungsrechts

Historisch betrachtet war die Haftung des Staates für die hoheitliche rechtswidrige Schädigung seiner Bürger lange nicht vorstellbar. Der Staat – im jeweiligen Herrscher verkörpert – galt als unrechtsunfähig und damit nicht haftbar[239] – später hieß es deshalb: „The king can do no wrong".[240] Es blieb dem Geschädigten nur die Möglichkeit, sich beim handelnden Staatsdiener schadlos zu halten. In diesem Sinne galt im römischen Recht die Mandatstheorie, nach der das Beamtenverhältnis als privatrechtlicher Mandatskontrakt ausgestaltet war. In dessen Rahmen konnte nur rechtmäßiges Handeln dem Staat zugerechnet werden. Der Beamte handelte also nur so lange als Organ des Staates, wie er innerhalb seiner „Vollmachtsgrenzen" blieb.[241] Für rechtswidriges Verwaltungshandeln haftete der Beamte dem geschädigten Bürger persönlich nach allgemeinem Deliktsrecht; es handelte sich dann um Verhalten gegen den Kontrakt mit dem Staat (si excessit, privatus est).[242]

---

[239] *Jürgen Kohl*, Unrechtsunfähigkeit des Staates, S. 5: „Die Zurechnung rechtswidrigen Handelns staatlicher Amtsträger setzt voraus, daß der Staat als selbständiger Rechtsträger, als Zurechnungssubjekt neben oder hinter den handelnden Menschen erkannt und anerkannt wird. Die Frage, ob der Staat Unrecht tun kann, ist daher mit der Entstehung des modernen souveränen Staates und seiner wissenschaftlichen Erfassung als selbständiger Rechtspersönlichkeit verknüpft."

[240] *William Blackstone*, Commentaries on the Laws of England, Book 1, Chapter 7 „The king can do no wrong. Which ancient and fundamental maxim is not to be understood, as if everything transacted by the government was of course just and lawful, but means only two things. First, that whatever is exceptionable in the conduct of public affairs is not to be imputed to the king, nor is he answerable for it personally to his people: for this doctrine would totally destroy that constitutional independence of the crown, which is necessary for the balance of power, in our free and active, and therefore compounded, constitution. And, secondly, it means that the prerogative of the crown extends not to do any injury: it is created for the benefit of the people, and therefore cannot be exerted to their prejudice." https://ebooks.adelaide.edu.au/b/blackstone/william/comment/contents.html (zuletzt abgerufen am 10. Juli 2019).

[241] *Richard Bartlsperger*, Die Folgen von Staatsunrecht, NJW 1968, 1697 (1698); *Susanne Pfab*, Staatshaftung in Deutschland, S. 4.

[242] *Hans-Jürgen Papier*, Staatshaftung kraft ‚Überlieferung'?, JZ 1975, 585 (586); *Edgar Loening*, Die Haftung des Staates, S. 23 ff. Zwei Ausnahmefälle, in denen eine Amtshaftung eintrat, finden sich bei *Susanne Pfab*, Staatshaftung in Deutschland, Fn. 5. Dieses Verständnis könnte von der in der Tradition griechischer Staatsdenker stehenden Gleichsetzung von Staat und objektiver Gerechtigkeit herrühren, nach der staatliches Unrecht schon begrifflich nicht denkbar war und in der selbständige subjektive Rechte und damit ein selbständiger Begriff des Rechtssubjekts fehlte, ebd., S. 5: Ob die Mandatstheorie tatsächlich unter diesem Einfluss entstand, lässt sich nicht eindeutig belegen. Die Theorie ist später als absolutistische Lehre von der

Das änderte sich im Laufe der Zeit und im Mittelalter herrschte die „genossenschaftliche Zurechnungs- und Haftungsidee" vor, die eine Verantwortung der Städte, Zünfte und Kirchen für ihre Organe begründete. Im 18. Jahrhundert besann man sich wieder auf das römische Recht und seine Mandatstheorie, zumindest in zurückgenommener Form: Der Landesherr haftete danach für rechtswidrige Handlungen seiner Beamten nur dann, wenn er sie explizit hierzu beauftragt hatte.[243]

Eine allgemeine Beamtenhaftung wurde erst im Jahr 1794 durch das Allgemeine Preußische Landrecht eingeführt. Sie war in den §§ 88 ff. ALR geregelt. Dabei handelte es sich um eine Haftung für jedes verschuldete „Amtsvergehen" (bei der Führung des Amtes muss der Beamte die „genaueste Aufmerksamkeit" walten lassen, § 88 ALR) nicht nur gegenüber dem Dienstherrn, sondern auch – so jedenfalls wurde es allgemein angenommen – gegenüber dem Bürger.[244] Die Eigenhaftung war jedoch subsidiär und trat nur ein, wenn anderweitig keine Abhilfe geschaffen werden konnte (§ 91 ALR). Der Geschädigte musste die Amtspflichtverletzung und das Verschulden des Amtswalters nachweisen.[245] Die Durchsetzbarkeit der primären Beamtenhaftung wurde dadurch eingeschränkt, dass vor Erhebung einer zivilrechtlichen Entschädigungsklage ein sogenanntes Konfliktverfahren vor dem Verwaltungsgericht durchgeführt werden musste. Dabei handelte es sich um ein Verfahren vor einem Kompetenzgerichtshof, der mit Vertretern aus der Justiz und der Verwaltung besetzt war und die Verfolgung des Anspruches zulassen musste.[246]

Daneben kannte das Allgemeine Landrecht auch eine Ersatzpflicht für rechtmäßiges Handeln des Staates gemäß dem in §§ 74, 75 kodifizierten Aufopferungsgedanken, aus dem der enteignungsgleiche Eingriff hervorgegangen ist.[247] Dabei handelt es sich um einen verschuldensunabhängigen Anspruch gegen den

---

Unrechtsunfähigkeit des Staates zurückgekehrt, *Marten Breuer*, Staatshaftung für judikatives Unrecht, S. 96 m. N. zur Herkunft des Begriffs in Fn. 25; *Jürgen Kohl*, Unrechtsfähigkeit des Staates, S. 9 f.; vgl. *J. Walter Jones*, The Law and Legal Theory of the Greeks, S. 152 ff. Die Mandatstheorie ähnelt dem Konzept der ultra vires-Kontrolle.

[243] *Susanne Pfab*, Staatshaftung in Deutschland, S. 6.; *Christian Link*, Das Verschulden in der Amtshaftung, S. 83.

[244] *Christian Link*, Das Verschulden in der Amtshaftung, S. 87.

[245] *Christian Link*, Das Verschulden in der Amtshaftung, S. 88.

[246] *Christian Link*, Das Verschulden in der Amtshaftung, S. 88; in Preußen oblag dieses Verfahren dem OVG oder Konfliktgerichtshöfen.

[247] Entwickelt wurde der Anspruch in „entsprechender Anwendung des Art. 14 GG", es wurde aber immer wieder auf den Aufopferungsgedanken Bezug genommen, s. BGH, Beschluss vom 10. Juni 1952, Z 6, 270 (275, 291); so auch schon RG, Urteil vom 11. April 1933, Z 140, 276 ff. Zu den einzelnen Herleitungen des Anspruchs *Fritz Ossenbühl*, Neuere Entwicklungen des Staatshaftungsrechts, S. 16 ff.

Staat, wenn bei rechtmäßiger Ausübung von Staatsgewalt Individualrechte in besonderem Maße hinter Gemeinwohlaspekten zurücktreten mussten.[248] Als Folge der Mandatstheorie wurde das Einstehen des Staates für rechtmäßiges Handeln viel früher als das für rechtswidriges Verhalten kodifiziert.

Die auf der Mandatstheorie des römischen Rechts basierende Eigenhaftung der Beamten erfuhr im 19. Jahrhundert zunehmend Kritik.[249] Der Amtswalter wurde als Repräsentant des Staates verstanden und die Haftung des oft mittellosen Beamten als unbillig angesehen. Es gab auch einige Länder, die schon früh eine von der persönlichen Haftung des Amtswalters völlig losgelöste unmittelbare Staatshaftung in Fällen regelten, in denen der Amtswalter z. B. wegen Bewusstlosigkeit oder einer Geistesstörung nicht zurechnungsfähig war.[250] Auch eine grundsätzliche, verschuldensunabhängige und unmittelbare Staatshaftung wurde diskutiert.[251]

Die Gegner der unmittelbaren Staatshaftung setzten sich aber durch und am 1. Januar 1900 trat das BGB mit der in § 839 kodifizierten zivilrechtlichen Deliktshaftung des persönlich haftenden Beamten in Kraft.[252] Im Gesetzgebungsverfahren waren dafür kompetenzrechtliche und finanzielle Erwägungen vorgebracht worden.[253] Einige Länder machten von der Ermächtigung zur Regelung einer Haftung des Staates Gebrauch; so wurde zum Beispiel im preußischen Beamtenhaftungsgesetz eine übergeleitete und damit zwar mittelbare, aber ausschließliche Haftung des Staates für seine Beamten eingeführt.[254] Das Deutsche Reich nahm sich diese Regelung zum Vorbild und erließ 1910 das Reichsbeamtenhaftungsgesetz, das die befreiende Verantwortungsübernahme durch den Staat im heutigen Sinne vorsah.[255] Die Haftung blieb eine übergeleitete Amtshaftung und war immer an das Vorliegen einer schuldhaften Amtspflichtverletzung des Beamten im Sinne von § 839 BGB geknüpft.

---

[248] *Christian Link*, Das Verschulden in der Amtshaftung, S. 86.
[249] *H. A. Zachariä*, Haftungsverbindlichkeit des Staats, ZgS 19 (1863), 582 ff.; *B. W. Pfeiffer*, Practische Ausführungen, Bd. II, S. 361 ff.; *Heinrich Zoepfl*, Staatsrecht, S. 369 ff.
[250] So zum Beispiel in Süddeutschland Art. 61 Abs. 1 bayerisches AGBGB vom 9. Juni 1899, GVBl. S. 304, Beilage zum Landtags-Abschied S. 16 und Art. 202 Abs. 2 württembergisches AGBGB vom 28. Juli 1899, RegBl. S. 423; später im Norden als Billigkeitshaftung zum Beispiel im Großherzogtum Oldenburg und in Lübeck, s. BVerfG, Urteil vom 19. Oktober 1982, E 61, 149 (187).
[251] Sie war Gegenstand gleich zweier Deutscher Juristentage 1865 und 1871.
[252] *Katharina Sobota*, Prinzip Rechtsstaat, S. 218: § 839 BGB als „unzeitgemäßer Nachklang der sogenannten Mandatstheorie".
[253] Der Staat haftete lediglich als Fiskus für seine Organe über §§ 31, 89 BGB.
[254] Gesetz über die Haftung des Staates und anderer Verbände für Amtspflichtverletzungen von Beamten bei Ausübung von öffentlicher Gewalt vom 1. August 1909, GS S. 691.
[255] Gesetz über die Haftung des Reiches für seine Beamten vom 22. Mai 1910, RGBl. S. 798.

Die in den meisten Ländern schon geltende Schuldübernahme durch den Staat wurde mit Art. 131 der Weimarer Reichsverfassung auch reichseinheitlich eingeführt.[256] Die Regelung galt bis auf wenige Einschränkungen während der nationalsozialistischen Herrschaft bis zur Einführung des Grundgesetzes fort. Immer wieder gab es Plädoyers für eine originäre Staatshaftung: Im Reichstag vor und nach Inkrafttreten des BGB und in den Beratungen des Parlamentarischen Rats; durchsetzen konnten sie sich aber nie.[257] So blieb es auch für das Grundgesetz in Art. 34 bei der übergeleiteten Amtshaftung, wie sie einleitend dargestellt wurde. Dieser Konstruktion liegt noch immer die Annahme zugrunde, dass Staatsunrecht als solches nicht denkbar, sondern nur in der Form des Organwalterunrechts rechtlich erfassbar ist.[258] Art. 34 GG verbietet die Regelung einer unmittelbaren und verschuldensunabhängigen Staatshaftung jedoch nicht; er ist insofern nur eine „Mindestgarantie".[259]

Es gab daher auch mehrere Reformversuche bezogen auf das einfache Recht, die jedoch erfolglos bleiben sollten.[260] Der wichtigste unter ihnen war der Entwurf eines Staatshaftungsgesetzes, der eine weitgehend verschuldensunabhängige Haftung vorsah.[261] Obwohl der Bundesrat seine Zustimmung verweigerte,

---

[256] Verfassung des Deutschen Reiches vom 11. August 1919, RGBl. Nr. 152, S. 1383 ff.

[257] Bericht der Reichstags-Kommission, Verhandlungen des Reichstags, IX. Legislaturperiode, IV. Session, Aktenstück N. 440, S. 1992 f. und XI. Legislaturperiode, II. Session, Aktenstück Nr. 546, Band 239, Aktenstück Nr. 83; Band 241, Aktenstück Nr. 295; Band 228, S. 1033 f. (zitiert nach BVerfG, Urteil vom 19. Oktober 1982, E 61, 149 (181, 184)); *Susanne Pfab*, Staatshaftung in Deutschland, S. 17 f.; vgl. auch die schon die frühe Kritik bei *Otto Mayer*, Deutsches Verwaltungsrecht, Bd. 2, S. 358 und den Entschluss des 28. Deutschen Juristentages am 9. September 1906, JW 1906, 619.

[258] Vgl. *Hans Heinrich Rupp*, Grundfragen der heutigen Verwaltungsrechtslehre, S. 35 ff.

[259] BVerfG, Urteil vom 19. Oktober 1982, E 61, 149 (LS); *Peter Lerche/Ulrich Scheuner,* Amtshaftung und enteignungsgleicher Eingriff, JuS 1961, 237 (240); *Bernd Hartmann*, Öffentliches Haftungsrecht, S. 353; *Niklas Luhmann*, Öffentlich-rechtliche Entschädigung, S. 205.

[260] So zum Beispiel der Referentenentwurf von 1967, der allerdings wenige inhaltliche Änderungen vorsah, *Das Bundesministerium der Justiz (Hrsg.)*, Reform des Staatshaftungsrechts und die 55. Innenministerkonferenz 1984, *Das Bundesministerium der Justiz (Hrsg.)*, Neuregelung der Staatshaftung, 1987.

[261] § 1 StHG lautete: „Verletzt die öffentliche Gewalt eine Pflicht des öffentlichen Rechts, die ihr einem anderen gegenüber obliegt, so haftet ihr Träger dem Verletztem nach diesem Gesetz." Es gab jedoch eine verschuldensbezogene Ausnahmeklausel, die im Referentenentwurf (§ 2 Abs. 3 RE-StHG) noch lautete: „Der Geldersatz entfällt, wenn die Pflichtverletzung auch bei Beachtung äußerster Sorgfalt nicht hätte vermieden werden können. Dies gilt nicht für eine Verletzung der Pflicht zum Schutze des Lebens, der körperlichen Unversehrtheit, der Freiheit der Person, der Berufsfreiheit oder des Eigentums." Im Rechtsausschuss wurde diese aufgrund haushaltsrechtlicher Erwägungen sogar auf die einfache Sorgfaltsbeachtung (gebotene Sorgfalt) reduziert und § 1 StHG lautete jetzt: „Der Träger hat den Schaden in Geld zu ersetzen. Der Geldersatz entfällt, wenn die Pflichtverletzung auch bei Beachtung der bei der Ausübung

wurde das neue Gesetz am 26. Juni 1981 vom Bundespräsidenten ausgefertigt.[262] Das Bundesverfassungsgericht erkannte an, dass das Gesetz „sich eines Rechtsbereichs angenommen (habe), über dessen Reformbedürftigkeit Einigkeit herrschte."[263] Es verwarf das StHG jedoch aus kompetenzrechtlichen Gründen.[264] Demgegenüber gab es in der DDR seit 1969 ein Gesetz, das tatsächlich die unmittelbare und verschuldensunabhängige Staatshaftung vorsah.[265] Es gilt heute in einigen neuen Bundesländern allerdings mit signifikanten Einschränkungen als Landesrecht fort.[266]

2. Das Problem: Die Vermittlung zwischen subjektiv-individuellem Verschulden und allgemeinem Maßstab

Das Verschulden ist eine der wichtigsten haftungsbegründenden Voraussetzungen. Mit seiner Hilfe soll die Einstandspflicht für zufällige Schäden ausgeschlossen werden. Dabei beruht es auf der Prämisse, dass der Mensch nicht nur in der Lage ist, einen Willen frei zu bilden, sondern auch die Freiheit hat, zu wählen, ob er ihn in die Tat umsetzt oder nicht. Während Vorsatz neben einem kognitiven auch ein voluntatives Element voraussetzt, begründet Fahrlässigkeit rechtliche Verantwortlichkeit für unsorgfältiges und unbedachtes Verhalten. Anders als im Strafrecht geht es bei der staatshaftungsrechtlichen und zivilrechtlichen Fahrlässigkeit weniger um die individuelle Vorwerfbarkeit, als vielmehr um die Abgrenzung von Verantwortungssphären. Das liegt daran, dass das Verschulden hier eine andere Funktion hat: Traditionell besteht die Aufgabe des Zivilrechts und Staatshaftungsrechts nicht darin, zu pönalisieren, sondern auszugleichen.[267]

Damit zeigt sich auch schon das zentrale Spannungsverhältnis des Staatshaftungsrecht, das die Maßstabsfigur des pflichtgetreuen Durchschnittsbeamten auflösen soll: auf der einen Seite das alte Modell der Beamtenhaftung, kodifiziert in

---

vollziehender oder rechtsprechender Gewalt den Umständen nach gebotenen Sorgfalt nicht hätte vermieden werden können.", Beschlussempfehlung und Bericht des Rechtsausschusses, BT-Drs. 8/4144. Das führte letztlich dazu, dass die Opposition den Gesetzesentwurf nicht mehr mittrug.
[262] BGBl. I S. 553.
[263] BVerfG, Urteil vom 19. Oktober 1982, E 61, 149 (155).
[264] Wegen eines Verstoßes gegen Art. 70 GG, BVerfG, Urteil vom 19. Oktober 1982, E 61, 149. Inzwischen ist dieses Hemmnis durch die Einräumung einer konkurrierenden Gesetzgebungskompetenz des Bundes in Art. 74 Abs. 1 Nr. 25 GG beseitigt.
[265] *Sighart Lörler*, Die Staatshaftung in der DDR, NVwZ 1990, 830; *Karl-Heinz Christoph*, Die Staatshaftung im beigetretenen Gebiet, NVwZ 1991, 536 (537).
[266] *Hans-Jürgen Papier*, in: Maunz/Dürig, Grundgesetz-Kommentar, 74. EL Mai 2015, Art. 34, Rn. 73 f.
[267] *Elena Barnert*, Der eingebildete Dritte, S. 117.

§ 839 BGB, auf der anderen Seite die Umleitung dieser Haftung auf den Staat durch Art. 34 GG. Zwischen diesen Polen eines subjektiv-individuellen Verschuldens, das an einen menschlichen Willen gebunden ist, und der Objektivierung der Verhaltensanforderungen zum allgemeinen Maßstab einer staatlichen Einstandspflicht soll die Figur vermitteln.

Die Voraussetzung eines Verschuldens im Staatshaftungsrecht hat – wie auch in anderen Rechtsbereichen – die Funktion, Verantwortungssphären und Zurechnungsgrenzen zwischen den Beteiligten – hier zwischen der geschädigten Bürgerin und dem Staat – festzulegen.[268] Die Maßstabsfigur des pflichtgetreuen Durchschnittsbeamten soll diese grobe Zuordnung nach Verantwortlichkeit für den einzelnen Fall handhabbar machen und präzise Grenzen für die im Verkehr erforderliche Sorgfalt ziehen. Zwar knüpft das Haftungsrecht schon aus rechtsstaatlichen Gründen an „eine vorausgesetzte Zuordnung von Rechtsgütern an", die es „mit seinen Mitteln der Zuteilung von Wiederherstellungs- oder Ausgleichsansprüchen im Falle der Veränderung der Rechtsgüterzuordnung" sichert.[269] Für den Einzelfall müssen die Verantwortungssphären aber doch jedes Mal von Neuem ausgehandelt werden.

Dabei ist der ‚pflichtgetreue Durchschnittsbeamte' zu einem rechtspolitischen Instrument der Bewältigung des oben beschriebenen Spannungsverhältnisses geworden, als das er ursprünglich nicht gedacht war. Zunehmend wird die Figur in der Rechtsprechung nämlich dazu benutzt, das häufig kritisierte Verschuldenserfordernis im Staatshaftungsrecht nicht zu konkretisieren, sondern es nach und nach abzuschaffen. Diese Objektivierung wurde schon in den 70er Jahren als Überdehnung des Tatbestandsmerkmals des Verschuldens „bis zur Fiktion"[270] beschrieben. Noch ist die Sorgfaltspflichtverletzung als Prüfungspunkt aber nicht obsolet: Jedes zehnte Staatshaftungsverfahren scheitert noch immer am fehlenden Verschulden.[271] Das Verschuldenskriterium unter Anwendung der Maßstabsfigur bietet damit jedenfalls noch die Möglichkeit, einen Schadensersatzanspruch dort zu verhindern, wo man ihn für unangemessen hält.[272]

Die Maßstabsfigur des pflichtgetreuen Durchschnittsbeamten hat im Staatshaftungsrecht also die Funktion, zwischen der Haftung für individuelles Ver-

---

[268] Vgl. *Christian Bumke*, Menschenbilder des Rechts, in: Jahrbuch des Öffentlichen Rechts, Bd. 57, 125 (142). „Auch die Gerichte werden auf diese Weise in die Verteilerfunktion des modernen Sozialstaats eingeordnet.", *Fritz Werner*, Das Problem des Richterstaats, 22 f.
[269] *Sabine Stuth*, Staatshaftung oder Entschädigung?, S. 21.
[270] *Niklas Luhmann*, Öffentlich-rechtliche Entschädigung, S. 83.
[271] *Bernd Hartmann*, Öffentliches Haftungsrecht, S. 208, Fn. 26 mit den entsprechenden Nachweisen. Dabei ist jedoch zu bedenken, dass die rechtliche Prüfung eines Amtshaftungsanspruchs auch schon an anderen Voraussetzungen wie der einer Amtspflichtverletzung scheitern kann.
[272] *Niklas Luhmann*, Öffentlich-rechtliche Entschädigung, S. 83.

schulden und einer staatlichen Einstandspflicht zu vermitteln. Dabei muss sie konkrete Sorgfaltsanforderungen festlegen. Das gestaltet sich im öffentlichen Haftungsrecht noch schwieriger als im Recht der Gefahrenabwehr, wo die streitigen Situationen einander ähnlicher sind. Das Entschädigungsrecht betrifft immer andere Bereiche hoheitlichen Handelns und ist somit eine Schnittstelle für Amtshandlungen der unterschiedlichsten Art. Verbindendes Element ist die Frage, ob aus einem bestimmten hoheitlichen Handeln ein Entschädigungsanspruch gegen den Staat erwächst. Der ‚pflichtgetreue Durchschnittsbeamte' dient als typisierter Verhaltensmaßstab und soll die Rationalitätsanforderungen verbildlichen, die an Amtswalter gestellt werden. Andererseits ist die Maßstabsfigur eines von mehreren Instrumenten, die dazu genutzt werden, den Verschuldensbegriff zu objektivieren und damit eine weitgehend verschuldensunabhängige Staatshaftung zu etablieren.[273] Das ist die Reaktion auf eine verbreitete Unzufriedenheit mit dem bestehenden öffentlichen Haftungsrecht,[274] der auf legislativem Wege bisher nicht abgeholfen wurde. Da § 839 BGB ein Verschulden voraussetzt, lässt sich eine solche Erweiterung der Haftung bisher nur unter Ausgestaltung des Verschuldensmaßstabs erreichen.

Vor dem Hintergrund dieser Verwendung der Maßstabsfigur soll ihr Einsatz in der Rechtsprechung näher beleuchtet werden. Auf Grundlage der so gewonnenen Erkenntnisse und unter Beachtung der in der Literatur geführten Diskussion stellen sich Fragen, die über ihre konkrete Funktionsweise als Konkretisierungsinstrument hinausreichen. Erinnert die Maßstabsfigur als die Personifizierung normativer Maßstäbe an das Individuell-Menschliche hinter jeder staatlichen Handlung oder ist die Typisierung handelnder Beamter vielmehr Ausdruck der Ent-Individualisierung des Haftungsrechts angesichts einer technisierten und automatisierten Verwaltung? Ist es ein Problem, wenn die Staatshaftung nicht mehr von menschlicher Verantwortung her gedacht wird?

3. Die Maßstabsfigur des pflichtgetreuen Durchschnittsbeamten in der Rechtsprechung

Die Maßstabsfigur des pflichtgetreuen Durchschnittsbeamten ist wie die des besonnenen Polizisten im Recht der Gefahrenabwehr eine Figur der Rechtsprechung, die ihren Ursprung in der Literatur hat. Allerdings taucht sie hier in der Literatur fast ein ganzes Jahrhundert früher auf, nämlich Ende des 19. Jahrhunderts zu einer Zeit, als sich das Berufsbeamtentum etablierte und der Amtsträger zunehmend als Sachwalter eines abstrakten Staates verstanden wurde. In die

---

[273] Zu den anderen Instrumenten s. unten in Fn. 337.
[274] S. Fn. 337.

130   B. Die Maßstabsfigur des besonnenen Amtswalters

Rechtsprechung fand jedoch auch diese Figur erst viel später, nämlich 1955, Eingang. Das Reichsgericht entwickelte zuvor schon viele Grundzüge des ‚pflichtgetreuen Durchschnittsbeamten', die die Zivilgerichte in der Bundesrepublik übernahmen und die sie durch immer strengere Verhaltensanforderungen ergänzten. Deren Zusammenführung in einer einzigen Maßstabsfigur blieb aber dem Bundesgerichtshof vorbehalten.

a) Zu den Grundlagen des ‚pflichtgetreuen Durchschnittsbeamten':
Die Rechtsprechung des Reichsgerichts

Das Reichsgericht war in Preußen zunächst sehr zurückhaltend gegenüber einer Haftung des Staates für rechtswidrige hoheitliche Maßnahmen.[275] Das änderte sich aber noch vor Inkrafttreten des BGB und des Reichsbeamtenhaftungsgesetzes. Ende des 19. Jahrhunderts traf das Gericht erste Entscheidungen zur Haftung von Amtswaltern, insbesondere auch zur Haftung für richterliches Verschulden.[276] Schon zu dieser Zeit – nämlich im Jahr 1885 – tauchte die Maßstabsfigur in der Form des Durchschnittsrichters erstmals in der staatshaftungsrechtlichen Literatur auf, und zwar in einer Abhandlung zur zivilrechtlichen Verantwortung des Richters von *Karl Haffner.* Dort heißt es:

---

[275] RG, Urteil vom 8. April 1884, Z 11, 206 (209), „Die getroffene Entscheidung wird mit Recht von dem Revisionskläger als rechtsirrtümlich angefochten, weil (...) der Satz, daß der Staat allgemein für den Schaden zu haften habe, welche die von dem Staate angestellten Beamten durch rechtswidrige Handlungen einem Dritten zugefügt haben, (...) nicht als ein im gemeinen Rechte bestehender Rechtssatz anerkannt werden kann." (Hier konnte dem Beamten aber auch kein Verschulden nachgewiesen werden, 210). In der preußischen Rheinprovinz, Elsaß-Lothringen und Baden galten hingegen die Regelungen des Code Civil und des Badischen Landrechts, die eine primäre Haftung des Staates vorsahen, vgl. Art. 1384 Code Civil. Anscheinend war hierfür Verschulden eine Voraussetzung, zu den widersprüchlichen Quellen s. *Christian Link*, Das Verschulden in der Amtshaftung, S. 148, Fn. 307.

[276] Zum Außerachtlassen der erforderlichen Sorgfalt bei der Identitätsfeststellung zweier Personen durch einen Grundbuchrichter, der es unterlassen hat, einen Unterschriftenvergleich vorzunehmen: „Ob dies anzunehmen sei (Anm. die Einhaltung der erforderlichen Sorgfalt), ist in jedem einzelnen Falle nach den obwaltenden besonderen Umständen zu entscheiden.", RG, Urteil vom 22. April 1895, Z 35, 214 (216). In einem Fall zum Verschulden bei falscher Rechtsansicht nahm das Gericht eine leichte Fahrlässigkeit des Spruchrichters an. „Denn nur weil über die hier in Betracht kommende Rechtsfrage eine Meinungsverschiedenheit kaum denkbar war, kann überhaupt von einer Fahrlässigkeit des Beklagten die Rede sein; wenn es sich um den Gegenstand einer möglichen Streitfrage handelte, so würde ihm überhaupt ein solcher Vorwurf nicht gemacht werden können.", RG, Urteil vom 13. Dezember 1897, Z 40, 202 (204). Der Umkehrschluss ergibt: Ist eine Meinungsverschiedenheit grundsätzlich denkbar, entfällt das Verschulden. Dieser Maßstab ist deutlich großzügiger als die Sorgfaltsanforderungen, die heute an alle Amtswalter bei der Rechtsauslegung gestellt werden.

II. Die Maßstabsfigur des pflichtgetreuen Durchschnittsbeamten im Staatshaftungsrecht 131

„Ueberhaupt ist wohl zu beachten, dass der Prüfstein für die obligirende culpa nicht die Sorgfalt ist, welche ein ideal vollkommener Richter anwenden würde, sondern eine Sorgfalt, wie sie der Durchschnittsrichter anzuwenden pflegt."[277]

Die Figur des Durchschnittsbeamten wurde also zu einer Zeit eingeführt, als es noch keine Überleitung der Haftung des Beamten auf den Staat gab und diente bei *Haffner* als Begrenzung der Eigenhaftung des Amtswalters. Die Maßstabfigur wird hier auch deshalb in Abgrenzung zu einem idealen Beamten entworfen. Auf diese Weise betonte *Haffner* nicht – wie später häufig in der Rechtsprechung – die Distanz zur Person des handelnden Amtswalters mit ihren menschlichen Beschränkungen, sondern hob im Gegenteil die Lebensnähe und die Erfüllbarkeit des Sorgfaltsmaßstabs hervor.

Das Reichsgericht nutzte den ‚pflichtgetreuen Durchschnittsbeamten' oder ‚-richter' aber nicht. Nur einmal, 1936, tauchte eine ähnliche Maßstabsfigur auf, nämlich die des normalen, ordentlichen und gewissenhaften Menschen.[278] Das Gericht formulierte jedoch schon früh konkrete Sorgfaltsanforderungen an Amtswalter; so in einem Urteil aus dem Jahr 1898, in dem es um die örtliche Zuständigkeit für die Bekanntmachung eines Vertrags ging, der die Gütergemeinschaft vor Eheschluss ausschloss.[279] Die vom beklagten Richter angenommene örtliche Zuständigkeit stellte sich als falsch heraus; das Berufungsgericht sah darin „ein Versehen", „welches der Beklagte bei einem gewöhnlichen Grade von Aufmerksamkeit nach den Kenntnissen, die bei der Verwaltung seines Amtes erfordert werden", hätte vermeiden können und sollen.[280] Der beklagte Richter brachte vor, dass die Fehlentscheidung auf seine „Amtsüberlastung", die Mangelhaftigkeit der Gerichtsbibliothek und die Seltenheit solcher Verträge zurückzuführen sei. Er zählte also Gründe auf, die in seinem persönlichen Arbeitsumfeld lagen und ihn – so stellte er es jedenfalls dar – davon abgehalten hatten, die Rechtsfrage fehlerfrei zu beantworten. Auf diese Einwände ließ sich das Gericht jedoch nicht ein. Es löste den Sorgfaltsmaßstab von der konkreten Person des Richters und den Umständen, unter denen er arbeitete. Der Beklagte hätte „durch Einsicht wissenschaftlicher Hilfsmittel und durch Befragung anderer Praktiker" zur rich-

---

[277] *Karl Haffner*, Civilrechtliche Verantwortlichkeit der Richter, S. 62; *Hans Delius*, Die Beamtenhaftpflichtgesetze, S. 177; anders als von *Delius* suggeriert, nehmen die in JW 1906, 132 und JW 1909, 11 abgedruckten Urteile bei der Verschuldensprüfung nicht Bezug auf den Durchschnittsbeamten.
[278] Dazu sogleich, Fn. 571.
[279] RG, Urteil vom 31. Januar 1898, Z 41, 197.
[280] Vgl. auch RG, Urteil vom 19. Mai 1914, Z 85, 65 (72) zu einem Rechtsirrtum des Konkursrichters: „Damit ist ausgesprochen, daß der Beamte, auf den der § 839 BGB zur Anwendung gebracht werden soll, bei Beobachteung der für einen Beamten der betreffenden Kategorie im Verkehr erforderlichen Sorgfalt in der Lage gewesen sein muß, seine Handlungsweise als einen Verstoß gegen seine Amtspflicht zu erkennen."

tigen Ansicht gelangen können.²⁸¹ Dabei hatte der Amtswalter ja gerade vorgebracht, es gäbe nicht genügend Hilfsmittel an seinem Amtsgericht. Ob ihm dort andere Praktiker zur Seite standen, die mehr Erfahrung mit Fällen wie diesem hatten, wurde nicht ermittelt. Auch nicht, ob der Richter tatsächlich überlastet war und damit unter Umständen unverschuldet in einer Lage, in der er die Rechtsfragen nicht mit der gebotenen Sorgfalt bearbeiten konnte.

Diese frühe Entscheidung zum Sorgfaltsmaßstab macht deutlich, dass das Verschulden des Amtswalters auch vor der Verwendung der Maßstabsfigur und zu Zeiten der beamtlichen Eigenhaftung durch die Rechtsprechung losgelöst von der konkreten Person des Beklagten beurteilt, also objektiviert wurde. Wie dieser Fall zeigt, hat das auch den prozessökonomischen Vorteil, dass die Richter sich davon entlastet sahen, die Möglichkeiten und Fähigkeiten des einzelnen Amtswalters zu ermitteln. Ihnen genügte der Abgleich mit dem Verhaltensstandard.²⁸² Das ist natürlich vor dem Hintergrund zu betrachten, dass es in diesem Fall um die Auslegung von Rechtsvorschriften ging. Deren Kenntnis unterstellt das Recht allerorten;²⁸³ ausgerechnet dem Richter in dieser Frage entgegenzukommen, wäre widersinnig. Gleichzeitig wird die Relevanz der Haftungsumleitung an diesem Fall besonders deutlich: Man stelle sich nur vor, der Staat könne sich unter Geltung des Art. 34 GG auf von ihm selbst schlecht ausgerüstete Gerichtsbibliotheken berufen, um seine eigene Haftung auszuschließen. Auch später wird sich die Rechtsprechung auf Einwände gegen den Fahrlässigkeitsvorwurf wegen personeller Unterbesetzung oder Problemen bei der Umstellung auf elektronische Datenverarbeitung nicht einlassen und solche Fälle im Zweifel über das Organisationsverschulden lösen.²⁸⁴

---

²⁸¹ RG, Urteil vom 31. Januar 1898, Z 41, 197 (200). Später so ähnlich: der Amtswalter habe „die Rechtslage unter Zuhilfenahme der ihm zu Gebote stehenden Hilfsmittel sorgfältig und gewissenhaft zu prüfen und danach aufgrund vernünftiger Überlegungen sich eine Rechtsmeinung zu bilden", BGH, Urteil vom 9. Dezember 2004, Z 161, 305 (309); OLG Hamm, Urteil vom 25. Januar 1978 – 11 U 218/77 –, juris, Rn. 20; „Diese Auffassung der höchstrichterlichen Rechtsprechung trägt der Tatsache Rechnung, daß verschiedenen Betrachtern auch unterschiedliche Lösungen möglich sein können, ohne, daß dadurch notwendigerweise die Sorgfaltspflicht verletzt wäre, die von einem pflichtgetreuen Durchschnittsbeamten zu verlangen ist.", OLG Nürnberg, Urteil vom 24. Februar 1988 – 4 U 4102/87 –, juris Rn. 16.
²⁸² Heute gilt das Spruchrichterprivileg (§ 839 Abs. 2 BGB) als Ausfluss der verfassungsrechtlich garantierten richterlichen Unabhängigkeit. Danach ist bei dem Urteil in einer Rechtssache ein Beamter nur dann für die Amtspflichtverletzung verantwortlich, wenn der Pflichtverstoß eine Straftat war. Vgl. auch BGH, Urteil vom 3. Juli 2003, Z 155, 306 (309 f.) m. w. N.
²⁸³ § 17 StGB ist da beinahe noch milde.
²⁸⁴ LG Hannover, Urteil vom 14. Juni 1976 – 14 O 53/76 –, juris, Rn. 32; zur Ausstattung der Justizverwaltung in einem Fall zu der übermäßige Dauer der Bearbeitung von Anträgen durch das Grundbuchamt wegen Überlastung entschied der BGH, der Staat habe seine Gerichte so auszustatten, dass sie die anstehenden Verfahren ohne vermeidbare Verzögerung abschlie-

II. Die Maßstabsfigur des pflichtgetreuen Durchschnittsbeamten im Staatshaftungsrecht 133

Das Reichsgericht legte aber keine einheitlichen Sorgfaltsstandards für alle Amtswalter fest, so wie es später in der bundesrepublikanischen Rechtsprechung auch nicht den einen ‚pflichtgetreuen Durchschnittsbeamten' geben sollte. Es kamen die Anforderungen des jeweiligen Amtes in den Verhaltenspflichten zum Ausdruck. So dürfe an einen ländlichen Gemeindebeamten, der sein Amt als Ehrenamt bekleidet, als Ortsgerichtsvorsteher aber über seine Zuständigkeit hinausgegangen ist, nicht derselbe Maßstab angelegt werden wie bei besonders vorgebildeten Berufsbeamten.[285] Die Bildung solcher gruppenspezifischer Sorgfaltsmaßstäbe und Verkehrskreise ist kein Spezifikum des Staatshaftungsrechts, sondern im Rahmen des Verschuldens generell üblich.[286]

Wie wichtig dabei die Beschreibung des Verkehrskreises für den Verschuldensmaßstab sein kann, zeigt auch ein zivilrechtlicher Fall, in dem ein Kapitän mit unterdurchschnittlichen Fähigkeiten sein Segelschiff in der Nordsee strandete. Das Gericht lehnte es ab, den Beklagten als Teilnehmer des Verkehrskreises der ‚schlecht ausgebildeten Segelschiffkapitäne' einzuordnen:

„Wollte man innerhalb des Kreises der so bezeichneten Segelschiffskapitäne besondere Gruppen je nach dem Grade der nautischen Erfahrung des einzelnen unterscheiden, so würde dies eine unzulässige Verschiebung des sachlichen Maßstabs durch Hereinziehung persönlicher Umstände bedeuten. Mit einer Gruppe von unerfahrenen Segelschiffskapitänen, die schweren

---

ßen können. Die Erfüllung dieser Verpflichtung könne den Justizbehörden insgesamt als drittgerichtete Amtspflicht obliegen. Ein Verschulden des handelnden Rechtspflegers wurde aufgrund der Überlastung verneint, Urteil vom 11. Januar 2007, Z 170, 260; s. auch JuS 2008, 645 mit Anmerkung von *Christian Waldhoff*.

[285] RG, Recht 1908, 56 zitert nach *Hans Delius*, Die Beamtenhaftpflichtgesetze, S. 160.

[286] Zu unterscheiden sind gruppentypische Besonderheiten, also in den Personen verankerte Merkmale wie zum Beispiel Alter und Krankheit, die eine gesonderte Behandlung rechtfertigen, und Verkehrskreise, die sich auf die für die Personen oder Tätigkeiten übliche Umgebung, den Verkehr, beziehen; zu letzteren gehören unter anderem die Anforderungen an den jeweils ausgeübten Beruf. Für das Fahrlässigkeitsverdikt ergibt sich unmittelbar aus § 276 Abs. 2 BGB die Pflicht, den Sorgfaltsmaßstab an Verkehrskreisen auszurichten. „Denn ‚die im Verkehr erforderliche Sorgfalt' des § 276 BGB ist ein allgemeines Normalmaß der von einem ordentlichen Menschen in dem konkreten Verhältnisse des Verkehrs anzuwendenden Sorgfalt; dieses gestattet zwar die Berücksichtigung der Verschiedenheit gewisser Gruppen von Menschen bei der Feststellung der jeweilig anzuwendenden Sorgfalt, nicht aber die der Individualität des einzelnen Menschen.", RG, Urteil vom 23. Mai 1908, Z 68, 422 (423). Zum Alter als gruppenspezifische Besonderheit: „Wer außerstande ist, die Gefahr zu erkennen, verletzt nicht die im Verkehr erforderliche Sorgfalt, wenn er sie bei seinem Handeln außer acht läßt. Aus dem festgestellten Sachverhalt ist nun nicht ersichtlich, daß der erst achtjährige Kläger imstande gewesen ist, die Möglichkeiten zu erkennen (...). Das Berufungsgericht hat ohne Rechtsirrtum annehmen können, daß der Kläger das Hängenbleiben an der Schiene nicht hat voraussehen können, und hat er, nach dem Maße seiner Einsicht, die Gefahr, daß er zu Fall komme, nicht voraussehen können, so hat er sich ihr nicht bewußt ausgesetzt. Die Fahrlässigkeit ist bei solcher Sachlage mit Recht verneint.", RG, Urteil vom 18. Oktober 1906, JW 1906, 747.

Aufgaben nicht gewachsen sind und im Ernstfall versagen, würde der Verkehr wenig anfangen können."[287]

Maßstab für die Festlegung von Verkehrskreisen sei die berechtigte Erwartung des Verkehrs an seine Teilnehmer.[288] Diese Erwägungen wurden auf das öffentliche Haftungsrecht übertragen, obwohl der Bürger dort – anders als im Zivilrecht – häufig nicht freiwillig am jeweiligen Verkehr teilnimmt und eine Einwirkung auf seine Rechtsgüter ermöglicht.[289] Wie so oft im Zusammenhang mit der Maßstabsfigur bleibt im Dunkeln, wie die berechtigten Erwartungen identifiziert werden können.

Während die Bildung von Sorgfaltsstandards im Hinblick auf Verkehrskreise eine gewisse Individualisierung der Maßstabsfigur noch erlaubt, kommen andere Entwicklungen hinzu, die die Objektivierung der Figur vorantreiben. Schon früh entlastete die Rechtsprechung den Geschädigten davon, den Amtswalter zu benennen, der die Amtspflichtverletzung verschuldet haben soll. In einem Urteil aus dem Jahr 1920 ging es um die fehlerhafte Eintragung einer Parzelle im Grundbuch, die eine Rück- und Neuauflassung erforderlich machte. Das Reichsgericht führte dazu aus:

„Der Staat handelt nur durch seine Beamten und zwingt dadurch Dritte, teils mit Beamten zu verhandeln, deren Persönlichkeit er nicht kennt, teils sich den Einwirkungen von Amtshandlungen auszusetzen, mit deren Urheber er in einen unmittelbaren Verkehr überhaupt nicht getreten ist. Es ist daher nur recht und billig und deshalb selbstverständlich, daß, soweit es nötig wird, der Staat, der ja seine Beamten kennt, dem durch ihr Verhalten Geschädigten Auskunft gibt, nicht umgekehrt der Geschädigte dem Staate."[290]

Zunächst als Lockerung der Darlegungslasten gedacht, entkoppelte die Rechtsprechung damit langfristig das Verschuldenserfordernis im übergeleiteten Amts-

---

[287] RG, Urteil vom 14. Januar 1928, Z 119, 397 (401).

[288] RG, Urteil vom 14. Januar 1928, Z 119, 397 (400); RG, Urteil vom 7. Dezember 1929, Z 126, 329 (331), der Sorgfaltsmaßstab richtet sich nach den „berechtigten Anforderungen dieses Verkehrs"; bei einem ordentlichen Schiffer sei dieser wegen der Gefahrgeneigtheit der Tätigkeit erhöht. Zu erhöhten Anforderungen bei Zahnärzten vgl. BGH, Urteil vom 27. November 1952, Z 8, 138, 140 ff. Im Hinblick auf den Sorgfaltsmaßstab sei es grundsätzlich geboten, „Rücksicht zu nehmen auf die Verhältnisse des in Betracht kommenden engeren Verkehrskreises und auf das Maß von Umsicht und Sorgfalt, das danach gemäß dem Urteil besonnener und gewissenhafter Angehöriger dieses Kreises von den in seinem Rahmen Handelnden zu erfordern ist.", RG, Urteil vom 7. Dezember 1929, Z 126, 329 (331). Zum nach Verkehrskreisen variierenden Verschuldensmaßstab s. auch schon RG, Urteil vom 15. Februar 1919, Z 95, 16 (17) mit dem Maßstab des einfachen Bierbauerns auf dem platten Lande.

[289] BGH, Urteil vom 13. Juni 1960, VersR 1960, 909 (910).

[290] RG, Urteil vom 5. Oktober 1920, Z 100, 102 f.; *Richard Bartlsperger*, Die Folgen von Staatsunrecht, NJW 1968, 1697 (1700): die Rechtsprechung „begnügt sich schon lange mit einer anonymen Feststellung von Beamtenverschulden."; *Peter Lerche/Ulrich Scheuner*, Amtshaftung und enteignungsgleicher Eingriff, JuS 1961, 237 (243).

II. Die Maßstabsfigur des pflichtgetreuen Durchschnittsbeamten im Staatshaftungsrecht

haftungsanspruch von der konkreten Person des handelnden Amtswalters, so dass es heute nur noch darauf ankommt, dass *irgendein* Amtswalter im konkreten Fall seine Amtspflichten verletzt hat.[291] Diese Loslösung von der individuellen Verantwortung ist das Ergebnis der Verantwortungssphären und Zurechnungsgrenzen, die das Gericht zieht. Die Entwicklung beginnt als Frage der Darlegungslast: Der Staat trägt wegen seiner institutionellen Übermacht und der Anonymität seiner Akteure die Verantwortung dafür, den Handelnden zu individualisieren. Insofern ist das Urteil des Reichsgerichts ein Vorbote des Organisationsverschuldens.[292]

In einem Fall aus dem Jahr 1936 trat – wie bereits angesprochen – schließlich der ‚normale, ordentliche und gewissenhafte Mensch' als Vorläufer des ‚Durchschnittsbeamten' auf. Erneut zeigte sich hier – wie auch im zivilrechtlichen Fall des unterdurchschnittlich talentierten Schiffkapitäns –, dass Unerfahrenheit im Sorgfaltsmaßstab nicht berücksichtigt wird, wenn sie nicht im Rahmen gruppenspezifischer Besonderheiten Beachtung findet. Eine hannoversche Landgemeinde wurde verklagt, weil in einem ihrer Dörfer eine hohe Bleikonzentration im Trinkwasser gefunden wurde, vor deren Schädlichkeit das Hygienische Institut der Universität Hannover sie mehrfach eindringlich gewarnt hatte. Zunächst unternahm der Gemeindevorsteher nichts, nach der zweiten Warnung wies er in der Gemeindeversammlung und einmal durch Ausschellen im Dorf auf die Gefahr hin. Erst nachdem mehrere Dorfbewohner an einer Bleivergiftung erkrankt waren und eine dritte Warnung des Universitätsinstituts erging, wurde eine Entsäuerungsanlage eingebaut und mit Schildern vor dem Genuss von Wasser gewarnt, das über Nacht in den Bleirohren gestanden hatte. Ein Dorfbewohner hatte schwere Vergiftungserscheinungen bis zur Lähmung erlitten und verklagte die Landgemeinde.

„Im Übrigen ist der Grad der nach § 276 BGB anzuwendenden Sorgfalt nach objektivem Maßstab zu bestimmen (...). Die Objektivität des Maßstabes schließt die Berücksichtigung der Anschauungen und Gepflogenheiten eines gewissen engeren Verkehrskreises wie auch die Berücksichtigung örtlicher Unterschiede nicht aus. Dagegen kann die Einsicht und Erfahrung gerade des Handelnden, der Grad seiner Unerfahrenheit in der Regel nicht zu seinen Gunsten maßgebend sein. Daher ist auch im vorliegenden Fall die Frage nur dahin zu stellen, wie sich in der gegebenen Lage, angesichts der Anordnungen der vorgesetzten Dienstbehörde und der Warnungen einer anerkannten sachlichen Autorität, ein normaler, ordentlicher und gewissenhafter Mensch verhalten haben würde."[293]

---

[291] *Hans-Jürgen Papier*, in: HStR, VIII, § 180, Rn. 46.
[292] Zum Organisationsverschulden s. z. B. BGH, Urteil vom 20. Oktober 1977, DVBl. 1978, 146.
[293] RG, Urteil vom 26. Juni 1936, Z 152, 129 (140).

Was das Gericht hier für den Vorgänger des ‚Durchschnittsbeamten' erläutert, wird auch für die spätere Maßstabsfigur gelten: Sie ist – anders als der Durchschnittsbetrachter in der Verunstaltungsabwehr – keine abstrakte Figur,[294] sondern sie hat einen Platz in der Hierarchie des Öffentlichen Dienstes und sie darf entsprechend gewisser gruppenspezifischer oder örtlicher Gepflogenheiten konstruiert werden. Mit dem handelnden Menschen untrennbar verbundene Eigenschaften wie seine Unerfahrenheit oder Nachlässigkeit dürfen aber keine Berücksichtigung finden. Andersherum und insofern nicht stringent wird der Maßstab aber angehoben, wenn der Beamte über einen größeren Erfahrungsschatz oder mehr Fähigkeiten verfügt als der Durchschnitt.[295]

Das Berufungsgericht hatte in dem Fall des bleiverseuchten Wassers zur Entschuldigung der beklagten Gemeinde angeführt, dass sie hier „bei den kleinen ländlichen Verhältnissen die Schwere der Gefahr für die ganze Gemeinde nicht erkennen konnte"[296] und stellte darauf ab, dass der Gemeinde und ihren Organen eine bessere Aufklärung nicht möglich gewesen wäre. Das Reichsgericht war jedoch nicht überzeugt und mahnte einen „sachlichen" Sorgfaltsmaßstab an:

„Es kommt nicht darauf an, was unter den gegebenen Verhältnissen der gerade im Amte befindliche Gemeindevorsteher hätte tun sollen, sondern darauf, was ein sorgfältiger Gemeindevorsteher der verklagten Gemeinde unter jenen Verhältnissen getan hätte."[297]

Auch wenn die Maßstabsfigur des pflichtgetreuen Durchschnittsbeamten in der Literatur schon Ende des 19. Jahrhunderts benutzt wurde, übernahm die Rechtsprechung sie erst spät und gebrauchte stattdessen andere Formulierungen, um den Sorgfaltsmaßstab zu beschreiben: So fragte sie zum Beispiel, was ein Amtswalter „bei gehöriger Aufmerksamkeit" und „bei verständiger Überlegung" hätten erkennen müssen.[298]

Daran anknüpfend erging im Jahr 1937 ein Urteil über die Fahrlässigkeit eines Provinzjägermeisters, der von Gesetzes wegen die Entscheidung eines Ehrengerichts der Jäger zum Entzug eines Jagdscheins überprüfen musste. Im Sinne eines objektivierten Sorgfaltsmaßstabs argumentierte das Gericht, es komme nicht darauf an, welche Kenntnisse und Einsichten der Beamte tatsächlich besitze, sondern es müsse von den Kenntnissen und Einsichten ausgegangen werden, „die für die Führung des von ihm übernommenen Amtes erforderlich waren."[299]

---

[294] Allerdings hat auch der Betrachter durch sein Betrachten zwingend einen Ort.
[295] BGH, Urteil vom 6. Dezember 1957, VersR 1958, 94 (95), hier allerdings nicht im Rahmen einer Amtspflichtverletzung.
[296] RG, Urteil vom 26. Juni 1936, Z 152, 129 (141).
[297] RG, Urteil vom 26. Juni 1936, Z 152, 129 (142); s. auch OLG Zweibrücken, Urteil vom 24. Juni 1999 – 6 U 24/98 –, juris, Rn. 34.
[298] RG, Urteil vom 25. Juni 1929, Z 125, 85 (86).
[299] RG, Urteil vom 29. Juni 1937, Z 156, 34 (51). So auch die spätere Rechtsprechung, BGH,

Diese Formulierung sollte sich etablieren und wird noch heute von der Rechtsprechung benutzt. Dem Provinzjägermeister half es nicht, dass das Landgericht die Entziehung des Jagdscheins ebenfalls für zulässig erachtet hatte.[300] Nach der sogenannten Kollegialgerichtsrichtlinie dürfe nur, wenn es sich um eine zweifelhafte Rechtsfrage handelt, die objektiv falsch entschieden wurde, „unter Umständen das Verschulden mit der Begründung verneint werden, daß ein Kollegialgericht die Rechtsfrage in gleicher Weise entschieden" habe.[301] Diese noch heute geltende Rechtsprechung besagt, dass einen Beamten in der Regel dann kein Verschulden trifft, wenn ein mit mehreren Berufsrichtern besetztes Kollegialgericht die Amtstätigkeit als rechtmäßig erachtet hat.[302] Mit der Maßstabsfigur wird also das Selbstverständnis eines ‚klugen' Gerichts normiert.[303]

Die Rechtsprechung des Reichsgerichts legte einige Grundsteine für den ‚pflichtgetreuen Durchschnittsbeamten' im Staatshaftungsrecht; die Figur selbst kannte sie jedoch noch nicht. Schon früh wird deutlich, dass der Fahrlässigkeitsvorwurf seinen Grund nicht nur in der individuellen Vorwerfbarkeit eines Verhaltens hat. Die Objektivierung des Verschuldensmaßstabs zeigt sich einmal in der mangelnden Auseinandersetzung mit den Fähigkeiten und Möglichkeiten der handelnden Person, in den generalisierten Verhaltenserwartungen, die nur unter bestimmen Voraussetzungen und nur gruppenspezifisch, nicht aber individuell angepasst werden sollen und darüber hinaus in der Loslösung vom einzelnen Amtswalter derart, dass die Bürgerin von der Darlegungslast bezüglich der Frage befreit wird, welcher Beamte ihr gegenüber eine Amtspflicht verletzt hat. Anderseits nimmt die Rechtsprechung des Reichsgerichts keinen ‚perfekten Beamten' zum Maßstab. Die Prämisse schien zu sein, dass die Sorgfaltsanforderungen erfüllbar bleiben müssen, zwar nicht für jeden, aber doch für einen Teil der Amtswalter.

Urteil vom 10. Juli 1967 – III ZR 120/66 –, juris, Rn. 15; so auch BGH, Urteil vom 22. März 1979, NJW 1979, 2097 (2098); BGH, Urteil vom 14. Juni 1984 – III ZR 68/83 –, juris, Rn. 14; BGH, Urteil vom 26. Januar 1989 – III ZR 194/87, juris, Rn. 28.

[300] RG, Urteil vom 29. Juni 1937, Z 156, 34 (51).

[301] RG, Urteil vom 29. Juni 1937, Z 156, 34 (51). Vgl. aber auch schon *Karl Haffner*, Civilrechtliche Verantwortlichkeit der Richter, S. 62. S. auch BGH, Urteil vom 5. Dezember 1958, VersR 1959, 385; *Karin Lochte-Handjery*, Das Verschulden, JuS 2001, 1186 (1188 f.). „Dort aber, wo es sich um klare Gesetzesbestimmungen handelt, die von jedem Verständigen ohne weiteres verstanden werden können, kann von einer zweifelhaften Rechtsfrage überhaupt keine Rede sein.", RG, Urteil vom 29. Juni 1937, Z 156, 34 (51).

[302] BGH, Urteil vom 6. Februar 1986, Z 97, 97 (107); vgl. auch BVerwG, Urteil vom 17. August 2005, E 124, 99 (105 ff.); das gilt auch für die Beurteilung richterlicher Tätigkeit, *Heinz Wöstmann*, in: Staudinger, Kommentar zum BGB, § 839, 2013, Rn. 211.

[303] Die Kollegialgerichtsrichtlinie gilt nicht für Gerichte, die mit nur einem Berufsrichter und im Übrigen mit ehrenamtlichen Beisitzern besetzt sind, *Heinz Wöstmann*, in: Staudinger, Kommentar zum BGB, § 839, 2013, Rn. 217; BGH, Urteil vom 18. Juni 1998, NVwZ 1998, 1329; BGH, Urteil vom 9. Juli 1998, Z 139, 200 (203).

b) Der ‚pflichtgetreue Durchschnittsbeamte' in der Rechtsprechung der Bundesrepublik

In der Rechtsprechung erscheint die Figur des pflichtgetreuen Durchschnittsbeamten erst in der Bundesrepublik. Der Bundesgerichtshof verwendete sie erstmals in einer Entscheidung aus dem Jahr 1955.[304] Dabei ging es um das Auto des Klägers, das im Zuge der sogenannten „Mercedes-Snatch-Action" auf Anordnung der Besatzungsmacht beschlagnahmt worden war. Später erwarb der damalige Referent der Abteilung Verkehr bei der Landesregierung das Auto selbst, obwohl er wusste, dass der Kläger früher Eigentümer des Wagens gewesen war und diesen wiedererlangen wollte. Der Bundesgerichtshof warf dem Referenten Fahrlässigkeit vor, auch wenn man von ihm damals eine richtige Beurteilung der Rechtslage – die sehr kompliziert war – nicht hätte erwarten können,

„so mußte ein pflichtgetreuer Durchschnittsbeamter in seiner Stellung doch sagen, daß nach Freigabe des Wagens durch die Militärregierung der Kläger als früherer Eigentümer bei der Zuweisung des Wagens an einen neuen Erwerber der in erster Linie zu Berücksichtigende war."[305]

Das Gericht hätte den Schuldvorwurf ohne weiteres nur auf die falsche Einschätzung der rechtlichen Situation stützen können, entschied sich aber dafür, mit Hilfe der Maßstabsfigur einen Referenzbeamten auf den Plan zu rufen, der sich nicht von seinen persönlichen Interessen leiten lässt, sondern diejenigen des Bürgers im Blick hat. Bei ihrem ersten Auftritt im Staatshaftungsrecht hatte die Maßstabsfigur also schon eine moralische Komponente.

Eine Entscheidung aus dem Jahr 1960 beschäftigte sich mit der Fehlbarkeit des ‚Durchschnittsbeamten'. Es ging um den Fehler eines Facharztes, der bei einer in Schleswig-Holstein staatlich durchgeführten Röntgen-Reihenuntersuchung eine Tuberkulose-Erkrankung nicht erkannt hatte.[306] Diese wurde erst bei einer dienstlich angeordneten amtsärztlichen Untersuchung etwa drei Jahre später in der Lunge des Klägers entdeckt. Der Bundesgerichtshof sah keine Fahrlässigkeit auf Seiten des Arztes. Bei der Auswertung sei diejenige Sorgfalt anzu-

---

[304] Vor Einführung des ‚pflichtgetreuen Durchschnittsbeamten' wurden die Sorgfaltsanforderungen mit Hilfe des Erfordernisses einer „besonders sorgfältigen Prüfung" beschrieben (BGH, Urteil vom 23. Mai 1951, Z 2, 209 (217); s. auch BGH, Urteil vom 6. Februar 1986 – III ZR 109/84, juris, Rn. 36.) oder es wurde in Abgrenzung zum damals noch objektiv verstandenen Gefahrbegriff festgestellt, „daß das Gesetz eine Schadensersatzpflicht nur eintreten läßt, wenn der Beamte – objektiv – gefehlt und dazu in einer ihm – subjektiv – vorwerfbaren Weise gehandelt hat." (BGH, Urteil vom 7. Oktober 1954, DVBl. 1954, 813; s. auch BGH, Entscheidung vom 29. November 1956 – III ZR 70/55 –, juris, 2. Leitsatz und Rn. 22, „Dieser Grundsatz ist so einleuchtend und so selbstverständlich, daß seine Nichtbeachtung jedem Dienstvorgesetzten regelmäßig zum Verschulden gereicht.").
[305] BGH, Urteil vom 27. Oktober 1955, Z 18, 366 (371).
[306] BGH, Urteil vom 13. Juni 1960, VersR 1960, 909.

II. Die Maßstabsfigur des pflichtgetreuen Durchschnittsbeamten im Staatshaftungsrecht

wenden, „die der Verkehr von einem ordentlichen, pflichtgetreuen ‚Durchschnitts-Facharzt' in der konkreten Situation erwartet".[307] Diese konkrete Situation – so urteilte das Gericht – war die damals zum ersten Mal durchgeführte Röntgen-Reihenuntersuchung und nicht die übliche Situation, in der ein Arzt ein Röntgenbild beurteilt. Sowohl die sich daraus ergebenden Besonderheiten für den prüfenden Arzt als auch „die damaligen Zeitverhältnisse und damit verbundene Anfangsschwierigkeiten, insbesondere technischer Art" müssten berücksichtigt werden.[308] Bei solchen Untersuchungen ließen sich außerdem Fehler nie gänzlich vermeiden. Das Gericht vertraute auf einen ärztlichen Sachverständigen, der den Befund unter den Umständen der Prüfung für „übersehbar" hielt.[309] Es sei daher nicht auszuschließen, dass der hier vom Arzt begutachtete Fall in die „unvermeidbare Fehlerquote" einzurechnen sei.

Interessant an dieser Entscheidung zur Maßstabsfigur ist, dass sie als fehlbares Subjekt konstruiert wird, was jedenfalls im Staatshaftungsrecht eher die Ausnahme ist. Anders als die Revision vorbrachte, muss der ‚Durchschnittsarzt' nicht jedem einzelnen Bild der Röntgen-Reihe die volle Aufmerksamkeit widmen können, gleich ob es zwei Bilder sind oder hundert. Die Situation der ‚Massen-Prüfung' solcher Bilder wird vom Gericht anerkannt. Deutlich wird, dass der ‚Durchschnittsbeamte' Fehler begehen darf – und zwar nicht nur solche, die er aufgrund unaufklärbarer Probleme kaum vermeiden kann, sondern auch Flüchtigkeits- und Ermüdungsfehler. Diese Frage haben die Gerichte jedoch nicht immer so großzügig behandelt.[310]

Wie die Durchschnittsfigur als Maßstab funktioniert, veranschaulicht ein Urteil aus dem Jahr 1967. Dieses hatte die Beurkundung einer Gütertrennungserklärung durch einen Rechtspfleger zum Gegenstand. Die Erklärung hätte eigentlich durch den Richter beurkundet werden müssen und war deshalb ungültig. Das stellte sich erst nach dem Tod des Ehegatten heraus und führte dazu, dass die vererbten Gesellschaftsanteile zwischen seiner Frau und seinen Kindern aus erster Ehe umverteilt werden mussten.[311] Der Bundesgerichtshof stellte zunächst abstrakte Anforderungen an die erforderliche Sorgfalt auf, die fast wortgleich in vielen weiteren Entscheidungen zu finden sind: Für die Verschuldensfrage kommt es auf die „Kenntnisse und Einsichten an, die für die Führung des übernommenen Amtes im Durchschnitt erforderlich sind, und nicht auf die, über die der Beamte tatsächlich verfügt."[312] So kam das Gericht zu dem Ergebnis, dass

---

[307] BGH, Urteil vom 13. Juni 1960, VersR 1960, 909 (910).
[308] BGH, Urteil vom 13. Juni 1960, VersR 1960, 909 (910).
[309] BGH, Urteil vom 13. Juni 1960, VersR 1960, 909 (910).
[310] LG Aachen, Urteil vom 4. November 1992 – 4 O 286/92 –, juris.
[311] BGH, Urteil vom 10. Juli 1967 – III ZR 120/66 –, juris.
[312] BGH, Urteil vom 10. Juli 1967 – III ZR 120/66 –, juris, Rn. 15; so auch BGH, Urteil

sich die Beurkundungspflicht des Richters eindeutig aus dem Gesetz ergab und der Rechtspfleger deshalb fahrlässig gehandelt hatte.[313]

„Auch von einem pflichtgetreuen Rechtspfleger war es daher zu verlangen, sich durch Heranziehung des einen oder anderen Kommentars über die Grundprinzipien der Rechtspflegerzuständigkeit bei Beurkundung von Rechtsgeschäften zu orientieren."[314]

Etwas anderes hätte nur gegolten, wenn es sich um eine Gesetzesbestimmung gehandelt hätte, die uneindeutig ist, zumal wenn sie neu ist und die Zweifelsfragen noch unausgetragen sind.[315] Dann reiche eine „unrichtige, aber nach gewissenhafter Prüfung der zu Gebote stehenden Hilfsmittel auf vernünftige Überlegung gestützte Stellungnahme".[316] Tatsächlich hatte es in der Praxis aber immer wieder Fälle gegeben, in denen Rechtspfleger irrig davon ausgegangen waren, dass sie selbst wirksam beurkunden können.[317] Diese Vorgänge griff das Gericht in seiner Entscheidung auf, erklärte die Irrtümer aber für nicht nachvollziehbar. Dieses Argument wäre nicht tragfähig, würde die Figur statistisch gebildet. Wo sich Zweifel über die Rechtslage häuften, müsste sich das auf den Durchschnitt auswirken. Der Rechtsprechung geht es aber gerade nicht um den praktischen, sondern um einen objektiv vernünftigen Umgang der Rechtspfleger mit der Beurkundung.

Vor der diesem Hintergrund fragt sich aber, wie man die Zweifel einer Amtsperson in einer Durchschnittsfigur – empirisch oder normativ – so berücksichtigen will, dass diese als rechtlich bindender Maßstab taugt. Nähme man an, die

---

vom 22. März 1979, NJW 1979, 2097 (2098); BGH, Urteil vom 14. Juni 1984 – III ZR 68/83 –, juris, Rn. 14; BGH, Urteil vom 26. Januar 1989 – III ZR 194/87, juris, Rn. 28; so ähnlich auch schon RG, Urteil vom 29. Juni 1937, Z 156, 34 (51).

[313] BGH, Urteil vom 10. Juli 1967 – III ZR 120/66 –, juris, Rn. 17.

[314] BGH, Urteil vom 10. Juli 1967 – III ZR 120/66 –, juris, Rn. 20. Alternativ kommt ein vorgelagerter Sorgfaltsverstoß in Betracht, weil der Rechtspfleger seinen Zweifeln, die er hätte haben müssen, nicht nachgegangen ist: „Diese Rechtslage hätte bei einem pflichtbewußten Rechtspfleger zumindest Zweifel an seiner Zuständigkeit erwecken müssen mit der Folge, daß auch für ihn der allgemeine Grundsatz zu gelten gehabt hätte, bei Zweifeln über die Rechtslage in jedem Falle den sichereren Weg zu wählen."

[315] BGH, Urteil vom 10. Juli 1967 – III ZR 120/66 –, juris, Rn. 15.

[316] BGH, Urteil vom 10. Juli 1967 – III ZR 120/66 –, juris, Rn. 15. So auch BGH, Urteil vom 9. Dezember 2004, Z 161, 305 (309); OLG Hamm, Urteil vom 25. Januar 1978 – 11 U 218/77 –, juris, Rn. 20; „Diese Auffassung der höchstrichterlichen Rechtsprechung trägt der Tatsache Rechnung, daß verschiedenen Betrachtern auch unterschiedliche Lösungen möglich sein können, ohne, daß dadurch notwendigerweise die Sorgfaltspflicht verletzt wäre, die von einem pflichtgetreuen Durchschnittsbeamten zu verlangen ist.", OLG Nürnberg, Urteil vom 24. Februar 1988 – 4 U 4102/87 –, juris Rn. 16.

[317] BGH, Urteil vom 10. Juli 1967 – III ZR 120/66 –, juris, Rn. 23. Auch die Vorinstanz war von niedrigeren Anforderungen an den Rechtspfleger ausgegangen, vgl. BGH, Urteil vom 10. Juli 1967 – III ZR 120/66 –, juris, Rn. 25.

Hälfte der Rechtspfleger hätte über die Zuständigkeit bei der Beurkundung geirrt: Irrt der durchschnittliche Rechtspfleger dann jedes zweite Mal? Lässt man der Amtswalterin dann den Irrtum immer durchgehen oder nie? Das Recht verlangt binäre Entscheidungen und kann solche Ambivalenzen nicht verarbeiten. Dieses Problem der Maßstabsbildung stellt sich vor allem im Zusammenhang mit der spezifischen institutionellen Perspektive des entscheidenden Gerichts: Es geht immer nur um den Einzelfall und jeder Einzelfall steht für sich.[318]

Ein späteres Urteil aus dem Jahr 1979 griff die durch das Reichsgericht begründete gruppenspezifische Differenzierung innerhalb der Maßstabsfigur auf. Der ‚pflichtgetreue Durchschnittsbeamte' ist danach keine statische Figur; die Anforderungen an ihn steigen mit dem Spezialisierungsgrad und der Kompetenz der Behörde, so wie es auch beim ‚besonnenen Polizisten' der Fall ist.[319] Gegenstand des Verfahrens war eine amtspflichtwidrige Heranziehung der Klägerin zur Bardepotpflicht.[320] Zwar wurde wieder festgestellt, dass bei einer höchstrichterlich nicht geklärten, schwierigen Rechtslage eine auf sorgfältiger Prüfung und vernünftigen Überlegungen beruhende Einschätzung kein Verschulden begründet, auch wenn die Gerichte dieser Auffassung später widersprechen.[321] Der Bundesgerichtshof befand jedoch, dass die Beamten den Kreditvertrag in diesem Fall in vorwerfbarer Weise rechtlich falsch eingeordnet hatten.[322] Wie im Fall des unwirksam beurkundenden Rechtspflegers war das Gericht auch hier der Ansicht, dass es sich nicht um eine besonders anspruchsvolle und bisher nicht geklärte Rechtsfrage handelte.[323] Es konstruierte die Maßstabsfigur entsprechend dem Spezialisierungsniveau der Behörde. Die durchschnittlichen Fähigkeiten und Kenntnisse wurden mit Bezug auf die konkrete Stellung des Amtsinhabers ermittelt:

„Dabei ist auf die Anforderungen an die pflichtgetreuen Beamten in der in Frage stehenden konkreten Amtsstellung abzuheben, hier also auf die akademisch vorgebildeten Beamten."[324]

---

[318] Das ist bei Statisiken problematisch, vgl. *Anders Stening*, Evidence and Statistics in Legal Reasoning, in: Bulygin u. a. (Hrsg.), Man, Law, and Modern Forms of Life, S. 241 ff.

[319] BGH, Urteil vom 22. März 1979, NJW 1979, 2097. Vgl. auch *Jost Pietzcker*, Rechtsprechungsbericht, AöR 132 (2007), 393 (445); so auch zum Beispiel bei der Genehmigung einer atomrechtlichen Anlage, BGH, Urteil vom 16. Januar 1997, Z 134, 268 (274).

[320] BGH, Urteil vom 22. März 1979, NJW 1979, 2097 (2098).

[321] BGH, Urteil vom 22. März 1979, NJW 1979, 2097 (2098); s. auch schon RG, Urteil vom 11. April 1933, Z 140, 276 (280 f.).

[322] BGH, Urteil vom 22. März 1979, NJW 1979, 2097, 2098.

[323] BGH, Urteil vom 22. März 1979, NJW 1979, 2097, 2099.

[324] BGH, Urteil vom 22. März 1979, NJW 1979, 2097 (2098); vgl. auch *Wolfgang Schlick/ Eberhard Rinne*, Staatshaftungsrecht, NVwZ 1997, 1171 (1173). Im Fall der fehlerhaften Bewertung einer Klausur im Zweiten Staatsexamen: „Ein Fahrlässigkeitsvorwurf kann begründet sein, wenn sich Auslegung und Anwendung so weit von Wortlaut und Sinn des Gesetzes entfer-

Die Maßstabsfigur wird also, anders als zum Beispiel in der Verunstaltungsabwehr, aber ebenso wie im Polizeirecht, innerhalb der jeweiligen „Kategorie" von Beamten gebildet.

Das zeigt sich auch in einem späteren Fall aus dem Jahr 1997, in dem es um die Anlagengenehmigung für ein Atomkraftwerk ging. Die Klägerin erhielt eine Teilgenehmigung der Behörde für einen Gebäudeteil aufgrund der eingereichten Unterlagen. Danach änderte sie die Position des Reaktorgebäudes. Grund dafür war ein Gutachten der Klägerin, nach dem das geplante Gebäude hälftig auf einer Verwerfungszone liegen würde. Die Teilgenehmigung für das Kraftwerk bezog sich damit aber auf eine Anlage, die so nicht mehr errichtet werden sollte, und die im Hinblick auf die geänderte Planung neu aufgeworfene Sicherheitsfrage blieb ungeprüft. Die Behörde zog die Teilgenehmigung daraufhin zurück. Das Kraftwerk wurde bis heute nicht errichtet. Das Gericht bejahte das Vertretenmüssen und führte im Rahmen der Staatshaftungsklage dazu aus, es komme nach dem objektivierten Sorgfaltsmaßstab für die Beurteilung des Verschuldens „auf die Kenntnisse und Fähigkeiten an, die für die Führung des übernommenen Amts im Durchschnitt erforderlich sind". An die „Bediensteten einer obersten Landesbehörde, die mit einer atomrechtlichen Anlagegenehmigung der vorliegenden Art befaßt sind, müssen insoweit hohe Anforderungen gestellt werden." Bei einem solchen Verfahren „auf höchster Ebene" müsse „– anders als bei ‚Alltagsgeschäften' sonstiger staatlicher Genehmigungsbehörden – eine besonders gründliche Prüfung möglich und zu verlangen" sein.[325]

---

nen, dass das gewonnene Ergebnis nicht mehr als vertretbar angesehen werden kann. (...) Hat nach ständiger höchstrichterlicher Rechtsprechung schon jeder staatliche Amtsträger die zur Führung seines Amtes notwendigen Rechts- und Verwaltungskenntnisse zu besitzen oder sich zu beschaffen, gilt dies erst recht für die Bediensteten einer derart fachlich qualifizierten Behörde, wie sie die Landesjustizverwaltung mit ihren Abteilungen, hier dem Landesjustizprüfungsamt, darstellt.", OLG München, Urteil vom 17. August 2006, NJW 2007, 1005 (1006); BGH Urteil vom 8. Januar 1968, VersR 1968, 371 (373), „Gemessen an den Anforderungen, die an die Sorgfaltspflichten eines pflichtgetreuen Durchschnittsbeamten in der Stellung des Sachbearbeiters gestellt werden müssen(...)", hier wurde eine Auskunftspflicht über Versorgungsansprüche bejaht. Der Bezug auf das Amt konnte aber auch vor überspannten Sorgfaltsanforderungen schützen, wie ein früherer Fall zur Rechtsbelehrung eines „Schwerbeschädigten" zeigt: „Unter diesen besonderen Umständen würde man die Anforderungen an das Pflichtbewußtsein eines pflichtgetreuen Durchschnittsbeamten in der Stellung des Angestellten Th. überspannen, wenn man von diesem verlangen wollte, daß er ungefragt und ohne daß ein besonderes Interesse des in seiner Rentenangelegenheit vorsprechenden Kl. erkennbar gewesen wäre, den K. über die Möglichkeiten belehrte, (...) gegebenenfalls schon vor Abschluß des Rentenverfahrens in den Genuß des besonderen Kündigungsschutzes der Schwerbeschädigten zu kommen.", BGH, Urteil vom 29. September 1957, NJW 1957, 1873 (1874).
[325] BGH, Urteil vom 16. Januar 1997, Z 134, 268 (274).

II. Die Maßstabsfigur des pflichtgetreuen Durchschnittsbeamten im Staatshaftungsrecht 143

Seltener wird auf die Maßstabsfigur verwiesen, um überzogene Erwartungen einer besonderen Expertise an Amtswalter zu begrenzen.[326] So geschehen in einem Fall, in dem es um Schäden wegen schlechten Baugrunds an einem von der Gemeinde verkauften Haus ging. Darin brachte die Revision vor, ein Baugrundfachmann hätte die Notwendigkeit einer Untersuchung des Baugrundes erkannt. Der Bundesgerichtshof korrigierte diesen „falschen Fahrlässigkeitsbegriff" und verneinte das Vertretenmüssen. Das Gericht verwies auf einen „pflichtgetreuen Durchschnittsbeamten, der die zur Führung seines Amtes erforderlichen Kenntnisse und Fähigkeiten hat" und „die Untersuchung durch einen solchen Fachmann", wenn nötig anordnen könne, selbst aber keine entsprechenden Fachkenntnisse haben müsse.[327] Eine allgemeine Pflicht der Gemeinde zur Vornahme von Baugrunduntersuchungen habe aber nicht bestanden, sie könnte sich allenfalls dann ergeben, wenn bei der Aufstellung des Bebauungsplans konkrete Anhaltspunkte die Ungeeignetheit des in Aussicht genommenen Baugebiets befürchten ließen.[328] Grundsätzlich muss der ‚pflichtgetreue Durchschnittsbeamte' seinen eigenen Sachverstand zur Ausübung seiner Amtspflicht nutzen. Genügt dieser nicht und ist das erkennbar, so besteht aber die Pflicht, Fachbehörden oder externen Sachverstand hinzuzuziehen.[329] Auf diese Weise können Amtswalter das Irrtumsrisiko teilweise auslagern und sich exkulpieren.

1992 erging ein Urteil des Landgerichts Aachen, das sich mit der Frage beschäftigte, ob dem ‚pflichtgetreuen Durchschnittsbeamten' auch Flüchtigkeitsfehler unterlaufen dürfen. Ein Sachbearbeiter im Finanzamt hatte bei der Übertragung des Betriebswertes einer Apotheke in den Eingabebogen für den Gewerbesteuerbescheid zwei vorgedruckte Nullen übersehen und somit einen Betrag

---

[326] Das war allerdings der Ausgangspunkt des Reichsgerichts. Begrenzungen fanden sich zum Beispiel im Rahmen der Kollegialgerichtsrichtlinie und im Fall zur Tuberkulose Erkrankung.

[327] BGH, Urteil vom 18. September 1987 – V ZR 219/85 –, juris, Rn. 27.

[328] BGH, Urteil vom 18. September 1987 – V ZR 219/85 –, juris, LS.

[329] So in einem Urteil, welches sich mit den Sorgfaltsanforderungen an kommunale Vertretungskörperschaften befasste, BGH, Urteil vom 14. Juni 1984 – III ZR 68/83 –, juris: Mitglieder eines Stadtrates hatten rechtswidrig das gemeindliche Einvernehmen für den Bau eines Schweinestalls versagt und den Baubeginn damit um zwei bis drei Jahre verzögert. Der Senat warf dem Berufungsgericht explizit vor, verkannt zu haben, dass der Sorgfaltsmaßstab im Rahmen von § 839 BGB zunehmend objektiviert worden sei und sich „die Anforderungen an amtspflichtgemäßes Verhalten am Maßstab des pflichtgetreuen Durchschnittsbeamten" orientierten, nicht nach „laienhaftem Ermessen", Rn. 14. „Die Mitglieder von Gemeinde- und Stadträten müssen sich (...) sorgfältig vorbereiten und, soweit ihnen die eigene Sachkunde (...) fehlt, den Rat ihrer Verwaltung oder die Empfehlungen von (sonstigen) Fachbehörden einholen, bzw. notfalls sogar außerhalb der Verwaltung stehende Sachverständige zuziehen.", Rn. 15; ebenso BGH, Urteil vom 26. Januar 1989 – III ZR 194/87, juris, Rn. 28 (Amtspflichtverletzung durch Zulassung von Wohnbebauung auf einer ehemaligen Abfalldeponie).

von 43.700.000,00 DM anstatt von 437.000,00 DM eingegeben. Gegen den überhöhten Steuerbescheid richtete sich der Kläger erfolgreich mithilfe seines Steuerberaters, der schließlich aus abgetretenem Recht seine Vergütung als Schaden im Rahmen der Staatshaftung geltend machte. Die Beklagte trug vor, der Sachbearbeiter habe nicht fahrlässig gehandelt, ihm sei lediglich ein „mechanisches Versehen" passiert, „das auch einem pflichtgetreuen Durchschnittsbeamten jederzeit unterlaufen könne."[330] Das Landgericht Aachen führte aus, dass ein „schuldhaftes Verhalten des Beamten, der objektiv eine Amtspflichtverletzung begangen hat, bereits dann vorliegt, wenn der Beamte bei der Beobachtung der erforderlichen Sorgfalt hätte voraussehen müssen, daß er seiner Amtspflicht zuwider handelt."[331] Dass die Richter hier anders als im Kontext der Röntgen-Reihenuntersuchung entschieden, liegt wohl daran, dass sie den Fehler für offensichtlich und deshalb vermeidbar hielten. Die Erkennbarkeit des Amtspflichtverstoßes ist der Bezugspunkt für das Verschulden.[332]

c) Zusammenfassung

Die Rechtsprechung der Zivilgerichte zur Staatshaftung zeichnet nach alledem kein einheitliches Bild des ‚pflichtgetreuen Durchschnittsbeamten'. Die Maßstabsfigur fand erst in der Nachkriegszeit Eingang in die Urteile. Zuvor hatte das Reichsgericht bereits einige Grundlagen für ihre Anwendung und die Objektivierung der Verschuldensvoraussetzung gelegt, wie zum Beispiel die Lockerung der Darlegungspflicht für die Frage, wer eine Amtspflichtverletzung begangen hat oder die Festlegung, dass das Verschulden für Rechtsirrtümer seine Grenze erst in den durch die Kollegialgerichtsrichtlinie festgelegten Anforderungen findet. Im Rahmen von Tatsachenirrtümern – so sieht man vor allem in der bundesrepublikanischen Rechtsprechung – zeigen die Gerichte sich eher milde und ermöglichen eine Exkulpation durch Hinzuziehung externen Sachverstands.

Zwar werden bestimmte Textbausteine immer wieder zur Charakterisierung des ‚pflichtgetreuen Durchschnittsbeamten' herangezogen, notgedrungen bleiben sie aber Allgemeinplätze. Während in manchen Entscheidungen die Anfor-

---

[330] LG Aachen, Urteil vom 4. November 1992 – 4 O 286/92 –, juris, Rn. 11.
[331] LG Aachen, Urteil vom 4. November 1992 – 4 O 286/92 –, juris, Rn. 15.
[332] Es gibt durchaus auch Fälle, in denen die Erkennbarkeit verneint wird, wie in einem Urteil aus dem Jahr 2004: Ein Bergamt hatte die Abbaubewilligung für Kies abgelehnt und dabei auch wirtschaftliche Belange anderer Abbauberechtigter einbezogen, was die Verwaltungsgerichte später für rechtswidrig erklärten, da nur technische Gesichtspunkte zu prüfen seien. Angesichts der Gesetzessystematik und weil es „bis dahin weder eine einschlägige Rechtsprechung noch verwertbare Äußerungen in der Kommentarliteratur" gegeben hatte, war die Auslegung aber nicht unvertretbar und nicht schuldhaft, zumal sie das „Ergebnis einer sorgfältigen rechtlichen und tatsächlichen Prüfung" war, BGH, Urteil vom 9. Dezember 2004, Z 161, 305 (310).

derungen derartig streng formuliert werden, dass sie nicht weit von einer verschuldensunabhängigen Einstandspflicht liegen, betonen andere Urteile stärker die Unsicherheiten und Unzulänglichkeiten der Entscheidungssituation. Insgesamt wird die Figur im Staatshaftungsrecht jedoch deutlich strenger, also weniger staatsfreundlich als im Polizeirecht, eingesetzt.

4. Die Objektivierung des Verschuldens durch den ‚pflichtgetreuen Durchschnittsbeamten' in der Literatur

In der Literatur zum öffentlichen Haftungsrecht verbindet sich immer wieder die Kritik an der übergeleiteten Staatshaftung mit den Argumenten gegen eine verschuldensabhängige Haftung des Staates. Beide Ansätze sind auf denselben Punkt gerichtet: Sie lehnen es ab, die staatliche Einstandspflicht an die konkret für den Staat handelnde Person zu knüpfen. Die Figur des pflichtgetreuen Durchschnittsbeamten spielt in dieser Kritik eine nicht unerhebliche Rolle. Zunächst als Konkretisierungsinstrument für den Verschuldensbegriff gedacht, wird sie nun von vielen als Instrument gesehen, welches das Verschuldenserfordernis von innen her auflöst. Nicht nur, dass diese Entwicklung in der Literatur weitgehend begrüßt wurde – einigen Beobachtern geht sie nicht weit genug.[333] Viele halten die Regelung einer unmittelbaren verschuldensunabhängigen Staatshaftung für die erforderliche und richtige Lösung.[334] Die Forschung zum Staatshaftungsrecht ist sich heute also weitgehend einig: Sie begrüßen einen objektiven Fahrlässigkeitsmaßstab; insofern kommt ihnen der ‚pflichtgetreue Durchschnittsbeamte' zupass. Über diese Diskussion hinaus wird der Maßstabsfigur aber wenig Aufmerksamkeit geschenkt. Kritische Stimmen zur Loslösung des Verhaltensmaßstabs vom handelnden Amtswalter und seinen Fähigkeiten und Möglichkeiten sind fast alle älteren Datums. Ohnehin gibt es kaum einen Rechtsbereich, in dem die Maßstabsfigur so unkritisch hingenommen wird wie im Staatshaftungsrecht.

Normativer Anknüpfungspunkt des ‚pflichtgetreuen Durchschnittsbeamten' ist neben § 839 BGB § 276 Abs. 2 BGB, der die Fahrlässigkeit als das Außerachtlassen der im Verkehr *erforderlichen* Sorgfalt definiert. Damit steht schon fest,

---

[333] „Hinzu kommt, dass im Bereich der Amtshaftung eine weitgehende Ablösung von der individuellen Vorwerfbarkeit bis hin zur verschuldensunabhängigen Haftung gerade in besonderem Maße erwünscht und zum Teil bereits vollzogen worden ist.", *Boas Kümper*, Risikoverteilung im Staatshaftungsrecht, S. 217. „Das besagt schließlich, daß das Schuldelement für die Beurteilung des staatlichen Außenrechtsverhältnisses durchaus unmaßgeblich ist, vielmehr kommt es hierbei allein auf die objektive Rechtmäßigkeit oder Rechtswidrigkeit an.", *Richard Bartlsperger*, Die Folgen von Staatsunrecht, NJW 1968, 1697 (1700).
[334] *Sabine Stuth,* Staatshaftung oder Entschädigung, S. 76; *Boas Kümper,* Risikoverteilung im Staatshaftungsrecht, S. 217; *Hans Delius,* Die Beamtenhaftpflichtgesetze, S. 153; *Niklas Luhmann,* Öffentlich-rechtliche Entschädigung, S. 210.

dass es auf die dem handelnden Amtswalter *eigene* (§ 277 BGB) oder die im amtlichen Verkehr übliche Sorgfalt – und damit auf eine empirische Figur – nicht ankommen kann, sondern dass der Maßstab normativ im Hinblick auf die Erfordernisse des jeweiligen Verkehrs gebildet werden muss. Dabei wird der ‚pflichtgetreue Durchschnittsbeamte' als eines von mehreren Instrumenten zur „Objektivierung" und „Entindividualisierung" des Fahrlässigkeitsbegriffs erkannt,[335] deretwegen die „Sorgfaltsanforderungen an den einzelnen Amtsträger immer größer" werden.[336] Weitere sind das Organisationsverschulden, der Verzicht auf die „Nominierung und Individualisierung" eines bestimmten, pflichtwidrig handelnden Amtswalters und schließlich die „Praktizierung der Beweiserleichterung mittels der Rechtsfigur des ‚prima-facie-Beweises'", die „nahe an eine Beweislastumkehr in der Verschuldensfrage" herankomme.[337] Das Verschulden – so die Bilanz – spiele neben der Amtspflichtverletzung keine weitergehende Rolle als Haftungsfilter mehr.[338]

Für den Maßstab des ‚pflichtgetreuen Durchschnittsbeamten' seien „nicht die tatsächlichen, subjektiv-individuellen Fähigkeiten des handelnden Amtsträgers entscheidend, sondern die zur Wahrnehmung des Amtes objektiv-abstrakt erforderlichen".[339] Der Schuldvorwurf werde entpersonalisiert und objektiviert,[340] der Sorgfaltmaßstab führe damit „weg von den speziellen Fähigkeiten eines Subjekts, auf die Geschädigte keinen Einfluß und keine Nachweismöglichkeiten haben".[341] Anfang des 20. Jahrhunderts wurde die Figur immer noch zu ‚einem ideal vollkommenen Musterbeamten' abgegrenzt; ebensowenig wie der handelnde Amtswalter solle nämlich ein idealer zum Maßstab gemacht werden.[342] In der heutigen Literatur findet sich diese Begrenzung nicht mehr.

---

[335] *Hans-Jürgen Papier*, in: HStR, VIII, § 180, Rn. 46; *Karin Lochte-Handjery*, Das Verschulden, JuS 2001, 1186 (1189); *Susanne Pfab*, Staatshaftung in Deutschland, S. 160, der am Durchschnittsbeamten orientierte Verschuldensmaßstab entkräfte das Verschuldenskriterium als Haftungsbremse; *Boas Kümper*, Risikoverteilung im Staatshaftungsrecht, S. 249.

[336] *Hans-Jürgen Papier*, in: HStR, VIII, § 180, Rn. 46.

[337] *Hans-Jürgen Papier*, in: HStR, VIII, § 180, Rn. 46; ebenso *Karin Lochte-Handjery*, Das Verschulden, JuS 2001, 1186 (1189); *Susanne Pfab*, Staatshaftung in Deutschland, S. 160; *Sabine Stuth*, Staatshaftung oder Entschädigung, S. 72.

[338] *Sabine Stuth*, Staatshaftung oder Entschädigung, S. 100; *Bernd Hartmann*, Öffentliches Haftungsrecht, S. 206, „Die Objektivierung des Sorgfaltsmaßstabs der Fahrlässigkeit, in Rechtsprechung und Lehre seit Jahrzehnten zu beobachten, ist mittlerweile so weit vorangeschritten, dass das Verschuldenserfordernis im Sinn persönlicher Vorwerfbarkeit als aufgegeben bezeichnet werden muss."

[339] *Boas Kümper*, Risikoverteilung im Staatshaftungsrecht, S. 217.

[340] *Jürgen Kohl*, Unrechtsfähigkeit des Staates, S. 102.

[341] *Sabine Stuth*, Staatshaftung oder Entschädigung, S. 70.

[342] *Siegfried Rietschel*, Amtshaftung, S. 84; *Hans Delius*, Die Beamtenhaftpflichtgesetze, S. 153 f.; *ders.*, Die Haftpflicht der Beamten, S. 31.

II. Die Maßstabsfigur des pflichtgetreuen Durchschnittsbeamten im Staatshaftungsrecht 147

Als Begründung für diese Objektivierung des Verschuldensbegriffs und damit auch für den ‚pflichtgetreuen Durchschnittsbeamten' wird angeführt, dass, wer den Nutzen aus einem Personaleinsatz ziehe, auch das Kostenrisiko tragen müsse.[343] Nutznießer der Handlungen der Amtswalterinnen seien einerseits der Staat und andererseits die Gesellschaft, die „mit ihrem Steueraufkommen diese Risiken besser abfangen kann", als der Geschädigte.[344] Der Geschädigte könne sich den Schädiger außerdem nicht aussuchen, er müsse sich an denjenigen richten, „welchem der Staat die betreffende Funktion übertragen hat".[345] Der entindividualisierte Verantwortlichkeitsmaßstab erscheine dort vorzugswürdig, „wo das auf eine personale Beziehung zugeschnittene Kriterium der besonderen Nähe zwischen Schädiger und Geschädigtem keine Unterscheidungskraft besitzt."[346]

Das Verschulden eines Beamten rechtfertige es außerdem nicht, die Gleichheit vor dem Gesetz einzuschränken. Es erscheine nicht überzeugend, geschädigte Bürger unterschiedlich zu behandeln, je nachdem, ob der Beamte schuldhaft gehandelt habe.[347] Das Beamtenverschulden dürfe nicht für den Haftungsanspruch des Bürgers gegen den Staat, sondern könne nur für den Rückgriffsanspruch des Staats gegen den Beamten Voraussetzung sein.

Die Objektivierung des Fahrlässigkeitsmaßstabs mit Hilfe des ‚pflichtgetreuen Durchschnittsbeamten' wird auch als eine sachliche und damit gerechte Lösung der Verschuldensproblematik im Staatshaftungsrecht empfunden. Anstelle „traditioneller ‚moralischer' Verschuldensvorstellungen" sei die durchschnittliche Befähigung des Amtswalters und damit ein strenger und entindividualisierter Maßstab getreten.[348]

Grundsätzliche Akzeptanz erfährt nicht nur der ‚pflichtgetreue Durchschnittsbeamte' als Maßstabsfigur, sondern auch seine verkehrskreisbezogene Charakterisierung.[349] Einen einheitlichen Referenzbeamten für alle Amtswalter hält niemand für realistisch. Man kann sagen, dass die normative Figur zwei Zugeständnisse an die Wirklichkeit macht: einmal, dass ein Durchschnittsbeamter und kein idealer gewählt wird und zweitens, dass bestimmte situative Besonderheiten und

---

[343] *Sabine Stuth,* Staatshaftung oder Entschädigung, S. 76.
[344] *Sabine Stuth,* Staatshaftung oder Entschädigung, S. 76.
[345] *Hans Delius*, Die Beamtenhaftpflichtgesetze, S. 153.
[346] *Boas Kümper*, Risikoverteilung im Staatshaftungsrecht, S. 217.
[347] *Niklas Luhmann*, Öffentlich-rechtliche Entschädigung, S. 210 sieht hierin den Grund für die Entwicklung des enteignungsgleichen Eingriffs, s. auch BGH, Entscheidung vom 16. Oktober 1952, Z 7, 296 ff.
[348] *Sabine Stuth,* Staatshaftung oder Entschädigung, S. 70.
[349] „Das zivile Haftungsrecht hat bewiesen, daß die Feinsteuerung der Schadensverteilung in einer risikoträchtigen, interdependenten und technisierten Gesellschaft auf sozialbereichsspezifische Standards (Verkehrspflichten) auf der Basis letztlich (sozial-)politischer Grundentscheidungen angewiesen ist.", *Sabine Stuth,* Staatshaftung oder Entschädigung, S. 71.

persönliche Merkmale im Rahmen sozialbereichsspezifischer Standards Eingang in den Sorgfaltsmaßstab finden.[350] Schon früh wurde deshalb klargestellt, man müsse „Rücksicht nehmen auf die Vorbildung des Beamten und auf das ihm nach Lage der Sache zuzumutende Maß von Kenntnissen": Der „Ehrenbeamte" dürfe nicht mit dem akademischen Beamten gleichgesetzt werden.[351] Ausdrücklich soll dieser Maßstab aber ein objektiver bleiben, nur „innerhalb dieser Beamtenklassen kommt es dann nicht mehr auf die persönlichen Eigenschaften an, sondern hier wird dann ein gleicher Maßstab angelegt."[352]

Die Argumente für eine Objektivierung des Fahrlässigkeitsmaßstabs verbinden sich mit der Überlegung, dass für eine „Repräsentationshaftung"[353] der individuelle oder auch ein typisierter Amtswalter nicht maßstäblich sein dürften.[354] Der Staat als juristische Person kann nur durch seine Organe handeln, somit kämen als „Zurechnungspunkte des staatlichen Außenrechtsverhältnisses lediglich der Staat und der gewaltunterworfene Rechtsträger" in Betracht, „während der staatliche Organwalter darin in keiner Beziehung als Träger von Rechten und Pflichten, vielmehr nur als deren Vollzieher in Erscheinung treten kann."[355]

Diese Argumente, die in scharfer Abkehr von der alten Mandatstheorie gegen eine unmittelbare Beamtenhaftung ins Feld geführt werden, müssen aber im Hinblick auf das Verschulden kritisch betrachtet werden. Wieso soll dem Staat zwar

---

[350] „Es muß (...) das Subjektive des einzelnen sich mit dem Objektiven auf einer gerechten, der Verkehrsanschauung entsprechenden Grenze treffen.", *Hans Delius*, Die Beamtenhaftpflichtgesetze, S. 153.

[351] *Siegfried Rietschel*, Amtshaftung, S. 83.

[352] *Siegfried Rietschel*, Amtshaftung, S. 83; *Bernd Hartmann*, Öffentliches Haftungsrecht, S. 206. *Boas Kümper*, will das Staatshaftungsrecht mit Hilfe der Verkehrspflichtenlehre rekonstruieren, Risikoverteilung im Staatshaftungsrecht, S. 324, „Vor allem aber erweist sich das Verschuldenserfordernis auch bei einer weitreichenden Objektivierung als unvollständig: Denn stets nimmt es allein den Pflichtenmaßstab des in Anspruch genommenen Schädigers in Betracht, während in Bezug auf die Gefahrvermeidungspflichten, gerade die Beherrschbarkeit von Gefahren, eine vergleichende Sicht erforderlich ist und die entsprechenden Risikosphären erst gebildet werden müssen."

[353] *Harry Westermann*, Haftung für fremdes Handeln, JuS 1961, 333 (337).

[354] *Richard Bartlsperger*, Die Folgen von Staatsunrecht, NJW 1968, 1697 (1700).

[355] *Richard Bartlsperger*, Die Folgen von Staatsunrecht, NJW 1968, 1697 (1700); Grundsätzlich zur Haftung für fremdes Handeln, *Harry Westermann*, Haftung für fremdes Handeln, JuS 1961, 333. Vgl. auch BGH, Urteil vom 31. Januar 1991, NVwZ 1992, 298: „Nach ständiger Rechtsprechung des Senats beantwortet sich die Frage nach dem Haftungssubjekt danach, welche Körperschaft dem Amtsträger das Amt, bei dessen Ausübung er fehlsam gehandelt hat, anvertraut hat, wer – mit anderen Worten – dem Amtsträger die Aufgaben, bei deren Wahrnehmung die Amtspflichtverletzung vorgekommen ist, übertragen hat. (...) Dabei ist jedoch anerkannt, daß die Anknüpfung dann versagt, wenn kein Dienstherr vorhanden ist. In einem solchen Fall ist darauf abzustellen, wer dem Amtsträger die konkrete Aufgabe, bei deren Erfüllung er gefehlt hat, anvertraut hat."

II. Die Maßstabsfigur des pflichtgetreuen Durchschnittsbeamten im Staatshaftungsrecht

– notwendigerweise – das Handeln eines Menschen zugerechnet werden können, dieses aber dann nicht durch fehlende Veranwortlichkeit dieser Person begrenzt werden?[356] Spricht nicht die Tatsache, dass der Staat nur durch seine Organe handeln kann, eben dafür, diese zum Maßstab für das Vertretenmüssen seines Handelns zu machen? Und ist nicht der Bürger als Teil der Gesellschaft Nutznießer staatlicher Tätigkeit und muss somit – wo nicht vermeidbar – mit deren Konsequenzen leben? Insbesondere in den vielen Bereichen, in denen der Staat dazu verpflichtet ist, tätig zu werden: So wenig, wie der Bürger sich den Schädiger aussuchen kann,[357] kann die Verwaltung in einigen Bereichen wählen, ob sie eine Handlung durchführt oder nicht, da sie ihren aus der Verfassung resultierenden Pflichten gegenüber den Bürgern nachkommen muss. Staatliche Tätigkeit ist wie private selbst bei größter Sorgfalt und Aufmerksamkeit nicht gänzlich schadenfrei denkbar. Wenn das Haftungsrisiko den Staat lähmt, liegt das nicht mehr im Allgemeininteresse.

Kritik wird in der Literatur selten in Bezug auf die Maßstabsfigur als solche formuliert, sondern resultiert aus der Sorge, dass die Auflösung des Verschuldenselements zu einer überzogenen Gefährdungshaftung des Staates führen wird.[358] Anfang des 20. Jahrhunderts gab es aber durchaus noch eine kritische Auseinandersetzung mit dem ‚Durchschnittsbeamten'. Es könne vorkommen, dass ein Beamter, der über „besonders glänzende Eigenschaften" verfüge und „einen hohen Grad von Sorgfalt anzuwenden vermöchte, obwohl seine Handlungsweise nach dem Maßstabe seiner eigenen Fähigkeiten gemessen, als fahrlässig erscheinen müßte, nicht haftet, weil sein Verhalten doch noch den Anforderungen eines objektiven Maßstabes genügt". Während umgekehrt einer haften muss, „trotzdem er zufolge seiner geringen Begabung, seiner mangelhaften geistigen Eigenschaften mit dem besten Willen nicht imstande gewesen wäre, die erforderliche Sorgfalt anzuwenden um den tatsächlichen Fehler zu vermeiden."[359] Diese Bedenken greifen heute nicht mehr durch: Erstens haftet der Beamte nicht mehr selbst und zweitens entsteht heute auch dann ein Schuldvorwurf, wenn der Amtswalter über Fähigkeiten verfügt, die ihm ermöglichen, eine überdurchschnittliche Sorgfalt walten zu lassen, er aber nicht mit dieser handelt.[360] Der ‚Durchschnittsbeamte' ist gewissermaßen ein Mindeststandard. Trotzdem markiert die-

---

[356] So wird es im Rahmen von § 278 BGB gehandhabt.
[357] In dieser Hinsicht ist die Staatshaftung mit anderer deliktischer Haftung vergleichbar.
[358] „Gefährdungshaftung bedeutet Ausgleich eines legalisierten Betriebsrisikos, also einer vom Verantwortlichen mit Billigung der Gesellschaft geschaffenenen oder unterhaltenen Gefahrenquelle, die ihrer Art nach auch bei völlig pflichtgemäßer Kontrolle nicht in jeder Hinsicht beherrscht werden kann", *Josef Esser*, Gefährdungshaftung, S. VI.
[359] *Hans Delius*, Die Beamtenhaftpflichtgesetze, S. 153.
[360] *Volker König*, Die grobe Fahrlässigkeit, S. 185 f. m. w. N.

se Kritik einen Punkt, der in der heutigen Auseinandersetzung zum öffentlichen Haftungsrecht stark an Aufmerksamkeit eingebüßt hat: den Gedanken, dass eine Einstandspflicht eine gewisse Einsicht in das Unrecht und die Fähigkeit, dieses zu vermeiden, voraussetzt,[361] beziehungsweise, dass der Staat nur für Unrecht und nicht für jede Gefahr und jedes Unglück haftet.[362] Augenscheinlich lässt sich die Figur des pflichtgetreuen Durchschnittsbeamten von der Frage nach der Funktion des Staatshaftungsrechts nicht lösen.

Das Verschulden als ernsthafte Eingrenzung der Haftung ist – so viel wurde bereits deutlich – im Staatshaftungsrecht außer Gebrauch gekommen.[363] Doch auch diese Entwicklung wurde von Bedenken in der Literatur begleitet: Mit der Objektivierung des Sorgfaltsmaßstabs vollziehe sich eine Entfernung von der Vorstellung, dass Schuld etwas dem menschlichen Willen Zurechenbares sei.[364] Die vom Verschuldensgrundsatz abweichende Risikoverteilung und die daraus resultierenden „abwegigen Sorgfaltsanforderungen" seien nur Vorwände einer „planmäßigen Zuteilung des Zufallsschadens an die öffentliche Hand".[365]

Mit Blick auf die Loslösung vom Willen des Amtswalters erweist sich die Maßstabsfigur jedoch als ambivalent: Einerseits bedeutet sie als Objektivierung zugleich eine Entfernung vom handelnden Subjekt, andererseits leistet sie diese Objektivierung gerade durch die Erfindung eines neuen Subjekts; eines Subjekts, das als solches natürlich auch einen (gedachten) Willen haben muss. Dabei wird die Doppelnatur aller Maßstabsfiguren deutlich: Sie sind einerseits objektivierte handelnde Subjekte, andererseits subjektivierte objektive Maßstäbe.

Die Literatur beleuchtet die Hintergründe der Maßstabsfigur des pflichtgetreuen Durchschnittsbeamten; zu ihr selbst hat sie aber eine weitgehend unkritische Haltung. Immer wieder als Objektivierungsinstrument definiert, wurde bisher nicht wirklich in den Blick genommen, ob diese objektivierende Funktion in der Figur selbst angelegt ist und wen man sich als diesen wenig anspruchsvoll klingenden Maßstab des pflichtgetreuen Durchschnittsmenschen vorzustellen hat.

---

[361] Dass sich dies nicht durchhalten lässt, zeigt zum Beispiel der Fall der unbewussten Fahrlässigkeit. Zur Determinismus-Diskussion im Strafrecht vgl. *Rolf Dietrich Herzberg*, Willensunfreiheit und Schuldvorwurf.

[362] Die Differenzierung von Unglück und Unrecht nahm *Josef Esser* vor, der sie später aber selbst nicht mehr ganz treffend fand, Gefährdungshaftung, S. V.

[363] *Josef Esser*, Gefährdungshaftung, S. V sieht in der Gefährdungshaftung eine doppelte Gefahr: „Die Sinnentleerung unserer Unrechts- und Schuldvorstellungen im Zivilrecht und die Verkennung der Planungsaufgaben im Recht der Wagnisverteilung und ihrer Versicherung."

[364] Vgl. dazu schon *Karl Haffner*, Civilrechtliche Verantwortlichkeit der Richter, S. 62: dann „wäre es Schuld eines Menschen, dass er nicht so gut beanlagt und begabt ist als ein Anderer." Hier ging es jedoch noch nicht um die auf den Staat übergeleitete, sondern um eine direkte Haftung.

[365] *Josef Esser*, Gefährdungshaftung, S. 38.

5. Analyse: Der ‚pflichtgetreue Durchschnittsbeamte' als Scharnier zwischen § 839 BGB und Art. 34 GG

Der ‚pflichtgetreue Durchschnittsbeamte' ist das Kind einer normativen Verschuldenstheorie. Er wird nicht nach den tatsächlichen Fähigkeiten Einzelner oder als Mittel der empirisch erhobenen Fähigkeiten vieler Beamten gebildet. Auch hier ist die Bezeichnung der Maßstabsfigur als Durchschnittsbeamter irreführend, weil sie suggeriert, auf einem empirischen Fundament zu stehen. Stattdessen wird sie durch die Rechtsprechung im Sinne eines Referenzbeamten normativ festgelegt, der in einem vorgestellten Parallelgeschehen Fehler bei der Ausführung staatlicher Aufgaben in wünschenswerter Weise und in wünschenswertem Maß vermeidet.

Die Maßstabsfigur funktioniert im Staatshaftungsrecht als Scharnier zwischen der ursprünglich konzipierten Eigenhaftung des Beamten aus § 839 BGB, die später auf den Staat übergeleitet und objektiviert wurde (Art. 34 GG). Denn in ihr findet sich diese ambivalente Funktionsweise wieder: Einerseits objektiviert der ‚pflichtgetreue Durchschnittsbeamte' den Verschuldensmaßstab, indem er die Frage der Verantwortlichkeit vom handelnden Subjekt loslöst (Rationalisierungsfunktion). Andererseits ist er selbst Subjekt und steht damit für die Anbindung des Vertretenmüssens an das Individuum und den menschlichen Willen.

Die Maßstabsfigur erfüllt im Staatshaftungsrecht eine Rationalisierungsfunktion, weil sie staatliches Handeln gegen private Verfehlungen immunisieren soll. Die Trennung von Amt und Person ist Voraussetzung für die Unparteilichkeit der Verwaltung, in deren Dienst auch die Maßstabsfigur gestellt werden kann.[366] Mit ihrer Hilfe kann von persönlichen Wertvorstellungen und Dispositionen abstrahiert werden. Der einzelne Inhaber eines Amtes wird zu einem austauschbaren Akteur des Staates.[367] Die Folge ist – idealtypisch gedacht –, dass jeder, der mit einem Sachverhalt befasst ist, sich unter der Figur dasselbe vorstellt und in der Rechtsauslegung denselben Maßstab anwendet. Damit hängt das Normkonkretisierungsergebnis nicht von dem zufälligen Umstand ab, welchem Sachbearbeiter ein Fall zugewiesen wird. Der Bürger ist nicht mit den persönlichen Vorlieben und Eigenschaften eines Einzelnen konfrontiert, sondern kann sich auf ein einheitliches rationales Handeln der Verwaltung verlassen. Auf diese Weise – so lässt sich argumentieren – wird Rechtssicherheit geschaffen und das Verwaltungshandeln legitimiert.

---

[366] Zur Unparteilichkeit der Verwaltung generell und den verschiedenen Bedeutungen des Begriffes vgl. *Michael Fehling*, Verwaltung zwischen Unparteilichkeit und Gestaltungsaufgabe, S. 6 ff.

[367] „Nicht die Person (bestimmt) das Amt, sondern das Amt die Person.", Vgl. Nachweis bei *Otto Depenheuer*, HdStR, § 36, Rn. 61.

Es fällt auf, dass für die Maßstabsfigur im Staatshaftungsrecht nicht – wie zum Beispiel beim typisierten Polizisten – Bezeichnungen wie ‚objektiv' als Adjektiv gewählt wurden, sondern mit ‚pflichtgetreu' eine Charakterisierung, die zunächst an die Weisungsgebundenheit des Amtswalters erinnert und zugleich etwas obrigkeitsstaatlich anmutet. Wenn ‚pflichtgetreu' aber bedeuten soll, dass der Amtswalter seine Sorgfaltspflichten beachten muss, so ist diese Bezeichnung tautologisch und hilft nicht dabei, den Inhalt des Maßstabs näher zu bestimmen.

Der ‚pflichtgetreue Durchschnittsbeamte' wurde von der Literatur als Objektivierungsinstrument eingeordnet. Warum aber wird gerade die Typisierung von Personen dazu benutzt, den Maßstab möglichst objektiv zu gestalten und vom individuell-menschlichen Handeln loszulösen? Suggeriert dieses Bild eines alternativen, parallel Entscheidenden nicht vielmehr, dass auch hier eine Person handelt, die mit menschlichen Beschränkungen zu kämpfen hat? Die Maßstabsfigur dient dazu, Verhaltensanforderungen losgelöst von der handelnden Person zu formulieren. Sie objektiviert also notgedrungen. Wie das Beispiel der Sorgfalt in eigenen Angelegenheiten in § 277 BGB zeigt, kann Fahrlässigkeit aber auch anhand der Möglichkeiten des individuellen Menschen beurteilt werden, sie ist also nicht zwangsläufig ein objektivierter Maßstab.[368]

Die Sichtung der Rechtsprechung hat gezeigt, dass die Maßstabsfigur dazu dienen kann, strenge Sorgfaltsmaßstäbe zu begründen, manchmal sogar so streng, dass sie in die Nähe einer Gefährdungshaftung rücken. Ebenso gut aber – und auch das zeigen die Entscheidungen – kann sie die Anforderungen an einen Beamten begrenzen, wie sie es im Fall der Röntgen-Reihenuntersuchung getan hat. Dass mit dem ‚pflichtgetreuen Durchschnittsbeamten' das Verschuldenselement abgeschafft wurde, ist also keine zwangsläufige Entwicklung. Die starke Objektivierung mit Hilfe der Maßstabsfigur ist nicht in ihr selbst begründet. Wie schon gezeigt wurde, objektiviert sie zwar, entfernt sich also vom handelnden Subjekt, ist aber zugleich selbst Subjekt. Sie ist notwendig beides und damit das dogmatische Scharnier zwischen dem überkommenen § 839 BGB und der Umleitung der Haftung durch Art. 34 GG. Die Objektivierung hat ihre Ursache also nicht darin, *dass* die Figur benutzt wird, sondern *wie*.

Das zeigt auch ihre Entwicklung in Rechtsprechung und Literatur, an der sich eine verstärkte Objektivierung im Laufe der Zeit ablesen lässt. Zur Zeit ihres ersten Auftretens Ende des 19. und Anfang des 20. Jahrhunderts wurde die Maßstabsfigur noch zum idealen Musterbeamten abgegrenzt. Heute geschieht das nicht mehr, denn die Eigenhaftung des Beamten wird auf den Staat übergeleitet

---

[368] Wobei die Sorgfalt in eigenen Angelegenheiten auch ein normativer Maßstab ist, denn sie beschreibt nicht die Sorgfalt im konkret zu entscheidenden Fall, sondern die in eigenen Angelegenheiten übliche Sorgfalt.

und der Amtsträger dadurch von den Haftungsrisiken weitgehend befreit. Wahrscheinlich ist die Maßstabsfigur heute von der Idealvorstellung gar nicht mehr so weit entfernt. Damals waren die Normalität und die Erfüllbarkeit des Maßstabs stärker im Fokus, während heute die Abstraktion strenger Verhaltensstandards überwiegt.

Damit gelangt man unweigerlich zu der Frage, welche Rolle die Maßstabsfigur für die Diskussion um die Verschuldensabhängigkeit des Staatshaftungsrechts hat. Wie eben gezeigt, ist sie zwar ein Instrument zur Abstraktion vom individuell handelnden Amtswalter, aber nicht notwendig eines der starken Objektivierung von Sorgfaltsstandards. Nähme man ihre Durchschnittlichkeit wörtlich, so könnte sie vielmehr als konservierender Maßstab verstanden werden. Das aber widerspräche dem Wortlaut des § 276 BGB, der von der *erforderlichen*, nicht der üblichen Sorgfalt spricht.

Im Rahmen des Staatshaftungsrechts deutet die Subjektivierung des Verschuldensmaßstabs mittels einer typisierten Person auf die „zeitlose Beharrungskraft"[369] der Schuldidee hin, mit der selbst – oder vielleicht auch gerade – dort, wo es um die Mängel behördlicher und technischer Organisationsprinzipien geht, mit Verve nach dem menschlichen Versagen, nach dem ‚Täter' gesucht wird. Paradoxerweise symbolisiert die Maßstabsfigur trotz ihrer Verwendung durch die Rechtsprechung und auch angesichts zunehmender Technisierung und Anonymisierung der Verwaltung ein Bedürfnis der Rückkoppelung von Handlungen und ihren Konsequenzen an ein Individuum und dessen Verantwortung.

„Setzen wir an die Stelle des Rechtlichen das funktionell Richtige und an die Stelle des verantwortlich Bewußten das Anonyme der Organisation, so hängen wir uns an jene Tendenzen, die im ‚Amtsträger' nur noch den ‚Funktionär', in der ‚Verwaltung' allein den ‚Apparat' erblicken. Das berührt die Substanz unserer Rechtsordnung."[370]

Die Maßstabsfigur des pflichtgetreuen Durchschnittsbeamten hat eine Entlastungsfunktion für die klagenden Bürger und die Gerichte, denn sie „nimmt dem Staat den Einwand, der konkret Schädigende sei zu mehr nicht fähig gewesen."[371] Stattdessen begründet sie für den Staat die Pflicht, hohe Anforderungen an seine Amtswalter zu stellen. Aber in ihrer Verwendung durch die Rechtsprechung liegt auch die Neigung, im Schicksal einen „einklagbaren Rechtsverlust" zu sehen.[372] In einem Rechtsstaat weiß auch der vernünftige Durchschnittsbürger, dass Frei-

---

[369] *Josef Esser*, Gefährdungshaftung, S. IX.
[370] *Peter Lerche/Ulrich Scheuner*, Amtshaftung und enteignungsgleicher Eingriff, JuS 1961, 237 (243).
[371] *Bernd Hartmann*, Öffentliches Haftungsrecht, S. 208.
[372] *Fritz Werner*, Das Problem des Richterstaats, 22 f.: „Man meint heute weithin, das Schicksal, das dem Einzelnen begegnet ist und ihn ohne sein Verschulden geschlagen hat, müsse mit den Mitteln des Rechts korrigiert werden."

heit nicht ohne Risiko zu haben ist, und die Bereitschaft, soziale Risiken des Gemeinschaftslebens selbst zu tragen, Ausdruck von Eigenverantwortung einerseits und sozialer Bindung andererseits sein kann.[373] Der ‚pflichtgetreue Durchschnittsbeamte' kann hier bestenfalls als Mittelweg zwischen einer stark am individuellen Amtswalter und seinen Fähigkeiten ausgerichteten Haftung und einer Art „Gefährdungs-Garantie für fehlerfreies Funktionieren des ‚Apparats'"[374] gesehen werden.

Ob die Maßstabsfigur als Konkretisierung des Sorgfaltsmaßstabs taugt, lässt sich nur mit Blick auf die Verkehrskreise beurteilen, innerhalb derer der ‚pflichtgetreue Durchschnittsbeamte' – wie von § 276 Abs. 2 BGB vorgegeben – gebildet wird. Während die ‚erforderliche Sorgfalt' als Tatbestandsmerkmal des Verschuldens auf dessen Normativität verweist, nehmen die Verkehrskreise auf lebensweltliche Begebenheiten Bezug, auch wenn sie normativ konzipiert werden. Sie ermöglichen damit immerhin eine gewisse Präzisierung der Sorgfaltsanforderungen. Die Bildung von Verkehrskreisen ist deshalb erforderlich, weil sich eine einheitliche Maßstabsfigur für alle Fälle staatlichen Handelns nicht formen ließe. Angesichts immer spezieller Lebensbereiche und der zunehmenden Ausdifferenzierung staatlicher Tätigkeit nimmt ihre Bedeutung wohl eher zu. Die Maßstabsfigur wird mit Attributen aus dem jeweiligen beruflichen Umfeld der handelnden Amtswalterin ausgestattet, wie zum Beispiel: In welcher Behörde arbeitet sie, welche Position hat sie dort inne und welcher Erfahrungsschatz ist für deren Ausübung erforderlich.[375] Welche Aspekte verkehrsbezogen sind und daher Berücksichtigung finden ist entscheidend für das Niveau der Sorgfaltsanforderungen. Diese Frage zu beantworten ist also das Problem, zugleich bleiben die Parameter für ihre Beantwortung unklar.

Die Aussagekraft der Bezeichnung ‚pflichtgetreuer Durchschnittsbeamter' ist für die Maßstabsbildung – wie die Analyse gezeigt hat – äußerst gering. Sie weist auf einen Standard hin, der losgelöst von der konkreten Person gebildet wird, zugleich aber den individuell-menschlichen Ursprung hinter dem Verschuldensgedanken symbolisiert und damit einer gänzlichen Anonymisierung der Haftung

---

[373] *Günter Dürig*, Öffentlich-rechtliches Entschädigungssystem, JZ 1955, 521 (525).

[374] *Peter Lerche/Ulrich Scheuner*, Amtshaftung und enteignungsgleicher Eingriff, JuS 1961, 237 (242).

[375] In einem zivilrechtlichen Fall, in dem es um die Sorgfalt eines „tüchtigen, gewissenhaften Rennfahrer(s)" ging, führte der Bundesgerichtshof aus: „Im Verkehr erforderlich ist derjenige Grad von Sorgfalt, der in solchen Verhältnissen und in den in Betracht kommenden Personenklassen von tüchtigen, gewissenhaften Leuten für genügend erachtet wird. Der grundsätzlich anzuwendende objektive Maßstab bei der Prüfung der Sorgfalt erleidet somit eine gewisse Einschränkung in subjektiver Hinsicht, als es auf den Personenkreis der Beteiligten (...) mit ankommt.", BGH, Urteil vom 7. April 1952, NJW 1952, 779.

eigentlich entgegentritt. Das Spannungsverhältnis zwischen der Loslösung vom Individuum und dem notwendig individuellen Verschulden ist gleichzeitig das Spannungsverhältnis zwischen § 839 BGB und Art. 34 GG. Darüber hinaus kann die Figur mit sehr unterschiedlichen Erwartungen aufgeladen werden, wie ihre Entwicklung in der Rechtsprechung gezeigt hat. Die Maßstabsfigur im Staatshaftungsrecht gibt eine Tendenz für die Prüfung des Verschuldens vor, weder aber objektiviert sie das Merkmal notwendig, noch erzeugt sie konkrete Sorgfaltsstandards.

III. Zusammenfassung

Die Analyse der Figur im Polizei- und Staatshaftungsrecht zeigt, dass sie in den Dienst gegenläufiger Entwicklungen gestellt werden kann: Während sie im Kontext der Gefahrabwehr eine subjektiv-normative Perspektive beschreibt, wird im Haftungsrecht die Objektivierung des Verschuldenserfordernisses mit ihr vorangetrieben. Die Figur ist inhaltlich nicht gänzlich beliebig, denn sie ist notwendig etwas anderes als die handelnde Person und zugleich auch etwas anderes als das von jeder Person Losgelöste, Objektive. Zwischen diese Polen aber konkretisiert sie die Perspektive auf den Gefahrbegriff im Polizeirecht und die Sorgfaltsanforderungen im Staatshaftungsrecht kaum. Welcher Seite sie sich andient, ist letztlich eine Frage der Entwicklung des jeweiligen Rechtsbereiches und nicht der Maßstabfigur.

In der Analyse des besonnenen Amtswalters zeigt sich die Doppelnatur aller Maßstabsfiguren: Diese sind einerseits objektivierte handelnde Subjekte, andererseits subjektivierte objektive Maßstäbe. Einerseits Rationalisierungsinstrument, andererseits Anerkenntnis des Individuell-Menschlichen. Diese Funktionen sind im Recht der Gefahrenabwehr und der Staatshaftung unterschiedlich deutlich ausgeprägt. Während der ‚besonnene Polizist' der Senkung normativer Anforderungen dient, objektiviert der ‚pflichtgetreue Durchschnittsbeamte' die erforderliche Sorgfalt. Die Rationalisierungsfunktion soll hier im Kontext der Amtsausübung noch einmal etwas Aufmerksamkeit erfahren.

Das Zurückdrängen des Persönlichen als Charakteristikum der Maßstabsfigur ist aufs Engste mit dem Amtsbegriff und damit dem Amtswalter verbunden.[376]

---

[376] „Der Amtswalter handelt für die juristische Person, die als bloßes Rechts- und Gedankengebilde unmittelbar keine eigene Handlungsfähigkeit besitzt. Auch die Ausfüllung des öffentlich-rechtlichen Konkretisierungsspielraums durch den einzelnen Amtswalter ist lediglich Ausdruck eines eigenständigen Entscheidungsspielraums der Verwaltung, sich zur Inhaltsvervollständigung menschlicher Tätigkeit zu bedienen.", *Christian Ernst*, Die Verwaltungserklärung, S. 328.

Auch wenn es sich dabei zunächst nur um eine begriffliche Unterscheidung handelt, lässt ein Blick auf das Amt als Rationalisierungsinstrument den ‚pflichtgetreuen Durchschnittsbeamten' verständlicher werden. Das Amt als Erfüllung einer hoheitlichen Aufgabe dient der Transformation individuellen Handelns in staatliches Handeln mit rechtlicher Verbindlichkeit.[377] Schon im römischen Ämterwesen fand eine strukturelle Trennung von Amt und Person statt, und das „officium" wurde institutionell als fester, den einzelnen Amtswalter überdauernder Pflichtenkreis verstanden.[378] Das Amt soll von der Persönlichkeit und dem Wechsel des Amtsinhabers unberührt bleiben.[379]

Die Zusammensetzung des Personalkörpers spielt auch im modernen deutschen Verwaltungsstaat, den insbesondere *Max Weber* systematisch erfasst hat, keine Rolle, sie soll auch keine Rolle spielen.[380] In den USA hingegen wird diese Trennlinie nicht so strikt gezogen. Hier steht der Gedanke im Mittelpunkt, dass die Verwaltung demokratischer wird, wenn sie ein Spiegelbild der Gesellschaft ist und Geschlechterparität gewährleistet, verschiedene Ethnien, soziale Hintergründe, religiöse und politische Überzeugungen repräsentiert, weshalb es die Vorstellung der *Representative Bureaucracy* gibt.[381] Dieses von dem Briten *Donald Kinsley* entwickelte Konzept[382] besagt, dass im Rahmen der Rekrutierung von Verwaltungspersonal darauf geachtet werden muss, nicht einen Teil der Bürgerinnen von der Teilhabe an der Verwaltung und damit der Identifikation mit dem Staat auszuschließen. Gerade Gruppen anzusprechen, die auf Verwaltungsebene typischerweise schlecht repräsentiert sind, so zum Beispiel Bewerberinnen mit Migrationshintergrund oder aus einfachen sozialen Verhältnissen kann eine „Kastenbildung"[383] und Abschottung der Verwaltung gegenüber der Gesellschaft verhindern. Die rationalistische, anti-individuelle Figur des typisierten Amtswalters scheint zu einem solchen pluralen Verwaltungsverständnis nicht zu passen. In Deutschland zeigte nicht zuletzt der Streit um Kopftuch tragende Lehrerinnen an Schulen und Rechtsreferendarinnen bei Gericht, der in den letzten

---

[377] *Otto Depenheuer*, HdStR, § 36, Rn. 17; etymologisch geht der Begriff auf das keltisch-lateinische ambactur zurück, das zunächst allgemein „Dienst" oder „Tätigkeit" für einen Herrn bedeutete, *Carl Horst u. a.*, Enzyklopädie der Neuzeit Online, „Amt", 1.1.

[378] *Otto Depenheuer*, HdStR, § 36, Rn. 49.

[379] „Nicht die Person (bestimmt) das Amt, sondern das Amt die Person.", vgl. Nachweis bei *Otto Depenheuer*, HdStR, § 36 Rn. 60.

[380] *Wolfgang Seibel*, Verwaltung verstehen, S. 75. Eine Bevorzugung bestimmter Bevölkerungsgruppen aus Integrationsgründen bei der Besetzung öffentlicher Ämter würde wohl schon gegen Art. 33 Abs. 2 GG verstoßen. Art.33 Abs. 2 GG definiert als Auswahlkriterien Eignung, Befähigung und fachliche Leistung.

[381] *Samuel Krislov*, Representative Bureaucracy.

[382] *Donald Kingsley*, Representative Bureaucracy.

[383] *Wolfgang Seibel*, Verwaltung verstehen, S. 77.

Jahren eine breite gesellschaftliche Debatte über die Zurschaustellung religiöser Symbole im staatlichen Raum in Gang gesetzt hat, welches Konfliktpotenzial der Rationalitäts- und Neutralitätspflicht des Staates innewohnt.[384]

---

[384] Dieser Konflikt findet sich auch in einigen Entscheidungen wieder, vgl. nur die sogenannten Kopftuchentscheidungen des BVerfG, Beschluss vom 14. Januar 2020, – 2 BvR 1333/17 –; BVerfG, Beschluss vom 27. Januar 2015, E 138, 296; BVerfG, Urteil vom 24. September 2003, E 108, 282.

C. Die Maßstabsfigur des Durchschnittsbürgers

Im Folgenden werden zwei Ausprägungen der Figur des Durchschnittsbürgers in unterschiedlichen Rechtsbereichen genauer untersucht: Erstens der ‚ästhetische Durchschnittsbürger', der über die Gestaltung von Bauwerken im Recht der Verunstaltungsabwehr entscheidet. Sein Urteil gewinnt er aus dem optischen Eindruck und durch „sein gefühlsmäßiges Erfassen von baulichen Anlagen und ihrer Umgebung".[1] Und zweitens der ‚*empfindliche* Durchschnittsbürger' im öffentlichen Immissionsschutzrecht, an dessen Maßstab die Zumutbarkeit von Immissionen gemessen wird. Dabei wird sich zeigen, dass die beiden Figuren zwar zur Bewältigung sehr unterschiedlicher Fragen genutzt werden, in ihrer Anwendung aber viele Eigenschaften und Schwierigkeiten teilen.

Insbesondere regeln beide Figuren die rechtliche Relevanz von Empfindungen: Im Recht der Verunstaltungsabwehr geht es um die ästhetische Empfindung im Bezug auf ein Bauwerk und im Immissionsschutzrecht um das Gefühl der erheblichen Beeinträchtigung durch Immissionen. Dabei ist die Konkretisierung der unbestimmten Rechtsbegriffe anhand der subjektiven Wahrnehmung der Figur eine Fiktion: Ihre ‚Empfindung' wird nicht empirisch ermittelt, also mit Hilfe von Befragungen rekonstruiert oder anhand von physischen Reaktionen gemessen,[2] wie man bei der Bezeichnung als Durchschnittsfigur vermuten würde, sondern sie wird aus normativen Erwartungen abgeleitet und dem fiktiven Subjekt Durchschnittsbürger zugerechnet. Es geht also gar nicht um eine sinnliche Wahrnehmung oder ein körperliches Gefühl, es geht paradoxerweise um normative Anforderungen, die in das Gewand der Empfindung gehüllt werden. Die Rationalisierung und Normativierung der Empfindung lässt sich auch an der Entwicklung der Rechtsprechung zur Figur des Durchschnittsbürgers beobachten: Sowohl im Immissionsschutzrecht, als auch im Recht der Verunstaltungsabwehr wurde die Figur zur selben Zeit vom ‚normalen Durchschnittsmenschen' zum ‚verständigen Durchschnittsmenschen' bzw. vom ‚Durchschnittsbetrachter' zum ‚für ästhetische Eindrücke offenen Durchschnittsbetrachter' fortentwickelt. Diese Veränderung des Maßstabes wurde damit begründet, dass die Figur des nor-

---

[1] OVG Berlin, Urteil vom 20. Januar 1967, NJW 1967, 997 (998).
[2] Anders als mittelbar lassen sich solche Empfindungen nicht erfassen.

malen Durchschnittsbürgers zu sehr auf sich selbst bezogen sei und zu wenig das Gemeinwohl im Blick habe. Für den ‚rationalen Amtswalter' im Rahmen des Polizei- und Staatshaftungsrechts gab es eine solche Entwicklung nicht.

Im Gegensatz zur bisher behandelten Figur des ‚besonnenen Amtswalters', die sich auf eine rational handelnde Person bezieht, orientiert sich die Maßstabsfigur des Durchschnittsbürgers also an der Vorstellung vom realen Bürger als einem irrational empfindenden, auf sich selbst bezogenen Individuum.[3] Dessen persönliche Empfindung ist rechtlich nur dann relevant, wenn sich darin etwas ausdrückt, das einem allgemeinen, geteilten Empfinden entspricht und in der Maßstabsfigur Ausdruck findet. Damit ermöglicht der ‚Durchschnittsbürger' zugleich, dass Empfindungen überhaupt Einfluss auf die rechtliche Entscheidung erlangen können. Das ist in einem grundsätzlich zu rationalem Handeln verpflichteten Staat eine Besonderheit.

I. Die Maßstabsfigur des Durchschnittsbetrachters im Recht der Verunstaltungsabwehr

Das Recht der Verunstaltungsabwehr ist Teil des öffentlichen Baurechts und legt ästhetische Mindeststandards für Bauwerke fest. Dabei entscheidet das Empfinden des ‚für ästhetische Eindrücke offenen Durchschnittsbetrachters'[4] über die ästhetische Wirkung baulicher Anlagen auf ihre Umgebung. Diese – wenn auch sehr zurückgenommene – „staatliche Geschmackskontrolle" ist ein Spezifikum des Baurechts.[5] Das Verunstaltungsverbot ist eine Art ästhetischer Willkürkontrolle, nicht mehr, denn die Zeiten sogenannter positiver Gestaltungspflege[6] – also konkreter geschmacklicher Vorgaben – sind vorbei, aber auch nicht weniger, denn die Freiheit des Bauherrn soll dort ihre Grenze finden, wo die Menschen in ihrem ästhetischen Empfinden erheblich gestört werden. Das Verbot verfolgt da-

---

[3] Womöglich wird die Figur deshalb in den hier untersuchten Rechtsbereichen selten als ‚Durchschnittsbürger', sondern meist als ‚Durchschnittsmensch' oder ‚Durchschnittsbetrachter' bezeichnet. Kritisch zu einer verkürzenden Rationalität durch Subjektkonzeptionen, *Susanne Baer*, Der Bürger, S. 14 f.: „Mit all diesen Figuren gehen Verkürzungen einher. Entscheidungen und Deliberation leben vielmehr auch von einer Leiblichkeit und von Erfahrung. Das Subjekt bestimmt sich nicht nur aus der ratio, die von den Emotionen getrennt wäre, und nicht aus einem Geist, der sich von der Natur emanzipiert, indem er sie beherrscht. Vielmehr erfährt dieses Subjekt sich ‚selbst im Kontext' (Benhabib)."

[4] BVerwG, Urteil vom 28. Juni 1955, E 2, 172.

[5] In Bezug auf das Verhältnis des Verunstaltungsverbots zur verfassungsrechtlichen Kunstfreiheit *Andreas Voßkuhle*, Verunstaltungsverbot und Bau-Kunst, BayVBl. 1995, 613 (614).

[6] Zum Begriff der positiven Gestaltungspflege *Kathrin Müller*, Das bauordnungsrechtliche Verunstaltungsverbot, S. 14 ff., m. w. N. S. auch Fn. 84.

I. Die Maßstabsfigur des Durchschnittsbetrachters im Recht der Verunstaltungsabwehr 161

bei den Zweck, Konflikte zwischen dem Bauherrn und den Betrachtern zu verhindern, das „psychische Wohlbefinden der Bürger" und den „sozialen Frieden in der Gemeinschaft" zu sichern.[7] Anders als im Immissionsschutzrecht dient der Durchschnittsbürger nicht als Maßstab einer antizipierten Drittschutzklage.[8] Der Schutz vor Verunstaltungen ist nicht einklagbar. Seine Durchsetzung bleibt damit allein der Verwaltung überlassen.[9]

Im Folgenden wird zunächst die Rolle der Maßstabsfigur des Durchschnittsbetrachters im Recht der Verunstaltungsabwehr bestimmt (1). Vor dem Hintergrund des ihr zugrundeliegenden Problems der Normativität des ästhetischen Urteils (2) soll die Entwicklung der Figur in der Rechtsprechung nachgezeichnet werden (3). Auf welche Weise verwenden die Gerichte den Maßstab? Wie findet dieser Eingang in die Entscheidungen und welche Rolle spielt er? Im Anschluss an die Auseinandersetzung mit diesen Fragen und nach einem Blick auf die Rezeption der Figur in der Literatur (4), werden die Funktionen und Grenzen der Maßstabsfigur insbesondere im Hinblick auf das ästhetische Urteil untersucht (5).

1. Die Gesetzeslage zum Verunstaltungsverbot

Der Verunstaltungsschutz ist in den Landesbauordnungen geregelt, obwohl er ästhetischen Zwecken und nicht der in der Kompetenz der Länder liegenden Gefahrenabwehr im engeren Sinne dient.[10] Verboten ist sowohl eine Verunstaltung der baulichen Anlagen selbst, als auch ihrer Umgebung. Die Regelungen der Länder unterscheiden sich nicht grundsätzlich, in der Berliner Bauordnung findet sich zum Beispiel folgende Formulierung:[11]

---

[7] S. BVerwG, Beschluss vom 27. Juni 1991, NVwZ 1991, 983 (984). Ausführlich zum Schutzzweck der Verunstaltungsvorschriften *Christoph Gusy*, Polizeirecht, 2006, S. 55 m.w.N. aus Rechtsprechung und Literatur.

[8] Dort dient die Figur des Durchschnittsmenschen der Konkretisierung der Zumutbarkeit von Immissionen. Es ist damit zugleich ein Versuch, den Konflikt zu antizipieren und die Interessen zum Ausgleich zu bringen, die sonst im Wege einer Klage geltend gemacht werden könnten.

[9] VG Berlin, Beschluss vom 26. April 1989 – 19 A 109.89 –, juris Rn. 24; VG Würzburg, Urteil vom 17. April 2012 – W 4 K 11.48 –, juris Rn. 39.

[10] *Ulrich Battis*, Öffentliches Baurecht, S. 178; schon im Kreuzbergurteil stellte das Preußische Oberverwaltungsgericht fest, dass sich die Verunstaltungsabwehr nicht unter den Gefahrbegriff subsumieren lasse, Urteil vom 14. Juni 1882, E 9, 353; *Sabine Kamp*, Die Rechtsproblematik des Verunstaltungsschutzes, S. 16 m.w.N.

[11] Vom 29. September 2005 (GVBl. S. 495), zuletzt geändert durch Gesetz vom 9. April 2018 (GVBL. S. 205, 381). Art. 8 BayBauO und § 12 Abs. 1 HBauO lauten wortgleich.

§ 9 Gestaltung

(1) Bauliche Anlagen müssen nach Form, Maßstab, Verhältnis der Baumassen und Bauteile zueinander, Werkstoff und Farbe so gestaltet sein, dass sie nicht verunstaltet wirken.

(2) Bauliche Anlagen dürfen das Straßen-, Orts- oder Landschaftsbild nicht verunstalten.

(...)

Neben dem allgemeinen Verunstaltungsverbot gibt es Spezialregeln wie zum Beispiel das Verbot einer „störenden Häufung von Werbeanlagen"[12] oder im Bauplanungsrecht § 35 Abs. 3 Satz 1 Nr. 5 BauGB, wonach Vorhaben im Außenbereich nur zulässig sind, wenn sie das Orts- und Landschaftsbild nicht verunstalten.[13] Zu unterscheiden ist die Verunstaltungsabwehr von zwei anderen Fällen gestalterischer Vorgaben: Der Verhinderung von Ortsbildbeeinträchtigungen im Innenbereich nach § 34 Abs. 1 Satz 2 BauGB und dem Denkmalschutz.[14] Für die Beurteilung der Beeinträchtigung des Denkmalcharakters ist nicht auf den Durchschnittsbetrachter, sondern „auf den Wissens- und Erkenntnisstand sachverständiger Betrachter abzustellen, da nur diese über die insoweit notwendigen Kenntnisse und Informationen verfügen."[15] Im Gerichtsverfahren werden hier regelmäßig Sachverständige hinzugezogen. Der anspruchsvollere Maßstab des Denkmalschutzrechts wird mit der Expertise begründet, die erforderlich sei, um

---

[12] In Berlin in § 10 Abs. 2 Satz 3 BauO Bln.

[13] Hier dient ebenfalls der gebildete Durchschnittsmensch als Maßstab: SächsOVG, Urteil vom 18. Mai 2000 – 1 B 29/98 –, juris Rn. 32; VG Frankfurt, Urteil vom 18. März 2004 – 6 E 1707/03 –, juris, Rn. 27.

[14] Bei dem Schutz vor Ortsbildbeeinträchtigungen geht es nicht vorrangig um ästhetische, sondern um städtebauliche Ziele, also solche, die im Geltungsbereich eines Bebauungsplans durch Festsetzungen nach § 9 Abs. 1 BauGB oder gemäß der Baunutzungsverordnung gesichert werden können. *Wilhelm Söfker* in: Ernst/Zinkahn, Baugesetzbuch, 114. EL 2014, § 34, Rn. 68. BVerwG, Urteil vom 11. Mai 2000 – 4 C 14/98 –, juris, Rn. 19, „auch ein ‚schönes' Bauwerk kann das Ortsbild beeinträchtigen." Die Beeinträchtigung wird aber auch hier nach dem „ästhetischen Empfinden eines für Fragen der Ortsbildgestaltung aufgeschlossenen Betrachters" beurteilt. Zum Verhältnis städtebaulicher Maßnahmen und Verunstaltungsrecht ebd. Rn. 17.

[15] BayVGH, Urteil vom 17. Januar 2005 – 2 B 01.2052 –, juris, Rn. 15; ebenso OVG Münster, Urteil vom 6. Februar 1992 – 11 A 2313/89 –, juris Rn. 37 m.w.N. „Die Beurteilung setzt nämlich ein Vertrautsein mit dem zu schützenden Denkmal und seiner Epoche voraus." S. auch VG Würzburg, Urteil vom 15. Dezember 2005 – W 5 K 05.831 –, juris, Rn. 22 zu § 6 Abs. 2 Satz 2 DSchG: „Im Fall des Absatzes 1 Satz 2 kann die Erlaubnis versagt werden, soweit das Vorhaben zu einer Beeinträchtigung des Wesens, des überlieferten Erscheinungsbilds oder der künstlerischen Wirkung eines Baudenkmals führen würde und gewichtige Gründe des Denkmalschutzes für die unveränderte Beibehaltung des bisherigen Zustands sprechen." Das VG Gießen kann sich auch einen Durchschnittsbetrachter als Maßstabsfigur vorstellen: „ob eine Beeinträchtigung erheblich ist, ist nach dem Urteil eines sachverständigen Betrachters, zumindest jedoch eines für die Belange der Denkmalpflege aufgeschlossenen Durchschnittsbetrachters festzustellen.", Urteil vom 22. Juni 2010 – 1 K 185/09.GI –, juris Rn. 19.

I. Die Maßstabsfigur des Durchschnittsbetrachters im Recht der Verunstaltungsabwehr 163

eine Beeinträchtigung überhaupt erkennen zu können. Diese Argumentation nutzte schon das Preußische Oberverwaltungsgericht, um einen strengen Maßstab für die Verunstaltungsabwehr zu begründen.[16] Im Mittelpunkt dieser Untersuchung steht der Durchschnittsbetrachter im Recht der Verunstaltungsabwehr, der ein ästhetisches Urteil fällt.

Rechtliche Vorgaben für die Gestaltung von Bauwerken gibt es schon seit langer Zeit: Bereits spätmittelalterliche Kommunen gaben sich gestalterische Vorschriften,[17] als die zunehmende Bevölkerungsdichte erstmals die Regelung des Zusammenlebens unter baurechtlichen Gesichtspunkten erforderte. Im Absolutismus wurden diese zurückhaltenden Regelungen zur Gestaltung von den konkreten ästhetischen Vorstellungen der jeweiligen Landesherren für ihren Herrschaftsbereich abgelöst. Am Ende der Aufklärung wurden die bis dahin weitgehenden, auch gestalterische Fragen umfassenden Kompetenzen der ‚Policey' begrenzt und die Gefahrenabwehr nun zu ihrer einzigen eigentlichen Aufgabe erklärt. Zwar fanden sich noch ästhetische Vorgaben zur Baugestaltung im Preußischen Allgemeinen Landrecht.[18] Im berühmten Kreuzbergurteil aus dem Jahr 1882 distanzierte sich das Preußische Oberverwaltungsgericht aber von der Wohlfahrtspflege und verneinte den Schutz ästhetischer Interessen im Rahmen der polizeilichen Gefahrenabwehr. Gegenstand der Entscheidung war eine Verordnung des Polizeipräsidiums, die verbot, über eine vorgegebene Höhe zu bauen, um die Sicht auf das Nationaldenkmal für die Befreiungskriege auf dem Kreuzberg freizuhalten. Das Gericht prägte außerdem die noch heute verwendete Formulierung, eine Verunstaltung sei „die Herbeiführung eines positiv häßlichen, jedes offene Auge verletzenden Zustandes", nicht die bloße Störung architektonischer Harmonie.[19]

Das war der erste wichtige Schritt einer Abkehr von der positiven Gestaltungspflege hin zu einer negativen Verunstaltungsabwehr. Als Reaktion auf das große Wachstum der Städte zur Zeit der Industrialisierung, den Aufschwung des Handelsverkehrs und der damit verbundenen starken Verbreitung von Reklame entstand um die Wende zum 20. Jahrhundert ein verstärktes Bedürfnis nach Schutz heimischer Bauweisen und eine Suche nach naturbezogener Ruhe, die sich in den Preußischen Verunstaltungsgesetzen von 1902 und 1907 und dem Preußi-

---

[16] Dazu s.u. in Fn. 46.
[17] *Nancy Kapell*, Das Recht selbstbestimmter Baugestaltung, S. 21.
[18] Im Achten Teil zum Eigentum, dort insbesondere §§ 66 Abs. 1 Satz 8 („Doch soll zum Schaden oder zur Unsicherheit des gemeinen Wesens, oder zur Verunstaltung der Städte und öffentlichen Plätze, kein Bau und keine Veränderung vorgenommen werden."), 71 Abs. 1 Satz 8 und § 78 Abs. 1 Satz 8 PrALR („Die Straßen und öffentlichen Plätze dürfen nicht verengt, verunreinigt, oder sonst verunstaltet werden").
[19] Preußisches OVG, Urteil vom 14. Juni 1882, E 9, 353, (381 f.).

schen Wohngesetz von 1918[20] niederschlugen. Die Verunstaltungsgesetze waren nicht unmittelbar anwendbar, sondern bedurften der Umsetzung durch Landespolizeiverordnungen und Ortsstatute.[21] 1907 diskutierte das preußische Abgeordnetenhaus darüber, wie viel Verunstaltungskontrolle gewollt sei. Ihm wurde ein Entwurf zur Änderung des Preußischen Verunstaltungsgesetzes vorgelegt, der – anders als bisher im Allgemeinen Landrecht vorgesehen – nicht nur die „grobe Verunstaltung", sondern jede Verunstaltung verbieten sollte.[22] Der zurückgenommene Maßstab im Sinne der Verhütung eines häßlichen Zustandes habe die Anwendung in der gerichtlichen Praxis in vielen Fällen verhindert, „in denen weit über die Kreise der Kunstverständigen hinaus an dem geschaffenen Zustande Anstoß genommen und (er) als unvereinbar mit dem öffentlichen Interesse bemängelt wurde." Das preußische Parlament lehnte den Änderungsvorschlag aus Sorge vor einer Geschmacksdiktatur der Polizei ab.[23]

Im Zuge der Machtübernahme durch die Nationalsozialisten und mit dem Ziel einer ideologischen Vereinheitlichung des Baurechts im Sinne der „deutschen Baukultur" wurde 1936 die Baugestaltungsverordnung (BGestVO) als umfassende Normierung positiver und erstmals auch umgebungsunabhängiger Gestaltungsvorgaben erlassen. Sie verlangte, bauliche Anlagen so auszuführen, dass sie Ausdruck „anständiger Baugesinnung" und „werkgerechter Durchbildung" seien.[24] Hier fand also zeitweise eine Rückkehr zur positiven Gestaltungspflege statt, die erst in der Nachkriegszeit wieder zurückgenommen wurde. Nach der immensen Zerstörung der Städte durch den Krieg und im Angesicht großer Flüchtlingsströme standen zunächst der Wiederaufbau und die Beschaffung von Wohnraum im Vordergrund. Trotzdem galten die Verunstaltungsvorschriften weiter, waren Gegenstand zahlreicher verwaltungsgerichtlicher Verfahren und fanden schließlich Eingang in die Bauordnungen der Länder. Die Deutsche Bauordnung der Deutschen Demokratischen Republik forderte gar eine „fortschrittliche Baugestaltung" sowohl des Bauwerks, als auch seiner Innenräume.[25] Heu-

---

[20] Das WohnG ermächtigte zum Erlass von Bauordnungen zur Sicherung einer einheitlichen Straßenbildgestaltung.

[21] *Nancy Kapell*, Das Recht selbstbestimmter Baugestaltung, S. 33.

[22] *Otto Loening,* Kommentar zum Gesetz gegen die Verunstaltung, S. 32.

[23] PrOVG, Urteil vom 29. Januar 1910, E 55, 424 (428 ff.). *Otto Loening*, Kommentar zum Gesetz gegen die Verunstaltung, S. 32 f.; vgl. auch *Willi Kühl*, Der Rechtsschutz gegen die bauliche Verunstaltung, S, 17: „schwache Schutzmittel".

[24] Verordnung über Baugestaltung vom 10. November 1936, Reichsgesetzblatt I, 938.

[25] § 114 DBO: „Bauliche Anlagen sollen ihrer äußeren und inneren Gestaltung, ihrer Konstruktion, Ausführung und ihrer Wirtschaftlichkeit nach den Prinzipien einer fortschrittlichen Baugestaltung und Bautechnik entsprechen. Sie müssen sich in allen Teilen ihrer Form, Farbe und Material in das Straßen-, Orts- und Landschaftsbild einfügen und dürfen den Bestand und die Wirkung von Bau- und Naturdenkmalen nicht beeinträchtigen.", Bauakademie der DDR,

I. Die Maßstabsfigur des Durchschnittsbetrachters im Recht der Verunstaltungsabwehr 165

te wird aus der Perspektive und mit dem Wissens- und Wertungshorizont eines für ästhetische Eindrücke offenen Durchschnittsbetrachters beurteilt, wann einem Bauwerk oder dem Ortsbild eine Verunstaltung droht. Dieser Durchschnittsbetrachter konkretisiert den unbestimmten Rechtsbegriff der Verunstaltung.[26]

2. Das Problem: Die Normativität des ästhetischen Urteils

Das Recht der Verunstaltungsabwehr basiert auf der Annahme, dass es eine für Bauwerke verbindliche Ästhetik gibt, deren Einhaltung durch die Verwaltung und im Gerichtsverfahren kontrolliert werden kann. Die Frage, wie dieser Maßstab gebildet werden soll, beantwortet die Rechtsprechung mit der Maßstabsfigur des für ästhetische Eindrücke offenen Durchschnittsbetrachters. Nicht nur die Wahl des Maßstabs, auch die ihm zugrundeliegende Prämisse der Verunstaltungsabwehr muss indes hinterfragt werden: Gibt es tatsächlich so etwas wie ein begründbares ästhetisches Urteil? Von der Rechtsprechung wird diese Frage kaum explizit behandelt, denn sie beantwortet sie notwendig positiv, sonst müsste sie das Verunstaltsungsverbot empirisch verstehen oder ganz von seiner Anwendung absehen. Angestoßen durch das Oberverwaltungsgericht Münster haben sich das Bundesverwaltungsgericht und die Literatur vereinzelt mit einer Abhandlung von *Paul Häberlin* mit dem Titel „Allgemeine Ästhetik" beschäftigt. Danach sei ein ästhetisches Urteil immer auch ein moralisches über die Richtigkeit des betrachteten Objekts.[27] Bei *Häberlin* handelt es sich aber um eine zweifelhafte Autorität, in der Ästhetikforschung hat er keine Bedeutung. Im letzten Teil dieses Kapitels wird aufgezeigt, welche Gedanken aus der philosophischen Ästhetik die Entwicklung des Verunstaltungsverbots und der Maßstabsfigur tatsächlich beeinflusst haben könnten. Alle Ausprägungen der Maßstabsfigur sind einem popularisierten philosophischen Hintergrund verpflichtet. Man kann sie sinnvoll auch nur vor einem solchen beschreiben.

Übersicht der gültigen Bestimmungen der Anordnung Nr. 2 vom 2. Oktober 1958 über verfahrensrechtliche und bautechnische Bestimmungen im Bauwesen – Deutsche Bauordnung, Berlin 1987.

[26] Und ist gerichtlich vollumfänglich überprüfbar, BVerwG, Urteil vom 28. Juni 1955, E 2, 172, (176); BVerwG, Urteil vom 19. Dezember 1963, 17, 322 (325); BVerwG, Urteil vom 16. Februar 1968 – IV C 190.65 –, juris, Rn. 13.

[27] Das nahm das Oberverwaltungsgericht Münster zum Anlass, den Durchschnittsbetrachter neu zu konzipieren, nämlich als Vertreter einer bestimmten Werteordnung, vgl. Urteil vom 21. April 1959, E 14, 355. Dieser Auffassung wurde vom Bundesverwaltungsgericht zu Recht widersprochen, weil zuverlässige Angaben über die moralische Einstellung des Durchschnittbetrachters nicht möglich sind, BVerwG Urteil vom 27. Januar 1959, NJW 1959, 1194; vgl. auch *Peter Lerche,* Werbung und Verfassung, S. 134.

Die Verwendung der Maßstabsfigur lässt sich in Bezug auf zwei Fragen der Verunstaltungsabwehr verstehen: Lässt sich ein ästhetisches Urteil begründen und damit rechtlich durchsetzen? Und wenn ja, wie lässt es sich begründen, also welches Ästhetikverständnis liegt ihm zugrunde? Das juridische und das ästhetische Urteil unterscheiden sich in ihrem Verbindlichkeitsanspruch. Auch einem normativ verstandenen ästhetischen Urteil kann man sich entziehen, es nicht verstehen und nicht anerkennen. Das ist für juridische Urteile nicht vorgesehen.[28] Die Besonderheit des Verunstaltungsverbots ist, dass es diese beiden Ebenen auf eine Weise verbindet, die das ästhetische Urteil verrechtlicht und damit verbindlich und durchsetzbar macht. Daraus resultieren erhöhte Anforderungen an seine Legitimation. Die ästhetische ‚Willkürkontrolle' der Bauordnungen und ein ästhetisches Urteil sind jedoch nicht dasselbe. Während dieses über das Schöne gefällt wird, beschreibt jene das Hässliche, nicht Aushaltbare. Das Hässliche ist aber etwas anderes als das bloß Nicht-Schöne. Auch ist das Verunstaltungsurteil in der Rechtsprechung kein rein ästhetisches Urteil – es ist ohnehin fraglich, ob ein ästhetisches Urteil frei von sozialen Überzeugungen sein kann; es ist mit moralischen und sogenannten öffentlichen Interessen verbunden. Zwar deckt sich das Verunstaltungsurteil nicht mit dem ästhetischen Urteil im philosophischen Sinne, aber es steht vor derselben Frage, nämlich der nach der Normativität des Geschmackes.[29]

Die Sichtung der Rechtsprechung wird deutlich machen, wie das ästhetische Urteil mit Hilfe der Maßstabsfigur des Durchschnittsbetrachters begründet wird. Dabei werden unterschiedliche Auffassungen von Ästhetik sichtbar: Sie reichen von einer konsensorientierten Ästhetik über eine sozial-moralische (das Richtige und Gute), politisch-ethische (z. B. Stadtplanung und Umweltschutz), bis zu einer ‚funktionalen Ästhetik' (Nützlichkeit des Gegenstandes). Diese Kriterien-

---

[28] Vgl. *Christoph Möllers*, Möglichkeit der Normen, S. 271 f.

[29] Darauf wurde auch immer wieder in der Literatur und Rechtsprechung zur Verunstaltungsabwehr hingewiesen: *Bernhard Maué* sah die Schwierigkeit des ästhetischen Maßstabs insbesondere in der geistigen Zerissenheit des Nachkriegsdeutschlands, in dem bis dahin bestehende Auffassungen über Form und Symmetrie keine Geltung mehr beanspruchen konnten: „Es kann ernstlich nicht bestritten werden, daß die jetzt lebende Generation ein einheitliches Stilempfinden und eine einheitliche Beurteilung dessen, was ‚schön' ist, nicht besitzt, wie es vergangene Generationen jedenfalls in weit stärkerem Maße besessen haben.", Das ästhetische Empfinden des gebildeten Durchschnittsmenschen, BBauBl 1957, 470 f.; so auch OVG Münster, Urteil vom 21. April 1959, E 14, 353 (356); *Klaus Michel*, Verunstaltungsbegriffe im Baurecht, S. 72, geht von einer objektiven Werteordnung aus, die intuitionell erkennbar ist, außer für „Wertblinde"; vgl. dazu *Nancy Kapell*, Das Recht selbstbestimmter Baugestaltung, S. 98 ff. Zu demselben Ergebnis kommen *Sabine Kamp*, Die Rechtsproblematik des Verunstaltungsschutzes, S. 36 f.; *Ernst Kretschmer*, Nochmal: Der „gebildete Durchschnittsmensch", DVBl. 1970, 55 (56): ästhetisches Empfinden sei mit objektiven Mitteln nicht zu erfassen.

gruppen werden unter Inkaufnahme gewisser Unschärfen gebildet, helfen aber, die Ausführungen der Gerichte zu strukturieren und Argumentationsmuster zu identifizieren.

3. Der ‚Durchschnittsbetrachter' in der Rechtsprechung zur Verunstaltungsabwehr

Die Maßstabsfigur des Durchschnittsbetrachters in der Verunstaltungsabwehr ist keine Erfindung der Rechtsprechung. Über 100 Jahre alt, tauchte sie 1912 erstmals in einem Kommentar von *Otto Goldschmidt* zu den Preußischen Gesetzen gegen Verunstaltung auf.

> „Ob das Landschaftsbild verunziert wird (...), unterliegt der richterlichen Nachprüfung. (...) (D) er Künstler (Landschaftsmaler, Architekt) steht nicht selten auf dem (...) Standpunkt, daß jede Reklame in der freien Landschaft i. S. des Gesetzes verunzierend wirke. Es sollen aber nicht die Anschauungen eines Kreises künstlerisch Gebildeter, sondern die des Durchschnittsbeschauers zugrundegelegt werden."[30]

Goldschmidt kritisierte damals eine Entscheidung des Preußischen Kammergerichts, die zur Beurteilung der Frage, wann Reklameschilder verunzierten, auf Sachverständige, zum Beispiel Landschaftsmaler, zurückzugreifen empfahl.[31] Die Konzeption der Figur war ursprünglich also avantgardistisch gedacht: *Goldschmidt* hielt den Künstler für zu schöngeistig und zu konservativ, um auf die Veränderungen des Stadtbildes durch Werbung anders als abwehrend reagieren zu können. Von der Rechtsprechung wird die Figur aber häufig geradezu gegenläufig verwendet: eher als Instrument zur Herstellung eines Minimalkonsenses, denn zur Öffnung für neue gestalterische Entwicklungen und Strömungen. Das ist zuerst einmal keine Wertung, denn es besteht die Notwendigkeit, dass Recht auch konserviert. Aber es verdeutlicht die sehr flexible Funktionsweise der Maßstabsfigur, je nachdem, wer sie zu Rate zieht.

Das Widersprüchliche an der Maßstabsfigur des Durchschnittsbetrachters ist, dass diese einerseits explizit als normatives Konzept verstanden werden soll, andererseits mit der Referenz auf einen Durchschnitt oder die Allgemeinheit an außerrechtliche Vorstellungen anknüpft, deren Erfassung grundsätzlich nur empirisch möglich wäre. Sie gibt also – jedenfalls dem nicht im juristisch-normativen Denken Geübten – ein Versprechen, das sie nicht halten kann. Die Enttäuschung darüber zeigt sich auch in den verwaltungsgerichtlichen Verfahren, in

---

[30] *Otto Goldschmidt*, Die preußischen Gesetze gegen Verunstaltung, Anm. 8 zum Preußischen Gesetz gegen die Verunstaltung landschaftlich hervorragender Gegenden vom 2. Juni 1902, vgl. auch *Karl Schweiger*, Der „gebildete Durchschnittsmensch", DVBl. 1968, 481 (482).
[31] Beispiel nach *Karl Schweiger*, Der „gebildete Durchschnittsmensch", DVBl. 1968, 481 (482).

denen die Kläger vortragen, dass sich in ihrer Umgebung niemand an ihrer Bauweise störe. Dass es darauf nicht ankommen kann, obwohl die Figur als ‚Durchschnittsbetrachter' bezeichnet wird, ist für den juristischen Laien schwer nachvollziehbar. Es bleibt daher die Frage zu beantworten, ob das normative Konzept völlig losgelöst von den in der Bevölkerung bestehenden Ansichten gebildet werden darf. Reicht es aus, dass die das Amt des Richters bekleidende Person selbst als Repräsentant eines durchschnittlichen Bürgers zwischen Recht und Lebenswirklichkeit vermittelt?

Die Entwicklung der Maßstabsfigur in der Rechtsprechung lässt sich in zwei Phasen einteilen: Die erste erstreckt sich von ihrer ersten Verwendung durch das Preußische Oberverwaltungsgericht im Jahr 1927[32] – 15 Jahre nach *Goldschmidts* Kommentar – bis zum Ende des zweiten Weltkrieges. Hier lässt sich die Entstehung und Entwicklung der Maßstabsfigur nachzeichnen, die zum Ende maßgeblich von der nationalsozialistischen Ideologie und dem ihr zugrundeliegenden Menschenbild geprägt war. Die zweite Periode beginnt nach dem Krieg, genauer mit einem grundlegenden – so jedenfalls in der Wahrnehmung von Literatur und Rechtsprechung – Urteil des Bundesverwaltungsgerichts zum sogenannten gebildeten Durchschnittsbetrachter im Jahr 1955,[33] und dauert bis heute an. Sie zeichnet sich durch eine zunehmend zurückgenommene Verunstaltungskontrolle und die geringe normative Programmierung der Maßstabsfigur aus.

a) Die Rechtsprechung des Preußischen Oberverwaltungsgerichts zum ‚Durchschnittsbetrachter'

Die Figur des Durchschnittsbetrachters kündigte sich in der Rechtsprechung schon vor 1927 an. Das Preußische Oberverwaltungsgericht setzte sich vereinzelt mit Betrachterperspektiven zur Verunstaltungsabwehr auseinander, wobei es keinen einheitlichen Umgang mit ihnen pflegte. Der erste Nachweis dazu findet sich im Kreuzbergurteil, in dem das Gericht feststellte, eine Verunstaltung sei „die Herbeiführung eines positiv häßlichen, jedes offene Auge verletzenden Zustandes".[34] Damit wurde für die Frage der Verunstaltung erstmals auf eine Allgemeinheit von Betrachtern verwiesen. Die Formulierung ‚jedes offene Auge' weist sogar auf ein sehr weites Betrachterverständnis hin, das über das des ‚für ästhetische Eindrücke offenen Durchschnittsbeschauers' hinausgeht. 1910 sprach das Gericht von einem

---

[32] Dazu sogleich.
[33] BVerwG, Urteil vom 28. Juni 1955, E 2, 172.
[34] PrOVG, Entscheidung vom 14. Juni 1882, E 9, 353 (381 f.). Das Gericht stellte später selbst fest, dass diese Definition „der subjektiven Auffassung Raum gewährt, und daß die Beurteilung im einzelnen Falle bei den Beteiligten zu verschiedenen Ergebnissen führen kann", das sei aber häufig beim polizeilichen Einschreiten der Fall, PrOVG, Urteil vom 29. Januar 1910, E 55, 424 (433).

„für die Besucher der Promenade, also für einen großen Kreis von Personen" wertvollen Bild, das sich „dem Beschauer" biete und das durch das Firmenschild der Klägerin verunstaltet werde.[35] Häufig beurteilte das Preußische Oberverwaltungsgericht die Verunstaltung aber losgelöst von[36] oder in Abgrenzung zu einer spezifischen Betrachterperspektive: Sie werde weder „nach dem thatsächlichen ‚Empfinden der breiten Masse des Volkes oder auch nur einer überwiegenden Mehrheit des Publikums'", noch „‚nach dem Urtheil eines kleineren ästhetisch besonders gebildeten Kreises' beantwortet", sondern „nur nach dem, was objektiv aus den Worten, dem Sinn und der Absicht des Gesetzes zu entnehmen ist".[37] Denn ein Mandat der Polizei im baugestalterischen Bereich sei nur begründbar, wenn die Verunstaltungskontrolle auf Fälle beschränkt werde, die in ihrer Intensität der polizeilichen Gefahr ähnelten.[38] Das Preußische Oberverwaltungsgericht vertrat damals einen objektiven Gefahrbegriff.[39] Diese Auseinandersetzungen zeugen davon, dass sich das Gericht sehr früh dazu gezwungen sah, sich zu der Frage zu äußern, welche ästhetischen Vorstellungen dem Urteil zugrundegelegt werden sollen. Es wird auch deutlich, dass bei dieser Diskussion eine Perspektive jedenfalls keine Rolle spielte, nämlich die des betroffenen Bauherrn.

1927 griff das Preußische Oberverwaltungsgericht für die Entscheidung[40] über den verunstaltenden Charakter eines Schaufenstersockels auf *Goldschmidts* Maßstabsfigur zurück. Die Klägerin wollte den Sockel ihres Schaufensters in einer Höhe von 44 bis 60 cm und nicht, wie in der „Baubedingung" vorgesehen, von 85 bis 96 cm über der Straße errichten. Die erforderliche baupolizeiliche Genehmigung dafür wurde ihr aber versagt, weil eine Beeinträchtigung der Eigenart des Straßenbildes zu befürchten sei. Anders als heute hat das Preußische Oberverwaltungsgericht eine Verunstaltung regelmäßig umgebungsbezogen, also „im Sinne nicht der häßlichen Gestaltung eines einzelnen Hauses oder Grundstücks, sondern der Verschandelung einer ganzen weiter oder enger umgrenzten Gegend (...) oder doch wenigstens einer Straße" verstanden.[41] Im vor-

---

[35] PrOVG, Urteil vom 18. Juni 1910, E 57, 470 (473 f.). Vgl. auch die negative Bestimmung der Verunstaltung durch Betrachterfiguren: Unschönheiten, die „das künstlerische Auge" oder „ästhetisch besonders vorgebildete Personen" verletzten, fallen nicht unter den Begriff der groben Verunstaltung, PrOVG, Urteil vom 29. Januar 1910, 424 (433).

[36] Das erste Urteil zur Verunstaltungsabwehr findet sich im vierten Band, PrOVG, Urteil vom 7. November 1878, E 4, 374; s. auch PrOVG, Urteil vom 18. Oktober 1897, E 32, 341 (342); PrOVG, Urteil vom 15. Januar 1910, E 56, 436 (440).

[37] PrOVG, Urteil vom 24. März 1898, E 33, 404 (408 f.); PrOVG, Urteil vom 20. November 1908, E 53, 397 (399); PrOVG, Urteil vom 2. Oktober 1909, E 55, 410 (415).

[38] PrOVG, Urteil vom 24. März 1898, E 33, 307.

[39] S. 81 ff.

[40] PrOVG, Urteil vom 7. April 1927, E 82, 438.

[41] PrOVG, Urteil vom 6. Juni 1935, E 96, 189 (195).

liegenden Fall differenzierte es den Maßstab für das Verunstaltungsurteil nach der Schwere des Verstoßes gegen das ästhetische Empfinden, wie es das Gesetz verlangte: Während ‚grobe Verunstaltungen' in § 1 des Preußischen Gesetzes gegen die Verunstaltung (PrGV)[42] – bzw. in einer älteren Fassung ‚Verunzierungen'[43] – aus Sicht eines Durchschnittsbeschauers beurteilt werden sollten, kam es für die ‚Beeinträchtigung' der Eigenart des Straßen- oder Ortsbildes durch bauliche Maßnahmen an bestimmten Straßen, Plätzen und Gebäuden von geschichtlicher oder künstlerischer Bedeutung in § 2 auf ein „ästhetisch oder künstlerisch geschultes Auge" an.[44] Diese Unterscheidung sollte bis zum Ende des Zweiten Weltkrieges fortbestehen. Begründet wurde sie damit, dass ein Durchschnittsbetrachter durchaus in der Lage sei, zu beurteilen, ob durch eine bauliche Veränderung ein positiv hässlicher Zustand im Sinne einer groben Verunstaltung geschaffen werde. Aber um zu erkennen, ob nur die Störung – nicht Verletzung – der Eigenart der Umgebung eintrete, gehöre „ein feiner ausgebildetes, ästhetisches Empfinden dazu".[45] ‚Eigenart' sei etwas „von dem Allgemeinen Abweichendes, aus ihm herausgehobenes, etwas Besonderes, das der Durchschnittsbeschauer vielleicht gar nicht empfindet."[46] Damals war den Gemeinden für solche Fälle im entsprechenden Ortsstatut die Mitwirkung eines Sachverständigen zur Pflicht gemacht worden.[47]

Für das Preußische Oberverwaltungsgericht war die Beurteilung einer Verunstaltung – anders als heute für das Bundesverwaltungsgericht – keine Rechts-, sondern eine Tatsachenfrage.[48] Sowohl für die Frage, ob aus Sicht eines ästhe-

---

[42] Gesetz gegen die Verunstaltung von Ortschaften und landschaftlich hervorragenden Gegenden vom 15. Juli 1907.
[43] Vom 2. Juni 1902.
[44] PrOVG Urteil vom 7. April 1927, E 82, 438 (441). Siehe auch PrOVG, Urteil vom 21. Dezember 1936, E 99, 207 (211); PrOVG, Urteil vom 2. März 1939, E 104, 236 (239), hier hatte das BezVG für die Beurteilung einer Beeinträchtigung irrtümlich auf die Ansicht eines Laien, statt des ästhetisch geschulten Betrachters abgestellt; eine Übersicht zur dieser Unterscheidung in der Rechtsprechung des Preußischen Oberverwaltungsgerichts bietet *Richard Naumann*, Eingriffe in die Reklamefreiheit, DVBl. 1951, 398 (402); zu dem Inhalt der Begriffe wie Verunzierung, Verunstaltung und Beeinträchtigung s. *Max Büge/Willi Zinkahn*, Der Rechtsschutz gegen Verunstaltung, S. 64.
[45] PrOVG, Urteil vom 7. April 1927, E 82, 438 (441).
[46] PrOVG, Urteil vom 7. April 1927, E 82, 438 (440). S. dazu auch *Werner Dieckmann*, Schutz vor Verunstaltung, BBauBl. 1956, 70 (71); *Max Büge/Willi Zinkahn*, Der Rechtsschutz gegen Verunstaltung, S. 64.
[47] PrOVG, Urteil vom 7. April 1927, E 82, 438 (441); „Als solcher wird in erster Linie der für die Begutachtung künstlerischer Fragen vom Staat eingesetze Provinzialkonservator in Betracht kommen", PrOVG, Urteil vom 2. März 1939, E 104, 236 (244).
[48] PrOVG, Urteil vom 23. Mai 1940, E 105, 259 (263); PrOVG, Urteil 11. Juni 1936, E 98, 234 (240); PrOVG, Urteil vom 14. März 1940, E 105, 234 (237).

I. Die Maßstabsfigur des Durchschnittsbetrachters im Recht der Verunstaltungsabwehr 171

tisch Geschulten die Beeinträchtigung künstlerisch wertvoller Plätze drohe, als auch für die Entscheidung, ob aus Sicht eines ‚Durchschnittsbetrachters' eine grobe Verunstaltung vorliege, zog das Preußische Oberverwaltungsgericht Sachverständige hinzu.[49] Letzteres scheint eine Entkoppelung von der der Maßstabsfigur zugrundeliegenden Idee zu sein: Was erwartet sich das Gericht von einem Sachverständigen an Klärung in der Frage, wie ein Durchschnittsbetrachter empfindet? Lediglich der Rat eines Meinungsforschers würde hier Sinn ergeben, der empirisch erhebt, welche Ästhetikvorstellungen in der Gesellschaft vorherrschen. Es ging dem Preußischen Oberverwaltungsgericht aber nicht um empirische Erhebungen, sondern um die Einschätzung von sogenannten Heimatpflegern oder anderen Sachverständigen, die sich mit städtebaulichen und gestalterischen Fragen auskannten. Allerdings hielt es die Beurteilung durch einen Sachverständigen vor Gericht in den beiden Fällen des Verunstaltungsverbots nicht für notwendig. Verfüge das Gericht nämlich „selbst über ein derartig ästhetisch oder künstlerisch geschultes Urteilsvermögen",[50] entfalle dieses Erfordernis.

Im vorliegenden Fall wurde eine Beeinträchtigung der Eigenart des künstlerischen Gebäudes nach § 2 PrGV geprüft. Eine Kunstsachverständigenkommission hielt den erhöhten Schaufenstersockel für beeinträchtigend, weil er den stützenden Charakter des Erkervorbaus verwische und dessen Wirkung störe. Das Gericht schloss sich dieser Argumentation unter Auswertung der von den Parteien vorgelegten Lichtbilder des Hauses an. Bei ihrer ersten Erwähnung in der Rechtsprechung zur Verunstaltungsabwehr wurde der Figur des Durchschnittsbeschauers die Anwendung als Maßstab somit verwehrt. Ihr Nutzen lag in der Beurteilung grober Verunstaltungen, die im vorliegenden Fall aber nicht geprüft wurden und in der Differenzierung zum anspruchsvolleren Maßstab des geschulten Betrachters. Interessant daran ist, dass der ‚Durchschnittsbetrachter' nicht in Abgrenzung zum klagenden, betroffenen Bürger entstand, der nach seinen Vorstellungen bauen möchte. Das wäre ein naheliegender Ausgangspunkt gewesen, von dem aus sich auch die Figur im Immissionsschutzrecht entwickelt hat. Stattdessen wird die Maßstabsfigur vom geschulten und sachverständigen Betrachter ausgehend konzipiert. Warum das Gericht überhaupt zu einer Maßstabsfigur griff, um den unbestimmten Rechtsbegriff der groben Verunstaltung zu konkreti-

---

[49] PrOVG, Urteil vom 2. März 1939, E 104, 236 (244); PrOVG, Urteil vom 23. Februar 1939, E 104, 228 (230); PrOVG, Urteil vom 2. März 1939, E 104, 232 (234). „Wie es von der Wahrnehmung des Sachverständigen ganz absehen konnte, wenn es über das zur Beurteilung einer Beeinträchtigung erforderliche Empfinden eines künstlerisch oder ästhetisch geschulten Beobachters verfügte und dies zum Ausdruck brachte, so konnte es auch nach Vernehmung eines Sachverständigen von dessen Ansichten abweichen, wenn es sich mit ihnen ausreichend auseinandersetzte.", PrOVG, Urteil vom 10. Oktober 1940, E 105, 285 (300).
[50] PrOVG, Urteil vom 4. April 1940, E 105, 250 (252).

sieren, machte es nicht deutlich. In der Entscheidung ließen es die Richter bei einem Verweis auf *Goldschmidt* bewenden. Aus dessen Kommentierung geht hervor, dass der Vorschlag, auf den sogenannten Durchschnittsbeschauer zurückzugreifen, von der Sorge geleitet war, die Verunstaltungsabwehr werde sonst zu sehr aus Expertensicht beurteilt und sei wirklichkeitsfern. Der Künstler halte schnell jede Werbung für verunstaltend. Die Maßstabsfigur diente jedenfalls in ihrem ursprünglichen Sinne dazu, das Recht wieder an lebensweltliche Gegebenheiten anzubinden.

Die Geschichte des Verunstaltungsverbots ist eng verwoben mit dem Siegeszug der Werbung durch die Großstädte. Die Kommerzialisierung des öffentlichen Raums wurde auch kritisch begleitet und das Baurecht als ein Mittel gesehen, sie in die Schranken zu weisen.[51] Im Kontext des Verunstaltungsverbots ist die Werbung nicht zuletzt deshalb so präsent, weil ihr Grundprinzip gerade ist, zu stören und dadurch aufzufallen.[52] Diese Konfliktträchtigkeit darf jedoch nicht immer zur Bejahung einer Verunstaltung führen, denn dann würde Werbung baurechtlich unmöglich gemacht.[53] Die Relevanz der Werbung aus baugestalterischer Perspektive zeigt sich auch in einer Auswertung der Rechtsprechung des Preußischen Oberverwaltungsgerichts zum Verunstaltungsverbot. In einer Auswahl von 32 Entscheidungen zur Verunstaltungsabwehr von 1908 bis 1941 hatten 20 eine Verunstaltung durch Reklame zum Gegenstand; die restlichen 12 Entscheidungen befassten sich mit verschiedensten Bauteilen (Schuppen, Dachgestaltung, Bretterwand, Vorgarten).

Der Durchschnittsbetrachter fand 1936 Eingang in die Rechtsprechung, als ein Landwirt das Dach seines neuen Tabakschuppens entgegen der Vorgabe der Verwaltung mit Zinkblechen deckte.[54] Das Bezirksverwaltungsgericht Trier hielt nach einer Ortsbesichtigung die Dachgestaltung auf der Vorderseite für eine

---

[51] „Hierbei ist selbstverständlich (...), daß der Fortschritt, den unser Zeitalter des hochentwickelten gewerblichen Lebens, des Schnellverkehrs und der zahlreichen Großstädte mit sich gebracht hat, auch im Ankündigungswesen seinen Ausdruck finden muß und nicht durch Festhalten an überlebten Formen früherer Zeiten gehemmt und gehindert werden darf. (...) Andererseits wird aber auch unbedingt der geläuterte und gesteigerte Schönheitssinn unserer Zeit maßgebend sein müssen.", PrOVG, Urteil vom 10. Oktober 1940, E 105, 285 (294).

[52] *Franz Dirnberger*, in: Simon/Busse, Bayerische Bauordnung, Stand 2016, Art. 8, Rn. 198; *Ernst Kretschmer*, Nochmal: Der „gebildete Durchschnittsmensch", DVBl. 1970, 55; http://www.zeit.de/2008 /47/Vermuellung (zuletzt abgerufen am 2. März 2020), Störung als Grundprinzip der Werbung. Das lässt sich allerdings auch für viele Kunstformen sagen.

[53] „Dabei ist zu berücksichtigen, dass Werbung heutzutage zum Straßenbild einer Stadt gehört, so dass besondere Umstände vorliegen müssen, um eine Werbeanlage als verunstaltend bezeichnen zu können.", VG Dresden, Urteil vom 27. Januar 2003 – 12 K 661/02 –, juris Rn. 27.

[54] PrOVG, Entscheidung vom 5. November 1936, E 99, 202.

I. Die Maßstabsfigur des Durchschnittsbetrachters im Recht der Verunstaltungsabwehr 173

gröbliche Verunstaltung im Sinne von § 1 PrGV, „und zwar wegen der Form, der Farbe, der Andersartigkeit, der Fremdartigkeit und der das Sonnenlicht spiegelnden Oberfläche der Pfannenbleche."[55] Auf der Rückseite wurde die Dachgestaltung wegen mangelnder Sichtbarkeit und also mangelnden schutzwürdigen Interesses der Allgemeinheit nicht beanstandet.[56] Der Kläger trug in dem Verfahren unter anderem vor, dass die Ansicht gerade „der ansässigen Bevölkerung" für das Verunstaltungsurteil maßgebend sein müsse, „nicht aber die Anschauung von ortsfremden Beamten; die heimischen Bauern lehnten die Blechdächer nicht ab."[57] Das Gericht hingegen hielt „die durchschnittliche Ansicht der Allgemeinheit der deutschen Volksgenossen" für entscheidend „und nicht die eines bestimmten Kreises unter ihnen."[58] Das legt nahe, dass sich der Maßstab vorübergehend vom sogenannten Durchschnittsbeschauer zur durchschnittlichen Ansicht der Allgemeinheit der deutschen Volksgenossen verschoben hat.[59] Diese Auslegung im Sinne der nationalsozialistischen Weltanschauung[60] schloss zahl-

---

[55] PrOVG, Entscheidung vom 5. November 1936, E 99, 202 (204).

[56] In einem früheren Urteil hatte das Preußische Oberverwaltungsgericht eine Bauordnung für ungültig erklärt, die Gestaltungsanforderungen „ohne Rücksicht auf ihren Standort und ihre Sichtbarkeit" aufstellte, Urteil vom 18. Juni 1936, E 98, 229; allerdings begründete das Gericht das lediglich mit der fehlenden Ermächtigung und äußerte sich nicht zur grundsätzlichen Zulässigkeit einer solchen Ausgestaltung. Vgl. auch PrOVG, Urteil vom 8. Oktober 1936, E 100, 304 (309): Es müsse aber davon ausgegangen werden, dass das schützenswerte Orts- oder Straßenbild jedenfalls „nicht auf solche Baulichkeiten ausgedehnt werden kann, deren Anblick sich nur von irgendeinem privaten Standpunkt aus gewinnen läßt. Vielmehr muß es sich stets um einen Anblick handeln, der der Allgemeinheit zugänglich ist. Denn das Verunstaltungsgesetz ist im öffentlichen, nicht im privaten Interesse erlassen worden." S. auch VG Trier, das eine Verunstaltung nach § 35 Abs. 3 Nr. 5 BauGB wegen eingeschränkter Sichtbarkeit des Schafstalles hinter einem altem Baumbestand von vorneherein ausschließt, Urteil vom 9. August 1991 – 1 K 214/88 –, juris Rn. 6. Es kommt aber nicht darauf an, „ob der Standort, von dem aus sich der das ästhetische Empfinden verletzende Zustand einsehen läßt, mehr oder minder häufig von Personen aufgesucht wird.", VG München, Urteil vom 19. Juni 1996 – M 8 K 94.3684 –, juris Rn. 21.

[57] PrOVG, Entscheidung vom 5. November 1936, E 99, 202 (206).

[58] PrOVG, Entscheidung vom 5. November 1936, E 99, 202 (206).

[59] A.A. *Nancy Kapell*, Das Recht selbstbestimmter Baugestaltung, Fn. 447; es sei lediglich „als Abgrenzung zur Maßgeblichkeit der Empfindungen der ansässigen Bevölkerung und nicht als Bruch mit der bisher vertretenen Auffassung zu verstehen."

[60] Vgl. grundätzlich zum formalrechtsstaatlich-positivistischen Verständnis des Preußischen Oberverwaltungsgerichts und dessen Auswirkungen *Walter Hempfer*, Die nationalsozialistische Staatsauffassung, S. 176: „Je weniger das Gesetz dem Richter durch die Verwendung unbestimmter Normbegriffe eine Richtschnur lieferte, um so mehr war er auf den Rückgriff auf die außergesetzlichen nationalsozialistischen Wertvorstellungen angewiesen.", zur Verunstaltungsabwehr S. 120. Oder in den Worten des Preußischen Oberverwaltungsgerichts: „Die durch die nationale Revolution geschaffene Rechtslage gibt dem Richter nicht die Befugnis, von dem geschriebenen Rechte abzuweichen. Wohl aber fordert die Anwendung der sog. Ge-

reiche soziale Gruppen wie Juden, Roma und Sinti, aber auch politische Gegner aus der postulierten Allgemeinheit der Volksgenossen und damit von der Maßstabsfigur aus.[61]

Durch die zwischenzeitliche Aufgabe der Typisierung zu *einer* Person, dem ‚Durchschnittsbürger', und die Hinwendung zur durchschnittlichen Allgemeinheit in der Rechtsprechung des Nationalsozialismus geriet die individuelle, empfindende Person weiter in den Hintergrund.[62] Sie wurde abgelöst von einer funktionalen Perspektive, die weniger die ästhetischen, als die öffentlichen Interessen in den Blick nahm. In diesem Sinne mussten die Belange des Einzelnen stets hinter denen der Allgemeinheit zurücktreten.[63] Im historischen Kontext der ‚Zinkblech-Entscheidung' überrascht die Angst vor der Individualität und Andersartigkeit einer ungewöhnlichen Bauweise nicht: Im Nationalsozialismus machte die Vereinheitlichung im Sinne der völkischen Ideologie auch vor dem ‚Durchschnittsbetrachter' nicht halt. Das ästhetische Empfinden des Volkes – so wurde geurteilt – habe sich dank der nationalsozialistischen Erziehungsarbeit vertieft und verschärft, so dass der Begriff der groben Verunstaltung ausgedehnter sei.[64] Die positiven Gestaltungsvorschriften der BauGVO von 1936, die eine

---

neralklauseln eine Auslegung im Sinne des herrschenden Rechtsbewußtseins, d.h. im Geiste der nationalsozialistischen Weltanschauung.", PrOVG, Urteil vom 15. Februar 1934, E 91, 215 (LS). Unter Verweis auf *Carl Schmitt* erklärte das Gericht die nationalsozialistische Weltanschauung zum allgemeinverbindlichen Auslegungsmaßstab, ebd. 219.

[61] „Staatsbürger kann nur sein, wer Volksgenosse ist. Volksgenosse kann nur sein, wer deutschen Blutes ist, ohne Rücksichtnahme auf die Konfession. Kein Jude kann daher Volksgenosse sein." Punkt 4 des 25-Punkteprogramms der NSDAP von 1920.

[62] Vgl. auch PrOVG, Urteil vom 10. Oktober 1940, E 105, 285 (289 f.): „Von der Weltanschauung des Dritten Reiches aus betrachtet sind jedenfalls subjektive öffentliche Rechte mit dem diesem Begriff von der liberalen Wissenschaft beigelegten Inhalt nicht anzuerkennen, da nach nationalsozialistischer Auffassung der einzelne als Glied des Staatsorganismus keine Stellung außerhalb des Staates einnehmen und daher keinen eine solche Stellung voraussetzenden Rechtsanspruch gegen den Staat besitzen kann."

[63] PrOVG, Urteil vom 5. November 1936, E 99, 202 (206); ebenso PrOVG, Urteil vom 23. Februar 1939, E 104, 228 (232); PrOVG, Urteil vom 10. Oktober 1940, E 105, 285 (291).

[64] PrOVG, Urteil vom 15. Oktober 1936, E 99, 200 (202); PrOVG, Urteil vom 11. Mai 1939, 105 (206, 208). „(E)s liegt gerade in den Bestrebungen des nationalsozialistischen Staates, daß auch den kleinsten und unscheinbarsten baulichen Anlagen die künstlerische Aufmerksamkeit gewidmet wird, deren sie in früheren Zeiten meist nicht für würdig befunden wurden.", PrOVG, Urteil vom 14. Mai 1936, 98, 223 (225). „Nach dem nationalsozialistischen Bauideal muß in der Baukunst mehr gefordert und geleistet werden, als früher.", PrOVG, Urteil vom 23. Februar 1939, E 104, 228 (231). Rücksichtsvolle Einfügung „in den Rahmen der Gesamtheit", PrOVG, Urteil vom 10. Oktober 1940, E 105, 285 (299).

I. Die Maßstabsfigur des Durchschnittsbetrachters im Recht der Verunstaltungsabwehr 175

anständige Baugesinnung[65] und eine werkgerechte Durchführung[66] verlangten, dienten ausdrücklich der Verwirklichung nationalsozialistischer Baukultur.[67]

In der Maßstabsfigur des Durchschnittsbetrachters ist ein konsensorientiertes Ästhetikverständnis angelegt. Dieses dient der Legitimation des ästhetischen Urteils. Es unterschlägt aber zugleich unter Verweis auf einen Durchschnittsgeschmack die Normalität und Legitimität abweichender Geschmacksurteile. Die Figur des Durchschnittsbetrachters setzt grundsätzlich ein Konzept von Allgemeinheit voraus. Auch wenn die Vorstellungen, was darunter zu fassen ist, divergieren und sich gerade nach ideologischen Neuausrichtungen wie der nationalsozialistischen Machtergreifung wandeln, finden sich verbindende Elemente in der Rechtsprechung zur Verunstaltungsabwehr. So wird der ‚Durchschnittsbetrachter' kontinuierlich über das Kaiserreich und „Dritte Reich" bis in die Bundesrepublik hinein losgelöst von regionalen Ansichten und Traditionen konzipiert. Das ist besonders auffällig, wenn man – wie in den Zeiten des Preußischen Oberverwaltungsgerichts – eine Verunstaltung nur umgebungsbezogen beurteilt. Das führt dazu, dass zwar der bauliche Kontext für das ästhetische Urteil eine Rolle spielt, nicht aber die Ansichten der Bewohner dieser umgebenden Bebauung. Immer wieder haben Kläger – wie in der Zinkblech-Entscheidung – vorgebracht, dass ihre Bauweise regional üblich sei oder dass die Nachbarn sich daran nicht störten. Jedes Mal haben die Gerichte diese Argumente zurückgewiesen.[68]

---

[65] PrOVG, Urteil vom 23. Februar 1939, E 104, 228 (230 f.): also „einen ‚nach den Regeln der Baukunst klar gestalteten' Bau". Das beziehe sich auf „die architektonische Planung und das Durchdenken des ganzen Bauwerks nach seiner Form und Gliederung, seiner Farbe, seinen Werkstoffen und seiner Oberflächengestaltung." Vgl. auch PrOVG, Urteil vom 2. März 1939, E 104, 232 (234): „Denn zu einer anständigen Baugesinnung gehört nicht nur eine anständige Form, sondern auch eine anständige Farbe."

[66] PrOVG, Urteil vom 23. Februar 1939, E 104, 228 (231): „die Ausführung der Bau- und sonstigen Arbeiten in ihren Einzelheiten, also z.B. die sachgemäße Herstellung des Mauerverbandes, die Verwendung wetterbeständiger Farben usw."

[67] PrOVG, Urteil vom 23. Februar 1939, E 104, 228 (LS und 231).

[68] PrOVG, Urteil vom 5. November 1936, E 99, 202 (206); VGH Mannheim, Urteil vom 31. Oktober 1979 – III 54/79 –, juris, Rn. 18. In einer Entscheidung zu großflächigen bunten Reklamebildern trug der Werbende vor, dass für die Beurteilung der ästhetischen Wirkung „die im rheinisch-westfälischen Industriebezirke herrschenden Anschauungen und Geschmacksrichtungen maßgebend seien, nach diesen aber in Giebelreklamen dieser Art nichts Unästhetisches gefunden werde". Das Preußische Oberverwaltungsgericht urteilte, selbst wenn die „Gewöhnung und Empfindungsweise der in Betracht kommenden Bevölkerung nicht ohne Einfluß bleibt", müsse eine so „hochgradige Verunzierung" unter den Begriff der groben Verunstaltung fallen, Urteil vom 3. März 1911, E 58, 442 (443 f.). Nicht immer wird das Argument des lokalen Durchschnittsmenschen von den Klägern vorgebracht: „Zutreffend hat das Berufungsgericht damit abgelehnt, auf etwa vorhandene besondere Anschauungen eines in der beklagten Stadt wohnenden ‚gebildeten Durchschnittsbetrachters' abzustellen und damit letztlich der Auffassung der beklagten Behörde, die jene angeblich besondere ‚ortsgebundene' Anschauung zu

Der Durchschnittsbetrachter ist weder in einer bestimmten Region, noch in einer bestimmten Art von Umgebung (denkbar wäre so etwas wie der durchschnittliche Großstadtbewohner,[69] der durchschnittliche Villenbewohner[70] oder der durchschnittliche Dorfbewohner) beheimatet. Auch gehört er keinem bestimmten Verkehrskreis an und unterscheidet sich damit von der Maßstabsfigur im Straf- und Staatshaftungsrecht. Hieran zeigt sich auch die auf den Schutz von Allgemeininteressen und gerade nicht der nachbarlichen Anliegen gerichtete Verunstaltungsabwehr. Da es keinen Kläger geben kann, der behauptet, durch die Verunstaltung in seinen Rechten verletzt zu sein, besteht auch kein Bedürfnis, die Figur des Durchschnittsbeschauers am klagenden Betroffenen auszurichten. Anders verhält es sich zum Beispiel im Immissionsschutzrecht, wo die Zumutbarkeit von Immissionen anhand eines Durchschnittsmenschen beurteilt wird und den Betroffenen das einklagbare Recht zusteht, vor unzumutbaren Immissionen geschützt zu werden. Hier zeigt sich deutlich, dass die Maßstabsfigur von der Rechtsprechung unter Berücksichtigung der Lebensumstände des Klägers konkretisiert wird. Das macht die Figur im Einzelfall flexibler, als Konkretisierungsinstrument aber nicht unbedingt transparenter.

Die Neuinterpretation der Maßstabsfigur durch das Preußische Oberverwaltungsgericht zur Zeit des Nationalsozialismus zeigt, dass sie als wertungsoffenes Konkretisierungsinstrument ideologischem Einfluss offensteht. Gerade wegen ihres Allgemeinheitsbezugs ist die Maßstabsfigur auch heute noch mehrheitsfestigend. Indem die Typisierung das Individuelle verallgemeinert und einem vorgestellten gesellschaftlichen Konsens annähert, gewinnt die mit ihrer Hilfe getroffene Entscheidung an Akzeptanz. Zugleich kann die Maßstabsfigur damit Minderheiten marginalisieren. Jede Allgemeinheit schließt Personen aus. Insofern unterscheidet sie sich auch von anderen Mitteln der Konkretisierung wertungsoffener unbestimmter Rechtsbegriffe. Welche Gefahr der Gebrauch der Maßstabsfigur birgt, lässt sich an einem Beispiel veranschaulichen: Ein Sachbearbeiter muss über die Vereinbarkeit einer geplanten Moschee mit dem Verunstaltungsverbot befinden. Wenn das Gotteshaus nicht dem „christlich-abendländischen Ästhetikverständnis" entspricht, ist eine mehrheitsfähige ablehnende Entscheidung des ‚Durchschnittsbetrachters' wahrscheinlicher als bei der Errichtung einer Kirche. Seine Bindung an Recht und Gesetz verpflichtet den Sachbearbeiter jedoch, bei der Entscheidung die verfassungsrechtlich geschützten Interessen von Minderheiten anzuerkennen und zu wahren.

---

repräsentieren meint, den Vorzug gegeben." BVerwG, Urteil vom 16. Februar 1968 – IV C 190.65 –, juris, Rn. 14.

[69] S. BVerfG, Beschluss vom 26. Juni 1985, NVwZ 1985, 819.
[70] Vgl. im Immissionsschutz Fn. 260.

I. Die Maßstabsfigur des Durchschnittsbetrachters im Recht der Verunstaltungsabwehr 177

Die Maßstabsfigur lässt auch dort Rückschlüsse auf ihre Funktion zu, wo sie gerade nicht angewendet wird. Ob zum Beispiel ein Objekt Kunst ist und damit den Schutz von Art. 5 Abs. 3 GG genießt, wird nicht aus der Sicht eines ‚Durchschnittsbetrachters' beurteilt.[71] Das Bundesverfassungsgericht hält Kunst für nicht definierbar, eine Definition aber für erforderlich, um den Schutzbereich der Kunstfreiheit zu bestimmen. Anders als in der Verunstaltungsabwehr fällt die Rechtsprechung kein ästhetisches Urteil, sondern vertritt einen „offenen" Kunstbegriff,[72] der pluralistische Konzeptionen von Kunst und insbesondere auch das Selbstverständnis des Künstlers berücksichtigt.[73] Kunst darf nicht nur unbequem sein, anecken und den Betrachter stören, ihr ist – jedenfalls in der Theorie – auch erlaubt, ihre eigenen Grenzen zu verschieben.[74] Eine ‚Popularisierung' des Kunstbegriffes ist gerade nicht gewollt. Ihr geringerer Sozialbezug und ihre größeres Schutzbedürfnis unterscheidet die Kunst von den Objekten des Verunstaltungsverbots. Insbesondere das Eigentum an Bauwerken als sichtbarer Teil des öffentlichen Raumes unterliegt einer starken Sozialbindung aus Art. 14 Abs. 1 Satz 2 GG.[75] Natürlich gibt es auch die Fälle, in denen die Kunstfreiheit und das Verunstaltungsverbot aufeinandertreffen, dann nämlich, wenn Architektur für verunstaltend gehalten wird, die durch Art. 5 Abs. 3 GG geschützt ist.[76] Im Hinblick auf die Kunstfreiheit erweist sich die Figur des Durchschnittsbe-

---

[71] Anders bei der Meinungsfreiheit: „Ziel der Deutung ist die Ermittlung des objektiven Sinns einer Äußerung. Maßgeblich ist daher weder die subjektive Absicht des sich Äußernden noch das subjektive Verständnis der von der Äußerung Betroffenen, sondern der Sinn, den sie nach dem Verständnis eines unvoreingenommenen und verständigen Publikums hat." BVerfG, Beschluss vom 10. Oktober 1995, E 93, 266 (295) („Soldaten sind Mörder"); „nach dem Verständnis eines unvoreingenommenen und verständigen Durchschnittspublikums", BVerfG, Beschluss vom 25. Oktober 2005, E 114, 339 (348).

[72] BVerfG, Beschluss vom 17. Juli 1984, E 67, 213 (224 f.) („Anachronistischer Zug").

[73] BVerfG, Beschluss vom 24. Februar 1971, E 30, 173 (188 f.) („Mephisto"), „Das Wesentliche der künstlerischen Betätigung ist die freie schöpferische Gestaltung, in der Eindrücke, Erfahrungen, Erlebnisse des Künstlers durch das Medium einer bestimmten Formensprache zu unmittelbarer Anschauung gebracht werden. Alle künstlerische Tätigkeit ist ein Ineinander von bewußten und unbewußten Vorgängen, die rational nicht aufzulösen sind. Beim künstlerischen Schaffen wirken Intuition, Phantasie und Kunstverstand zusammen; es ist primär nicht Mitteilung, sondern Ausdruck und zwar unmittelbarster Ausdruck der individuellen Persönlichkeit des Künstlers." Inzwischen wird dieser materiale Kunstbegriff durch andere Ansätze, insbesondere den formalen und offenen Kunstbegriff ergänzt, BVerfG, Beschluss vom 17. Juli 1984, E 67, 213.

[74] BVerfG, Beschluss vom 17 Juli 1984, E 67, 213 (225). Kritisch *Andreas von Arnauld*: er hält den Kunstbegriff des BVerfG für einen „Blankettbegriff, der nicht zur Subsumtion taugt", HdStR, § 167, Rn. 11; kritisch auch *Josef Isensee*, Wer definiert die Freiheitsrechte, S. 27.

[75] BVerwG, Urteil vom 11. April 1989, NJW 1989, 2638.

[76] Zur Auflösung der Grundrechtskollisionen in solchen Fällen *Andreas Voßkuhle*, Verunstaltungsverbot und Bau-Kunst, BayVBl. 1995, 613.

trachters als Ausdruck einer „natürlichen Grenze des allgemeinen guten Geschmacks" und eines inzwischen überwundenen idealistisch-ästhetisierenden Kunstverständnisses als besonders problematisch.[77] Anders als in Fragen der nicht künstlerischen baurechtlichen Gestaltung, wird das Kunsturteil für nicht objektivierbar gehalten. Das hat schon das Preußische Oberverwaltungsgericht zu einer Ortssatzung formuliert, die besagte, Bauten müssten „der Forderung einer künstlerischen Gestaltung genügen":

> „Die Auffassung des Künstlerischen ist aber so sehr von dem persönlichen Geschmack des einzelnen abhängig, und es fehlen auch alle Anhaltspunkte dafür, nach welcher Richtung die bauliche Gestaltung der Häuser durch die Forderung künstlerischer Gestaltung beeinflußt werden soll, daß die Vorschrift wegen dieser Unbestimmtheit nicht als rechtsgültig erachtet werden kann."[78]

Die Rechtsprechung des Preußischen Oberverwaltungsgerichts konkretisierte zwei gesetzliche Verunstaltungsbegriffe mit unterschiedlichen Maßstabsfiguren: die grobe Verunstaltung beurteilte es aus Sicht eines ‚Durchschnittsbetrachters' und die Verunzierung künstlerisch wertvoller Umgebung mit Hilfe eines ‚sachkundigen Betrachters'. Beide Maßstäbe entwickelte das Gericht ausgehend von einem Sachkundigen, nicht dem betroffenen Bauherrn. Dabei legte es dem Durchschnittsbetrachter ein konsensorientiertes Ästhetikverständnis zugrunde, das die Ansichten einer vorgestellten Allgemeinheit zur Grundlage des ästhetischen Urteils macht. Insbesondere unter nationalsozialistischer Herrschaft ging es dem Gericht um die Erzwingung und Beibehaltung eines gestalterischen Konformismus.

b) Die Rechtsprechung zum ‚ästhetisch gebildeten Durchschnittsbetrachter'
in der Bundesrepublik

Der ‚Durchschnittsbetrachter' in der Rechtsprechung zur Verunstaltungsabwehr in der Bundesrepublik ist ein Chamäleon. Der ihm zugrundeliegende Ästhetikbegriff bekommt neue Facetten, insbesondere ethisch-politische und funktionale: Erwägungen zur Städteplanung, zum Umweltschutz und zur Notwendigkeit technischen Fortschritts fließen in das Verunstaltungsurteil ein. Die Maßstabsfigur des Durchschnittsbetrachters wird so vielseitiger und, mit der Anerkennung der Möglichkeit verschiedener ästhetischer Ansichten, offener, aber eben auch unschärfer.[79] Den

---

[77] *Andreas Voßkuhle*, Verunstaltungsverbot und Bau-Kunst, BayVBl. 1995, 613, 618.

[78] PrOVG, Urteil vom 21. Januar 1937, E 100, 247 (253); s. auch PrOVG, Urteil vom 2. März 1922, E 77, 460 (463 f.). Dasselbe Schicksal ereilte eine Bauordnung, nach der jede bauliche Anlage so gestaltet sein musste, „daß sie das herrschende künstlerische Empfinden und das gesunde Gefühl für Ordnung nicht verletzt und die einheitliche Gestaltung des Straßenbildes oder der Landschaft nicht stört", PrOVG, Urteil vom 11. Juni 1936, E 98, 234 (238). Sie wurde vom Preußischen Oberverwaltungsgericht für ungültig erklärt, weil sie über ihre Ermächtigungsgrundlage im WohnG hinausging.

[79] Über die Auffassung des ‚Durchschnittsmenschen' gäbe es sicherlich Meinungsverschie-

daraus entstehenden Unsicherheiten versuchte das Oberverwaltungsgericht Münster mit einem sozial-moralischen Ästhetikverständnis („schön ist, was richtig ist") zu begegnen, jedoch ohne Erfolg.[80]

In ihrer heutigen Form tritt die Maßstabsfigur – jetzt als „ästhetisch gebildeter Durchschnittsmensch" – in der Verunstaltungsabwehr erstmals in einem Urteil des Bundesverwaltungsgerichts[81] aus dem Jahr 1955 in Erscheinung. Der Landkreis Mannheim hatte die Genehmigung für die Anbringung eines Werbeschildes auf Grundlage des § 1 Abs. 4 der Mannheimer Kreisbauordnung verweigert. Diese regelte, dass Reklame grundsätzlich nur auf Grundstücken gestattet ist, auf denen die beworbenen Produkte und Dienstleistungen auch hergestellt und angeboten werden. Das Gericht hielt diese Vorschrift für unvereinbar mit Art. 14 Abs. 1 und Art. 3 Abs. 1 GG und verwies an das Berufungsgericht zurück. Der Senat prüfte zugleich, ob alternativ die Baugestaltungsverordnung von 1936 (BGestVO) als Rechtsgrundlage in Frage kommt. Nach der BGestVO sollten bauliche Anlagen Ausdruck anständiger Baugesinnung und werkgerechter Durchbildung sein und sich einwandfrei in die Umgebung einfügen.[82] In der Auseinandersetzung mit diesen Tatbestandsmerkmalen stellte das Gericht fest, die Vorschrift sei jedenfalls dann zu unbestimmt, „wenn man ihren Zweck darin sehen will, jede Beeinträchtigung des Empfindens des Beschauers zu verhindern; denn wie die Erfahrung zeigt, sind die Anschauungen darüber, was ästhetisch befriedigend ist, innerhalb der Bevölkerung ganz verschieden, ohne daß eine allgemeingültige Richtschnur zu finden wäre".[83] Es forderte in endgültiger Abkehr von der positiven Gestaltungspflege[84] und in Anschluss an das Kreuzberg-

---

denheiten, da er nur ein „in der Vorstellung gedachter Typus" sei, BVerwG, Urteil vom 16. Februar 1968, DVBl. 1968, 507 (508). In einem früheren Urteil stellte das Gericht fest, auch unter ‚gebildeten Durchschnittsmenschen' könnten verschiedene Ansichten über die Wirkung einer Werbeanlage herrschen, BVerwG Urteil vom 26. Mai 1967, BBauBl. 1968, 119. Es bleibe dem ästhetischen Urteil zwangsläufig eine gewisse Unschärfe sowohl für die Bestimmung des Inhaltes der Verunstaltung „als auch für den Nachweis, daß sie tatsächlich vom Durchschnitt der ästhetisch gebildeten Betrachter als notwendig empfunden" wird. Die Unschärfe hätte der Gesetzgeber aber bewusst in Kauf genommen und „damit auch die Meinungsverschiedenheiten, die über den Inhalt des Verbotes auftreten können.", VG Ansbach, Urteil vom 23. September 2003 – AN 9 K 03.00799 –, juris Rn. 26.

[80] S. unten S. 182 ff.
[81] BVerwG, Urteil vom 28. Juni 1955, E 2, 172.
[82] BVerwG, Urteil vom 28. Juni 1955, E 2, 172 (173).
[83] BVerwG, Urteil vom 28. Juni 1955, E 2, 172 (176).
[84] PrOVG, Entscheidung vom 14. Juni 1882, E 9, 353 (381); vgl. auch *Willy Zinkahn*, Außenwerbung, DÖV 1953, 161 (163 ff.); *Volker Looks,* Bauästhetische Vorschriften, S. 37, *Gerrit Manssen*, Stadtgestaltung, S. 167 ff. Die damit einsetzende Abkehr von der positiven Gestaltungspflege hin zur negativen Verunstaltungsabwehr wurde als Reaktion auf die „vermeintliche Geschmacksdiktatur von Baubehörden" gewertet, *Gerhard Engelmann*, Der baurechtliche Ver-

urteil, dass es nicht mehr – wie noch im Nationalsozialismus – auf eine Gestaltung nach den Regeln einer guten Baukunst ankommen dürfe, sondern immer nur die „Verunstaltung verhindert werden solle, also ein häßlicher, das ästhetische Empfinden des Beschauers nicht bloß beeinträchtigender, sondern verletzender Zustand".[85] Im Rahmen seiner verfassungskonformen Auslegung[86] erläuterte das Gericht auch, aus welcher Perspektive über die Verunstaltung entschieden werden soll:

„Bei der Beurteilung aller dieser Merkmale kann nicht auf den ästhetisch besonders empfindsamen oder geschulten Betrachter abgestellt werden; denn die Auswahl dieses Personenkreises entzieht sich jeder zuverlässigen Beurteilung. Es kann andererseits auch nicht die Ansicht solcher Menschen entscheidend sein, die ästhetischen Eindrücken gegenüber überhaupt gleichgültig und unempfindlich sind; denn diesen geht in jeder Hinsicht jede sachliche Urteilsfähigkeit ab. Es muß vielmehr das Empfinden jedes für ästhetische Eindrücke offenen Betrachters maßgebend sein, also des sogenannten gebildeten Durchschnittsmenschen, der zwischen diesen beiden Personenkreisen steht."[87]

Im Vergleich zur Rechtsprechung des Preußischen Oberverwaltungsgerichts war das jedenfalls in der Formulierung sogar eine Anhebung des Maßstabs, denn das Preußische Oberverwaltungsgericht hatte ‚grobe Verunstaltungen' nach den PrVG lediglich aus der Perspektive des Durchschnittsbeschauers beurteilt. Die damals noch getrennt behandelte ‚Verunzierung' künstlerisch bedeutsamer Straßen und Bauten, für die ein gesteigerter ästhetischer Maßstab galt, fiel nach dem Zweiten Weltkrieg aus der Verunstaltungsabwehr heraus.

---

unstaltungsbegriff, S. 139; die Entwicklung wird teils auch kritisch gesehen: *Ernst Kretschmer*, Nochmal: Der „gebildete Durchschnittsmensch", DVBl. 1970, 55; *Alfons Schmidt-Tophoff,* § 1 der Baugestaltungsverordnung, BBauBl 1957, 232 (233). Der Geist der Entscheidung des Bundesverwaltungsgerichts ist sicherlich vor dem Hintergrund des Krieges und des Wiederaufbaus kriegszerstörter Städte zu verstehen. Ästhetische Gestaltung spielte zu dieser Zeit eine untergeordnete Rolle, vgl. auch OVG Berlin, Beschluss vom 13. Januar 1984, BauR 1984, 624. Die Kritiker halten dem Bundesverwaltungsgericht insbesondere vor, die Reduktion auf Verunstaltungsabwehr widerspreche dem Willen des Gesetzgebers der damals geltenden Baugestaltungsverordnung von 1936. Heute ist die Beschränkung auf die Abwehr von Verunstaltungen allgemein anerkannt, OVG Hamburg, Urteil vom 22. Dezember 1983, BauR 1984, 625; *Franz Dirnberger,* in: Simon/Busse, Bayerische Bauordnung, Stand 2016, Art. 8, Rn. 5.

[85] BVerwG, Urteil vom 28. Juni 1955, E 2, 172 (176 f.).

[86] Gegen die Möglichkeit einer verfassungskonformen Auslegung *Alfons Schmidt-Tophoff,* § 1 der Baugestaltungsverordnung, BBauBl 1957, 232 (233); *Karl Schweiger,* Der „gebildete Durchschnittsmensch", DVBl. 1968, 481 (488); *Peter Lerche,* Übermaß und Verfassungsrecht, S. 73, Fn. 183, der ablehnt, die Vorschrift teilweise aufrecht zu erhalten, soweit sie den Grundsätzen der Bestimmtheit entspricht; *Volker Looks*, Bauästhetische Vorschriften, S. 44 f. Zu den einzelnen positiv formulierten Gestaltungsanforderungen ebd. S. 11 ff.

[87] BVerwG, Urteil vom 28. Juni 1955, E 2, 172 (177); vgl. zu diesem Maßstab auch schon *Otto Loening,* Kommentar zum Gesetz gegen die Verunstaltung, S. 34; *Willi Kühl,* Der Rechtsschutz gegen die bauliche Verunstaltung, S. 39.

I. Die Maßstabsfigur des Durchschnittsbetrachters im Recht der Verunstaltungsabwehr

Nach unten erfolgt die Abgrenzung der Gruppe zur Ermittlung des ‚Durchschnittsbetrachters' gegenüber denjenigen, „die ästhetischen Eindrücken gegenüber überhaupt gleichgültig und unempfindlich sind".[88] Das Gericht versteht das ästhetische Empfinden nicht als bloßes Gefühl, denn jedermann kann unabhängig von Bildungsgrad und Sozialisierung ausdrücken, was ihm gefällt, was seinen Geschmack trifft.[89] Vielmehr verlangt die Rechtsprechung von der Maßstabsfigur die „sachliche Urteilsfähigkeit", einen Maßstab zu erkennen und anzuwenden. Was dieser Maßstab sein könnte, lässt sich nur vor dem Hintergrund des Kreises der gebildeten Durchschnittsmenschen beurteilen. Dazu gehören diejenigen, die fähig sind, zu erkennen, was verunstaltend ist. Damit erfordert die Verkehrskreisbildung bereits den Maßstab, den zu finden sie vollzogen wird. Mit diesem Zirkelschluss kommt man also nicht wesentlich weiter. Das Bundesverwaltungsgericht scheint aber auch nicht von der Existenz einer objektiven ästhetischen Werteordnung auszugehen, die der ‚Durchschnittsbetrachter' erkennen kann. Denn dann würde es nicht verschiedene Urteile über das, was verunstaltend ist, zulassen. Vielmehr begründet das Bundesverwaltungsgericht das Verunstaltungsurteil mit dem Verweis auf die geteilte ästhetische Erfahrung durch andere.[90]

Nach oben grenzt das Bundesverwaltungsgericht den Kreis der zu beachtenden Personen ebenfalls ab und zwar zum „besonders empfindsamen oder geschulten Betrachter, denn die Auswahl dieses Personenkreises entzieht sich jeder zuverlässigen Beurteilung".[91] Warum dieser Maßstab nun unter Bestimmtheitsgesichtspunkten schwerer zu fassen sein soll als der eines durchschnittlich ästhetisch gebildeten Menschen, und letzterer deshalb im Rahmen einer verfassungskonformen Auslegung erforderlich ist, wird durch das Gericht nicht schlüssig dargelegt.[92] Bestimmt und bestimmbar kann jeder Maßstab sein, aus dem sich konkrete und nachvollziehbare Vorgaben zur Beurteilung des Einzelfalls ablesen lassen, ganz unabhängig davon, wie ästhetisch anspruchsvoll der Betrachter sein mag.[93]

---

[88] BVerwG, Urteil vom 28. Juni 1955, E 2, 172 (177).

[89] Insofern missversteht *Christoph Parchmann* die Ausführungen des Gerichts, wenn er sagt, die „gänzliche Unempfindlichkeit von Personen gegenüber ästhetischen Einflüssen (ist) nur als schwer pathologische Ausnahmeerscheinung bekannt, die hier jedenfalls bedeutungslos ist", Pluralistische Wirklichkeit, S. 30.

[90] In Anlehnung an, aber eben nicht im Sinne von *Immanuel Kant*, s. zum ästhetischen Urteil unten S. 196 ff.

[91] BVerwG, Urteil vom 28. Juni 1955, E 2, 172 (177); zustimmend OVG Münster, Urteil vom 21. April 1959, E 14, 355 (356).

[92] Zu dieser Kritik s. auch *Gerhard Engelmann*, Der baurechtliche Verunstaltungsbegriff, S. 140; der Argumentation des Bundesverwaltungsgerichts zustimmend, *Gerrit Manssen*, Stadtgestaltung, S. 183 f.; *Peter Lerche*, Werbung und Verfassung, S. 132 f.

[93] Im Denkmalschutzrecht wird der Maßstab des sachverständigen Betrachters für handhab-

aa) Das sozial-moralische Ästhetikverständnis

Von 1958 bis 1963 lieferten sich das Oberverwaltungsgericht Münster und das Bundesverwaltungsgericht einen Schlagabtausch, in dem es um die Maßstabsfigur als Ausdruck eines sozial-moralischen Ästhetikverständnisses ging. In zwei Entscheidungen versuchte das Oberverwaltungsgericht Münster seine Ansicht eines jedenfalls moralisch aufgeladenen Verunstaltungsurteils durchzusetzen, beide wurden aufgehoben und zur erneuten Verhandlung zurückverwiesen. Es ging um Reklame an Eisenbahnbrücken, zuerst um eine Leuchtreklame für „König-Pilsener", dann um großflächige Supermarktwerbung. Das Oberverwaltungsgericht Münster erklärte, die Entscheidung über eine Verunstaltung sei maßgeblich eine „moralische(...) Beurteilung des Objekts der Betrachtung".[94] Der Durchschnittsbetrachter werde aus dem Kreis derjenigen gebildet, die sich bei ihrem Urteil nicht von „extremistischen Auffassungen" leiten ließen.[95] In Anlehnung an den heute kaum noch bekannten Philosophen *Paul Häberlin* sei ein ästhetisches Urteil notwendig auch ein moralisches darüber, ob das Objekt der Werteordnung entspricht, „also ‚richtig' ist."[96] Für das Oberverwaltungsgericht Münster bedeutete dies in dem zweiten verhandelten Fall, dass die Reklame außerhalb einer Geschäftsstraße nicht zulässig sei, weil unter den Durchschnittsmenschen Einigkeit darüber bestünde, „daß das Wirtschaften nicht das Leben beherrschen darf, sondern ihm zu dienen hat".[97] Die zugrundeliegende Werteordnung wollte das Oberverwaltungsgericht Münster dem Grundgesetz, insbesondere der Menschenwürde entnommen haben. Beide Male und zu Recht monierte das Bundesverwaltungsgericht, diese Auslegung des Verunstaltungsverbots sei zu unbestimmt und deshalb verfassungswidrig.[98] Denn was die Maßstabsfigur für richtig erachte, sei angesichts der ganz unterschiedlichen existierenden Moralvorstellungen nicht

---

bar gehalten, s. oben unter Fn. 15. Allerdings handelt es sich hier auch nicht um ein ästhetisches Urteil.

[94] OVG Münster, Urteil vom 21. April 1959, E 14, 355 (359); so auch schon OVG Münster, Entscheidung vom 11. März 1958, DÖV 1958, 824. Kritik bei *Peter Lerche* Werbung und Verfassung, S. 134; *Nancy Kapell*, Das Recht selbstbestimmter Baugestaltung, S. 104 ff.

[95] OVG Münster, Urteil vom 21. April 1959, E 14, 355 (356); OVG Münster, Bescheid vom 11. März 1958, DÖV 1958, 824.

[96] OVG Münster, Urteil vom 21. April 1959, E 14, 355 (359) unter Verweis auf *Paul Häberlin*, Allgemeine Ästhetik. OVG Münster, Bescheid vom 11. März 1958, DÖV 1958, 824. Schon das Preußische Oberverwaltungsgericht vertrat die Annahme, es gäbe so etwas wie eine „richtige, allen Interessen gerecht werdende Form der Werbeeinrichtung", PrOVG, Urteil vom 10. Oktober 1940, E 105, 285 (295).

[97] OVG Münster, Urteil vom 21. April 1959, E 14, 355 (361).

[98] BVerwG, Urteil vom 27. Januar 1959, NJW 1959, 1194; BVerwG, Urteil vom 19. Dezember 1963, E 17, 322.

feststellbar. Diese qualitative Bestimmung des Durchschnittsbetrachters führe dazu, dass das Gericht sich selbst zum Maßstab mache.[99]

Das Bundesverwaltungsgericht beschrieb Defizite im Urteil des Oberverwaltungsgerichts Münster, von denen seine eigene Maßstabsfigur des für ästhetische Eindrücke offenen Durchschnittsbetrachters allerdings keinesfalls frei ist. Beide Maßstabsfiguren haben einen qualitativen und einen quantitativen Aspekt. Die Bezeichnung als Durchschnittsmensch suggeriert, dass die Figur jedenfalls eine prominente, wenn nicht sogar die Mehrheitsauffassung in der Gesellschaft repräsentiert. Ob sie das tatsächlich tut, bleibt unüberprüfbar, eben weil sie normativ konzipiert ist. Der qualitative Aspekt ist bei der ‚moralischen Maßstabsfigur' des Oberverwaltungsgericht Münster stärker ausgeprägt. *Peter Lerche* nahm dieses sozial-moralische Ästhetikverständnis zum Anlass, vor sozialen Vorurteilen und moralischen Urteilen zu warnen:

„gerade ästhetische wie überhaupt geistige Urteile dieser Art drohen oft in Regionen abzugleiten, deren ‚wert'erkennender oder -bestimmender ‚Subjektivismus' nicht nur sachfremd, sondern auch recht gefährlich werden kann."[100]

Die Richter des Oberverwaltungsgerichts Münster behaupten, eine objektive Werteordnung zu erkennen und anzuwenden, deren Herkunft nicht nachvollziehbar begründet wird und deren Aussagen nicht überprüfbar sind. Aber auch das Bundesverwaltungsgericht gibt vor, zu erfassen, wer ästhetisch völlig unempfindlich und wer ästhetisch „zu" gebildet ist und damit bei der Bestimmung der Maßstabsfigur keine Berücksichtigung finden darf. Hat es den ‚Durchschnittsbetrachter' dann nicht auch „nach der Antwort auf die ihm gestellte Frage ausgewählt"?[101] Wenn aber weder die Rechtsordnung diese Lücke füllen kann, noch zur Beantwortung dieser Frage auf empirische Studien zurückgegriffen werden soll, wer, wenn nicht der Rechtsanwender, legt dann fest, was eine Verunstaltung ist?

Das sozial-moralische Ästhetikverständnis des Oberverwaltungsgerichts Münster ist als Grundlage eines rechtlichen Verunstaltungsurteils problematisch. Andererseits ist eine ‚reine' Ästhetik frei von sozialen Überzeugungen nicht vorstellbar.[102] Es wäre eine Scheinunterscheidung, ästhetische von anderen Über-

---

[99] BVerwG, Urteil vom 19. Dezember 1963, E 17, 322 (327). Ähnlich auch schon BVerwG, Urteil vom 27. Januar 1959, NJW 1959, 1194.
[100] *Peter Lerche,* Werbung und Verfassung, S. 133.
[101] So das Bundesverwaltungsgericht für die Maßstabsfigur des Oberverwaltungsgerichts Münster, BVerwG, Urteil vom 19. Dezember 1963, E 17, 322 (327).
[102] Eine solche will aber das Bundesverwaltungsgericht dem Verunstaltungsurteil zugrunde legen: „Andere Bezugspunkte als die auf die äußere Gestaltung des Bauwerks sich beziehenden, wie etwa solche der sozialen Verantortung, müssen dabei außer Betracht bleiben.", BVerwG, Urteil vom 28. Juni 1955, E 2, 172 (177).

zeugungen prinzipiell zu trennen. Wie die Durchsicht der Rechtsprechung zeigt, fließen vielfältige öffentliche Interessen in die Argumentation ein,[103] wie zum Beispiel solche der Stadtplanung, des Umweltschutzes und der Nutzungsart. Welche Nutzung ist stadtplanerisch erwünscht? Trifft das Objekt unter Umständen selbst eine Aussage oder ruft eine Assoziation hervor, die unterstützt oder abgelehnt wird? Das lässt sich zusammenfassend als ein politisch-ethisches Ästhetikverständnis beschreiben.

bb) Das politisch-ethische und das funktionale Ästhetikverständnis

Zwei Entscheidungen verdeutlichen, dass dieses politisch-ethische Verständnis sehr einflussreich sein kann. Das Oberverwaltungsgericht Rheinland-Pfalz versagte 1971 die Genehmigung für eine Seilbahnanlage zu einer alten Festung wegen ihres verunstaltenden Charakters.[104] Sie sei nicht notwendig, die Festung bereits gut erreichbar. Die Bahn diene bloß als touristische Attraktion, der ein „Beigeschmack des Rummels" anhafte.[105] Auch in einem späteren Urteil des Hamburger Verwaltungsgerichts zu einer Mustergrabanlage im Vorgarten einer Friedhofsgärtnerei ging es nicht mehr nur um die Gestaltung einer Anlage, sondern vor allem um die Frage, ob sie für richtig gehalten wird.[106] Die Stadt hatte wegen des „Schockeffekt(s)" und der „Pietätlosigkeit" des friedhofsähnlichen Gartens dessen Beseitigung angeordnet.[107] Auch das Gericht war der Ansicht, die Mustergrabanlage sei verunstaltend und geeignet, „die emotionale Befindlichkeit des Betrachters erheblich zu stören."[108] Begründet wurde das unter anderem mit folgenden Zumutbarkeitserwägungen:

„In unserem Kulturkreis ist es allgemein üblich, Grabstellen von menschlichen Wohnungen räumlich zu trennen. (...) Dies hat zur Folge, daß grundsätzlich jedermann selbst bestimmen kann, in welchem Umfang er mit Grabstellen Kontakt hat. (...) Aufgrund einer gewissen Tabuisierung von Sterben und Tod – deren Bewertung hier nicht Aufgabe des Gerichts ist – will ein Großteil der Bevölkerung nicht im täglichen Leben mit Grabstätten konfrontiert werden, auch nicht mit solchen, die eigentlich nur Ausstellungsstücke sind."[109]

---

[103] Laut Preußischem Oberverwaltungsgericht galt schon: „Das Verunstaltungsges. von 1907 (...) dient nach Überschrift, Wortlaut und Sinn ausschließlich ästhetischen, öffentlichen Belangen. (...) Daß ein derartiges Schild seine verunstaltende Wirkung nicht dadurch verliert, daß es für einen Werbungtreibenden von besonderem Nutzen ist, bedarf keiner Darlegung." PrOVG, Urteil vom 10. Oktober 1940, E 105, 285 (292): Private Nützlichkeit wird anders gehandhabt als der Nutzen für öffentliche Interessen.
[104] OVG Rheinland-Pfalz, Urteil vom 5. Mai 1971 – 2 A 82/70 –, juris.
[105] OVG Rheinland-Pfalz, Urteil vom 5. Mai 1971 – 2 A 82/70 –, juris Rn. 34.
[106] VG Hamburg, Beschluss vom 16. Februar 1999 – 20 VG 5766/98 –, juris.
[107] VG Hamburg, Beschluss vom 16. Februar 1999 – 20 VG 5766/98 –, juris Rn. 9.
[108] VG Hamburg, Beschluss vom 16. Februar 1999 – 20 VG 5766/98 –, juris Rn. 32.
[109] VG Hamburg, Beschluss vom 16. Februar 1999 – 20 VG 5766/98 –, juris Rn. 33.

I. Die Maßstabsfigur des Durchschnittsbetrachters im Recht der Verunstaltungsabwehr 185

Die Verwaltungsgerichte Rheinland-Pfalz und Hamburg gaben zwar – anders als das Oberverwaltungsgericht Münster – nicht vor, den moralischen Wert des zu beurteilenden Objektes erkennen zu können. Sie schreiben dem ‚Durchschnittsbetrachter' aber Assoziationen und Gefühle zu, die nicht unmittelbar an der Gestaltung der Objekte anknüpfen. Das Verunstaltungsurteil wird von ethischen Überzeugungen (Tabuisierung des Sterbens, nur funktionale Verkehrsmittel in schönen Landschaften) getragen. Und es ist zweifelhaft, ob diese tatsächlich so mit dem ästhetischen Urteil verbunden sind, dass sie sich nicht voneinander trennen ließen.

Ein noch deutlicheres Beispiel ist das ‚funktionale Ästhetikverständnis'. Die Funktionalität der baulichen Anlage und die Gewöhnung an das von vielen als hässlich Empfundene sind fester Bestandteil des Verunstaltungsverbots. So stellte das Verwaltungsgericht München im Jahr 2004 zum Beispiel für den Anblick von Mobilfunkanlagen fest:

„Je verständlicher für den Betrachter eine unästhetische Konstruktion ist, desto weniger wird er sich daran stoßen. So sind beispielsweise Mobilfunkantennen selten schön; auch stören sie häufig die Harmonie einer Dachlandschaft. Der aufgeschlossene Betrachter sieht aber ein, dass Antennen aus technischen Gründen außerhalb eines Gebäudes, an dessen höchsten Punkt errichtet werden müssen. Er stößt sich deshalb weniger an solchen Aufbauten."[110]

Wie die Ausführungen des Gerichts erkennen lassen, hat die Funktionalität mit der Ästhetik der Anlage nichts mehr zu tun. Der Betrachter akzeptiert das Bauwerk, obwohl es aus seiner Sicht unästhetisch ist.

Was insgesamt deutlich wird: Die Maßstabsfigur des Durchschnittsbetrachters lässt sich oft nicht von anderen als ästhetischen Urteilen frei halten. Das Oberverwaltungsgericht Münster hat ausgesprochen, was häufig implizit geschieht: Die Unsicherheit über den Maßstab des ästhetischen Urteils versuchen die Gerichte mit einer sozial-moralischen, politisch-ethischen und funktionalen Anreicherung zu kompensieren. Ein anderer Grund für die Anwendung dieser Figur mag darin liegen, dass das Verunstaltungsverbot als eine Art bauordnungsrecht-

---

[110] VG München, Urteil vom 22. März 2004 – M 8 K 03.759 –, juris Rn. 18; s. auch schon PrOVG, Urteil vom 12. Dezember 1911, E 60, 469 (473). Vgl. auch VG München, Urteil vom 20. September 2011 – M 1 K 11.3315 –, juris Rn. 26. Verbunden mit Erwägungen zur Gewöhnung: „Dabei ist zu berücksichtigen, dass sich der sogenannte ‚Durchschnittsmensch' mittlerweile an das Vorhandensein von Mobilfunkanlagen gewöhnt hat. Die Dachlandschaft in größeren Städten ist von Antennenträgern geprägt, so dass die einzelne Anlage i.d.R. kaum wahrgenommen wird." VG München, Urteil vom 13. Oktober 2003 – M 8 K 02.5904 –, juris Rn. 32. Ähnlich die Erwägung, dass „Werbung heutzutage zum Straßenbild der Stadt gehört", VG Dresden, Urteil vom 25. August 2003 – 12 K 1120/00 –, juris, Rn. 20. Kritisch *Nancy Kapell*, Das Recht selbstbestimmter Baugestaltung, S. 78: „willkürlich und sachwidrig".

liche Billigkeitskontrolle verstanden wird, mit der unliebsame, aber baurechtlich sonst einwandfreie Vorhaben verhindert werden können.

In einem späteren Urteil aus dem Jahr 1968[111] verteidigte das Bundesverwaltungsgericht den Maßstab des gebildeten Durchschnittsbetrachters erneut. In dem Fall ging es um eine 2,75 mal 3,75 m große Werbetafel, die ein Werbeunternehmen an der Mauer eines Grundstückes befestigen wollte. Das Oberverwaltungsgericht Lüneburg hatte keine ästhetischen Bedenken und verpflichtete die Behörde zur Erteilung der verweigerten Genehmigung. Diese machte in der Revision geltend, die Maßstabsfigur des gebildeten Durchschnittsmenschen sei verfassungswidrig, weil zu unbestimmt. Das Bundesverwaltungsgericht hielt dem entgegen, das Verwaltungsgericht trage mit dem Maßstab des gebildeten Durchschnittsbetrachters der im Rahmen gestalterischer unbestimmter Rechtsbegriffe erforderlichen Objektivierung Rechnung.[112] Über die Auffassung des ‚Durchschnittsmenschen' gebe es sicherlich Meinungsverschiedenheiten, da dieser nur ein „in der Vorstellung gedachter Typus" sei.[113] Das lasse sich allerdings bei keinem unbestimmten Rechtsbegriff vermeiden. Entscheidend sei für das Verunstaltungsurteil nur, dass seine „Anwendung von besonderen ‚moralischen' oder ‚ästhetischen' Vorstellungen und Vor-Urteilen freigehalten"[114] werde. Dass dies nicht immer gelingt, wurde oben gezeigt.

Trotzdem – so das Bundesverwaltungsgericht in einem früheren Urteil aus dem Jahr 1961 zum Durchschnittsbetrachter – habe der Richter die Fähigkeit, diese Einflüsse zurückzudrängen und zu beherrschen:

„Es ist nicht ungewöhnlich, daß der Richter bei der Anwendung unbestimmter Rechtsbegriffe auf den verschiedensten Lebensgebieten eine persönliche Empfindung und Anschauung zurückdrängt und zum ‚objektiven' Maßstab seiner wertenden Beurteilung die Empfindungen und Anschauungen der Allgemeinheit oder bestimmter Gruppen von Menschen macht. Es ist ihm daher Gewohnheit, sich in die seelisch-geistige Verfassung anderer Menschen (...) zu versetzen."[115]

---

[111] BVerwG, Urteil vom 16. Februar 1968 – IV C 190.65 –, juris.

[112] BVerwG, Urteil vom 16. Februar 1968 – IV C 190.65 –, juris, Rn. 14.

[113] BVerwG, Urteil vom 16. Februar 1968, DVBl. 1968, 507 (508). In einem früheren Urteil stellte das Gericht fest, auch unter gebildeten Durchschnittsmenschen könnten verschiedene Ansichten über die Wirkung einer Werbeanlage bestehen, BVerwG, Urteil vom 26. Mai 1967, BBauBl. 1968, 119.

[114] BVerwG, Urteil vom 16. Februar 1968, DVBl. 1968, 507 (508).

[115] BVerwG, Entscheidung vom 6. Januar 1961, BBauBl. 1961, 374. So argumentierte das Bundesverwaltungsgericht auch für die Gebote von Sitte und Anstand, die sich nach der „von Herkommen und Erziehung geformten und selbstständig fortgebildeten Anschauung verständiger, billig und gerecht denkender Menschen in einem Rechts- und Kulturkreis bestimmen. (...) Daher darf auch der Richter (...) nicht seine persönliche Anschauung allein maßgebend sein lassen. Er muß vielmehr abwägen, welche der Anschauungen, die innerhalb des Kreises aller verständigen, billig und gerecht denkenden Menschen vorkommen, derart überwiegt, daß er sie

I. Die Maßstabsfigur des Durchschnittsbetrachters im Recht der Verunstaltungsabwehr

Die Frage ist jedoch nicht so sehr die, ob die Rechtsanwenderin ihre eigenen ästhetischen Überzeugungen zurückdrängen soll. Eine reflektierte Distanz zu persönlichen Vorprägungen und Vorurteilen ist ohne Zweifel erforderlich, aber eben auch nur in begrenztem Maße möglich. Das Problem ist vielmehr, welche Überzeugungen an die Stelle der eigenen treten sollen. Darauf hat das Bundesverwaltungsgericht bislang keine befriedigende Antwort gefunden. Es strebt eine „Objektivierung" des Verunstaltungsbegriffes an, indem es vom Richter fordert, sich in die „seelisch-geistige Verfassung anderer Menschen" hineinzuversetzen. Da die Maßstabsfigur aber nicht empirisch gebildet wird, sondern ein „in der Vorstellung gedachter Typus" ist, kann der Richter nur seine Vorstellung eines allgemeinen ästhetischen Empfindens zur Grundlage seines ästhetischen Urteils machen. Dass ein solches Vorgehen zu einem „‚objektiven' Maßstab" führt, ist wenig überzeugend. Es scheint vielmehr auch hier einen Mangel an gesicherten ästhetischen Überzeugungen zu kompensieren.[116]

Ein wichtiger Vorteil der Maßstabsfigur ist ihre Bildhaftigkeit und Überzeugungskraft, deren Ursprung gerade in ihrem außerrechtlichen Bezug liegt. Die Maßstabsfigur macht den Beurteilungsprozess anschaulich, weil sie als Person unmittelbar aus unserer Mitte zu kommen scheint. Niemand lehnt sich gern gegen ein Leitbild auf, das traditionell in der Gesellschaft verhaftet ist.[117] Insofern hat sie eine befriedende Funktion. Zugleich erwecken die ästhetische Offenheit und der Allgemeinheitsbezug der Maßstabsfigur das Vertrauen des Bürgers, dass die Richterin mit ihrer Hilfe richtig zu entscheiden weiß.[118] Während sich ein

---

zur Grundlage seines (...) Urteils machen darf.", BVerwG, Urteil vom 23. Februar 1960, E 10, 164 (167 f.).

[116] Die verwaltungsgerichtliche Rechtsprechung sieht den ‚Durchschnittsbetrachter' als materiellen Maßstab: er sei einer, der sich „auch an faßbaren Kriterien orientiert" und dessen Urteil somit „nicht ‚ohne normativen Gehalt' ist", VG München, Urteil vom 22. April 1997 – M 1 K 95.4509 –, juris Rn. 32; außerdem „eine inhaltliche Festlegung des Verunstaltungsbegriffes", nicht „die Festlegung eines Beurteilungsverfahrens", VG Ansbach, Urteil vom 23. September 2003 – AN 9 K 03.00799 –, juris Rn. 26. Der ‚Durchschnittsbetrachter' sei ein „gebildete(r) Laie(...), der in dem jeweils erforderlichen Umfang die jeweils einschlägigen fachlichen Gesichtspunkte in sein Urteil mit einbezogen hat", VG München, Urteil vom 22. Juni 1999 – M 1 K 98.1733 –, juris Rn. 24. „Das Urteil des gebildeten Durchschnittsbetrachters ist das Ergebnis einer Prüfung eines Betrachters, der sich ‚auf die jeweilige Fragestellung eingelassen hat und dafür auch die richtigen Kenntnisse besitzt'.", VG München, Urteil vom 22. April 1997 – M 1 K 95.4509 –, juris Rn. 32. S. auch VGH Mannheim, Urteil vom 31. Oktober 1979 – III 54/79 – , juris Rn. 18: „Dabei kommt es nicht darauf an, wie viele Passanten die Dachgaupe tatsächlich wahrnehmen und wie viele davon diese als häßlich empfinden. Es reicht aus, daß der Zustand ohne weiteres wahrgenommen werden kann und daß der Durchschnittsbetrachter diesen Zustand als verunstaltend ansieht."

[117] *Josef Esser*, Vorverständnis und Methodenwahl, S. 64.

[118] „Eine Widerlegbarkeit des Ausspruchs ein objektiver, ein verständiger Mensch hätte,

juristischer Laie im Einzelfall schwer etwas unter einer Abwägungsentscheidung vorstellen kann, suggeriert die Chiffre des ‚Durchschnittsbetrachters' die Anwendung eines verlässlichen Maßstabes. Die Akzeptanz behördlicher und gerichtlicher Entscheidungen durch den Bürger ist als legitimierende und vertrauensbildende Kraft unverzichtbar. Es bleibt allerdings zu diskutieren, ob dieser Fokus auf die Kommunikation zwischen Bürger und Verwaltung bei der Wahl der Konkretisierungsinstrumente nicht auf Kosten inhaltlicher Präzision geschieht.

Schließlich wurde auch das Bundesverfassungsgericht in einer Entscheidung mit der Frage der hinreichenden Bestimmtheit der Maßstabsfigur befasst:

„Die Konkretisierung dieses Begriffes (der Verunstaltung, Anm.) des Landesrechts in der Rechtsprechung (...) genügt aber auch der Aufgabe der Rechtsprechung, Grundsätze zu entwickeln, welche die Entscheidung des Einzelfalls normativ zu leiten imstande sind. (...) Die Entscheidung, wann eine Verunstaltung vorliegt, wird auch geprägt von ihrem bauordnungsrechtlichen Schutzzweck, der von der anderweitig geregelten positiven Gestaltungspflege abzugrenzen ist, sowie von einer typisierenden Betrachtungsweise, die auch auf die Funktion und den Charakter des jeweils betroffenen Baugebietes einerseits und die Art der geplanten Werbeanlage andererseits eingeht. Eine langjährige umfangreiche Rechtsprechung hat zudem die Verwendung des Verunstaltungsbegriffes präzisiert. (...) Die zu treffende Rechtsentscheidung kann nicht, wie die Bf. meint, durch Meinungsumfragen ersetzt werden."[119]

Das Bundesverfassungsgericht versteht die Figur des Durchschnittsbetrachters als eines von vielen Mitteln, die gleichzeitig zum Einsatz kommen, um der Unwägbarkeiten des Verunstaltungsurteils Herr zu werden. Damit beschwichtigt es diejenigen, die den Rechtsstaat angesichts des ‚für ästhetische Eindrücke offenen Betrachters' in Maßstabslosigkeit untergehen sehen und relativiert die Bedeutung der Maßstabsfigur für das Verunstaltungsurteil. Als Konkretisierungsinstrument aber unterschätzt sie das Bundesverfassungsgericht. Denn die Perspektive, aus der die Verunstaltung beurteilt wird, bleibt maßgeblich dafür, welche Informationen im Verfahren verarbeitet und welche Ansprüche an die Entscheidung gestellt werden dürfen.

cc) Zusammenfassung

Die Durchsicht der verwaltungsgerichtlichen Rechtsprechung in der Bundesrepublik zeigt, dass bei der Konkretisierung des Verunstaltungsbegriffes fast immer auf die Maßstabsfigur des Durchschnittsbetrachters zurückgegriffen wird. Sehr häufig schließt sich eine Darstellung des Vorhabens und der Umgebung an und die Wirkung des strittigen Objekts wird – manchmal von verschiedenen Standpunkten

---

würde, wäre... ist nicht vorgesehen. ‚Ideales' Benehmen ist nicht empirisch belegbar oder überprüfbar, anders als tatsächliches", *Elena Barnert*, Der eingebildete Dritte, S. 13.

[119] BVerfG, Beschluss vom 26. Juni 1985, NVwZ 1985, 819.

I. Die Maßstabsfigur des Durchschnittsbetrachters im Recht der Verunstaltungsabwehr 189

aus – beschrieben. Die streitige Anlage und deren Umgebung werden fast immer vom Gericht im Rahmen einer Ortsbesichtigung in Augenschein genommen.[120] Die konkrete Subsumtion unter den Maßstab des Durchschnittsmenschen ist aber oft sehr wenig substantiiert und beschränkt sich auf die Aussage, ein ‚Durchschnittsbetrachter' würde das Objekt als verunstaltend empfinden. Die Verwendung der Maßstabsfigur wird in den seltensten Fällen begründet und wenn, dann mit der floskelhaften Wiedergabe des prägenden Urteils des Bundesverwaltungsgerichts zum ‚gebildeten Durchschnittsbetrachter' aus dem Jahr 1955.

Für die Konkretisierung des Verunstaltungsbegriffs hat sich offenbar ein verbreiteter ‚Textbaustein' in der verwaltungsgerichtlichen Rechtsprechung entwickelt: Zunächst der Hinweis, unter Verunstaltung sei ein „ein häßlicher, das ästhetische Empfinden des Beschauers nicht bloß beeinträchtigender, sondern verletzender Zustand zu verstehen", also die Formulierung des Preußischen Oberverwaltungsgerichts aus dem Kreuzbergurteil und damit die Abgrenzung zur positiven Gestaltungspflege. Dann die Charakterisierung des Betrachters durch das Bundesverwaltungsgericht als „gebildeten Durchschnittsmenschen" mit dem „Empfinden eines für ästhetische Eindrücke offen Betrachters". Schließlich die Bestimmung der Verunstaltung als Gegensatz zwischen der baulichen Anlage und der Umgebung, der von dem für ästhetische Eindrücke offenen Betrachter „als belastend oder unlusterregend empfunden wird."[121] Nach einer alternativen Formulierung ist maßgeblich, „ob der Anblick bei einem nicht unbeträchtlichen, in durchschnittlichen Maße für ästhetische Eindrücke aufgeschlossenen Teil der Betrachter nachhaltigen Protest auslöst."[122] Mit dem Bezug auf einen Teil der Betrachter anstatt auf *den* Durchschnittbetrachter scheinen die Gerichte keinen sachlichen Unterschied machen zu wollen.

Bei einer Auswahl von 40 Entscheidungen zur Figur des Durchschnittsmenschen im Recht der Verunstaltungsabwehr in der Bundesrepublik[123] zeigt sich,

---

[120] Zum Beweismittel des Augenscheins s. insbesondere § 371 ZPO, dazu *Walter Zimmermann*, in: MüKo zur ZPO, 5. Aufl. 2016, § 371, Rn. 2: „jede Wahrnehmung von beweiserheblichen Tatsachen durch ein Gericht; vgl. auch *Wolf-Rüdiger Schenke*, in: Kopp/Schenke, VwGO, 22. Aufl. 2016, § 98, Rn. 7; *Kyrill-Alexander Schwarz*, in: Fehling/Kastner/Störmer, Verwaltungsrecht, 4. Aufl. 2016, § 24 VwVfG, Rn. 43: „als unmittelbare Wahrnehmung in einem hohen Maß der Objektivierung dient"; *Winfred Porz* in: Fehling/Kastner/Störmer, Verwaltungsrecht, 4. Aufl. 2016, § 98 VwGO, Rn. 8.

[121] VG München, Urteil vom 18. Mai 1999 – M 8 K 98.2257 –, juris Rn. 19 f. Bzw. wird die bauliche Anlage für sich als unlusterregend empfunden.

[122] OVG Münster, Urteil vom 17. April 2002 – 10 A 4188/01 – juris Rn. 30; VG Aachen, Urteil vom 29. November 2012 – 5 K 944/11 –, juris Rn. 62; VG München, Urteil vom 19. Juni 1996 – M 8 K 94.3684 –, juris Rn. 21; BayVGH, Urteil vom 8. November 1991, BayVBl 92, 467; VG München, Urteil vom 22. März 2004 – M 8 K 03.759 –, juris Rn. 18.

[123] Aus einer juris-Suche mit 66 Treffern mit dem Suchbegriffen „Verunstaltung" und

dass über die Hälfte (22) die Verunstaltung durch Werbeanlagen zum Gegenstand haben; in 14 Fällen hat das Gericht die Anlagen auch für verunstaltend befunden. Mit der Zeit werden es weniger Entscheidungen, in denen sich die Gerichte mit Werbeanlagen befassen und unter diesen werden seltener Verunstaltungsurteile gefällt. Das kann zum einen daran liegen, dass Werbung im Alltag immer präsenter ist und deshalb weniger daran Anstoß genommen wird. Ein anderer Grund für diese Entwicklung ist möglicherweise, dass die Verunstaltungskontrolle durch die Gerichte insgesamt zurückgenommen und mehr Freiraum für individuelle Gestaltungen geschaffen wurde, der nur in „gestalterischen Notfällen" beschnitten werden soll. Die übrigen Gerichtsverfahren betreffen zum Beispiel die Gebäude- und insbesondere Dachgestaltung (sechs Entscheidungen, davon vier Mal die Annahme einer Verunstaltung), seltener auch Windkraft- und Mobilfunkanlagen (vier Entscheidungen und zwei Mal ein positives Verunstaltungsurteil). Heute ist der Bereich der Werbung wie kaum ein anderer durch Vorschriften und Rechtsprechung konkretisiert.[124] Trotzdem bleiben solche Anlagen weiterhin strittig, obwohl man erwarten würde, dass andere Themen in den Vordergrund rücken. So wie etwa das Verhältnis der Kunstfreiheit aus Art. 5 Abs. 3 GG zum Verunstaltungsverbot,[125] außerdem ästhetische Anforderungen an Solaranlagen und Windparks.

Die Gegenstände der Betrachtung ändern sich also, wenn auch weniger als man vermuten könnte. Auch der Geschmack und das ästhetische Urteil unterliegen dem Wandel der Zeit. Was vor 60 Jahren noch als ausgesprochen hässlich wahrgenommen wurde, kann heute Normalität sein und umgekehrt.[126] Zu Beginn der Rechtsprechung des Preußischen Oberverwaltungsgerichts diente das Verunstaltungsverbot der „Schonung, Wahrung und Förderung des Schönheitssinnes",[127] im Nationalsozialismus war das Ziel der BGestVO, „eine wesentliche allgemeine Hebung der Baukultur zu fördern und das Schönheitsempfinden und

---

„Durchschnittsmensch", eingeschränkt auf das Baurecht. Vier Entscheidungen der 40 ausgewählten beschäftigen sich nicht mit der Verunstaltungsabwehr, davon drei stattdessen mit dem Denkmalschutz und eine vierte scheitert schon an der fehlenden Befreiung von den Festsetzungen des Bebauungsplans.

[124] *Franz Dirnberger*, in: Simon/Busse, Bayerische Bauordnung, Stand 2016, Art. 8, Rn. 197 ff.; außerdem finden sich Sonderregelungen zum Beispiel in § 10 Abs. 2 Satz 2 BauO Bln, wonach auch Werbeanlagen, die keine baulichen Anlagen sind, dem Verunstaltungsverbot unterfallen, Satz 3 verbietet die störende Häufung von Werbeanlagen.

[125] *Andreas Voßkuhle*, Verunstaltungsverbot und Bau-Kunst, BayVerwBl 1995, 613. § 9 Abs. 3 der Berliner Bauordnung verbietet sogenannte Farbschmierereien insbesondere als Reaktion auf Graffitti-Kunst.

[126] Vgl. insbesondere die Übersicht bei *Max Büge/Willi Zinkahn*, zur Verunstaltung durch Werbeanlagen, Der Rechtsschutz gegen Verunstaltung, S. 67 ff.

[127] PrOVG, Urteil vom 14. Juni 1882, E 9, 353 (379).

die Heimatliebe aller Deutschen zu wecken und zu vertiefen."[128] Sie war eines der zahlreichen Instrumente, die nationalsozialistische Ideologie zu verbreiten. Heute geht es darum, „bauliche Auswüchse zu verhindern",[129] aber auch um die Beachtung eines „verstärkten ‚baulichen Umweltbewußtseins'",[130] die ästhetische Stadtgestaltung[131] und die Bewahrung alter Bausubstanz.[132]

Die Maßstabsfigur des Durchschnittsbetrachters ist ein von der Rechtsprechung intensiv genutztes Instrument zur Konkretisierung des unbestimmten Rechtsbegriffes der Verunstaltung. Im Laufe der Zeit hat sich die Figur verschiedenen, nicht nur ästhetischen Argumenten geöffnet. Ihre Anschaulichkeit und Flexibilität machen sie zu einem beliebten Maßstab. Ihre Aussagen darüber, welche materiellen ästhetischen Anforderungen an das Verunstaltungsurteil gestellt werden, sind jedoch sehr begrenzt. Sie beschränken sich im Prinzip auf die Anleitung zu einem konsensorientierten, nicht zu elitären Ästhetikverständnis.

4. Die Rezeption des ‚Durchschnittsbetrachters' in der Literatur zur Verunstaltungsabwehr

Die überwiegend kritischen Stimmen in der Auseinandersetzung der Literatur mit der Maßstabsfigur stammen vor allem aus den Jahren nach dem Urteil des Bundesverwaltungsgerichts zum ästhetisch gebildeten Durchschnittsbetrachter.[133] Angriffspunkte dieser Kritik sind insbesondere der Zuschnitt der Maßstabsfigur; das normative Konzept als solches erfährt hingegen vergleichsweise wenig Aufmerksamkeit. Der Blick in die Literatur zeigt aber nicht nur, welche Probleme diese in der Maßstabsfigur der Verunstaltungsabwehr sieht, sondern offenbart auch, dass die Figur als Projektionsfläche für unterschiedliche Ästhetikverständnisse dient.

---

[128] *Max Büge/Willi Zinkahn,* Der Rechtsschutz gegen Verunstaltung, S. 77.
[129] VG Dresden, Urteil vom 27. Januar 2003 – 12 K 661/02 – , juris Rn. 27. *Gerhard Hornmann,* Kommentar zur HessBauO, 2. Aufl. 2011, § 9, Rn. 13; „Abwehr optisch störender Anlagen", *Ulrich Battis,* Öffentliches Baurecht, S. 179.
[130] VG Dresden, Urteil vom 27. Januar 2003 – 12 K 661/02 – , juris Rn. 20. Das spiegelt sich auch in einer weiteren Konkretisierung der Maßstabsfigur des Durchschnittsbetrachters wieder. Der Bayrische Verwaltungsgerichtshof griff zum „für den Gedanken des Natur- und Landschaftsschutzes aufgeschlossenen Betrachter", um das Vorhaben in einer „artenvielfältigen Flusslandschaft" zu beurteilen, BayVGH, Beschluss vom 31. Januar 2014 – 15 ZB 12.1436 – , juris Rn. 10.
[131] *Gerrit Manssen,* Stadtgestaltung, S. 170.
[132] *Ulrich Battis,* Öffentliches Baurecht, S. 179.
[133] BVerwG, Urteil vom 28. Juni 1955, E 2, 172.

In der kritischen Literatur herrscht ein Bild vom Durchschnittsbetrachter als einer irrationalen und ungebildeten Figur vor,[134] die es zu rationalisieren gilt, um nicht in ästhetischer Maßstabslosigkeit zu versinken. Dabei geht es um eine Abschaffung der Maßstabsfigur des Durchschnittsbetrachters und die Einführung eines Expertenurteils. Günter *Maier* fordert, die Maßstabsfigur solle „wenigstens einige der berühmtesten Baumeister seiner Heimat kennen".[135] Die Entscheidung des Bundesverwaltungsgerichts, auf eine für ästhetische Eindrücke offene, aber nicht fachlich gebildete Maßstabsfigur in Abgrenzung zu einer ästhetisch gebildeten Person zurückzugreifen, wurde als „Maßstabslosigkeit"[136] und Bekenntnis zur Mittelmäßigkeit[137] kritisiert. Den ‚Durchschnittsbetrachter' lediglich vom ästhetisch gänzlich Ungebildeten abzugrenzen, stelle nur klar, dass mehr als nichts gefordert sei und mache den Rechtsanwender zum „Geschmacksdiktator".[138] Die Schwierigkeit der ästhetischen Beurteilung werde nicht dadurch überwunden, dass man jemanden zum Maßstab mache, „der die Schwierigkeit gar nicht sieht".[139] Das Verunstaltungsurteil solle aus der Perspektive eines besonders Sachkundigen gefällt werden,[140] denn Fachleute könnten ihr ästhetisches Urteil im Gegensatz zum Laien begründen und würden es nicht unbewusst treffen.[141] Sicherlich ist das Begründungsgebot als Ausdruck gerichtlicher Rationa-

---

[134] Der Empfindungshorizont des Durchschnittsbetrachters dürfe sich nicht an Leuten ausrichten, die ihre ästhetischen Vorstellungen anhand von „Veröffentlichungen in Bausparerzeitschriften entwickeln.", *Günter Maier,* Gestaltung von Bauwerken, BayVBl. 1980, 5, (10).

[135] *Günter Maier,* Gestaltung von Bauwerken, BayVBl. 1980, 5 (10). Ob der Richter selbst die Ansichten der Gebildeten, Experten oder Sachkundigen erkennen kann oder dazu ein Sachverständiger hinzuzuziehen ist, wird unterschiedlich gesehen. Der Frage wird später vertieft nachgegangen, S. 195.

[136] *Christoph Parchmann,* Pluralistische Wirklichkeit, S. 31: „Weg in die Maßstabslosigkeit".

[137] *Volker Looks,* Bauästhetische Vorschriften, S. 45, befürchtet einen „Verfall an den empirischen Durchschnitt".

[138] *Ernst Kretschmer,* Nochmal: Der „gebildete Durchschnittsmensch", DVBl. 1970, 55 (56); *Christoph Parchmann,* Pluralistische Wirklichkeit, S. 30.

[139] *Klaus Michel,* Verunstaltungsbegriffe im Baurecht, S. 74. A.A. *Nancy Kapell,* Das Recht selbstbestimmter Baugestaltung, S. 102, es gebe keinen Zusammenhang zwischen ästhetischem Urteil und Bildungsstand.

[140] *Alfons Schmidt-Tophoff,* § 1 der Baugestaltungsverordnung, BBauBl 1957, 232 (233).

[141] *Bernhard Maué,* Das ästhetische Empfinden des gebildeten Durchschnittsmenschen, BBauBl 1957, 470 (471), hält aber gerade das Expertenurteil für einen willkürlichen Maßstab, weil zwischen den verschiedenen Stilrichtungen und Schulen stets Streit herrsche. Vgl. auch das Oberverwaltungsgericht Münster, das jedoch Sachverständige für keine besseren Ratgeber als die übrige Bevölkerung hält, sie seien lediglich „Exponenten" für deren Auffassung, Urteil vom 21. April 1959, E 14, 355 (357). Allerdings hätte es mal so etwas gegeben, wie eine einheitliche Auffassung unter Sachkundigen, „Etwa bis zum Zusammenbruche im Jahr 1945 war der Einfluß der ‚Kulturarbeiten' von Paul Schulze-Naumburg und (der) (...) ‚Stuttgarter Schule'

lität zu beachten. Aber hier wird ein Bild des Sachkundigen gezeichnet, das dem des Künstlers nicht unähnlich ist, dem *Otto Goldschmidt* 1912 durch die Einführung der Maßstabsfigur des Durchschnittsbeschauers gerade entgegentreten wollte. Landschaftsmaler und Architekt seien nämlich oft zu konservativ, um Veränderungen ästhetischer Vorstellungen akzeptieren zu können.[142] Die Stimmen der Literatur, die das Expertenurteil herbeiwünschen, sehen jedoch diese mögliche Voreingenommenheit gerade eines Sachkundigen nicht.

Andere Kommentatoren in der Literatur verteidigen die Figur des Durchschnittsbetrachters als demokratisch notwendig. Die Frage der demokratischen Legitimation des Maßstabs hängt eng mit der Rechtfertigung der im Namen des ‚Durchschnittsbetrachters' ausgeübten Grundrechtseingriffe zusammen. *Gerrit Manssen* argumentiert in diesem Zusammenhang, dass eine eigentumsbeschränkende Regelung – wenn nämlich dem Bauherrn verboten werde, nach seinen Vorstellungen zu bauen – zwei Dinge erfordere: erstens dürfe es nicht auf einen besonders geschulten Betrachter ankommen, sondern auf einen, der „nicht mehr als der Repräsentant einer hinreichend breiten Masse potentieller Betrachter" sei – zweitens müsse dieser „durch den Anblick eines verunstaltet wirkenden Gebäudes in hinreichend qualifiziertem Maße betroffen, also ‚verletzt' werden."[143] Hier mischen sich quantitative und qualitative Anforderungen an die Maßstabsfigur und ihr Empfinden. *Manssen* nennt sie die „reellen potentiellen Betrachter".[144] Ob eine Verunstaltung gegeben sei, bleibe eine Rechtsfrage, die nicht durch Meinungsumfragen oder Sachverständige ersetzt werden könne.[145] Inhaltlich besteht keine Differenz zu dem Maßstab des Bundesverwaltungsgerichts. Nach *Manssens* Meinung ist die „Denkhilfe" des ‚Durchschnittsbetrachters' aber „weniger eine Hilfe als vielmehr ein Nährboden für Konflikte".[146]

Für die Amtswalterin und den Richter im Besonderen[147] ist es eine Herausforderung, sich von eigenen Gefühlen und Ansichten sowie äußeren Einflüssen bis

---

so groß, daß jedenfalls eine unter den geschulten Betrachtern herrschende Auffassung zur ästhetischen Gestaltung baulicher Anlagen festgestellt werden konnte.", ebd. 356.

[142] *Otto Goldschmidt,* Die preußischen Gesetze gegen Verunstaltung, 1912, Anm. 8 zum Preußischen Gesetz gegen die Verunstaltung landschaftlich hervorragender Gegenden vom 2. Juni 1902.

[143] *Gerrit Manssen,* Stadtgestaltung, S. 185; vgl. auch *J. Wolff,* Baugestaltung, BBauBl 1957, 341 (342), der sich gegen ein staatliches Einschreiten bei jedem Missfallen der Fachleute wendet.

[144] *Gerrit Manssen,* Stadtgestaltung, S. 186.

[145] *Gerrit Manssen,* Stadtgestaltung, S. 186 f.

[146] *Gerrit Manssen*, Stadtgestaltung, S. 186.

[147] *Karl Schweiger* sieht die Aufgabe des Amtswalters eher in der „optimale(n) Lösung des einzelnen Falles", also „subjektiv und gestaltend", die des Richters in der „optimale(n) Einordnung in das gesamte Rechtssystem" und damit „objektiv und erkennend" ausgerichtet, Der

zu einem gewissen Grad unabhängig zu machen. Das gilt für jede rechtliche Entscheidung, die sich in einem Wertungsspielraum vollzieht, also nicht nur im Bereich der Typisierung von Personen. Offenkundigstes Beispiel sind die unbestimmten Rechtsbegriffe, die nicht nur mit Hilfe der Maßstabsfigur, sondern ganz überwiegend mittels einer Abwägung konkretisiert werden. Erstaunlicherweise wird den Rechtsanwendern, die ja ständig mit solchen Wertungsentscheidungen konfrontiert sind, bei der Anwendung des Verunstaltungsverbots kaum zugetraut, ein Urteil ohne Ansehung ihrer eigenen Präferenzen zu fällen. Als ideelle Person, die man nicht um Rat fragen kann, tauge der ‚Durchschnittsbetrachter' für die Richterin nicht als Maßstab.[148] Im Gegenteil, die Figur entlaste sie vom Begründungsaufwand, denn es sei einfacher, einen ‚Durchschnittsbetrachter' vorzuschieben, als sich die Elemente des eigenen ästhetischen Urteils bewußt zu machen und sich mit den abweichenden Argumenten auseinanderzusetzen.[149]

Dieses Misstrauen der Literatur gegenüber der Maßstabsfigur des Durchschnittsbetrachters hat vor allem zwei Gründe: Erstens ist es schwierig, die Normativität des auf Empfindungen beruhenden ästhetischen Urteils zu begründen und damit einen verbindlichen ästhetischen Maßstab für die Verunstaltungsabwehr zu finden. Dem schließt sich die Frage an, welche ästhetischen Überzeugungen zur Grundlage der Verunstaltungsabwehr gemacht werden sollen. Zweitens ist die Maßstabsfigur des Durchschnittsbetrachters als solche schwer handhabbar. In der Rechtsprechungsanalyse zur Verunstaltungsabwehr zeigt sich bereits die Widersprüchlichkeit der Maßstabsfigur, da sie einerseits explizit als normatives Konzept verstanden werden soll, andererseits mit der Referenz auf einen Durchschnitt oder die Allgemeinheit an außerrechtliche Vorstellungen anknüpft, deren Erfassung grundsätzlich nur empirisch möglich wäre.

Als alternativer oder ergänzender Bewertungsmaßstab wird ein Katalog an Gestaltungsvorgaben für bauliche Anlagen diskutiert.[150] Allerdings hat auch eine

---

„gebildete Durchschnittsmensch", DVBl. 1968, 481 (487) und beschreibt damit die Kluft zwischen der Regel und ihrer Anwendung. Zur rechtsstaatlichen Notwendigkeit, die Subjektivität im Kontext des Verunstaltungsverbots einzufangen, *Gerhard Engelmann,* Der baurechtliche Verunstaltungsbegriff, S. 143; BVerwG, Urteil vom 19. Dezember 1963, E 17, 322 (328); OVG Münster, Urteil vom 21. April 1959, E 14, 353, (356).

[148] Vom Richter werde verlangt, die „grundlose und auch nicht zu begründende letztlich eben überhaupt nicht feststellbare Einstellung eines nicht existierenden, imaginären Durchschnittswesens seiner Entscheidung zugrunde zu legen." *Karl Schweiger,* Der „gebildete Durchschnittsmensch", DVBl. 1968, 481 (488).

[149] *Karl Schweiger,* Der „gebildete Durchschnittsmensch", DVBl. 1968, 481 (488).

[150] *Kathrin Müller,* Das bauordnungsrechtliche Verunstaltungsverbot, S. 14. Zu der Frage, was solche Regeln sein können und wie sie ermittelt werden können, *Günter Maier,* Gestaltung von Bauwerken, BayVBl. 1980, 5 (7ff.). Bis 2007 fand sich in der Bayerischen Bauordnung neben dem Verunstaltungsverbot die Pflicht, bauliche Anlagen nach den anerkannten Regeln

Liste einzuhaltender Vorgaben ihre Schwächen. Zwar ließen sich einzelne Merkmale eines Bauwerks besser subsumieren. Es gibt aber zahllose Gestaltungsmöglichkeiten, die in Vorschriften zu fassen ein unmögliches Unterfangen wäre.[151] Abgesehen davon würde sich eine solche Aufzählung auch deshalb als untauglich erweisen, weil sie das Gesamtbild nicht ausreichend würdigen kann. Ob Einzelheiten verunstaltend wirken, lässt sich meist nur in einer Gesamtschau und ortsbezogen, nicht aber durch eine Katalogisierung von Verunstaltungen beurteilen.[152]

In der Literatur zeigt sich die Tendenz, das Verunstaltungsurteil zu einem Expertenurteil zu machen. Will man dieses nicht als Abschaffung des ‚Durchschnittsbetrachters' und Einführung eines strengeren Maßstabs gestalten, dann kommt noch die Anhörung einer Sachverständigen in Betracht. Diese ersetzt jedoch nicht die Beurteilung aus Sicht der Maßstabsfigur. Der Sachverständige dient der Beweiserhebung in Tatsachen-, nicht in Rechtsfragen, wie das Verunstaltungsurteil eine ist.[153] Allerdings können im Kontext des Rechtsproblems auftauchende tatsächliche Fragen mit seiner Hilfe geklärt werden. Der Sachverständige muss dem Gericht dann in Lebens- und Erkenntnisbereichen, die dem Richter nicht ohne weiteres zugänglich sind, besondere Erfahrungssätze und Kenntnisse seines Fachgebiets vermitteln und die notwendigen Schlussfolgerungen für den Sachverhalt ziehen.[154] Dabei ist es nicht seine Aufgabe, dem Richter

---

der Baukunst durchzubilden, Art. 11 Abs. 1 BayBO a. F. Sie erfüllten eine „Maßstabsfunktion, zu der diejenigen Prinzipien und Lösungen zählten, die in der Praxis erprobt und bewährt seien und von der Mehrzahl der Praktiker als richtig und notwendig akzeptiert seien." Zu dem Personenkreis zählte man insbesondere akademisch ausgebildete Architekten und Bauingenieure, VG München, Urteil vom 20. September 2011 – M 1 K 11.3315 –, juris Rn. 22. Inzwischen wurde das Kriterium fallengelassen, weil ihm die Rechtsprechung einen neben dem Verunstaltungsverbot eigenständigen Regelungsgehalt zugewiesen habe, der vom Verordungsgeber nicht gewollt war. „Diese Judikatur führe zu einer vom Gesetzgeber nicht gewollten Maßstabsverschärfung und schaffe einen materiell-rechtlichen Standard, der – weil er auf einem allenfalls schwierig zu ermittelnden Konsens der fachlich vogebildeten Kreise basiere – für den Anwender nicht mit derjenigen Klarheit ablesbar sei, die für eine rechtssichere Anwendung erforderlich sei.", VG München, Urteil vom 20. September 2011 – M 1 K 11.3315 –, juris Rn. 22 unter Verweis auf die Begründung zum Gesetzentwurf der Staatsregierung vom 15. Januar 2007, LT Drs. Nr. 15/7161, S. 44 f.
[151] *Volker Looks*, Bauästhetische Vorschriften, S. 22.
[152] Über konkrete Gestaltungsvorgaben als Überschreiten der Ermächtigungsgrundlage des § 2 BauGestVO: „geschmacksdiktatorisch oder gar willkürlich bis ins einzelne reglementiert wird", BVerwG, Urteil vom 26. März 1962, DVBl. 1962, 754. Auch droht eine solche Aneinanderreihung von Beschaffenheitsvorgaben zu einer Gleichmacherei zu führen, *Klaus Michel*, Verunstaltungsbegriffe im Baurecht, S. 144.
[153] *Richard Naumann*, Eingriffe in die Reklamefreiheit, DVBl. 1951, 398 (402): „verlagert in unzulässiger Weise die Entscheidung des Gerichts auf die Sachverständigen".
[154] *Claudia Garloff*, in: Posser/Wolff, BeckOK, VwGO, Stand 1. April 2016, § 98, Rn. 9; BVerwG, Entscheidung vom 6. Januar 1961, BBauBl. 1961, 374 (375).

die Distanzierung von seinen persönlichen Ansichten und Empfindungen im Angesicht des konkreten Falles abzunehmen oder zu erleichtern.[155] Im Rahmen des Verunstaltungsverbots bestehen schon Zweifel, ob es sich überhaupt um einen solchen Lebensbereich handelt, der dem Richter nicht ohne weiteres zugänglich ist, selbst wenn man einen ‚fachlich gebildeten Durchschnittsbetrachter' zum Maßstab machte.[156] In den Kammern und Senaten, die regelmäßig mit baurechtlichen Fragestellungen befasst sind, dürfte sich das Gericht in die Materie der Baugestaltung aber so eingearbeitet, entsprechendes Wissen und Erfahrungen gesammelt haben, dass es eine begründete Entscheidung aus der Perspektive auch eines ‚gebildeten Durchschnittsbetrachters' treffen kann.[157] Wollte man trotzdem einen Sachverständigenbeweis zulassen, weil auf diese Art die ästhetischen Gestaltungsmerkmale des Verunstaltungsverbots wie Farbe, Form und Verhältnis zueinander am besten erkannt werden können,[158] so müsste das Gericht seine Entscheidung weiterhin aufgrund der vom Sachverständigen präsentierten Erkenntnisse aus der Sicht des ‚Durchschnittsbetrachters' treffen. Der Sachverständige liefert also die Grundlage für die Eigenbewertung des Richters, ersetzt diese aber nicht.[159]

5. Versuch einer Antwort: Die Maßstabsfigur und die Normativität des ästhetischen Urteils

Die Maßstabsfigur des Durchschnittsbetrachters im Recht der Verunstaltungsabwehr – das ergibt eine Analyse der Rechtsprechung und Literatur – bietet wenig Anhaltspunkte zur Lösung des einzelnen Falles. Es gelingt ihr nicht in einer vorhersehbaren Weise, die Kluft zwischen der Regel und ihrer Anwendung auf einen Lebenssachverhalt zu schließen. Das liegt vor allem daran, dass sie so zugeschnitten wird, wie es die Antwort auf die Frage nach der Verunstaltung verlangt: Verunstaltend ist, was ein für ästhetische Eindrücke offener Durchschnittsbetrachter als verunstaltend empfindet.

---

[155] BVerwG, Entscheidung vom 6. Januar 1961, BBauBl. 1961, 374, 375.

[156] In einem Urteil zur Bedeutung des Firmenbestandteils ‚Euro' stellte der BGH im Jahr 1969 fest: „Für die Entscheidung der Frage, welchen Sinn der Verkehr einer bestimmten Werbebehauptung beilegt, ist der Richter in der Regel dann ausreichend sachkundig, wenn er selbst zu dem angesprochenen Verkehrskreis gehört und es sich um Angaben über Gegenstände des allgemeinen Bedarfs handelt.", BGH, Urteil vom 29. Oktober 1969, Z 53, 339 (341).

[157] *Karl Schweiger,* Der „gebildete Durchschnittsmensch", DVBl. 1968, 481 (489); anderer Auffassung *Volker Looks,* Bauästhetische Vorschriften, S. 55.

[158] *Volker Looks,* Bauästhetische Vorschriften, S. 55 f.

[159] *Karl Schweiger,* Der „gebildete Durchschnittsmensch", DVBl. 1968, 481 (489); teilweise wurden Sachverständigenausschüsse gebildet, s. *Willy Zinkahn,* DÖV 1953, 161, 167; dieses Modell favorisiert *Willi Kühl,* Der Rechtsschutz gegen die bauliche Verunstaltung, S. 39.f

I. Die Maßstabsfigur des Durchschnittsbetrachters im Recht der Verunstaltungsabwehr

Gleichwohl ist die Maßstabsfigur für die Rechtsprechung reizvoll. Einmal dient sie dazu, tatsächliche Unsicherheiten normativ zu kompensieren. Die Entscheidung über eine Verunstaltung nimmt auf außerrechtliche, ästhetische Maßstäbe Bezug, die anderen Normen als den juristischen folgen. Um diese zu erkennen und anzuwenden, müssten eigentlich Sachverständige hinzugezogen oder, würde man den Durchschnittsbeschauer ernst nehmen, Meinungsumfragen durchgeführt werden.[160] Die rechtliche Überzeugung angesichts der ästhetischen Empfindung einer fiktiven Figur ist jedoch leichter darzulegen. Die Maßstabsfigur ist außerdem anschaulich und entfaltet legitimiatorische Kraft, denn ihre Entscheidung wird von einer (vorgestellten) Allgemeinheit geteilt. Damit verschleiert sie das grundlegende Problem des Verunstaltungsverbots, nämlich ob ein ästhetisches Urteil überhaupt normativ sein kann.

Es gibt mehrere Gründe, sich in dieser Frage zunächst *Kant* zuzuwenden. Der offensichtlichste ist, dass er mit der „Kritik der Urteilskraft" aus dem Jahr 1790 die von *Alexander Gottlieb Baumgarten* begründete moderne philosophische Ästhetik maßgeblich fortentwickelt hat.[161] Ein zweiter, dass er aufgrund dieser Bedeutung Teil eines Bildungskanons geworden ist, der vielen Richtern, jedenfalls noch zu Beginn des 20. Jahrhunderts, vertraut (gewesen) sein muss. Damals herrschte geradezu eine neokantianische Hegemonie in der Philosophie. Aus diesen Gründen wird *Kants* Kritik der Urteilskraft einen gewissen Einfluss auf die Rechtsprechung zu ästhetischen Fragen gehabt haben.

Kants ästhetisches Urteil bezieht sich nicht auf die Schönheit eines Gegenstandes, sondern auf die sinnliche Empfindung des Subjekts in Bezug auf einen Gegenstand.[162] Diese Empfindung des Schönen steht nicht für sich, sondern er-

---

[160] Gegen Meinungsumfragen als Konkretisierung des Durchschnittsbetrachters, *Karl Schweiger,* Der „gebildete Durchschnittsmensch", DVBl. 1968, 481 (489); *Sabine Kamp,* Die Rechtsproblematik des Verunstaltungsschutzes, S. 45 f. m.w.N in Fn. 290. BVerfG, Urteil vom 26.Juni 1985, NVwZ 1985, 819 (820). Grundsätzlich gegen die Hinzuziehung von „Experten" im Verunstaltungsurteil *Bernhard Maué,* Das ästhetische Empfinden des gebildeten Durchschnittsmenschen, BBauBl 1957, 470. Die Argumente, die gegen einen empirischen Maßstab vorgebracht werden, fasste schon *Jutta Limbach* im Hinblick auf die Maßstabsfigur im Zivilrecht zusammen: „Die Frage, ob die Vertrautheit des Richters mit dem gesellschaftlichen Handeln, Denken und Wissen Gewinn verspricht, ist denn im wesentlichen aus drei Gründen negativ beschieden worden: Zum ersten, weil die Demoskopie stets bemüht sei, den Menschen zu nehmen wie er ist und nicht wie er sein sollte; zum zweiten, weil sich im Zeitalter des Pluralismus einheitliche Richtlinien des Verhaltens nicht aufweisen ließen; zum dritten, weil auch der denkbare Konsensus der Rechtsgenossen nicht Richtigkeit verbürge." Der verständige Rechtsgenosse, S. 471. Vgl. auch zu den Problemen einer Umfrage OVG Münster, Urteil vom 21. April 1959, E 14, 353 (357).
[161] Nach *Donald W. Craword,* Kant, in: Gaut/McIver Lopes, The Routledge Companian to Aesthetics, S. 46 hat *Kant* den Grundstein für die moderne Ästhetik gelegt.
[162] *Christoph Möllers,* Möglichkeit der Normen, S. 264; *Immanuel Kant,* Kritik der Urteilskraft, § 8.

hebt einen Anspruch auf intersubjektive Gültigkeit.[163] Der Geltungsanspruch des Gefühls führt zur Normativität des ästhetischen Urteils. Nach *Kant* tritt der Mensch dem Schönen interesselos gegenüber, er begehrt den Gegenstand der Betrachtung nicht und lehnt ihn auch nicht ab. Man darf also „nicht im mindesten für die Existenz der Sache eingenommen, sondern in diesem Betracht ganz gleichgültig sein, um in Sachen des Geschmacks den Richter zu spielen."[164] Die Nützlichkeit (das zweckmäßig Gute) und die moralische Qualität des Objekts (das an sich Gute) dürfen dabei keine Bedeutung haben.[165] Auch erfordert das interesselose Gegenübertreten keine kognitiven Eigenschaften und keine ästhetische Vorbildung.

Wie aber lässt sich ein solches Urteil legitimieren? Nach *Kant* durch die notwendige Beziehung des Schönen zum Wohlgefallen. Diese Notwendigkeit ist keine objektive, „wo a priori erkannt werden kann, daß jedermann dieses Wohlgefallen an dem von mir schön genannten Gegenstande fühlen werde", und auch keine empirische, denn „auf empirische Urteile (lässt sich) kein Begriff der Notwendigkeit dieser Urteile gründen", sondern eine exemplarische „Notwendigkeit der Beistimmung *aller* zu einem Urteil".[166] Der Verbindlichkeitsanspruch kommt aus dem „subjektiven Prinzip" des Gemeinsinns:

> „Unter dem sensus communis aber muß man die Idee eines gemeinschaftlichen Sinnes, d.i. eines Beurteilungsvermögens verstehen, welches in seiner Reflexion auf die Vorstellungsart jedes andern in Gedanken (a priori) Rücksicht nimmt, um gleichsam an die gesamte Menschenvernunft sein Urteil zu halten, und dadurch der Illusion zu entgehen, die aus subjektiven Privatbedingungen, welche leicht für objektiv gehalten werden könnten, auf das Urteil nachteiligen Einfluß haben würde."[167]

Dies liest sich wie eine Anleitung zur Anwendung der Figur des Durchschnittsbetrachters. Die Maßstabsfigur tritt den Objekten der Betrachtung zwar nicht interesselos gegenüber, auch wird von ihr eine Offenheit für ästhetische Eindrücke verlangt, die *Kant* für ein Erkennen des Schönen nicht für notwendig erach-

---

[163] *Immanuel Kant*, Kritik der Urteilskraft, § 7; „ästhetische Quantität der Allgemeinheit": „Das Geschmacksurteil selber postuliert nicht jedermanns Einstimmung (denn das kann nur ein logisch allgemeines weil es Gründe anführen kann, tun); es sinnet nur jedermann diese Einstimmung an", § 8. Es ist allerdings eingeschränkt normativ und unterscheiden sich damit vom objektiven Erkenntnisurteil auf der einen Seite: „Das Geschmacksurteil ist also kein Erkenntnisurteil, mithin nicht logisch, sondern ästhetisch, worunter man dasjenige versteht, dessen Bestimmungsgrund nicht anders als subjektiv sein kann.", § 1. Und vom Angenehmen auf der anderen Seite, § 7.
[164] *Immanuel Kant* Kritik der Urteilskraft, § 2.
[165] *Immanuel Kant,* Kritik der Urteilskraft, § 5, „das Schöne (...) von der Vorstellung des Guten ganz unabhängig sei", § 15.
[166] *Immanuel Kant,* Kritik der Urteilskraft, § 18.
[167] *Immanuel Kant*, Kritik der Urteilskraft, § 40.

I. Die Maßstabsfigur des Durchschnittsbetrachters im Recht der Verunstaltungsabwehr

ten würde. Aber sie steht für einen gemeinsamen Schönheitssinn, der seinen Ursprung im Empfinden hat und zugleich darüber hinausweist. Trotzdem taugt *Kants* Ästhetik nur dazu, das Normativitätsproblem für das Verunstaltungsurteil zu beschreiben, nicht aber dazu, es zu lösen. Denn das ästhetische Urteil ist nicht begründbar und deshalb auch nicht nachvollziehbar.[168] Das juridische Urteil aber benötigt die rationale Überprüfbarkeit. Wenn Schönheit oder Hässlichkeit an sich unbestimmbar sind und „zur Erkenntnis untauglich",[169] dann lassen sie sich nicht begründen und zur Grundlage einer rechtlich bindenden Entscheidung machen. Der Durchschnittsbetrachter als eine Figur im *Kantschen* Sinne taugt nicht für das Verunstaltungsurteil. Die Analyse der Rechtsprechung legt aber nahe, dass die Maßstabsfigur trotzdem in einem ähnlichen Sinne angewendet wird und ihr deshalb die für ein juridisches Urteil notwendige Begründbarkeit fehlt.

Tritt der Mensch dem Objekt nicht interesselos, sondern mit seinen Wünschen und seinem Begehren gegenüber, so handelt es sich in *Kants* Kategorien nicht um das ‚Schöne', sondern um das ‚Angenehme'. Über das Angenehme aber kann man deshalb kein allgemeingültiges Urteil fällen: „Darüber in der Absicht zu streiten, um das Urteil anderer, welches von dem unsrigen verschieden ist, (...) für unrichtig zu schelten, wäre Torheit; in Ansehung des Angenehmen gilt also der Grundsatz: ein jeder hat seinen eigenen Geschmack (der Sinne)."[170] So gilt für einen relativistischen Ansatz wie für die Kategorie des Angenehmen, dass eine Alternative zum objektiven Maßstab gefunden werden muss, die ausreichend legitimiert ist. In Betracht kommt, die Mehrheitsmeinung zum Maßstab zu machen.[171] Das würde bestehende ästhetische Vorstellungen konservieren. Andere Maßstäbe müssten aber aus der Feder des Gesetzgebers stammen, wenn normative Leitlinien für die Rechtsprechung fehlen.

Aber lässt sich in einem anderen Ansatz wenigstens beschreiben, welche Eigenschaften erforderlich wären, um ein ästhetisches Urteil fällen zu können? *David Hume* hat in seinem Essay „Of the standards of taste" einen Kritiker gezeichnet, der dazu in der Lage ist, den „standard of taste" zu sehen und zu vermitteln.[172] *Hume's* Kritiker hat Praxis und Erfahrung im Umgang mit ästhetischen Urteilen, erkennt verschiedene Stufen von Schönheit und verteilt Lob und Tadel

---

[168] *Christoph Möllers*, Möglichkeit der Normen, S. 265 m.w.N.; *Henry E. Allison*, Kant's Theory of Taste, S. 184.
[169] *Immanuel Kant*, Kritik der Urteilskraft, § 5.
[170] *Immanuel Kant,* Kritik der Urteilskraft, § 7.
[171] S. *Looks* Versuch einer „Demokratisierung" der Verunstaltungsvorschriften: Anstelle des Kreises der für ästhetische Eindrücke offenen Betrachter müsse eine „Mittelmeinung" aller treten. Dieser Vorschlag verfehlt jedoch die Lösung seines Anliegens, denn *Looks* Argumentation ist nicht demokratisch. Demokratie bedeutet nicht die Herrschaft des Durchschnitts, sondern die der Mehrheit. *Volker Looks,* Bauästhetische Vorschriften, S. 56 ff.
[172] *David Hume*, Of the Standard of Taste, in: Four Dissertations, S. 203 ff., 228 ff.

akkurat, er ist frei von allen Vorurteilen und hat ein gutes Augenmaß. *Hume's* Ansicht nach bleibt eine unvermeidbare Unsicherheit im Urteil bestehen, die bedingt ist durch das unterschiedliche Temperament der Kritiker und ihre Vorlieben, die sie aufgrund ihres Alters oder kulturellen Hintergrundes nicht ablegen können. Man könnte den Kritiker auch als Experten bezeichnen.[173] *Hume* ist der Ansicht, es liege in unserer Natur, nach dem „standard of taste" zu suchen. Und auch wenn jeder Schönheit anders wahrnehme, gäbe es so etwas wie einen ‚common sense', den zu erkennen man Kritiker sein müsse. In dessen Charakterisierung geht *Hume* weit über das hinaus, was vom ‚Durchschnittsbetrachter' im Recht der Verunstaltungsabwehr gefordert wird. Seiner Ansicht nach lässt sich das richtige ästhetische Urteil nur gewinnen, wenn es die richtige Person fällt. Es gelingt *Hume* aber nicht zu begründen, warum man in seinem ästhetischen Urteil gerade diesem Experten folgen soll.[174]

Das wirft eine andere Frage auf, nämlich ob Geschmack nicht mehr eine soziale als eine ästhetische Kategorie ist.[175] Dann wäre die Beschreibung als gut und schlecht, als schön und hässlich das Ergebnis von Klassenunterschieden und nicht das Erkennen bestimmter qualitativer Standards. Richter und Amtswalter als Rechtsanwender implementieren so ihre relativ homogenen, aus ihrer Erfahrung und Erziehung, aus ihrem „Habitus" gespeisten ästhetischen Vorstellungen.[176] Diese Herrschaftsverhältnisse verbergen sich dann hinter der Figur des Durchschnittsbetrachters. Das Verunstaltungsverbot als verrechtliches ästhetisches Urteil konserviert diese Strukturen, anstatt sie aufzubrechen. Auch das ist ein Einwand, der nicht nur gegen die Figur des Durchschnittsbetrachters, sondern auch gegen das Verunstaltungsverbot als solches spricht.

Das Grundproblem der Verunstaltungsabwehr ist, dass ein verbindlicher ästhetischer Maßstab für das Baurecht fehlt. Die daraus resultierende Unsicherheit im Umgang mit dem Verunstaltungsurteil wird in der Rechtsprechung und der Literatur immer wieder sichtbar. Die Figur des Durchschnittsbetrachters ist nicht in der Lage, dieses Problem zu lösen. Sie bietet zwar Anhaltspunkte für eine

---

[173] *David Hume*, Of the Standard of Taste, in: Four Dissertations, S. 232 ff.

[174] *Anthony Savile*, Kant's Aesthetic Theory, in: Bird (Hrsg.), A Companion to Kant, S. 449 f.

[175] Ästhetische Urteile als Grenzziehung und Ausschluss, *Pierre Bourdieu*, Die feinen Unterschiede, S. 105: „Die Geschmacksäußerungen und Neigungen (...) sind die praktische Bestätigung einer unabwendbaren Differenz. Nicht zufällig behaupten sie sich dann, wenn sie sich rechtfertigen sollen, rein negativ, durch die Ablehnung und durch die Abhebung von anderen Geschmacksäußerungen." S. auch ebd. S. 57–107.

[176] „Die im objektiven wie im subjektiven Sinn ästhetischen Positionen, die ebenso in Kosmetik, Kleidung oder Wohnungsausstattung zum Ausdruck kommen, beweisen und bekräftigen den eigenen Rang und die Distanz zu anderen im sozialen Raum.", *Pierre Bourdieu*, Die feinen Unterschiede, S. 107, s. auch 277 ff.

konsensorientierte bürgerliche Ästhetik in der Verunstaltungsabwehr, aber keinen begründbaren und nachvollziehbaren Maßstab. Das liegt auch an der Konzeption der Figur selbst, die auf einen Durchschnittsgeschmack verweist, der sich normativ nicht greifen lässt. Vor allem hat diese Schwierigkeit ihre Ursache in der Verunstaltungsabwehr selbst und gibt Anlass zum Nachdenken darüber, ob eine solche staatliche Geschmackskontrolle tatsächlich begründbar ist.

II. Die Maßstabsfigur des verständigen Durchschnittsmenschen im Immissionsschutzrecht

Im Immissionsschutzrecht dient der Durchschnittsbürger als Maßstabsfigur in der Form des ‚verständigen Durchschnittsmenschen' in Rechtsprechung und Literatur: Sein Empfinden markiert die Grenze, über die hinaus dem Menschen belastende Umwelteinflüsse nicht mehr zugemutet werden dürfen und „schädliche Umwelteinwirkungen" im Sinne des § 3 BImSchG vorliegen.[177] An dieses Tatbestandsmerkmal – so wird sich gleich zeigen – sind zahlreiche gesetzliche Maßnahmen zum Immissionsschutz geknüpft.

Die Maßstabsfigur steht vor ähnlichen Problemen wie die Figur des für ästhetische Eindrücke offen Durchschnittsbetrachters im Recht der Verunstaltungsabwehr: Wie soll das Empfinden eines fiktiven Durchschnittsmenschen zum rechtlichen Maßstab gemacht werden – insbesondere, da man es nicht empirisch erfassen, sondern normativ bilden will. Andererseits hat die immissionsschutzrechtliche Maßstabsfigur ganz eigene Herausforderungen und Nutzungskonflikte zu meistern: Während es im Recht der Verunstaltungsabwehr keinen Kläger gibt, vermitteln viele immissionsschutzrechtliche Normen ein subjektives Recht auf Abwehr von Belästigungen und Gefahren. Damit stellt sich die Frage, ob die Figur als übergreifender Maßstab ganz losgelöst von der Klägerin gebildet oder mit Eigenschaften der Person ausgestattet wird, die gegen die Immissionen gerichtlich vorgehen will. Die mit dem Immissionsschutzrecht zu bewältigenden Nutzungskonflikte werden dadurch verschärft, dass es für die Betroffenen meistens um den Schutz höchstpersönlicher, hochrangiger und grundrechtlich explizit

---

[177] Ausweislich § 1 BImSchG ist der Zweck des Gesetzes, „Menschen sowie Tiere, Pflanzen und andere Sachen vor schädlichen Umwelteinwirkungen zu schützen (...) und dem Entstehen schädlicher Umwelteinwirkungen vorzubeugen." *Gertrude Lübbe-Wolff* schreibt der formulierten Zweckbestimmung Rechtsfolgenrelevanz dort zu, wo sie „in Zweifelsfällen als Topos für eine das Gesetz im Hinblick auf seinen Schutzzweck effektuierende Auslegung herangezogen werden kann.", Das Bundesimmissionsschutzgesetz, NVwZ 1986, 178 (179). Zur doppelten Schutzrichtung – der Abwehr von Gefahren und der risikobezogenen Vorsorge s. *Martin Eifert*, in: Schoch, Besonderes Verwaltungsrecht, 5. Kapitel, Rn. 246.

geschützter Rechtsgüter wie der Gesundheit und des körperlichen Wohlbefindens geht. Wie sogleich zu zeigen sein wird, entwickelte die Rechtsprechung die immissionsschutzrechtliche Maßstabsfigur im Laufe der Zeit vom ‚empfindlichen Menschen' zum ‚normalen Durchschnittsmenschen' und schließlich zum ‚verständigen Durchschnittsmenschen' weiter. Den letzten Schritt ging sie, um gemeinwohlorientierte Erwägungen wie den Umweltschutz in die Abwägung mit einfließen zu lassen. Der ‚verständige Durchschnittsmensch' ist zwischen einem Normalitätsmaßstab und dem absoluten Schutz des Einzelnen angesiedelt. Die Verwaltungsgerichte beurteilen die Zumutbarkeit von Immissionen heute aus der Sicht eines verständigen Durchschnittsmenschen,[178] eines durchschnittlich geräuschempfindsamen Menschen,[179] urteilen „nach dem Empfinden eines verständigen Durchschnittsbürgers"[180] oder nach dem „Interesse eines repräsentativen, verständigen Bürgers an einem vor Umweltgefahren geschützten Lebensraum".[181] Einen weitergehenden Schutz gewährt die Rechtsprechung nur in seltenen Fällen und nur für die Angehörigen weniger anerkannter überdurchschnittlich schutzbedürftiger Gruppen wie Kinder und ältere Menschen.[182]

Im Folgenden sollen zunächst die gesetzlichen Rahmenbedingungen für die Verwendung der immissionsschutzrechtlichen Figur des verständigen Durchschnittsmenschen skizziert werden (1.). Vor dem Hintergrund des ihr zugrundliegenden Problems der Unwägbarkeit der durch Immissionen hervorgerufenen Empfindungen (2.) soll die Entwicklung der Figur in der Rechtsprechung nachgezeichnet werden (3.). Die Literatur nimmt Anstoß an dem mangelnden Schutz

---

[178] *Martin Schulte/Kathleen Michalk*, in: Giesberts/Reinhardt, Beck OK Umweltrecht, Stand 2014, § 3 BImSchG, Rn. 51; *Ernst Kutscheidt*, Geräuschimmissionen, NVwZ 1989, 193 (194); *Monika Böhm,* Der Normmensch, S. 21 f.

[179] BVerwG, Urteil vom 29. April 1988, E 79, 254 (261); *Monika Böhm,* Der Normmensch, S. 21. Der Durchschnittsmensch taucht auch in ähnlich gelagerten Konstellationen im Rahmen des Schutzes der menschlichen Gesundheit vor Schadstoffen auf; so zum Beispiel im Lebensmittelrecht als gesunder, nicht überempfindlicher Mensch in § 5 Lebensmittel- und Futtermittelgesetzbuch und als Durchschnittsverbraucher ebenfalls in § 17 LFGB; s. auch § 1 Chemikaliengesetz.

[180] HessVGH, Beschluss vom 26. Februar 1991, NVwZ 1991, 801; OLG Celle, Urteil vom 29. Juni 2011, NJW-RR 2011, 1585: „Ob Geräuschimmissionen wesentlich sind oder nicht, beurteilt sich nach der gefestigten Rechtsprechung des BGH nach dem Empfinden eines verständigen Durchschnittsmenschen und danach, was ihm unter Würdigung anderer öffentlicher und privater Belange zuzumuten ist."

[181] VG Karlsruhe, Urteil vom 12. Dezember 1984 – juris. Vgl. auch OVG Hamburg, Urteil vom 18. Juni 1991 – Bf VI 32/89 –, juris, Rn. 59: „Abzustellen ist auf das Empfinden eines verständigen Durchschnittsmenschen, nicht auf die individuelle Einstellung eines besonders empfindsamen Nachbarn."

[182] VGH Mannheim, Urteil vom 28. Juli 1998, NVwZ 1999, 85 (86); s. auch S. 231.

überdurchschnittlich empfindlicher Menschen vor den Gerichten und bietet alternative Schutzkonzepte an (4.). Eine kritische Auseinandersetzung mit der Maßstabsfigur im Kontext des Immissionsschutzrechts soll die Betrachtung dieses Rechtsbereichs abschließen und zugleich einen Ausblick auf das letzte Kapitel erlauben (5.).

1. Die Gesetzeslage zum Immissionsschutzrecht

Die Maßstabsfigur des verständigen Durchschnittsmenschen konkretisiert den Kernbegriff des Immissionsschutzrechts – die „schädlichen Umwelteinwirkungen". Schädliche Umwelteinwirkungen sind in § 3 Abs. 1 BImSchG definiert als „Immissionen, die nach Art, Ausmaß oder Dauer geeignet sind, Gefahren, erhebliche Nachteile oder erhebliche Belästigungen für die Allgemeinheit oder die Nachbarschaft herbeizuführen." Dieser Hinweis auf den Schutz der Allgemeinheit und der Nachbarschaft sind die einzigen Anhaltspunkte im Gesetz für das Menschenbild des Immissionsschutzrechts. Sehr ergiebig für die Maßstabsfigur sind sie aber nicht, denn mit dem Merkmal der ‚Allgemeinheit' wird lediglich auf das öffentliche Interesse verwiesen und das der ‚Nachbarschaft' bezieht sich auf die umliegend wohnenden Personen und damit auf den drittschützenden Charakter der Norm.[183] Daraus lässt sich zwar schließen, dass es für die Charakterisierung der Maßstabsfigur anders als im Recht der Verunstaltungsabwehr auf das unmittelbare Umfeld des emittierenden Grundstückes oder der Anlage ankommt. Eine nähere Konkretisierung leisten diese gesetzlichen Vorgaben jedoch nicht.

Die Bedeutung des Merkmals der schädlichen Umwelteinwirkungen und damit auch der Maßstabsfigur für das Immissionsschutzrecht ist nicht zu unterschätzen. Einige der wesentlichen Maßnahmen, die die zuständigen Behörden in diesem Rechtsbereich ergreifen können, haben schädliche Umwelteinwirkungen als Tatbestandsvoraussetzung.[184] So bedürfen zum Beispiel der Betrieb oder die Errichtung solcher Anlagen einer Genehmigung nach § 4 Abs. 1 Satz 1 BImSchG, die in besonderem Maße geeignet sind, schädliche Umwelteinwirkungen hervorzurufen. Nach § 5 Abs. 1 Nr. 1 BImSchG darf die Genehmigung für eine Anlage nicht erteilt werden, wenn schädliche Umwelteinwirkungen von ihr ausgehen

---

[183] *Monika Böhm*, Der Normmensch, S. 20; BVerwG, Urteil vom 7. Mai 1996, E 101, 157 (165): „‚Nachbarschaft' kennzeichnet mithin ein qualifiziertes Betroffensein, dass sich deutlich abhebt von den Auswirkungen, die den einzelnen als Teil der Allgemeinheit treffen können".

[184] Eine Aufzählung der Normen, in denen der Begriff der schädlichen Umwelteinwirkungen von Bedeutung ist, findet sich bei *Markus Thiel,* in: Landmann/Rohmer, Umweltrecht, 71. EGL 2014, § 3 BImSchG, Rn. 10 und außerhalb des BImSchG bei *Martin Schulte/Kathleen Michalk,* in: Giesberts/Reinhardt, Beck OK Umweltrecht, Stand 2014, § 3 BImSchG, Rn. 4.

können und ihre Vermeidung gehört zu den fortlaufend zu erfüllenden Betreiberpflichten. Und auch bei nicht genehmigungsbedürftigen Anlagen besteht nach § 22 Abs. 1 Satz 1 Nr. 1 BImSchG die Pflicht, sie so zu errichten, dass schädliche Umwelteinwirkungen – soweit nach dem Stand der Technik möglich – verhindert werden. Auch außerhalb des BImSchG wird der Begriff inhaltsgleich verwendet.[185]

Bei den „schädlichen Umwelteinwirkungen" handelt es sich um einen unbestimmten Rechtsbegriff, der gerichtlich vollumfänglich überprüfbar ist.[186] Die Konkretisierung der sehr weiten Vorgaben vollzieht sich durch staatliche Bestimmungen, insbesondere Grenzwertfestlegungen in Rechtsverordnungen und Verwaltungsvorschriften (wichtigstes Beispiel sind die TA Lärm und TA Luft) sowie technische Regelwerke privater Institutionen. Den Verwaltungsvorschriften kommt hier nach der normativen Ermächtigungslehre ausnahmsweise Außenbindungswirkung zu,[187] allerdings handelt es sich bei den Vorgaben lediglich um Richtwerte.[188]

---

[185] So zum Beispiel in § 35 Abs. 3 Satz 1 Nr. 3 BauGB, § 5 Abs. 2 Nr. 6 BauGB, § 12 Abs. 1 BWaldG.

[186] So schon zur Vorgängervorschrift in § 18 GewO, BVerwG, Urteil vom 29. November 1955, NJW 1956, 482; OVG Münster, Urteil vom 7. Juli 1976, NJW 1976, 2360 (2361 f.); BVerwG, Urteil vom 17. Februar 1978, E 55, 250 (253 f.); dazu die Anmerkung von *Hans-Rudolf Horn*, NJW 1978, 2409; BVerwG, Urteil vom 19. Januar 1989, E 81, 197 (203); *Markus Thiel*, in: Landmann/Rohmer, Umweltrecht, 71. EGL 2014, § 3 BImSchG, Rn. 10; *Katharina Mohr*, Geruch im Immissionsschutzrecht, S. 176 ff., diskutiert die Frage, ob der Rechtsbegriff der schädlichen Umwelteinwirkungen ausnahmsweise nicht gerichtlich voll überprüfbar sein soll, weil es sich um die Wertung einer wissenschaftlichen Streitfrage und Risikoabschätzung im Bereich Naturwissenschaft und Technik handeln könnte, verneint die Frage aber letztlich.

[187] Hintergrund der verbindlichen Normkonkretisierung durch Verwaltungsvorschrift ist die normative Ermächtigungslehre, grundlegend *Eberhard Schmidt-Aßmann*, in: Maunz/Dürig, GG, 78. EL September 2016, Art. 19 IV Rn. 185 ff.; siehe auch *Hermann Hill*, Normkonkretisierende Verwaltungsvorschriften, NVwZ 1989, 401 (403 f.); *Wolfgang Schulz*, Beurteilungsspielräume als Wissensproblem, RW 2012, 330 (333 ff.); eingehend zu den verschiedenen Begründungsansätzen *Anna Leisner*, Verwaltungsgesetzgebung durch Erlasse, JZ 2002, 219 (223 ff.). Der Gesetzgeber legt danach fest, wem die letztverbindliche Entscheidung über die Auslegung einer Norm zusteht. Für die TA Lärm/Luft hat er in den §§ 48 Abs. 1 S. 1, 51 BImSchG ein aufwendiges Erlassverfahren vorgesehen. Die unter Beteiligung von Legislative, Sachverständigen und der interessierten Öffentlichkeit zustande gekommenen Grenzwerte sollen nicht ohne Weiteres durch die Gerichte in Frage gestellt werden können, vgl. BVerwG, Urteil vom 20. Dezember 1999, E 110, 216 (218); „antizipiertes Sachverständigengutachten", VG Berlin, Beschluss vom 3. August 1984, abgedruckt in: Ule/Laubinger, BImSchG, Rechtsprechung, § 3 Nr. 60; OVG Saarland, Urteil vom 12. Juni 1991 – 8 R 10/91 –, juris, Rn. 13.

[188] Immer dann, wenn diese Werte dem einzelnen Fall nicht gerecht werden oder wenn es keine Richtwerte zu bestimmten Immissionen (z. B. Lichteinwirkungen) gibt, greift die Rechtsprechung auf die Maßstabsfigur des verständigen Durchschnittsmenschen zurück, um zu entscheiden, ob die Immissionen dem Kläger zumutbar sind. Zur Beweislast im Rahmen des zivil-

Die Rechtsprechung setzt die Maßstabsfigur dabei zur Konkretisierung der Tatbestandsvoraussetzung „erheblich" ein. Nachteile und Belästigungen sind nämlich nur schädlich im Sinne von § 3 BImSchG, wenn sie auch erheblich, also einem ‚verständigen Durchschnittsmenschen' nicht zumutbar sind. Die Erheblichkeit ist als Bagatellgrenze Ausdruck der Verhältnismäßigkeit: Sie ist zu bejahen, wenn Einwirkungen durch Stärke, Intensität oder Dauer das übliche und zumutbare Maß überschreiten und dem Betroffenen einschließlich der Allgemeinheit nicht mehr zugemutet werden können.[189]

Schon die amtliche Begründung zur Erheblichkeitsgrenze weist in eine ähnliche Richtung:

„Die Einschränkung ist das Ergebnis einer Güterabwägung, auf die in einem hochindustrialisierten und dichtbesiedelten Lande nicht verzichtet werden kann."[190]

Der ‚verständige Durchschnittsmensch' ist damit die Perspektive und gegenüber den statischen Richtwerten das Korrektiv für die Abwägung zwischen Schädigerinteressen und Interessen des Geschädigten unter Berücksichtigung von Gemeinwohlerwägungen.

Anders als der Wortlaut von § 3 BImSchG vermuten lässt,[191] ist die Erheblichkeit nicht nur im Rahmen von Nachteilen und Belästigungen Tatbestandsvoraussetzung, sondern auch für Gefahren.[192] Dagegen spricht zwar die traditionelle

---

rechtlichen Unterlassungsanspruchs aus § 906 BGB, OLG Celle, Urteil vom 29. Juni 2011, NJW-RR 2011, 1585: „Von einer unwesentlichen Beeinträchtigung ist gem. § 906 I 2, 3 BGB in der Regel auszugehen, wenn Richtwerte nicht überschritten werden; dieser Unterschreitung kommt eine Indizwirkung zu. Es obliegt dann dem Betroffenen, die Indizwirkung erschütternde Umstände darzulegen und zu beweisen."

[189] *Martin Schulte/Kathleen Michalk*, in: Giesberts/Reinhardt, Beck OK Umweltrecht, Stand 2016, § 3 BImSchG, Rn. 60. Die Zumutbarkeit ist nicht gelöst von Fragen beispielsweise des Gebietscharakters und der Rechtmäßigkeit des Verursacherverhaltens und der materiellen baulichen Lage zu beantworten, sondern umfasst diese Aspekte im Rahmen einer Gewichtung der Interessen und Rechte. Vgl. auch BVerwG, Urteil vom 7. Mai 1996, E 101, 157 (159 ff.).

[190] BT-Drucks. 7/179, zu § 3 S. 29. S. auch *Wolfgang Martens*, Immissionsschutzrecht, DVBl. 1981, 597 (598).

[191] „Immissionen, die nach Art, Ausmaß oder Dauer geeignet sind, Gefahren, erhebliche Nachteile oder erhebliche Belästigungen für die Allgemeinheit oder die Nachbarschaft herbeizuführen."

[192] Nach dem Willen des Gesetzgebers soll diese Aufzählung lediglich quantitative Unterschiede im Maß der Schädlichkeit, nicht aber qualitative Unterschiede kennzeichnen, BT-Drs. 7/719, 29. Auch bei Nachteilen und Belästigungen reicht bereits die Gefahr eines Eintritts aus, *Martin Schulte/Kathleen Michalk*, in: Giesberts/Reinhardt, Beck OK Umweltrecht, Stand 2014, § 3 BImSchG, Rn. 32. Nachteile sind schon die Beeinträchtigung wirtschaftlicher oder sozialer Interessen und Belästigungen sind Beeinträchtigungen des körperlichen und seelischen Wohlbefindens des Menschen, BT-Drs 7/179, 29, *Martin Eifert*, in: Schoch, Besonderes Ver-

Funktionsweise von Gefahr- und Schadensbegriffen im Recht: Sie markieren „eine Grenze, die gerade nicht mehr zur Disposition einzelfallbezogener Abwägung zwischen Schädigerinteressen und Interessen des Geschädigten steht."[193] Ganz überwiegend wird trotzdem auch für die immissionsschutzrechtliche Gefahr Erheblichkeit gefordert,[194] wohl um zu vermeiden, dass schon jede Gefahr einer geringen Einwirkung von Immissionen zu deren Unzumutbarkeit führt.[195] Der Gefahrenbegriff ist hier derselbe normativ-subjektive wie im Polizeirecht.[196]

Ein Immissionsschutzrecht, also ein Normenregime, das sich mit den spezifischen Herausforderungen durch die Belästigung mit Gerüchen, Lärm und anderen unwägbaren Einflüssen auseinandersetzte, gab es erst in der zweiten Hälfte des 19. Jahrhunderts, also zu einem Zeitpunkt, als die Menschen mit den Folgen der beginnenden Industrialisierung zu kämpfen hatten. Aber auch zu Zeiten, als die durch Immissionen hervorgerufenen Konflikte seltener und noch nicht so ausgeprägt waren, weil es noch keine Industrie und Gewerbefreiheit gab, kam es immer wieder zu Streitigkeiten zwischen Eigentümern benachbarter Grundstücke über deren zulässige Nutzung. Solche Konflikte wurden schon im römi-

---

waltungsrecht, Kapitel 5, Rn. 256. Nachteile sind also schon negative Folgen im Sinne eines Vermögensschadens oder einer Einschränkung des persönlichen Lebensraums, ohne dass bereits eine Gefahr bestünde oder ein Schaden eingetreten wäre. Es bedarf allerdings einer physischen Einwirkung. Auch hier soll noch nicht das Stadium der Gefahr im polizeirechtlichen Sinne eingetreten sein. Wie die Nähe zum Polizeirecht deutlich macht, hat der Immissionsschutz seinen Ursprung in der Gefahrenabwehr, *Wolfgang Martens,* Immissionsschutzrecht, DVBl 1981, 597. Erst mit zunehmender Ausdifferenzierung des präventiven Rechtsgüterschutzes wurde er gesondert geregelt.

Für die Frage, wann eine Gefahr vorliegt, wird die allgemeine polizeirechtliche Definition des Gefahrbegriffs präzisiert, ebd. S. 599. Eine Gefahr im immissionsrechtlichen Sinne ist danach gegeben, „wenn ein Schaden für Leib oder Leben eines Menschen oder ein erheblicher Sachschaden nach der Lebenserfahrung mit hinreichender Wahrscheinlichkeit bevorsteht", *Martin Eifert,* in: Schoch, Besonderes Verwaltungsrecht, Kapitel 5, Rn. 255. Zum Schaden, *Wolfgang Martens,* Immissionsschutzrecht, DVBl. 1981, 597 (598): „Dabei wird als Schaden verstanden die nicht unerhebliche Beeinträchtigung eines tatsächlich vorhandenen normalen Bestandes durch regelwidrige äußere Einflüsse." Es ist anerkannt, dass auch die Gefahr erheblicher Nachteile oder erheblicher Belästigungen ausreichen soll.

[193] *Gertrude Lübbe-Wolff,* Das Bundesimmissionsschutzgesetz, NVwZ 1986, 178 (182). Das bedeutet jedoch nicht, dass die Intensität der drohenden Rechtsgutsbeeinträchtigung für den Gefahrbegriff keine Rolle spielt. Denn je größer die drohende Rechtsgutsverletzung ist, desto niedriger darf die Wahrscheinlichkeit des Schadenseintritts sein (sogenannte je-desto-Formel). Eine Abwägung verschiedener Interessen findet im Rahmen des Gefahrurteils auf Tatbestandsebene aber gerade nicht statt.

[194] Nachweise bei *Daniel Couzinet,* Die Zulässigkeit von Immissionen, S. 336, Fn. 176.

[195] *Gertrude Lübbe-Wolff,* Das Bundesimmissionsschutzgesetz, NVwZ 1986, 178 (182) nennt es die „für Immissionen typische Möglichkeit beliebiger Minimalität der Einwirkung".

[196] S. dazu ausführlich oben S. 61 ff.

II. Die Maßstabsfigur des verständigen Durchschnittsmenschen im Immissionsschutzrecht

schen Recht – dort allerdings nur ganz vereinzelt[197] – und im Mittelalter durch nachbarrechtliche Bestimmungen zum Ausgleich widerstreitender Interessen geregelt.[198]

Mit zunehmender Bevölkerungsdichte, die die Hygieneprobleme in den mittelalterlichen Städten verschärfte, und mit der Einführung von Steinkohle als Brennstoff, wurde die Regelung und Begrenzung des Ausstoßes von Immissionen zunehmend erforderlich. Neben frühen Medizinalordnungen,[199] Maßnahmen gegen die Verwendung von Steinkohle[200] und der Schließung einzelner Betriebe,[201] gab es erste allgemeine Regelungen in den Rechtsbüchern und Stadtrechten zum Schutz der Nachbarn. Insbesondere sollte dieser erzielt werden durch die Festlegung von Abständen der Gebäude zueinander und durch die Genehmigungsbedürftigkeit solcher Anlagen, die Belästigungen hervorriefen, wobei diese nicht nur von der Stadt, sondern teilweise auch von den Nachbarn genehmigt werden mussten.[202]

Im Zuge der Industrialisierung, die mit der Aufhebung des Zunftzwangs und der Gewährung der Gewerbefreiheit[203] erheblich beschleunigt wurde, verstärkten sich die immissionsrechtlichen Nutzungskonflikte.[204] Es sollte daher auch nicht mehr lange dauern, bis spezifisch immissionsrechtliche Normen erlassen wurden. Die Preußische Allgemeine Gewerbeordnung von 1845[205] und die Gewerbeordnung für den Norddeutschen Bund 1869[206] regelten noch eine allgemeine Geneh-

---

[197] Zum Beispiel bei *Ulpian* in D 8.5.8.5.-7., wo es hieß, dass der Nachbar den Rauch des Feuerherds nur ertragen muss, wenn es sich um „fumum non gravem", also einen nicht zu starken Rauch handelte, s. dazu *Rudolf Jehring*, Beschränkungen des Grundeigenthümers, JHJ 6, 1863, 81 (122).
[198] *Ingo Palmer*, Die Entwicklung des Immissionsrechts, S. 5 ff.
[199] Zum Beispiel von Kaiser Wilhelm II. zur Luft- und Wasserhygiene aus dem Jahr 1231, *Ingo Palmer*, Die Entwicklung des Immissionsrechts, S. 7 m.w.N. Hier finden sich auch die folgenden Beispiele auf S. 8.
[200] Zum Beispiel ein Verbot gegenüber den Zwickauer Schmieden aus dem Jahr 1348.
[201] Zum Beispiel einer Kupfer- und Bleihütte in Köln in Folge einer Klage der Anwohner im Jahr 1464.
[202] So gab es zum Beispiel ein Untersagungsrecht im Lübecker und Rostocker Stadtrecht, *Ingo Palmer*, Die Entwicklung des Immissionsrechts, S. 13 ff. m.w.N. in Fn. 1.
[203] Zuerst in Preußen durch das „Edikt über die Einführung einer allgemeinen Gewerbesteuer" vom 2. November 1810, GS 1810, S. 79. Danach konnte jeder Bürger ein Gewerbe aufnehmen und musste dafür nur einen Gewerbeschein lösen. Ausgenommen waren einige Gewerbe, die als besonders gefahrträchtig galten.
[204] Bei *Ingo Palmer* anschaulich geschildert anhand des Jahres-Berichts der Preußischen Gewerberäte aus dem Jahr 1892, Die Entwicklung des Immissionsrechts, S. 20 ff.
[205] §§ 26 ff. Allgemeine preußische Gewerbe-Ordnung nebst dem Entschädigungsgesetz vom 17. Januar 1845, abrufbar unter http://digital.ub.uni-duesseldorf.de/ihd/content/titleinfo/2644029 (zuletzt abgerufen am 10. Juli 2019).
[206] §§ 16 ff. Gewerbeordnung für den Norddeutschen Bund vom 21. Juni 1869, GBl. für den

migungspflicht für bestimmte gewerbliche Anlagen und sahen ein Einschreiten bei erheblichen Nachteilen und Belästigungen vor. In Preußen wurde das Einschreiten weiterhin ganz überwiegend auf die polizeiliche Generalklausel im Allgemeinen Landrecht gestützt, die sehr strenge Eingriffsvoraussetzungen hatte.

Die erste spezifisch immissionsschutzrechtliche Norm war eine zivilrechtliche, nämlich § 358 des Sächsischen BGB vom 2. Januar 1863. Dieser untersagte es, dem Nachbargrundstück Immissionen zuzuführen.[207] Im Jahr 1900 wurde mit Einführung des BGB dann § 906 BGB als allgemeine immissionsrechtliche Schutznorm im Zivilrecht eingeführt. In den Motiven zum BGB hieß es zur Konkretisierung des Tatbestandsmerkmals der Wesentlichkeit schon:

„Das subjektive Interesse des Eigentümers verdient keine Berücksichtigung, weil somit das Maß des Erlaubten von wechselnden persönlichen Verhältnissen abhängig gemacht würde."[208]

Während die Zulässigkeit von immissionsträchtigem Bauen oder Verhalten lange über die allgemeinen Regelungen der Gewerbeordnung entschieden wurde, trat am 15. März 1974 schließlich das Bundesimmissionsschutzgesetz als erstes Gesetz in Kraft, das den Schutz der Umwelt, Menschen und Tiere vor Immissionen regelt.

2. Das Problem: Die Unwägbarkeit der Empfindung und Normalität als Maßstab

Der Bürger nimmt im öffentlichen Recht verschiedene Rollen ein: als Teilhabender am politischen Prozess im Sinne eines staatsbürgerlichen Begriffes und als verwaltungsrechtliches Subjekt dort, wo er seinen privaten Raum gegen staatliche Eingriffe verteidigt. Die zweite Rolle ist letztlich eine unpolitische und sie ist diejenige, auf die die Maßstabsfigur des Durchschnittsbürgers Bezug nimmt: Im

---

Norddeutschen Bund 1869, S. 245. Vgl. den § 3 BImSchG ähnlichen Wortlaut in § 16: „Zur Errichtung von Anlagen, welche durch die örtliche Lage oder die Beschaffenheit der Betriebsstätte für die Besitzer oder Bewohner der benachbarten Grundstücke oder für das Publikum überhaupt erhebliche Nachteile, Gefahren oder Belästigungen herbeiführen können, ist die Genehmigung der nach den Landesgesetzen zuständigen Behörde erforderlich."

[207] „Dem Eigentümer ist, sofern nicht besondere Gesetze aus Rücksichten auf das allgemeine Beste Ausnahmen bestimmen, nicht erlaubt, auf seinem Grundstücke Vorrichtungen anzubringen, durch welche dem benachbarten Grundstücke zu dessen Nachteile Dampf, Dunst, Rauch, Ruß, Kalk- oder Kohlenstaub in ungewöhnlicher Weise zugeführt wird." Vgl. auch § 30 Sächsische GewO vom 15. Oktober 1861: „Ist eine Anlage nach Beobachtung dieses Verfahrens von der zuständigen Verwaltungsbehörde genehmigt und unter Beachtung der dabei gestellten Bedingungen ausgeführt worden, so kann von den Gerichten später wegen Belästigung oder beeinträchtigter Nutzbarkeit fremden Eigenthums nicht mehr auf Änderung oder Beseitigung der Anlage, sondern nur auf Entschädigung erkannt werden."

[208] Motive, Bd. III, S. 267.

II. Die Maßstabsfigur des verständigen Durchschnittsmenschen im Immissionsschutzrecht

Immissionsschutzrecht ist der ‚verständige Durchschnittsmensch' zugleich Ermöglichung und Begrenzung von Privatheit im Nachbarschaftsverhältnis.

Wie alle Maßstabsfiguren, die bisher untersucht wurden, ist auch die immissionschutzrechtliche ein normativer und kein empirischer Maßstab. Sie an den tatsächlichen physischen und psychischen Reaktionen auf Immissionen auszurichten, scheitert schon an deren Erfassung: Anders als die Immissionen selbst können ihre Auswirkungen auf den Menschen nicht ohne weiteres gemessen werden.[209] Diese Unwägbarkeit der durch Immissionen hervorgerufenen Empfindungen und die damit einhergehende Gefahr einer Simulation sprechen gegen einen empirischen Maßstab, ganz unabhängig davon, ob er an eine einzelne Person anknüpft oder im Sinne eines ‚Durchschnittsmenschen' gebildet werden soll. Allerdings würde eine Reduzierung auf das Problem der Erfassbarkeit solcher Empfindungen verschleiern, dass die Rechtsprechung den Maßstab nie an den Betroffenen ausrichten wollte. Im Gegenteil war die Maßstabsfigur schon immer normativ konzipiert und ihre Ausrichtung an den ‚Empfindungen' des Durchschnittsmenschen eine Fiktion.

Die Funktion der Maßstabsfigur ist es, die Grenze normativ festzulegen, an der die einzelne Person nicht mehr die Freiheit hat, auf ihrem Grundstück das zu tun, was sie will, weil es zu sehr auf Kosten der Nachbarn oder der Allgemeinheit geht. Damit ist die Figur notwendigerweise ein Instrument der Interessenabwägung. Wo die Grenze verläuft, an der der Bürger mit seinen Immissionen nicht mehr ungebunden ist, hat sich zwar historisch verändert, war jedoch fast immer an einer Art Normalitätserwartung ausgerichtet. Diese knüpft teilweise an dem Gebiet (Ortsüblichkeit), an dem emittierenden Grundstück (was ist eine übliche Nutzung), oder am beeinträchtigten Grundstück und dessen Bewohner (Durchschnittsmensch) an. Hier schließen sich zwei Fragen an, die zu beantworten eigentlich die Aufgabe der Rechtsprechung und Literatur zur Maßstabsfigur wäre: Wie lässt sich ein normativer Normalitätsmaßstab inhaltlich beschreiben? Und lässt er sich rechtfertigen?

3. Die Maßstabsfiguren des normalen und des verständigen Durchschnittsmenschen in der Rechtsprechung

Wie in den bisher behandelten drei Rechtsbereichen ebnete auch im Immissionsschutzrecht zunächst die Literatur den Weg für die Maßstabsfigur, bevor sie 1906 das erste Mal in der Verwaltungsrechtsprechung auftauchte. Anders als in den oben behandelten Fällen des Polizei- und Staatshaftungsrechts sowie des Rechts der Verunstaltungsabwehr wurde die Figur des Durchschnittsmenschen selbst

---

[209] S. dazu unten S. 237 ff.

aber nicht von der Literatur eingeführt, sondern nur der vergleichbare Maßstab einer „allgemeinen persönlichen Empfänglichkeit" vorgeschlagen.

Im 19. Jahrhundert begann die Forschung sich verstärkt mit immissionsrechtlichen Fragen auseinanderzusetzen, vermutlich als Reaktion auf die Industrialisierung, allerdings, wie zu dieser Zeit üblich, mit starkem Fokus auf das römische Recht. Während *Spangenberg* im Sinne einer „objektiven Theorie" das zulässige Maß von Immissionen anhand der gewöhnlichen Nutzung des emittierenden Grundstücks bestimmen wollte,[210] vertrat *Jhering* die Auffassung, dass die Zulässigkeit von Immissionen sich nach dem Maß ihrer Beeinträchtigung richten sollte und verwendete 1863 erstmals einen mit der Figur des Durchschnittsmenschen vergleichbaren Maßstab der „allgemeinen persönlichen Empfänglichkeit":[211]

„Auf die Empfindungen kranker und ungewöhnlich sensitiver Personen kann das Recht keine Rücksicht nehmen; vermögen sie es in der Nähe einer Schmiede nicht auszuhalten, so mögen sie ihrerseits thun, was sonst der Besitzer der letzteren thun müßte: sich in die Einsamkeit zurückziehen. (...) Seinen Zuschnitt kann es (Anm. das Recht) vielmehr nur nach dem machen, was gewöhnlich und regelmäßig ist, also für die Frage von der schädlichen Einwirkung auf die Person den Maßstab der allgemeinen persönlichen Empfänglichkeit, für die von der Gefährdung der Sache den der gewöhnlichen Benutzung des Grund und Bodens zu Grunde legen."[212]

Jhering gab damit den Normalitätsmaßstab vor, mit dem auch das Preußische Oberverwaltungsgericht und eine Zeit lang die Zivil- und Verwaltungsgerichte in der Bundesrepublik argumentieren sollten. Ein Vorteil dieses Ansatzes war seiner Ansicht nach, dass er sowohl den Richter entlaste, die individuelle Schädigung zu beurteilen, als auch die Parteien davon enthebe, die Schädigung nachzuweisen. Tatsächlich seien es keine theoretischen Prinzipien, die den Fall entschieden, sondern das Leben habe ihn bereits entschieden.[213] Wenn also das

---

[210] Nur die ungewöhnliche Nutzung eines Grundstückes gilt als unzulässige Belästigung. Gewöhnlich sei nur das, was das gewöhnliche Leben mit sich bringe, wie z.B. heizen oder kochen, nicht aber durch Gewerbe oder ähnliches erzeugter Lärm, *Spangenberg*, Nachbarrecht, AcP 9 (1826), 265 (269f.). Vgl. auch *Hesse*, der praktisch für eine fast unbeschränkte Immissionsfreiheit plädierte. Die Frage der „Lästigkeit" einer Einwirkung sei keine Rechtsfrage des Zivilrechts, denn: „Schon hieraus sehen wir, daß die Frage vom Lästigen und Unangenehmen nicht eine Rechtsfrage ist, sondern Sache der Polizei, welche diese Frage unter Berücksichtigung der Oertlichkeit und der Verhältnisse des einzelnen Falles nach Grundsätzen der Zweckmäßigkeit und des gemeinen Wohls entscheidet.", *Hesse*, Nachbarrechtliche Verhältnisse der Grundeigentümer, JHJ 6 (1863), 378 (389).
[211] *Rudolf Jhering*, Beschränkungen des Grundeigenthümers, JHJ 6 (1863), 81 (115).
[212] *Rudolf Jhering*, Beschränkungen des Grundeigenthümers, JHJ 6 (1863), 81 (115), ebenso für Anstalten: „Ebensowenig kann das Recht bei der Gestaltung des Nachbarnverhältnisses den eigenthümlichen Interessen und Bedürfnissen ganz besonderer Anstalten (...) Rechnung tragen."
[213] „Es reducirt sich also die Frage von der Lästigkeit im Grunde auf die, was im gewöhnli-

Leben und nicht das Recht diese Fragen entscheiden soll, so musste *Jhering* zumindest ein teilweise empirischer Maßstab vorgeschwebt haben.

Auch in der Rechtsprechung zum Immissionsschutzrecht lässt sich eine Entwicklung der Maßstabsfigur in mehreren Phasen beobachten. Zunächst berücksichtigte das Preußische Oberverwaltungsgericht besondere Sensibilitäten bei der Prüfung der Zumutbarkeit von Immissionen. Wohl im Anschluss an die Rechtsprechung des Sächsischen Oberverwaltungsgerichts und des Reichsgerichts veränderte es seinen Maßstab aber zum ‚Menschen mit normaler Gesundheit', der erstmals in einer Entscheidung aus dem Jahr 1909 verwendet wurde. In den dreißiger Jahren wandelte sich diese Bezeichnung zum ‚Menschen von durchschnittlicher Empfindlichkeit', mit der aber wohl keine inhaltliche Veränderung bezweckt war. Insgesamt entwickelte das Preußische Oberverwaltungsgericht die wesentlichen Grundsätze zur Figur des Durchschnittsmenschen, die bis heute in der immissionsschutzrechtlichen Rechtsprechung fortgelten, wie zum Beispiel ihre Ortsgebundenheit, die sich aus der tatsächlichen Umgebung sowie aus der bebauungsrechtlichen Prägung des Gebiets ergeben kann. Ebenfalls früh wurde der nachbarschützende Charakter der immissionsrechtlichen Vorschriften[214] anerkannt. Es wird sich zeigen, dass auch das Auswirkungen auf die Maßstabsfigur des Durchschnittsmenschen hat. Parallel zum Recht der Verunstaltungsabwehr veränderte das Bundesverwaltungsgericht schließlich in den fünfziger Jahren auch im Immissionsschutzrecht die Maßstabsfigur zu einer verständigeren Version ihrer selbst.

a) Die Rechtsprechung des Preußischen und des Sächsischen Oberverwaltungsgerichts

aa) Der ‚empfindsame Mensch' des Preußischen Oberverwaltungsgerichts

Das Preußische Oberverwaltungsgericht vertrat ursprünglich die Auffassung, dass besondere Empfindlichkeiten einzelner Personen und Personengruppen sehr wohl für das zumutbare Maß an Immissionen von Bedeutung sind. Allerdings typisierte es diese Vorstellungen nicht in einer Maßstabsfigur. In einem Urteil aus dem Jahr 1886 zu unangenehmen Dämpfen einer Papierfabrik äußerte sich das Gericht zwar nicht zu der Perspektive, aus der heraus die Gefahr einer Gesundheitsschädigung im Sinne der polizeilichen Generalklausel beurteilt wurde.[215] Es

---

chen Leben nothwendig und üblich ist; die meisten Fälle sind nicht erst noch nach einem theoretischen Princip zu entscheiden, sondern das Princip besteht darin, daß das Leben sie bereits entschieden hat.", *Rudolf Jehring*, Beschränkungen des Grundeigenthümers, JHJ 6 (1863), 81 (126).

[214] BVerwG, Urteil vom 24. Oktober 1967, E 28, 131 (133 ff.).
[215] PrOVG, Urteil vom 25. Oktober 1886, E 14, 323. Im Falle der Beurteilung der Schäd-

legte aber seinem Urteil ein Sachverständigengutachten der Wissenschaftlichen Deputation für Medizinalwesen zugrunde, das sich auch zu den Auswirkungen der Dämpfe auf empfindliche Bevölkerungsgruppen äußerte:

> „Es wird zwar noch viele Menschen geben, welche auch unter solchen Verhältnissen keine merkliche Einbuße ihrer Gesundheit erfahren, aber Kinder, schwächliche Menschen und namentlich solche, welche an Ernährungsstörungen leiden, kurzum alle diejenigen, denen reichlicher Genuß reiner Luft zur Erhaltung ihrer Gesundheit unumgänglich nothwendig ist, müssen dadurch Schaden leiden."[216]

Sachverständigengutachten wurden und werden häufig hinzugezogen;[217] es gibt auch heute fast kein immissionsrechtliches Verfahren, das ohne externen Sachverstand auskommt. Hierin unterscheiden sich die Streitigkeiten deutlich von denen im Recht der Verunstaltungsabwehr, wo auf Gutachten fast immer verzichtet wurde. Schon früh war es Praxis der Gerichte, sich unterschiedlicher Arten von Sachverstand (z. B. medizinische Gutachten und Lärmmessungsgutachten) zu bedienen, um die Frage der schädigenden Wirkung von Immissionen zu beantworten.[218]

Deutlicher wurde das Gericht in einem Verfahren, das 1890 eine Gesundheitsgefährdung durch das im Sommer von früh bis Abends stattfindende Klopfen von Pelzwerk auf dem Dach eines Hauses zum Gegenstand hatte.[219] Der Oberpräsident begründete das Verbot damit, dass das alljährlich wiederkehrende und über die Sommermonate andauernde Ausklopfen für nervenleidende Personen gesundheitsschädlich sei.[220] Auch hier urteilte das Gericht aufgrund eines medizinischen Gutachtens, dass das Klopfen „einem vollständig gesunden Menschen

---

lichkeit von Immissionen mit Hilfe der polizeilichen Generalklausel müssen zwei Maßstäbe unterschieden werden: Die Gefahr wurde damals aus Sicht eines idealen Polizisten beurteilt (auch wenn er nicht so genannt wurde), der die drohende Gesundheitsschädigung aber anhand eines Menschen normaler Gesundheit beurteilen musste. Einmal geht es also um einen Wissens- und Wertungshorizont, im zweiten Schritt um den zu schützenden Rechtsgüterbestand.

[216] PrOVG, Urteil vom 25. Oktober 1886, E 14, 323 (328f.). Ebenso PrOVG, Urteil vom 21. Oktober 1889, E 18, 302 (317): „Gerade in der Umgebung der in G. projektirten Brauerei handelt es sich aber fast durchweg um Menschen, die in dieser Beziehung besonders empfindlich sind, und die nach G. gehen (...), um zeitweise frischere, reinere Luft zu athmen, als sie ihnen die Stadt bietet: Menschen mit abnormer, sitzender Lebensweise, schwächliche Kinder, Rekonvaleszenten u.s.w. Für diese ist das gelegentliche Athmen reiner Luft geradezu Bedingung für die Erhaltung oder Wiederherstellung ihrer Leistungsfähigkeit, und eine Verunreinigung der Luft in jener Gegend bietet daher für dieses ganze Publikum wohl eine Gesundheitsgefahr, zumal kein anderer Theil der Peripherie der Stadt ihnen Ersatz zu bieten vermag."; PrOVG, Erkenntnis vom 27. Oktober 1890, PrVBl. 12, 209 (210).

[217] PrOVG, Entscheidung vom 2. Mai 1904, GewArch 4 (1905), 5 (6).

[218] Vgl. PrOVG, Urteil vom 21. Oktober 1889, E 18, 302 (315ff.).

[219] PrOVG, Urteil vom 11. Dezember 1890, PrVBl. 12, 353.

[220] PrOVG, Urteil vom 11. Dezember 1890, PrVBl. 12, 353 (354).

II. Die Maßstabsfigur des verständigen Durchschnittsmenschen im Immissionsschutzrecht

auf die Dauer unangenehm sein (wird), einen nervös reizbaren aber muss es in hohem Grade belästigen und bis zu krankhafter Höhe aufregen."[221] Neben diesen tatsächlichen Ausführungen stellten die Richter klar, es sei nicht erheblich,

„(o)b solche Personen (Anm. nervöse und reizbare) nachweislich gerade jetzt in der Nähe des gedachten Hauses wohnen, (...) denn bei der weiteren Verbreitung nervöser Zustände kann jederzeit der Fall eintreten, daß sich unter den Bewohnern der Nachbarhäuser Personen finden, die an solchen Zuständen leiden."[222]

Die Generalklausel schließe einen Schutz besonders empfindlicher Personen also keinesfalls aus.[223] Es musste nicht einmal nachgewiesen werden, dass in der Umgebung tatsächlich nervenleidende Personen wohnten. Daher half es den Klägern auch nicht, als sie vorbrachten, dass sich die Nachbarn an den Pelzarbeiten nicht störten und dies mit einer von 24 Zeugen unterschriebenen Erklärung untermauerten, obwohl Zeugenaussagen in immissionsrechtlichen Streitigkeiten grundsätzlich ein übliches Beweismittel waren, dem typischerweise indizielle Wirkung für das Schädigungspotenzial der Immisisonen zukam.[224]

Bei der damaligen Maßstabsbildung ging es dem Gericht offensichtlich darum, das Schutzniveau gegen Immissionen an den schwächsten möglicherweise betroffenen Personen auszurichten. Denn die Polizei habe darüber zu wachen, „daß das Zusammenleben der Menschen nicht durch ungewöhnliche Einwirkungen Einzelner unerträglich gemacht wird" und müsse deshalb „nicht bloß gesunde Naturen, sondern auch in ihren Nerven bereits geschwächte Personen (...) berücksichtigen."[225] Heute wird diese Argumentation häufig insofern umgekehrt, als dass das Zusammenleben nicht durch ungewöhnliche Empfindlichkeit Einzelner eingeschränkt werden dürfe.

Der damals sehr weite Schutz wurde aber schon bald etwas zurückgenommen. Nur ein Jahr später hatte das Preußische Oberverwaltungsgericht nämlich über einen Fall zu entscheiden, in dem der Lärm aus einem Schießgraben die Gesundheit der in einem angrenzenden Krankenhaus untergebrachten Patienten gefährdete.[226] Zwar hielt das Gericht an seiner Einschätzung fest, dass „sich nervöse

---

[221] PrOVG, Urteil vom 11. Dezember 1890, PrVBl. 12, 353 (354).
[222] PrOVG, Urteil vom 11. Dezember 1890, PrVBl. 12, 353 (354).
[223] PrOVG, Urteil vom 11. Dezember 1890, PrVBl. 12, 353 (354).
[224] Vgl. auch PrOVG, Entscheidung vom 2. Mai 1904, GewArch 4 (1905), 5.
[225] PrOVG, Entscheidung vom 12. Februar 1895, PrVBl. 16, 298.
[226] PrOVG, Urteil vom 4. April 1891, E 21, 411 (414), „Im Uebrigen wird von der Klägerin nicht bestritten und ist nach den ärztlichen Gutachten anzunehmen, daß das Schießen in dem tief gelegenen, mit Gebäuden besetzten Schießgraben (...) nicht bloß eine Belästigung der Nachbarschaft, sondern eine Gefährdung der Gesundheit schwächer organisirter Personen hervorbringt, die sich für Kranke und insbesondere für die damals vorhandenen 53 Thyphuskranken bis zur Lebensgefahr steigern konnte."

Personen regelmäßig und beständig in fast allen Lebensaltern und Lebenslagen vorfinden" und deshalb beim Schutz durch die polizeiliche Generalklausel berücksichtigt werden müssten.[227] Anders verhalte es sich aber bei einem schweren Krankheitsfall, der „nur etwas Vereinzeltes und Vorübergehendes ist."[228] Für die Beurteilung der Immissionen durch die Rechtsprechung bedeutete das letztlich: Grundsätzlich sei davon auszugehen, dass empfindliche, sogenannte „nervöse" Personen in der Nachbarschaft lebten, ohne dass dafür ein Nachweis erbracht werden musste, während die Anpassung des Schutzniveaus an einen Kranken einen Nachweis erforderte. Der Schutz empfindlicher Rechtsgutsinhaber wurde zunehmend mit den Erwägungen gerechtfertigt, die auch für den Normalitätsmaßstab angebracht wurden, dass nämlich die Nervosität so weit verbreitet ist, dass sie gewissermaßen zum Durchschnitt gehört.[229]

bb) Der ‚normale Durchschnittsmensch' des Sächsischen Oberverwaltungsgerichts

Das Sächsische Oberverwaltungsgericht vertrat zunächst – wie die Zivilgerichte[230] – den Maßstab eines normalen Durchschnittsmenschen, so auch in einem Fall im Jahr 1906, in dem es um die Bewohner eines Wohnhauses ging, die durch den Betrieb eines Kegelclubs in ihrer Nachtruhe gestört wurden.[231] Für die An-

---

[227] PrOVG, Urteil vom 26. September 1892, E 23, 268 (269 f.). Auch in dem medizinischen Gutachten wurde wieder festgestellt, dass das Geräusch „wohl im Stande sei, nervöse Individuen in einen die Zeit der Einwirkung überdauernden Erregungszustand zu versetzen", S. 270.

[228] PrOVG, Urteil vom 26. September 1892, E 23, 268 (269 f.).

[229] So auch in einem Fall der erfolgreichen Beschränkung des Betriebes eines Orchesters wegen gesundheitsgefährdenden Geräuschen aus dem Jahr 1903: „Und zwar genügt es, wie der Gerichtshof bereits wiederholt ausgesprochen hat, zum Einschreiten der Polizei, wenn auch nur die Gesundheit bereits nervöser Personen gefährdet wird, da die Nervösität gegenwärtig ein weit verbreitetes Leiden ist", PrOVG, Entscheidung vom 2. Mai 1904, GewArch 4 (1905), 5.

[230] Erstmals wohl in einem Fall aus dem Jahr 1904: „Klägerin ist durch den Betrieb einer in dem benachbarten Brauereigrundstück aufgestellten Eismaschine, die Lärm und Erschütterung ihres Hauses verursacht, nervenkrank geworden und schließlich zum Verlassen ihres Hauses gezwungen. Ihre Klage auf Entfernung der Maschine und Schadensersatz ist abgewiesen, weil das Maß der gedachten Einwirkungen der Maschine auf ihr Grundstück das Maß des Empfindens eines normalen Durchschnittmenschen nicht übersteige. Das Reichsgericht billigt diese Entscheidung, da eine objektive, von wechselnden persönlichen Verhältnissen unabhängige Grenze gezogen werden müsse.", RG, Urteil vom 3. Februar 1904, DJZ 9, 407. Darüber hinaus ist die frühe Rechtsprechung besonderer körperlicher und psychischer Empfindlichkeit verstärkt mit Normalitätserwartungen begegnet, wonach der „normale Verkehr" nicht auf „nicht normales körperliches Befinden Rücksicht nehmen könne, mit Nachweisen und Kritik bei *Johann W. Gerlach*, Privatrecht und Umweltschutz, S. 186, Fn. 493. Dieser hält mindestens einen Entschädigungsanspruch mit Berücksichtigung der Eigenverantwortung im Sinne von § 254 BGB für angemessen.

[231] SächsOVG, Urteil vom 7. November 1906, Jahrbücher des SächsOVG, Bd. 10, 24 (27 f.).

nahme einer Gefahr sei nicht der Eindruck bestimmend, den die Geräusche und Erschütterungen auf bereits nervöse Personen machten, „sondern das Empfinden eines normalen Durchschnittsmenschen." Ein solcher „objektiver Maßstab" verhindere, dass „wechselnde(...) persönliche(...) Anschauungen und Empfindungen der im einzelnen Falle Beteiligten den Ausschlag geben und die Befolgung auch nur annähernd gleichmäßiger Grundsätze ausschließen".[232]

cc) Der ‚Mensch mit normaler oder durchschnittlicher Gesundheit' des Preußischen Oberverwaltungsgerichts

Im Anschluss an diese Rechtsprechung des Sächsischen Oberverwaltungsgerichts verwendete auch das Preußische Oberverwaltungsgericht in einem Fall aus dem Jahr 1909 den Begriff des „Menschen mit normalem Geruchssinn", ohne aber auf den von den Zivilgerichten und in Sachsen bereits verwendeten ‚Durchschnittsmenschen' Bezug zu nehmen. Gegenstand der Entscheidung war das polizeiliche Einschreiten gegen die „gesundheitsgefährdenden Ausdünstungen" eines Schweinemastbetriebes.[233] Der Kläger ging gegen Auflagen vor, die ihm bauliche Änderungen seines Betriebes zur Verhütung der Immissionen auftrugen.[234] Das Gericht ließ sich jedoch nicht überzeugen. Seit Jahren habe der Betrieb „verschiedenen Anwohnern Anlaß zu fortgesetzten Beschwerden" wegen „ekelerregende(r) Ausdünstungen" gegeben, „durch welche die Anwohner in dem erforderlichen Genuß der frischen Luft beeinträchtigt wurden".[235] Diese seien wiederholt durch örtliche Feststellungen seitens Sachverständiger bestätigt worden.

Das Preußische Oberverwaltungsgericht stellte in dem vorliegenden Fall schließlich fest, die Beeinträchtigung des Genusses frischer Luft begründe eine polizeilich zu beanstandende Gefährdung der Gesundheit:

„Und daß dies im vorliegenden Falle auch für Menschen mit normalem Geruchssinne zutrifft, ist nicht nur ohne weiteres aus der Natur der Ausdünstungen zu schließen, sondern auch aus den Gutachten der ärztlichen Sachverständigen zu entnehmen."[236]

Der Maßstab eines Menschen mit ‚normalem Geruchssinn' wird hier nicht begründet, sondern vorausgesetzt. Die Frage, mit der sich das Gericht befasste, war nicht die nach dem richtigen Maßstab, sondern die nach der Subsumtion unter diesen.

---

[232] SächsOVG, Urteil vom 7. November 1906, Jahrbücher des SächsOVG, Bd. 10, 24 (27 f.).
[233] PrOVG, Entscheidung vom 1. Oktober 1909, PrVBl. 31, 291.
[234] PrOVG, Entscheidung vom 1. Oktober 1909, PrVBl. 31, 291.
[235] PrOVG, Entscheidung vom 1. Oktober 1909, PrVBl. 31, 291.
[236] PrOVG, Entscheidung vom 1. Oktober 1909, PrVBl. 31, 291 (292).

Der Maßstab des ‚normalen Gesundheitszustandes' wurde in einem Urteil des Preußischen Oberverwaltungsgerichts aus dem Jahr 1926 aufgegriffen, um explizit Fälle besonderer Nervösität vom Schutz auszuschließen.[237] Der Bruch mit der usprünglichen Rechtsprechung zu ‚nervösen' und überdurchschnittlich empfindlichen Personen wird hier noch einmal ganz deutlich vollzogen. In dem Fall ging es um eine Verfügung zum Verbot einer Hühnerhaltung (fünf Hühner), weil diese durch eine „Staub-, Geruchs- und Ungezieferplage" die benachbarten Bewohner gefährde. Aus der Äußerung des angehörten Kreisarztes sei jedoch nicht klar geworden, ob er in der Hühnerhaltung eine Gefährdung oder nur eine damals rechtlich unerhebliche Belästigung sah. Falls ersteres der Fall sei, müsse das Gericht von seiner Ansicht abweichen; es sei den Nachbarn zuzumuten, die Fenster zu schließen, wenn sie sich belästigt fühlten:

„Sollten die Beschwerdeführerinnen aber besonders nervös sein, so daß für sie die von den Hühnern ausgehenden geringen Geräusche schon eine Gefährdung der Gesundheit bedeuten würden, so würde dadurch das Eingreifen der Polizei nicht gerechtfertigt werden können; denn (...) das Amt der Polizei (geht) nach § 10 Tit. 17 Teil II ALR nicht so weit, daß sie befugt wäre, Geräusche, welche die Gesundheit von Personen mit normalem Gesundheitszustande nicht gefährden, um deswillen zu untersagen, weil sie bereits erkrankte oder außergewöhnlich nervöse Personen zu schädigen geeignet seien."[238]

Der Normalitätsmaßstab wurde damit begründet, dass der Polizei die Ermächtigung zum Einschreiten fehle, wenn die Gefährdung aus der Perspektive einer besonders nervösen Person beurteilt werde. Warum das Gericht in seiner älteren Rechtsprechung eine Ausrichtung an besonders empfindlichen Personen noch für möglich hielt, wurde jedoch nicht dargelegt. Es machte aber deutlich, dass es sich bei der Gefährdung durch Immissionen um eine Abwägungsentscheidung zwischen Schädigerinteressen und Interessen des Geschädigten handelt, die nicht nur von der Frage abhängig ist, welche Gesundheitsschäden die Geräusche und Gerüche hervorrufen, sondern auch mit welchem Zweck sie verursacht werden. In diesem Sinne führte es aus, dass auch die „berechtigte(n) Interessen der Hühnerhalter (...) von der Polizei nicht unberücksichtigt gelassen werden (dürfen), zumal es vom volkswirtschaftlichen Standpunkt aus nur zu begrüßen ist, wenn im Inlande zwecks Vermehrung der Eierproduktion möglichst viele Hühner gehalten werden."[239]

---

[237] PrOVG, Urteil vom 18. November 1926, PrVBl. 48, 379.
[238] PrOVG, Urteil vom 18. November 1926, PrVBl. 48, 379 f.; diese Argumentation gab es jedoch auch schon vor dem Maßstab eines normalen Durchschnittsmenschen: Im Rahmen der Generalklausel sei eine Gesundheitsgefahr erforderlich, eine bloße Belästigung sei nicht ausreichend, PrOVG, Erkenntnis vom 4. Juni 1888, PrVBl. 9, 374.
[239] PrOVG, Urteil vom 18. November 1926, PrVBl. 48, 379 (380).

II. Die Maßstabsfigur des verständigen Durchschnittsmenschen im Immissionsschutzrecht 217

In einem Urteil nur drei Jahre später führte das Preußische Oberverwaltungsgericht aus, dass es nicht nur auf die Lärmquelle ankommt, sondern auch auf die Umgebung der betroffenen Grundstücke im Sinne eines ortsgebundenen Maßstabs.[240] Auch hier ging es wieder um Tierhaltung, diesmal um Schweine. Dem Kläger war aufgegeben worden, die von ihm betriebene Schweinehaltung bis auf das nach der gemeindlichen Polizeiverordnung zulässige Maß von zehn Schweinen einzustellen. Das Gericht hob die angefochtene Verfügung jedoch auf.[241] Der von ihm bestellte Gutachter, ein Kreisarzt, stellte fest, dass der von Schweinedung ausgehende Gestank nur bei „Personen, die nicht Landwirte oder mit der Landwirtschaft verknüpft seien, üble Empfindungen auslöse und allgemein den Genuß der frischen Luft beeinträchtige."[242] Der Begriff der Gefahr sei aber dynamisch und unterscheide sich je nach örtlichen Verhältnissen.

„Es wird beispielsweise die Anhäufung übelriechender Stoffe innerhalb städtischer, namentlich großstädtischer Verhältnisse mit ihrer besonderen Wohndichte und nach der Art der Bebauung nicht nur objektiv eine Gefahr im Sinne des Gesetzes bedeuten, sie wird auch nach der allgemeinen Anschauung ohne weiteres als solche betrachtet werden. Liegen solche Verhältnisse nicht vor, wie das durchgängig in ländlichen Verhältnissen der Fall sein wird, so sind die Möglichkeiten einer Beeinträchtigung der Gesundheit nicht nur aus mehrfachen Ursachen tatsächlich geringer, sie werden auch, wie das namentlich innerhalb der Wohngebiete landwirtschaftlicher Berufstätigkeit der Fall ist, von der Bevölkerung nicht als Gefahr empfunden."[243]

Anders als im Rahmen der Verunstaltungsabwehr erkannte das Gericht also an, dass die Empfindungen und Wahrnehmungen der Menschen sich je nach ihren Wohnverhältnissen und der Umgebung unterscheiden können und insofern auch für den Maßstab der Eingriffsermächtigung angepasst werden müssen. Der Normalitätsmaßstab des Preußischen Oberverwaltungsgerichts wurde damit schon früh umgebungsbezogen gebildet.

Gegen eine Beeinträchtigung durch Immissionen im vorliegenden Fall spreche außerdem – so das Gericht – , dass es keine Beschwerden von Anwohnern gegen den Betrieb gegeben habe.[244] Wieder zeigt sich, dass das Gericht seine Entscheidungen zwar nicht auf Grundlage empirischer Erhebungen oder Aussagen von Nachbarn traf, sich aber mit den Reaktionen aus der Bevölkerung auseinandersetzte und diesen daher eine gewisse Indizwirkung zukam.

Die Abhängigkeit des Zumutbarkeitsmaßstabs nicht nur von der baulichen Umgebung, sondern auch von der Art des Lärms und der grundsätzlichen Lebenssituation der Menschen zeigt ein Fall aus dem Jahr 1929. Dabei ging es um

---

[240] PrOVG, Urteil vom 28. November 1929, E 85, 272.
[241] PrOVG, Urteil vom 28. November 1929, E 85, 272.
[242] PrOVG, Urteil vom 28. November 1929, E 85, 272 (275).
[243] PrOVG, Urteil vom 28. November 1929, E 85, 272 (275).
[244] PrOVG, Urteil vom 28. November 1929, E 85, 272 (276).

das Verbot eines Rummelplatzes, der von Mietskasernen und Höfen umgeben war. Durch seinen Betrieb wurden Geräusche verschiedenster Art, vor allem aber Musik und Lärm, „den die Veranstaltungen selbst, sowie die Veranstalter und das Publikum verursachen", hervorgerufen.[245] Der Lärm dauerte den größten Teil des Jahres während der Betriebszeit von 19–22 Uhr und an Sonntagen noch länger an.

Das Preußische Oberverwaltungsgericht beurteilte die Gesundheitsgefährdung aus Sicht eines „Menschen von durchschnittlicher normaler Körper- und Geistesverfassung"[246] und kam zu dem Ergebnis, dass die Einwirkungen unzumutbar seien.[247] Den durchschnittlichen normalen Zustand konkretisierte das Gericht mit Hilfe von allgemeinen Erwägungen zu den Lebensumständen der Menschen zu der damaligen Zeit und führte aus: Gerade Großstadtbewohner und auch „Großstadtkinder(...)" seien durch Einwirkungen wie „die Unruhe des modernen Erwerbslebens und die Kriegswirkungen" sehr reizbar.[248] Der Normalitätsstandard war folglich flexibel und konnte veränderten gesellschaftlichen und räumlichen Gegebenheiten angepasst werden.[249] Die Richter benannten in der Entscheidung aber auch ein Problem, mit dem die immissionsschutzrechtliche Maßstabsfigur des Durchschnittsmenschen bis heute zu kämpfen hat: Die Grenze zwischen Gesundheit und Krankheit war nämlich schon damals fließend,[250] was es schwierig macht, das Anforderungsprofil an einer Normalfigur auszurichten. Was ist schon normal?

Ein weiterer wichtiger Aspekt der Entscheidung ist, dass sie sich mit der Art der Immission auseinandersetzte. Im Hinblick auf die Musik, wie sie auf Rummelplätzen dargeboten wird, führte das Gericht aus, dass für „einen Menschen von einigermaßen gebildetem Geschmack (...) allein die dauernde Wiederkehr eines oder einiger mechanisch gespielter Musikstücke etwas überaus Quälendes und Nervenaufreibendes" habe.[251] Es ist also nicht nur die Intensität einer Immission von Bedeutung, sondern auch ihre Häufigkeit[252] und ihre Art oder Zusam-

---

[245] PrOVG, Urteil vom 3. Oktober 1929, GewArch 27 (1930), 521 (523).
[246] PrOVG, Urteil vom 3. Oktober 1929, GewArch 27 (1930), 521 (523); in diesem Sinne auch schon PrOVG, Urteil vom 21. September 1922, PrVBl. 44, 328 (329).
[247] „Daraus ergibt sich eine Gesundheitsgefährdung auch für Menschen von normalem Durchschnitt im Sinne der obigen Ausführungen.", PrOVG, Urteil vom 3. Oktober 1929, GewArch 27, 521 (526).
[248] PrOVG, Urteil vom 3. Oktober 1929, GewArch 27 (1930), 521 (524).
[249] Vgl. PrOVG, Urteil vom 3. Oktober 1929, GewArch 27 (1930), 521 (524).
[250] PrOVG, Urteil vom 3. Oktober 1929, GewArch 27 (1930), 521 (524).
[251] PrOVG, Urteil vom 3. Oktober 1929, GewArch 27 (1930), 521 (524).
[252] Vgl. VGH Mannheim, Urteil vom 13. Dezember 1993, NVwZ-RR 1994, 633 (634), „Die Grenzen der Zumutbarkeit der bei relativ seltenen Festveranstaltungen entstehenden Lärmbeeinträchtigungen für die Nachbarschaft sind im Einzelfall individuell und konkret auf

II. Die Maßstabsfigur des verständigen Durchschnittsmenschen im Immissionsschutzrecht

mensetzung. Das Gericht erhob dabei nicht nur körperliche und psychische Dispositionen zum Maßstab, um die Zumutbarkeit der Einwirkungen beurteilen zu können, sondern stellte auf den „Menschen von einigermaßen gebildetem Geschmack" ab. Diese Figur erinnert sehr an den ‚Durchschnittsbetrachter' im Recht der Verunstaltungsabwehr und teilt seine Probleme. Auch der normale Durchschnittsmensch im Immissionsschutz ist vor einer Anreicherung mit Werturteilen nicht gefeit.

Nicht nur die Ortsgebundenheit konkretisierte den Maßstab für schädliche Immissionen in der Rechtsprechung des Preußischen Oberverwaltungsgerichts. Auch die ‚Beschaffenheit' des nachbarlichen Umfeldes bestimmte den Zumutbarkeitsmaßstab für Immissionen. In einer Entscheidung aus dem Jahr 1931 wandelte sich der Maßstab des Preußischen Oberverwaltungsgerichts zudem erstmals vom ‚Menschen mit normaler Gesundheit oder mit normalem Gehör' zum ‚Menschen von durchschnittlicher Empfindlichkeit'. In dem Fall ging es um einen Rechtsanwalt, der zwei Hunde hielt, die immer wieder und „viele Stunden hintereinander lautes Gebell vollführt oder anhaltend gewinselt und geheult haben, besonders in der Nacht", so dass „mehrere der anwohnenden Personen dadurch in der Nachtruhe gestört worden sind".[253] Die städtische Polizeiverwaltung gab dem Anwalt auf, dafür zu sorgen, dass das Gebell unterbleibe. Diese Verfügung hielt der Überprüfung der Gerichte stand. Das Berufungsgericht – obwohl es in vorherigen Entscheidungen immer einen Normalitätsmaßstab benutzt hatte und ausdrücklich keine Sensibilitäten beachten wollte – führte aus, auch in einer kleinen Stadt würden

„in den gegenwärtigen nervenaufreibenden Zeitläufen geistig berufstätige Personen, zu denen der Amtsgerichtsrat Dr. L (einer der Beschwerdeführer) ohne weiteres zu rechnen ist, erfahrungsgemäß durch lang anhaltende und so lästige Geräusche, wie es das Hundegebell nach allgemeinen Erfahrungen ist, unter Umständen bereits derart gestört, daß sie den Schutz der Polizei gegen solche Störungen und gegen die damit unter Umständen verbundene Gefahr der Gesundheitsschädigung in Anspruch zu nehmen berechtigt sind."[254]

Das Gericht orientiert sich also an seinesgleichen: Der beschwerdeführende Richter wird zum Maßstab für die Zumutbarkeit von Lärmimmissionen gemacht. Es

---

Grund der Art und des Ausmaßes der störenden Ereignisse sowie der Eigenart und Schutzwürdigkeit der betroffenen Gebiete zu ermitteln."
[253] PrOVG, Urteil vom 16. April 1931, E 88, 209 (212), Feststellungen des Berufungsgerichts.
[254] PrOVG, Urteil vom 16. April 1931, E 88, 209 (212) und weiter: „Auch bei Tage kann ein lang anhaltendes und lautes Hundegebell die Nerven derer, die es anzuhören, gleichzeitig aber geistig zu arbeiten, gezwungen sind, derart reizen, daß eine Gesundheitsstörung zu besorgen ist."; ebenfalls zu ‚geistig berufstätigen Personen': BGH, Urteil vom 14. April 1954, JZ 1954, 613 (614).

ist davon auszugehen, dass die ‚geistig berufstätige' Person nicht unbedingt der Normalmaßstab im damaligen Umfeld gewesen ist. Trotzdem richtete das Berufungsgericht die Figur an diesem besonders ruhebedürftigen Bevölkerungskreis aus; und das Oberverwaltungsgericht stimmte ihm zu. Bei der Auslegung des Begriffs der schädlichen Umwelteinwirkungen stellte es dann auf Geräusche ab, „die Menschen von durchschnittlicher Empfindlichkeit gesundheitlich zu schädigen geeignet sind".[255] Dieser veränderte Maßstab vom ‚Menschen normaler Gesundheit' zum ‚Menschen von durchschnittlicher Empfindlichkeit' korreliert hier mit der neuen Entwicklung, dass sich nicht mehr nur das Umfeld, sondern auch bestimmte Eigenschaften des Geschädigten auf den Maßstab auswirken.

Zusammenfassend lässt sich sagen, dass das Preußische Oberverwaltungsgericht die Zumutbarkeit von Immissionen aus sich verändernden Perspektiven beurteilte. Zunächst richtete es den Schutz nach den schwächsten potentiell Betroffenen im Umfeld des Emittenten aus (die Nervösen, die Kranken), um sich dann immer mehr in die Richtung der Maßstabsfigur eines Menschen von normaler Gesundheit zu bewegen. Begründet wurde diese Entwicklung mit der begrenzten Ermächtigung durch die polizeiliche Generalklausel. Während dieser Zeit griff das Sächsische Oberverwaltungsgericht bereits auf das Empfinden eines ‚Durchschnittsmenschen' zurück. Die Entscheidungen des Preußischen Oberverwaltungsgerichts zeigen zugleich, dass der Normalitätsmaßstab dynamisch war und mit Erwägungen zu den allgemeinen Lebensumständen angepasst werden konnte (z. B. die generelle Reizbarkeit durch Kriegserfahrungen). Außerdem wurde er zunehmend umgebungsbezogen definiert, was dem Gericht ermöglichte, auf Besonderheiten in der Nachbarschaft einzugehen (‚geistige Berufstätige') und so einer gesteigerten Schutzbedürftigkeit gerecht zu werden oder aber auch ein geringeres Schutzniveau festzulegen (Schweinemastbetrieb in landwirtschaftlicher Umgebung).

b) Der ‚verständige Durchschnittsmensch' in der Rechtsprechung der Bundesrepublik

Nach dem Zweiten Weltkrieg gab es in der immissionsschutzrechtlichen Rechtsprechung eine weitere bemerkenswerte Entwicklung, nämlich den Wandel von der Figur des normalen zu der des verständigen Durchschnittsmenschen, die erst im öffentlich-rechtlichen Immissionsschutzrecht und dann in Annäherung an dieses auch für den privatrechtlichen immissionsschutzrechtlichen Unterlassungsanspruch vollzogen wurde. Dessen fortschreitende Harmonisierung mit dem öffentlichen Immissionsschutzrecht fordert einen Blick auch in die zivilrechtliche

---

[255] PrOVG, Urteil vom 16. April 1931, E 88, 209 (212).

II. Die Maßstabsfigur des verständigen Durchschnittsmenschen im Immissionsschutzrecht

Rechtsprechung und Literatur zu der Maßstabsfigur.[256] Mit der Veränderung der Maßstabsfigur sollte der Immissionsschutz stärker gemeinwohlorientiert ausgerichtet und für umweltschützende Erwägungen geöffnet werden.[257] Interessant ist, dass diese Entwicklung in einer Zeit der „Subjektivierung des öffentlichen Nachbarrechts" geschieht, also einer Entwicklung hin zur Bewältigung konkret bestehender individueller Nutzungskollisionen.[258] In der Veränderung der Maßstabsfigur in der bundesrepublikanischen Rechtsprechung findet sich eine Parallele zum Recht der Verunstaltungsabwehr, wo das Bundesverwaltungsgericht 1955 den ‚ästhetisch durchschnittlich gebildeten Betrachter' durch den ‚für ästhetische Eindrücke offenen Betrachter' ablöste.

aa) Stereotypisierung durch die Maßstabsfigur

Das Bundesverwaltungsgericht übernahm zunächst die Figur des normal empfindenden Menschen vom Preußischen Oberverwaltungsgericht und stellte in einer Entscheidung aus dem Jahr 1958 fest:

---

[256] Die Angleichung der Rechtsprechung zum privaten Immissionsschutzrecht an die Rechtsprechung des Bundesverwaltungsgerichts begann mit dem sogenannten Volksfestlärmurteil 1990. Der Bundesgerichtshof hatte in einem obiter dictum im Interesse einer Vereinheitlichung des öffentlichen und privaten Immissionsschutzrechts die Wesentlichkeit der zivilrechtlichen Immissionsschutznorm des § 906 Abs. 1 BGB mit der Erheblichkeit des § 3 Abs. 1 BImSchG gleichgesetzt und sich damit der Auslegung durch das Bundesverwaltungsgericht angeschlossen: BGH, Urteil vom 23. März 1990, Z 111, 63; *Klaus Vieweg*, Nachbarrecht und Naturschutz, NJW 1993, 2570 (2573). Siehe dazu schon das BVerwG, Urteil vom 29. April 1988, E 79, 254 (258): „Es besteht kein Anlaß, die grundelegenden Maßstäbe, mit denen das private und das öffentliche Immissionsschutzrecht die Grenze für die Duldungspflicht gegenüber Immissionen und damit deren Rechtmäßigkeit oder Rechtswidrigkeit gegenüber der Nachbarschaft im Ansatz bestimmen, nämlich einerseits die Wesentlichkeit und andererseits die Erheblichkeit, unterschiedlich auszulegen." S. auch *Monika Böhm*, Der Normmensch, S. 28; *Klaus Vieweg*, Die Unbestimmtheit des § 906 BGB, Festschrift für Bernhard Großfeld, S. 1261, der die Aufgabe der Harmonisierung bei der Rechtsprechung und nicht beim Gesetzgeber sieht, ebd. S. 1264. Kritik an der Gleichsetzung von Wesentlichkeit und Erheblichkeit, *Karen Engler*, Der öffentlich-rechtliche Immissionsabwehranspruch, S. 140 ff m. w. N.; *Jan-Hendrik Dietrich/Christian Kahle*, Kindergartenlärm, DVBl. 2007, 18 (19 f.). Zur Konfliktträchtigkeit von Immissionen aus der Nachbarschaft, *Klaus Vieweg*, Die Unbestimmtheit des § 906 BGB, Festschrift für Bernhard Großfeld, S. 1252 f. Grundsätzlich zur Harmonisierungsentwicklung *Christian Bumke*, Relative Rechtswidrigkeit, S. 60 ff., der in ihr das Ergebnis einer wechselseitigen Annhäherung sieht.
[257] OVG Saarland, Urteil vom 12. Juni 1991 – 8 R 10/91 –, juris, Rn. 32: „Bei dieser differenziert-objektiven Betrachtungsweise (Anm. der Maßstabsfigur des Durchschnittsmenschen) muß auch die durch das Immissionsschutzrecht bewirkte Anhebung des Umweltschutzniveaus mit einbezogen werden."; OLG Köln, Urteil vom 8. Januar 1998, NJW 1998, 763 (764).
[258] *Christian Bumke*, Relative Rechtswidrigkeit, S. 63.

„Ob eine das zumutbare Maß übersteigende Belästigung zu erwarten ist, (kann) nicht nach der Auswirkung auf überempfindliche oder ungewöhnlich unempfindliche Personen, sondern allein danach beurteilt werden (...), wie der normal empfindende Mensch hierauf reagiert."[259]

In einem Urteil des Bundesgerichtshofs aus demselben Jahr setzte dieser sich mit dem „durchschnittlichen Villenbewohner" auseinander.[260] Gegenstand des Verfahrens war ein lärmerzeugendes Eisenlager, das schräg gegenüber dem Grundstück des Klägers lag. Das Einfamilienhaus des Klägers war vor Öffnung des Betriebs errichtet worden und befand sich in einer Gegend, die durch ortspolizeiliche Vorschrift seit 1918 als Villengegend gekennzeichnet war. Ob auch das Grundstück des Beklagten innerhalb dieser so bezeichneten Gegend lag, blieb umstritten. Den vom Oberlandesgericht angelegten ‚differenziert-objektiven Maßstab' für die Beurteilung der Schädlichkeit der Immissionen hielt der Bundesgerichtshof für „rechtlich bedenkenfrei":

„Allerdings kommt es nach wohl allg. Auffassung für die Frage der Wesentlichkeit der Beeinträchtigung nicht auf die individuelle Person des mehr oder weniger empfindlichen Nachbarn, sondern auf das Empfinden eines normalen Durchschnittsmenschen an."[261]

Als „differenziert-objektiv" wurde der Maßstab deshalb bezeichnet, weil es einerseits nicht auf die Person des Klägers und ihre Empfindlichkeit ankommen

---

[259] BVerwG, Urteil vom 27. Februar 1958, Buchholz 451.20m § 16 GewO, Nr. 2, zitiert nach *Monika Böhm*, Der Normmensch, S. 22; vgl. auch OVG Berlin, Urteil vom 5. Oktober 1990 – 2 B 15.88 –, juris, Rn. 31: „Insoweit ist bei der Anwendung von § 3 BImSchG von einem objektiven Beurteilungsmaßstab auszugehen, nach dem die Wirkungen des Lärms auf einen normalen Durchschnittsmenschen entscheidend sind. Das von der Klägerin zu 2) eingereichte ärztliche Attest, welches ihr ein psychovegetatives Erschöpfungssyndrom infolge des Sportlärms bescheinigt, ist daher nicht geeignet, zur Entscheidung des Rechtsstreits beizutragen."

Neben diesem Maßstab des normal empfindenen Menschen kam auch schon früh die Figur des Durchschnittsmenschen zum Einsatz, VG Saarland, Urteil vom 8. Mai 1973 – 4 K 317/72 –, juris, Rn. 29; es ging darin um die Genehmigung einer zweiten Anlage zur Altölverbrennung: „Unter solchen sog nachteiligen Einwirkungen sind die Nachteile, Gefahren usw zu verstehen, die unter Berücksichtigung der örtlichen Verhältnisse nach dem objektiven Empfinden eines Durchschnittsmenschen ein zumutbares Maß übersteigen". Auch findet sich dort ein Verweis auf BVerwG, Urteil vom 27. März 1958, E 6, 294, wo allerdings keine Ausführungen zum Durchschnittsmenschen zu finden sind. Es gab auch immer wieder Entscheidungen, in denen nicht ausdrücklich auf eine Maßstabsfigur Bezug genommen wurde, so z.B. VGH Mannheim, Urteil vom 8. März 1973, abgedruckt in: Ule/Laubinger, BImSchG, Rechtsprechung, § 3 Nr. 16 in einem Fall zu Immissionen durch Schweinezucht: „Erheblich sind solche Nachteile, die dem Betroffenen nicht zugemutet werden können. Ob und inwieweit Nachteile, die von einem Schweinestall ausgehen, zumutbar sind, hängt von den Verhältnissen des Einzelfalles ab, wobei das Maß des Zumutbaren je nach den örtlichen Verhältnissen unterschiedlich sein kann. Nachteile, die aus einer den örtlichen Verhältnissen entsprechenden, nämlich ortsüblichen Nutzung entstehen, sind in aller Regel hinzunehmen."

[260] BGH, Urteil vom 18. Juni 1958, NJW 1958, 1393.
[261] BGH, Urteil vom 18. Juni 1958, NJW 1958, 1393.

II. Die Maßstabsfigur des verständigen Durchschnittsmenschen im Immissionsschutzrecht 223

sollte (Durchschnittsmensch=objektiv), andererseits aber die baulichen Gegebenheiten der unmittelbaren Umgebung des emittierenden Grundstücks von Bedeutung seien (differenziert).[262] Bei der Frage nämlich, wie ein Durchschnittsmensch empfinde, spiele die Natur und Zweckbestimmung des von der Einwirkung betroffenen Grundstücks eine entscheidende Rolle:

> „(A)bzustellen ist nicht auf einen von den gegebenen örtlichen Verhältnissen losgelösten Durchschnittsmenschen schlechthin, sondern auf einen Durchschnittsbenutzer dieses Grundstücks in seiner konkreten Beschaffenheit".[263]

In diesem Sinne hatte das Berufungsgericht auf das Empfinden eines ‚durchschnittlichen Villenbewohners' abgestellt. Der Bundesgerichtshof behauptete, diese Maßstabsfigur stelle ersichtlich nicht auf die Wohlhabenheit eines Teils der Bevölkerung ab, „sondern auf die konkrete Zweckbestimmung des Grundstücks des Kl. und der angrenzenden Grundstücke als besonders ruhiges Wohngelände".[264]

Das vermag so nur bedingt zu überzeugen. Sicherlich zeichnen sich Villen dadurch aus, dass sie typischerweise frei stehen, von Gärten umgeben sind und damit weniger stark Immissionen ausgesetzt sind als eine Wohnung in einem Mehrfamilienhaus in belebter Lage. Die Figur des Villenbewohners impliziert aber darüber hinaus einen Ruheanspruch, der daraus resultiert, dass man in der Lage ist, einen Preis für diese Abgeschiedenheit zu zahlen. Deshalb hat die Maßstabsfigur letztlich doch etwas mit dem sozio-ökonomischen Status zu tun, denn sie rückt diesen Aspekt in den Fokus der Abwägung und damit der Entscheidung über die Zumutbarkeit. Man muss sich eben leisten können, ein ‚durchschnittlicher Villenbewohner' zu sein. Figuren wie der ‚Villenbewohner' oder der ‚geistig Berufstätige' bilden vermutlich ab, wer typischerweise gegen Lärmbelästigungen vor Gericht zog. Andererseits werden durch solche Zuschnitte der Figuren bestimmte Merkmale hervorgehoben und für schutzwürdig erachtet, die damit einseitig betont werden und die sich nicht immer auf baurechtliche und immissionsschutzrechtliche Erwägungen zurückbeziehen lassen.

bb) Wertung: Zumutbarkeit als Interessenabwägung

Die Bedeutung der Ortsüblichkeit für die Maßstabsfigur lässt sich zunächst leicht begründen, denn die Anordnung der Grundstücke zueinander und deren Nutzung sind durch das Baurecht und Immissionsschutzrecht reguliert.[265] Insofern muss die

---

[262] BGH, Urteil vom 18. Juni 1958, NJW 1958, 1393.
[263] BGH, Urteil vom 18. Juni 1958, NJW 1958, 1393.
[264] BGH, Urteil vom 18. Juni 1958, NJW 1958, 1393, „das als solches durch baupolizeiliche Sondervorschriften gekennzeichnet und anerkannt ist".
[265] Die Maßstabsfigur erinnert auch an das baurechtliche Rücksichtnahmegebot, dem hier wegen der „Wechselwirkung" von Bau- und Immissionsschutzrecht Bedeutung zukommt,

Zumutbarkeitsgrenze auch mit Rücksicht darauf bestimmt werden.[266] Dabei ist sie nicht schematisch festzusetzen,[267] sondern das Ergebnis einer Interessenabwägung.[268] Wie schon das Preußische Oberverwaltungsgericht festgestellt hatte, spielen bei dieser Interessenabwägung zahlreiche Faktoren eine Rolle. Von Bedeutung sind neben dem eben angesprochenen Gebietscharakter[269] bzw. der Ortsüblichkeit der Immissionen und deren Art,[270] Intensität, Zeit und Häufigkeit,[271] die zeitliche Priorität der Grundstücksnutzungen, das öffentliche Interesse an bestimmten Nutzungen trotz deren Immissionslastigkeit und die Belastung der Anwohner.

Für die bauliche Prägung der Umgebung kommt es zunächst auf die bauplanungsrechtlich festgelegte Nutzung an, wobei sowohl der Charakter angrenzen-

---

BVerwG, Urteil vom 24. September 1992, NVwZ 1993, 987. Es dient der Bewältigung von Nutzungskonflikten unter Berücksichtigung von Zumutbarkeitserwägungen, die auf die Umstände des Einzelfalls bezogen sind: Das Rücksichtnahmegebot „als situationsbezogenes Korrektiv zu den typisierenden Zulässigkeitsmaßstäben", *Helmut Petz*, Rücksichtnahmegebot, ZfBR 2015, 644.

[266] VGH Mannheim, Urteil vom 8. März 1973, abgedruckt in: Ule/Laubinger, BImSchG, Rechtsprechung, § 3 Nr. 16.

[267] Keine schematische Anwendung der Regelwerke, OVG Berlin, Urteil vom 5. Oktober 1990 – 2 B 15.88 –, juris, Orientierungssatz Nr. 2; BGH, Urteil vom 26. September 2003, BeckRS 2003, 09423.

[268] OVG Hamburg, Urteil vom 18. Juni 1991 – Bf VI 32/89 –, juris: „Welche Belästigungen i. S. d. § 3 BImSchG erheblich und damit schädliche Umwelteinwirkungen i. S. d. § 22 BImSchG sind, läßt sich nicht nach einem festen einheitlichen Maßstab bestimmen, sondern nur allgemein umschreiben: Hierunter fallen alle Belästigungen, die den Nachbarn auch unter Berücksichtigung anderer öffentlicher und privater Belange, auch der Belange des Anlagenbetreibers, billigerweise nicht mehr zuzumuten sind, mit anderen Worten: unwesentlich sind die Immissionen, die von dem Eigentümer des betroffenen Grundstücks unter Berücksichtigung der planungsrechtlichen Nutzungsausweisungen billigerweise hinzunehmen sind. Einen Anhaltspunkt für die Beurteilung der Erheblichkeit bieten die TA Lärm und die vergleichbare VDI-Richtlinie 2058, die allerdings nicht schematisch, sondern nur mit Vorsicht unter Berücksichtigung aller Umstände des Einzelfalls herangezogen werden können."; VG Karlsruhe, Urteil vom 12. Dezember 1984, abgedruckt in: Ule/Laubinger, BImSchG, Rechtsprechung, § 3 Nr. 61. BVerwG, Urteil vom 7. Mai 1996, E 101, 157 (162), „So kann dem Umstand Bedeutung zukommen, daß Geräusche zur Nachtzeit in besonderem Maß als störend empfunden werden, aber auch, daß Straßen grundsätzlich bestimmungsgemäß zur Aufnahme von Kraftfahrzeugverkehr dienen. Vor allem ist die bauliche Situation zu würdigen. Denn die Schutzwürdigkeit richtet sich nach der materiellen baurechtlichen Lage."

[269] VG Hannover, Urteil vom 4. Oktober 1976 – IV A 4/76 –, juris, Rn. 29: „Für den Maßstab der Erheblichkeit kommt es nicht auf das subjektive Empfinden des Gestörten, sondern auf das Empfinden des normalen Durchschnittsmenschen, bezogen auf die konkrete Situation an. Dabei ist der Charakter der konkreten Umgebung (Gebietscharakter) gerade mit Rücksicht auf § 50 BImSchG von entscheidender Bedeutung." Ebenfalls zum „normal empfindenden Durchschnittsmenschen", OVG Koblenz, Urteil vom 22. April 1986, BeckRS 9998, 46013.

[270] OVG Berlin, Urteil vom 5. Oktober 1990 – 2 B 15.88 –, juris, Rn. 31.

[271] BVerwG, Urteil vom 7. Mai 1996, E 101, 157 (162).

der planungsrechtlich anders einzuordnender Gebiete, als auch die tatsächliche Prägung des Gebietes von Bedeutung sind.[272] In bestimmten Fällen kann sogar ein einzelnes Grundstück den Gebietscharakter prägen.[273] Im Rahmen der Ortsüblichkeit von Immissionen sind auch die Vorbelastungen des Gebietes von Bedeutung. Nicht selten haben die Gerichte das Schutzniveau der zeitlichen Priorität der Nutzung angepasst[274] und so einen gewissen Bestandsschutz geschaffen.[275] Neben der vorhandenen Nutzung sind auch die bereits vorhandenen Immissionen zu beachten[276] ebenso wie die Rechtmäßigkeit des Verursacherverhaltens.[277] Eine unzulässige Nutzung genießt keinen immissionsrechtlichen Schutz.

Kaum eines dieser Kriterien erlaubt eine eindeutige Entscheidung über die Erheblichkeit von Immissionen. In diesem Sinne von einer nicht „mathematisch exakt(en)"[278] Entscheidung zu sprechen, ist euphemistisch. Zwar lassen sich relevante Faktoren für die Entscheidung über die Zumutbarkeit bestimmen, in manchen Bereichen gibt es auch Richtwerte der Technischen Normung. Die Gewichtung im Einzelfall bleibt jedoch schwierig.

cc) Messung: Die Unwägbarkeit von Immissionen

Die Maßstabsfigur sieht sich im Immissionsschutzrecht also mit der Schwierigkeit eines Interessenausgleichs in Nutzungskonflikten konfrontiert. Während es wenig überrascht, dass diese wertende Entscheidung eine Herausforderung dar-

---

[272] „Der Augenschein der Kammer hat ergeben, daß die Richard-Wagner-Straße, in der der Beigel. wohnt, zwar bauplanungsrechtlich und nach den Kriterien der Baunutzungsverordnung als reines Wohngebiet (§ 3 BauNVO) zu qualifizieren ist, daß aber die A.-Anlage, in der sich das Bürogebäude der Kl. befindet, überwiegend den Charakter eines Kerngebietes (§ 7 BauNVO) aufweist.....", VG Karlsruhe, Urteil vom 12. Dezember 1984, abgedruckt in: Ule/Laubinger, BImSchG, Rechtsprechung, § 3 Nr. 61. Zur tatsächlichen Prägung BVerwG, Beschluss vom 12. Juni 1990, NVwZ 1990, 962.
[273] OVG Hamburg, Urteil vom 18. Juni 1991 – Bf VI 32/89 –, juris: „Es ist anerkannt, daß schon die Art der Nutzung eines einzelnen Grundstücks den Gebietscharakter prägen kann. Dies gilt auch für die Kirche. Die Kirche hat seit vielen Jahrzehnten mit ihrem Zeitgeläut die Umgebung geprägt."
[274] OVG Berlin, Urteil vom 5. Oktober 1990 – 2 B 15.88 –, juris, Rn. 48; BGH, Urteil vom 5. Februar 1993, NJW 1993, 1656 (1658).
[275] BVerwG, Urteil vom 12. Dezember 1975, E 50, 49 (55): Erhebliche Belästigungen im Sinne des BImSchG liegen dann nicht vor, „wenn sich die Eigentümer oder sonstigen Benutzer der Lärmquelle umgebenden Grundstücke die Belästigungen aus eigentumsrechtlichen Gründen zumuten lassen müssen. Das ist in der Reichweite eines – durch Art. 14 Abs. 1 GG begründeten – Bestandsschutzes der Fall."
[276] Sogenannte Summationseffekte.
[277] BVerwG, Urteil vom 24. September 1992, E 91, 92.
[278] BGH, Urteil vom 26. September 2003, BeckRS 2003, 09423.

stellt, zeigt ein Fall vor dem Oberverwaltungsgericht Münster aus dem Jahr 1976 darüber hinaus die Schwierigkeit, Immissionen überhaupt durch Messungen zu erfassen.[279] Gegenstand der Entscheidung war die Klage eines Nachbarn gegen die Geruchseinwirkung einer gewerblich betriebenen Hühnerfarm. Da für Geruchsimmissionen keine gesetzlichen Grenz- oder Richtwerte und auch keine auf § 48 BImSchG gestützten normkonkretisierenden Verwaltungsvorschriften gibt,[280] hat die Maßstabsfigur hier eine besondere Bedeutung.[281] Ein Gutachter der Landesanstalt für Immissions- und Bodennutzungsschutz des Landes Nordrhein-Westfalen stellte fest, es könnte keine wissenschaftlich haltbare Aussage über die Intensität der Gerüche gemacht werden, da sich diese nicht

„durch eine quantitative Analyse der zu überprüfenden Luft feststellen läßt und die damit als einziges Mittel verbleibende Ermittlung durch den menschlichen Geruchssinn bei der Feststellung der Intensität des Geruchs angesichts der hiermit verbundenen rein subjektiven Wertung im Gegensatz zu der Ermittlung der Ausbreitung des ‚gerade wahrnehmbaren' Geruchsfeldes auf Bedenken stößt."[282]

Das Gericht folgte dieser Argumentation und schätzte die Beeinträchtigung aufgrund der ihm zur Verfügung stehenden Informationen als zumutbar ein.

dd) Der ‚verständige Durchschnittsmensch' als gemeinwohlgebundene Figur

Neben der Ortsüblichkeit und dem Bestandsschutz spielt auch die Funktion der die Immissionen ausstoßenden Anlagen oder Grundstücke eine bedeutende Rolle, wie es sich vor allem an den Verfahren zum kirchlichen Glockengeläut zeigt. So in einem Fall aus dem Jahr 1983, in dem das Bundesverwaltungsgericht über eine Nachbarklage gegen Angelusläuten zu entscheiden hatte, das in den Sommermonaten um 6 Uhr und in der Winterzeit um 7 Uhr außer an Sonn- und Feiertagen für eine Minute zu hören war. Der Kläger wohnte 200 m entfernt und wollte die Kirche darauf verklagen, auch in den Sommermonaten erst um 7 Uhr zu läuten. Das Gericht stellte aber fest, dass das sommerliche Angelusläuten die durch § 22 und § 3 BImSchG gezogenen Grenzen nicht verletzt hatte.[283] Der Maßstab war hier erstmals „das Empfinden eines verständigen Durchschnittsmenschen".[284] Das kultische Glockenläuten sei

---

[279] OVG Münster, Urteil vom 21. Januar 1976, abgedruckt in: Ule/Laubinger, BImSchG, Rechtsprechung, § 3 Nr. 24.
[280] So auch für Lichtimmissionen, OVG Münster, Urteil vom 15. März 2007, ZfBR 2008, 697.
[281] Vgl. auch BayVGH, Urteil vom 6. Mai 2013, Ule/Laubinger/Repkewitz, BImSchG, Rechtsprechung, § 3 Nr. 159.
[282] OVG Münster, Urteil vom 21. Januar 1976, abgedruckt in: Ule/Laubinger, BImSchG, Rechtsprechung, § 3 Nr. 24.
[283] BVerwG, Urteil vom 7. Oktober 1983, E 68, 62 (67).
[284] BVerwG, Urteil vom 7. Oktober 1983, E 68, 62 (67).

II. Die Maßstabsfigur des verständigen Durchschnittsmenschen im Immissionsschutzrecht

„eine jahrhundertealte kirchliche Lebensäußerung, die, wenn sie sich nach Zeit, Dauer und Intensität im Rahmen des Herkömmlichen hält, auch in einer säkulären Gesellschaft bei Würdigung der widerstreitenden Interessen hinzunehmen ist."[285]

Der hier benutzte ‚funktionale' Schädlichkeitsbegriff macht deutlich, dass die Maßstabsfigur als Instrument zur Durchsetzung öffentlicher Interessen genutzt werden kann. Denn kirchliches Geläut kann gerade in einer säkulären Gesellschaft als störend empfunden werden. Ähnlich wie im Rahmen der Verunstaltungsabwehr, wo funktionale Anlagen letzlich anderen ästhetischen Erfordernissen unterliegen,[286] geht es nicht um die Belästigung an sich, sondern um eine wertende Beurteilung derselben im Sinne eines öffentlichen Interesses, nach dem sich dann die Zumutbarkeit und damit die Maßstabsfigur zu richten hat.

Die Entwicklung von der Figur des normalen zu der des verständigen Durchschnittsmenschen ist Ausdruck eben dieser stärkeren Berücksichtigung öffentlicher Interessen. In diesem Sinne und unter Verweis auf die Verständigkeit werden bestimmte Lärmquellen durch die Rechtsprechung privilegiert, so zum Beispiel Kinder-[287] und Freizeitlärm. Eine Entscheidung des Bundesgerichtshofs aus dem Jahr 1993 macht deutlich, welche inhaltlichen Implikationen die Entwicklung zum Maßstab des verständigen Durchschnittsmenschen dabei in der immissionsrechtlichen Rechtsprechung sowohl im Öffentlichen Recht als auch im Privatrecht hatte. Den Bewohnern eines reinen Wohngebietes könne „im Interesse der Allgemeinheit an einer kinder- und jugendfreundlichen Umgebung (...) Lärm in höherem Maße zugemutet werden, als er generell in reinen Wohngebieten zulässig ist (Empfinden eines verständigen Durchschnittsmenschen)."[288] Ausdrücklich spricht der Bundesgerichtshof von einem nicht mehr nur objektiven Be-

---

[285] BVerwG, Urteil vom 7. Oktober 1983, E 68, 62 (67): Der erzbischöfliche Glockeninspektor führte außerdem eine Lautstärkemessung durch, die ergab, dass das Glockengeläut innerhalb der Richtwerte der TA Lärm lag, die zudem festlege, dass die Nachtruhe um 6 Uhr beendet sei. Vgl. ebenfalls zum kirchlichen Glockengeläut OVG Hamburg, Urteil vom 18. Juni 1991 – Bf VI 32/89 –, juris, Rn. 60. S. auch zum ‚funktionalen Schädlichkeitsbegriff' BVerwG, Urteil vom 12. Dezember 1975, E 50, 49 (53): „Denn bei der Beurteilung der nach § 4 BImSchG genehmigungsbedürftigen Anlagen und der von ihnen ausgehenden Belästigungen sind ebenso wie etwa im Zusammenhang mit den §§ 29 ff. BBauG nicht ‚die gleichsam nackten Objekte' zu prüfen. Zu würdigen ist vielmehr ‚das jeweilige Vorhaben in der ihm zugedachten Funktion'."
[286] S. oben S. 184 ff.
[287] Eine Privilegierung von Kinderlärm besteht nunmehr explizit gemäß § 22 Abs. 1a BImSchG.
[288] BGH, Urteil vom 5. Februar 1993, NJW 1993, 1656 (2. LS); früher noch anders: BVerwG, Beschluss vom 6. August 1982, NVwZ 1983, 155 (LS): „Maßstab für die Erheblichkeit ist nur der Grad der Einwirkung auf das schutzwürdige Gebiet, nicht aber die Art der Lärmquelle. Es ist daher unerheblich, ob es sich um von einer Sportanlage ausgehenden ‚Freizeitlärm' oder ‚Gewerbelärm' handelt."

einträchtigungsbegriff.[289] Im Rahmen der Harmonisierung zivilrechtlicher und öffentlichrechtlicher Beurteilungsmaßstäbe sei eine Angleichung an die verwaltungsgerichtliche Rechtsprechung vollzogen worden, „die als erhebliche Belästigung alles ansieht, was einem verständigen Durchschnittsmenschen auch unter Würdigung anderer öffentlicher und privater Belange billigerweise nicht mehr zuzumuten ist."[290] Damit erhalten mit Hilfe des verständigen Durchschnittsmenschen „schutzwürdige Interessen der Allgemeinheit"[291] – also Grundrechtspositionen wie der Schutz der körperlichen Unversehrtheit (Art. 2 Abs. 2 Satz 1 GG) und im speziellen von Kindern (Art. 6 GG) und Behinderten (Art. 3 Abs. 3 GG) sowie die Staatszielbestimmung zum Umweltschutz (Art. 20a GG) – auch im Zivilrecht einen größeren Einfluss auf die Zumutbarkeitsentscheidung.[292]

Die Figur des verständigen Durchschnittsmenschen wird benutzt, um solche Interessen im Rahmen der Zumutbarkeit berücksichtigen zu können. In diesem Sinne wird behauptet, dass der ‚verständige Durchschnittsmensch' tatsächlich eher bereit ist, Immissionen hinzunehmen, die einem öffentlichen Zweck dienen. So zum Beispiel in einer Entscheidung, die eine größere Akzeptanz für Festlichkeiten in der Faschingszeit annahm[293] oder eine andere, die das „Interesse der Allgemeinheit an der Pflege der Kirchenmusik und der Ausbildung von Organisten" berücksichtigte.[294] Ebenso entschied der Verwaltungsgerichtshof München zu Volks- und Gemeindefesten, dass solche Veranstaltungen „für den Zusammenhalt der örtlichen Gemeinschaft von großer Bedeutung sein können, dabei auch die Identität dieser Gemeinschaft stärken und für viele Bewohner einen hohen Stellenwert besitzen", weshalb der verständige Durchschnittsmensch die

---

[289] So auch OLG Köln, Urteil vom 8. Januar 1998, NJW 1998, 763 (764).
[290] BGH, Urteil vom 26. September 2003, BeckRS 2003, 09423.
[291] BGH, Urteil vom 26. September 2003, BeckRS 2003, 09423.
[292] Zum Beispiel in einem Fall aus dem Jahr 2007, in dem das Oberverwaltungsgericht Münster über einen Werbepylon mit Leuchtwerbeschildern in etwa 150m Entfernung von dem Grundstück der Klägerin zu entscheiden hatte. Da die Zumutbarkeit von Lichteinwirkungen nicht durch Verwaltungsvorschriften oder Verordnungen geregelt ist, müsse auf die von der Rechtsprechung entwickelten Grundsätze zum Gebot der Rücksichtnahme zurückgegriffen werden. Kriterien für diese „wertende Gesamtbeurteilung" seien die Gebietsart, die durch „die tatsächlichen Verhältnisse bestimmte Schutzwürdigkeit und Schutzbedürftigkeit der betroffenen Nachbarschaft, wobei wertende Elemente wie Herkömmlichkeit, soziale Adäquanz und allgemeine Akzeptanz" einzubeziehen seien, wie auch die Möglichkeit der Klägerin, Maßnahmen zur Minderung der Beeinträchtigung zu ergreifen. Auch hier ist wieder das „Empfinden eines verständigen Durchschnittsmenschen" Maßstab, so dass eine gesteigerte Empfindlichkeit der Betroffenen nicht zu berücksichtigen sei, OVG Münster, Urteil vom 15. März 2007, ZfBR 2008, 697 (700).
[293] VGH Mannheim, Urteil vom 13. Dezember 1993, NVwZ-RR 1994, 633 (634).
[294] OLG Celle, Urteil vom 29. Juni 2011, NJW-RR 2011, 1585 (1587).

mit ihnen verbundenen Störungen „in der Regel in höherem Maß akzeptiert als andere Immissionen."[295]

In diesem Zusammenhang steht auch die Klage eines unmittelbaren Nachbarn gegen den von einer Behinderteneinrichtung ausgehenden Lärm aus dem Jahr 1998 vor dem Oberlandesgericht Köln.[296] Die geistig schwer behinderten Heimbewohner versuchten, sich zu artikulieren und machten dabei Geräusche, die von Zeugen als „Urgeräusche", „stupide Laute" oder als „nicht zu definierende Laute" beschrieben wurden.[297] Die Entwicklung der Maßstabsfigur vom normalen zum verständigen Durchschnittsmenschen erfordere es, auch die spezifischen Belange der Behinderten zu berücksichtigen:

„Im Lichte des Art. 3 III 2 GG muß von dem ‚verständigen' Durchschnittsmenschen, auf dessen Empfinden es maßgebend ankommt, im nachbarschaftlichen Zusammenleben mit behinderten Menschen eine erhöhte Toleranzbereitschaft eingefordert werden."[298]

Die Ausstrahlungswirkung des Gleichbehandlungsgebots hatte jedoch – davon ist auszugehen – auch schon den ‚normalen Durchschnittsmenschen' erfasst. Die Figur war auch als Normalitätsmaßstab bereits ein normatives Gebilde, dem geltenden Recht unterworfen und das Instrument einer Interessenabwägung. Insofern stimmen die Ausführungen des Oberlandesgerichts zu der Entwicklung zum wertenden Maßstab nicht ganz.[299] Es lässt sich aber argumentieren, dass die Veränderung zum ‚verständigen Durchschnittsmenschen' eine verstärkte Berücksichtigung öffentlicher Interessen ermöglicht.

Im vorliegenden Fall sah das Gericht die Zumutbarkeitsschwelle überschritten. Das Kriterium für die Wesentlichkeit einer Geräuschimmission – als Pen-

---

[295] BayVGH, Beschluss vom 22. November 2005, NJOZ 2006, 2965 (2967). Auch der Traditionscharakter von Veranstaltungen kann eine Rolle spielen: BGH, Urteil vom 26. September 2003, BeckRS 2003, 09423.

[296] OLG Köln, Urteil vom 8. Januar 1998, NJW 1998, 763. Nicht immer berücksichtigen die Gerichte aber die Immissionsquelle: OVG Münster, Beschluss vom 10. Februar 2006 – 8 A 2621/04, juris. In diesem Fall ging es um einen für sich genommen unauffälligen Geruch, der durch die Verbrennung von Tierkörpern in einem Kleintierkrematorium hervorgerufen wurde. Er sei nicht bereits deshalb unzumutbar, „weil er von Anwohnern mit dem Krematorium in Verbindung gebracht und allein wegen der Kenntnis seiner möglichen Herkunft als ekelerregend empfunden wird."

[297] OLG Köln, Urteil vom 8. Januar 1998, NJW 1998, 763 (765).

[298] OLG Köln, Urteil vom 8. Januar 1998, NJW 1998, 763 (764).

[299] „Nach der neueren Rechtsprechung des BGH ist dagegen das Empfinden des ‚verständigen' Durchschnittsmenschen maßgebend, was insbesondere bedeutet, daß im Gegensatz zur früheren Rechtsprechung nicht mehr allein auf das Maß der objektiven Beeinträchtigung abzustellen ist, sondern daß auch wertende Momente wie beispielsweise Belange des Umweltschutzes oder das öffentliche Interesse an einer kinderfreundlichen Umgebung in die Beurteilung einzubeziehen sind.", OLG Köln, Urteil vom 8. Januar 1998, NJW 1998, 763 (764).

dant zur öffentlich-rechtlichen Erheblichkeit – sei deren Lästigkeit, „wobei es sich um einen Faktor handelt, der nicht klar zu definieren und noch weniger zahlenmäßig zu erfassen ist."[300] Die Laute, die die geistig schwer behinderten Heimbewohner von sich geben, seien gerade deshalb lästig, da sie besonders ungewohnt und auffällig seien. Dass die erzwungene Wahrnehmung solcher Geräusche als unangenehm und störend empfunden werde, beruhe auf einem weitgehend reflexartigen Verhalten, „das auch für einen um Toleranz bemühten ‚verständigen' Menschen nur begrenzt beherrschbar ist":[301]

„So empfindet nach Auffassung des Senats nicht nur der ‚normale' Durchschnittsmensch, der sich leicht von Vorurteilen leiten läßt, sondern auch der ‚verständige' Bürger (und Nachbar), dessen Haltung gegenüber Behinderten nicht von falschem Wertigkeitsdenken, sondern von Mitmenschlichkeit und Toleranz geprägt ist."[302]

Hier zeigt sich sehr deutlich, dass die Maßstabsfigur ein normatives Konzept ist. Und auch, dass mit der Entwicklung der Maßstabsfigur zum verständigen Durchschnittsbürger eine Veränderung dieses Maßstabes einhergehen sollte. Interessant ist dabei nicht nur, wie sich das Oberlandesgericht Köln den ‚verständigen Durchschnittsmenschen' vorstellt, nämlich als eine altruistische Person, die ihre eigenen Bedürfnisse bis zu einem gewissen Grad – der hier überschritten war – hinter Gemeinwohlerwägungen zurückstellen kann, die nichts mehr mit der Intensität oder Häufigkeit der Immissionen zu tun haben. Auffällig ist auch, wie das Gericht den ‚normalen Durchschnittsmenschen' zeichnet: als von Vorurteilen und falschem Wertigkeitsdenken geleitete Person. Es ist schwer zu sagen, wie dieser Fall vor dem Preußischen Oberverwaltungsgericht oder in den Anfangszeiten der Bundesrepublik entschieden worden wäre. Sicher ist allerdings, dass die Richter ihren ‚normalen Durchschnittsmenschen' in dieser Beschreibung des Kölner Oberlandesgerichts nicht wiedergefunden hätten. Auch die Fälle aus dieser Zeit lassen nicht vermuten, dass Gemeinwohlerwägungen in der damaligen Maßstabsfigur keinen Platz hatten. Diese Ausführungen zeigen: Die Figur kann das Objekt ziemlich beliebiger Zuschreibungen sein. Das liegt daran, dass sie in ihrer Normativität immer auch in tatsächlichen Annahmen verankert ist, die sich nicht begründen lassen außer mit einer Intuition wie der des Oberlandesgerichts Köln, das den ‚normalen Menschen' für vorurteilsgeleitet hält.

Das Gericht stellte fest, der Wahrheitsbeweis für die vom Kläger behauptete Beeinträchtigung sei durch das Abspielen der vom Kläger aufgenommenen Tonbänder und die Vernehmung der Zeugen – darunter waren Nachbarn und Erzie-

---

[300] OLG Köln, Urteil vom 8. Januar 1998, NJW 1998, 763 (765).
[301] OLG Köln, Urteil vom 8. Januar 1998, NJW 1998, 763 (765).
[302] OLG Köln, Urteil vom 8. Januar 1998, NJW 1998, 763 (765).

herinnen in dem Heim – im Wesentlichen erbracht.[303] Der Rückgriff auf den Zeugenbeweis ist im Immissionsschutzrecht, anders als im Recht der Verunstaltungsabwehr, nicht ungewöhnlich, aber auch nicht unumstritten. Im Unterschied zu dem für ästhetische Eindrücke offenen Durchschnittsbetrachter kann mit Hilfe des verständigen Durchschnittsmenschen im Nachbarverhältnis gegen belastende Immissionen geklagt werden, und zwar nicht nur mittels des pivatrechtlichen, sondern auch durch Geltendmachung eines öffentlich-rechtlichen Unterlassungsanspruchs. Da es von Bedeutung ist, wie sich die Immissionen auf die Nachbarn auswirken, werden diese also direkt gefragt. Diese tatsächliche Anreicherung der Maßstabsfigur nähert sie der Klägerin an und macht zugleich die Trennung normativer und empirischer Elemente im „Durchschnittsmenschen" schwierig.

Auch für den Bundesgerichtshof war zunächst der „typisierend gedachte normal empfindende Grundstücksbenutzer" maßgeblich, „dessen Toleranzschwelle an der Natur und Zweckbestimmung des Grundstücks ausgerichtet ist".[304] Den Maßstab modifizierte das Gericht im sogenannten Frösche-Urteil zum „verständigen Durchschnittsmenschen" „im Sinne einer wertenden Abgrenzung durch eine situationsbezogene Abwägung".[305] Mit der Charakterisierung als verständige Person vollzog sich die Öffnung des zivilrechtlichen unbestimmten Rechtsbegriffs der Wesentlichkeit in § 906 Abs. 1 BGB für öffentlich-rechtliche Maßstäbe, insbesondere für die Berücksichtigung von Allgemeininteressen. Im Immissionsschutz können dabei vor allem Erwägungen zum Umweltschutz eine Rolle spielen.

Abweichend vom Postulat der durchschnittlichen Empfindlichkeit will die Rechtsprechung auch Menschen und Einrichtungen in ihren Rechtsgütern schützen, die objektiv gesehen über eine überdurchschnittlich hohe Schadensanfälligkeit gegenüber äußeren Einflüssen verfügen; so zum Beispiel Kinder, kranke und alte Menschen[306] sowie besonders empfindliche physikalische Instrumente oder

---

[303] OLG Köln, Urteil vom 8. Januar 1998, NJW 1998, 763 (765).
[304] *Klaus Vieweg*, Nachbarrecht und Naturschutz, NJW 1993, 2570 (2573); BGH, Urteil vom 18. Juni 1958, NJW 1958, 1393.
[305] *Klaus Vieweg/Anne Röthel*, Der verständige Durchschnittsmensch, NJW 1999, 969 m.N. zur Kritik an diesem Wandel in Fn. 9.
[306] VGH Mannheim, Urteil vom 28. Juli 1998, NVwZ 1999, 85 (86); „eine Gesundheitsbeeinträchtigung ist aber auch dann erheblich, wenn sie nur bei besonders empfindlichen Bevölkerungsgruppen etwa bei Kindern, Alten oder Kranken besteht. Die besondere, atypische Empfindlichkeit einzelner Personen spielt dagegen keine Rolle", VG Berlin, Beschluss vom 7. September 2016 – VG 10 L 313.16, BeckRS 2016, 52505; so auch VG Karlsruhe, Urteil vom 14. Oktober 2015 – 9 K 636/14, BeckRS 2016, 44361. Deutlicher das OVG Münster in einem Fall zur Lärmbelästigung durch ein Schützenfest, allerdings ohne Bezugnahme auf die Maßstabsfigur: „Insbesondere Kinder sind spätestens nach zwei Tagen, in denen sie weit über Mitternacht hinaus am Schlafen gehindert werden, übermüdet und erschöpft und beispielsweise in der Schule nicht mehr aufnahmefähig.", Urteil vom 23. Mai 1985, NVwZ 1986, 64 (66).

besonders störanfällige Betriebe (Kliniken, Rundfunk- und Fernsehstudios). Belastungen hingegen, die aus einer überdurchschnittlichen Sensitivität ungeschützter Personengruppen oder einzelner Personen resultieren, bleiben unberücksichtigt.[307] Bisher zeigt sich die Rechtsprechung im Schutz besonders sensibler Menschen sehr zurückhaltend: Die wenigen Entscheidungen, die den Maßstab so beschreiben, subsumieren nicht unter ihn, weil es gerade nicht um besonders schutzbedürftige Personengruppen gehe oder sich die Schutzbedürftigkeit nicht nachweisen lasse.[308] Insofern handelt es sich bislang bloß um Bekundungen und es sieht nicht danach aus, als ob die Ausnahmen vom Maßstab des Durchschnittsmenschen sich tatsächlich durchsetzen und für die Maßstabsbildung einen entscheidenden Unterschied machen werden.

ee) Zulässigkeit der Maßstabsfigur

Wenige Entscheidungen befassen sich mit der grundsätzlichen Zulässigkeit der Maßstabsfigur des Durchschnittsmenschen im Immissionsrecht.[309] Der Bayerische Verfassungsgerichtshof hatte 2009 über die Verfassungsbeschwerde gegen zwei Urteile des Verwaltungsgerichts Augsburg und des Bayerischen Verwaltungsgerichtshofs zu entscheiden.[310] In den Verfahren ging es um eine Nachbarklage gegen die Immissionen einer Windkraftanlage. Die Beschwerdeführerin hatte einen Sohn, der an Epilepsie erkrankt war und von dem sie behauptete, dass er besonders unter den Infraschall-Immissionen der Anlage leide und seit deren Errichtung so viele Anfälle erlitten habe, dass die Familie umziehen musste. Insbesondere brachte sie vor, dass die „quantifizierende Betrachtungsweise" des ‚verständigen durchschnittlich empfindlichen Bürgers in vergleichbarer Lage' „einen Teil der Bevölkerung zum bloßen Objekt (deklariere); insbesondere die durch Krankheit Behinderten würden dadurch zu Menschen zweiter Klasse."[311]

---

[307] *Martin Schulte/Kathleen Michalk*, in: Giesberts/Reinhardt, Beck OK Umweltrecht, Stand 2014, § 3 BImSchG, Rn. 52*: Markus Thiel*, in: Landmann/Rohmer, Umweltrecht, Stand 2014, § 3 BImSchG, Rn. 48, § 3, Rn. 53; *Monika Böhm,* Der Normmensch, S. 31; VGH Mannheim, NVwZ 1999, 85 (86). Beispiele zum Teil aus *Reinhard Wulfhorst*, Der Schutz „überdurchschnittlich empfindlicher Rechtsgüter", S. 59. *Daniel Couzinet,* Die Zulässigkeit von Immissionen, S. 140, weist auf die Schwierigkeit der Beschreibung von Gruppen wie z.B. die der Kranken hin, die nicht hinsichtlich der „biologisch-physiologischen Konstitution homogen und abgrenzbar(...)" sind.

[308] *Hans Jarass,* in: ders. BImSchG Kommentar, 10. Aufl. 2013, § 3, Rn. 53. Das gilt bspw. auch für Einrichtungen, deren Sensitivität aus einer ungewöhnlichen Nutzungsart resultiert, es sei denn, sie prägt das betreffende Gebiet, wie das bei einer größeren, besonders empfindlichen Einrichtung der Fall sein kann.

[309] In der Literatur hingegen wird diese Frage lebhaft diskutiert, S. 235 ff.

[310] BayVerfGH, Entscheidung vom 14. September 2009, BeckRS 2009, 39972.

[311] Rezipiert durch den BayVerfGH, Entscheidung vom 14. September 2009, BeckRS 2009, 39972.

II. Die Maßstabsfigur des verständigen Durchschnittsmenschen im Immissionsschutzrecht

Der Verfassungsgerichtshof folgte dieser Ansicht nicht. Die Maßstabsfigur sei gefestigte höchstrichterliche Rechtsprechung:[312]

„Das Bundesverwaltungsgericht hat diese typisierende Betrachtungsweise damit begründet, dass das Bauplanungsrecht die Nutzbarkeit der Grundstücke in öffentlich-rechtlicher Hinsicht auf der Grundlage objektiver Umstände mit dem Ziel einer möglichst dauerhaften städtebaulichen Ordnung regeln solle; besondere Empfindlichkeiten oder der Gesundheitszustand einzelner Eigentümer oder Nutzer spielten daher bei der Bewertung von Lärmimmissionen keine Rolle."[313]

Die Figur des Durchschnittsmenschen wird also mit einer antizipierten Regelung baulicher Nutzungskonflikte und damit begründet, dass der Einzelne sich seine Sensitivität nicht auf Kosten der Gemeinschaft leisten könne. Die Ausrichtung an den Gesundheitszuständen einzelner ermögliche kein dauerhaft stabiles Nutzungsregime.

ff) Die Richterin als Maßstabsfigur

Ein Urteil des Oberlandesgerichts Celle aus dem Jahr 2011 zur Orgelmusik im Dom außerhalb sakraler Gottesdienste beschäftigte sich mit den Anforderungen an die Sachverhaltsaufklärung in immissionsrechtlichen Verfahren.[314] Die Überprüfung der Einhaltung von Lärmwerten erfordere neben der Einholung eines gerichtlichen Sachverständigengutachtens, dass der Tatrichter sich einen persönlichen Eindruck durch die Durchführung eines Ortstermins verschaffe.[315] Zeugen hingegen müssten nicht vernommen werden, „weil diese nur einen subjektiven Eindruck der Intensität der Geräusche wiedergeben können und es auf deren subjektiven Eindruck für die Entscheidung nicht ankommt."[316] In der Vergangenheit gingen die Richterinnen teilweise anders damit um – wie zum Beispiel das Oberlandesgericht Köln,[317] das in dem Fall der Behinderteneinrichtung auch Zeugenaussagen berücksichtigte und das Preußische Oberverwaltungsgericht – das den Aussagen von Zeugen zumindest indizielle Wirkung zubilligte.

---

[312] BayVerfGH, Entscheidung vom 14. September 2009, BeckRS 2009, 39972.
[313] BayVerfGH, Entscheidung vom 14. September 2009, BeckRS 2009, 39972.
[314] OLG Celle, Urteil vom 29. Juni 2011, NJW-RR 2011, 1585 (1. LS).
[315] OLG Celle, Urteil vom 29. Juni 2011, NJW-RR 2011, 1585 (1. LS).
[316] OLG Celle, Urteil vom 29. Juni 2011, NJW-RR 2011, 1585 (1586); vgl. auch BGH, Urteil vom 5. Februar 1993, NJW 1993, 1656 (1658): „Das BerGer. hat sich auch keine Gedanken darüber gemacht, ob es nach der Aussage von fünf Zeugen eine Geruchsbelästigung feststellen kann. Wäre das der Fall, so ließe sich die Frage der Wesentlichkeit der Immission nicht allein über die Auswertung der Zeugenaussagen beurteilen, vielmehr wäre das BerGer. verpflichtet gewesen, sich dazu über einen Ortstermin einen eigenen Eindruck zu verschaffen."
[317] OLG Köln, Urteil vom 8. Januar 1998, NJW 1998, 763 (765); s. auch BGH, Urteil vom 6. Februar 1986, Z 97, 97 (104 f.): „Diese Zeugen haben aufgrund jahrelanger, fortlaufender Wahrnehmungen bekundet, daß von den beiden Schlammplätzen üble Gerüche ausgingen."

Interessant daran ist, dass auch der Tatrichter natürlich nur einen subjektiven Eindruck gewinnen kann, den er dann zwar rechtlich unterfüttern oder widerlegen kann, der Ausgangspunkt seiner Einschätzung bleibt aber seine Empfindung. So verhielt es sich auch im vorliegenden Fall. Das Oberlandesgericht Celle hielt es für unzulässig, dass die Vorinstanz auf einen Ortstermin verzichtet hatte. Das Einhalten oder Überschreiten der Richtwerte indiziere lediglich die Unwesentlichkeit oder Wesentlichkeit der Lärmbeeinträchtigung:[318]

„Die Lästigkeit eines Geräusches, die rechtlich für das Emissionsrecht entscheidend ist, hängt nicht allein von Messwerten, sondern von einer Reihe anderer Umstände ab, für die es auf das eigene Empfinden des Tatrichters ankommt, wobei er sich im Wesentlichen auf das Ergebnis der Augenscheinseinnahme zu stützen hat."[319]

Danach ist das Empfinden des Tatrichters nicht unerheblich für den ‚verständigen Durchschnittsmenschen'. Unter anderem knüpft hier die Kritik in der Literatur an, die von der Sorge getragen ist, der Richter setze seine eigenen Ansichten und Vorstellungen an die Stelle der Maßstabsfigur. Tatsächlich verschaffen die Richter sich häufig selbst einen Eindruck von der Situation vor Ort, zum Beispiel von der Art der Umgebung,[320] der Blendwirkung und der Lautstärke. So gut wie jede Entscheidung wird aber nach mindestens einem, oft mehreren Sachverständigenvorträgen getroffen.[321]

Die Handhabung der Beweismittel in den beschriebenen Verfahren macht deutlich, dass die Maßstabsfigur im Immissionsschutzrecht stärker als im Recht der Verunstaltungsabwehr an der tatsächlichen Wirkung auf den Menschen ausgerichtet ist. Denn der Augenschein, die Gutachten und insbesondere die Zeugenaussagen – auch wenn die Erforderlichkeit letzterer umstritten ist – beziehen sich nicht nur auf die Umstände der Immissionseinwirkung, sondern eben auch auf ihre Wirkung auf die Betroffenen.

---

[318] OLG Celle, Urteil vom 29. Juni 2011, NJW-RR 2011, 1585.

[319] OLG Celle, Urteil vom 29. Juni 2011, NJW-RR 2011, 1585; BGH, Urteil vom 26. September 2003, BeckRS 2003, 09423: „Wann Lärmimmissionen im Einzelfall die Schwelle zur Wesentlichkeit überschreiten, unterliegt weitgehend tatrichterlicher Wertung."

[320] VG Karlsruhe, Urteil vom 12. Dezember 1984, abgedruckt in: Ule/Laubinger, BImSchG, Rechtsprechung, § 3 Nr. 61.

[321] Vgl. zum Vorwurf mangelnder Sachverhaltsaufklärung und zum Erfordernis eines Sachverständigengutachtens: BVerwG, Urteil vom 29. November 1955, NJW 1956, 482, auch ein ordnungsgemäß durchgeführter Ortstermin wurde hier nicht für ausreichend erachtet. S. auch OVG Berlin, Urteil vom 5. Oktober 1990 – 2 B 15.88 -, juris, Rn. 32 zur Durchführung mehrerer Lärmmessungen und Hinzuziehung der Stellungnahme des vom Bundesministerium des Innern eingesetzten Arbeitskreises für Lärmwirkungsfragen „Belästigung durch Lärm: Psychische und körperliche Reaktion": „Diesem Arbeitskreis gehören Wissenschaftler aus den Gebieten der Inneren Medizin, der Psychologie, der Soziologie, der Sozialpsychologie und der Technik an. Seine Stellungnahmen sind daher für die Beurteilung von Lärmwirkung von besonderer sachverständiger Bedeutung."

Die Rechtsprechung konstruierte die Figur ursprünglich als Maßstab eines ‚empfindlichen Menschen', veränderte ihn später zu einem Normalitätsmaßstab, um schließlich mit dem ‚verständigen Durchschnittsmenschen' wieder verstärkt Gemeinwohlbelange berücksichtigen zu können. Letzteres zeigt sich insbesondere an Fällen liturgischen Glockenläutens und von Kindern ausgehenden Lärms. Mit der Konkretisierung der Erheblichkeit durch eine Durchschnittsfigur sollen Empfindungen, die auf eine überdurchschnittlich hohe Sensibilität zurückgehen, vom Immissionsschutz ausgeschlossen werden. Auch hier bleibt jedoch das Verhältnis normativer und empirischer Facetten der Maßstabsfigur im Dunkeln. Denn weder soll der Durchschnitt statistisch ermittelt werden, noch ist die Figur rein normativ, denn dann wäre der regelmäßige Rückgriff auf Zeugenaussagen für die Beurteilung der Belastung durch Immissionen unsinnig.

4. Die Rezeption der immissionsschutzrechtlichen Maßstabsfigur in der Literatur

Der Anknüpfungspunkt der Kritik in der Literatur ist hier ein gänzlich anderer als in der Verunstaltungsabwehr. Während die Literatur zum ‚ästhetisch gebildeten Durchschnittsbetrachter', aus dessen Perspektive eine baurechtliche Verunstaltung beurteilt wird, überwiegend eine Versachlichung des Maßstabs angemahnt hat, fordern Stimmen aus der Literatur zum Immissionsschutz,[322] den Maßstab stärker zu individualisieren und statt am ‚Durchschnittsmenschen' am konkret betroffenen und möglicherweise besonders empfindlichen Menschen oder zumindest an bestimmten sensiblen Personengruppen mit den ihnen typischen Dispositionen auszurichten. Ausgangspunkt dieser Kritik ist Art. 2 Abs. 2 Satz 1 GG („Jeder hat das Recht auf Leben und körperliche Unversehrtheit."), der die Typisierung der Menschen mit Hilfe schützenswerter und nicht schützenswerter Empfindlichkeiten nicht in der Rigorosität zulasse, wie sie in der Rechtsprechung derzeit betrieben werde.[323] Allerdings gibt es ebenso Gegenstimmen, die das Konzept der Maßstabsfigur verteidigen.[324]

---

[322] Insbesondere *Monika Böhm*, Der Normmensch; *Reinhard Wulfhorst*, Der Schutz „überdurchschnittlich empfindlicher Rechtsgüter"; *ders.*, Der „Schutz empfindlicher" Personen, NuR 1995, 221 ff.; *Katharina Mohr*, Geruch im Immissionsschutzrecht; weitere Nachweise bei *Daniel Couzinet*, Die Zulässigkeit von Immissionen, S. 142, Fn. 439.

[323] *Reinhard Wulfhorst*, Der Schutz „überdurchschnittlich empfindlicher Rechtsgüter", S. 100 ff.; *ders.*, Der „Schutz empfindlicher" Personen, NuR 1995, 221 (223); *Monika Böhm*, Der Normmensch, S. 103 ff. konzentriert sich auf den Schutzbereich und lässt die Rechtfertigungsmöglichkeiten weitestgehend außer Acht; weitergehender im Rahmen der Rechtfertigung des Eingriffs *Daniel Couzinet*, Die Zulässigkeit von Immissionen, S. 144 ff.

[324] *Gertrude Lübbe-Wolff*, Das Bundesimmissionsschutzgesetz, NVwZ 1986, 178; weitere Nachweise bei *Daniel Couzinet*, Die Zulässigkeit von Immissionen, S. 140, Fn. 430.

Die Kritik in der Literatur richtet sich gegen die Konkretisierung der zumutbaren Immissionen durch die Figur des verständigen Durchschnittsmenschen, weil sie die Antwort auf die Frage, ob eine Immission zumutbar ist, für eine subjektive hält. Mit dem Durchschnittsmaßstab werde das Normale zur Regel erhoben und überempfindliche Menschen würden nicht ausreichend geschützt.[325] Die Berücksichtigung der gruppentypischen Sensibilitäten durch die Rechtsprechung geht den Kritikern des Konzeptes nicht weit genug. Entgegen medizinischer Erkenntnisse qualifiziere eine Allergie zum Beispiel nicht zum Kranken.[326] Die Pauschalität des Maßstabs wird nicht nur im Bezug auf etwaige Überempfindlichkeiten getadelt, sondern auch, weil selbst die individuelle Empfindlichkeit „einer ‚internen Schwankungsbreite' unterliegt."[327] Als Lösung wird eine Prüfung im Einzelfall angeboten, „welche schützenswerte Gruppe an die Stelle des ‚verständigen Durchschnittsmenschen' rücken muss, um der besonderen Empfindlichkeit bestimmter Bevölkerungsgruppen Rechnung tragen zu können."[328] Hier lässt sich eine zum ‚verständigen Durchschnittsmenschen' gegenläufige Schutzperspektive erkennen, die von einer grundsätzlichen Schutzbedürftigkeit von überdurchschnittlich empfindlichen Personen ausgeht und das mangelnde Schutzbedürfnis im Einzelfall für begründungspflichtig hält.[329] Auch unter den Schutzbedürftigen wird sich aber immer das Problem ergeben, dass sich einer findet, der noch schützbedürftiger ist. Selbst ein besonders hoher Schutzstandard wird daher – will er verallgemeinerungsfähige Vorgaben machen – bestimmte Menschen schutzlos stellen.

Auch wird dem ‚verständigen Durchschnittsmenschen' in der Literatur vorgeworfen, er richte sich nicht an den tatsächlichen Bedürfnissen der Menschen aus.[330] Wie sich an den zahlreichen Verfahren gegen den Bau von Windrädern vermuten lässt, steht für den Durchschnitt der Betroffenen im Fall einer Immissionsbeeinträchtigung nicht der Umweltschutz im Vordergrund, sondern der eigene Schutz vor der Lärm-, Licht- und Schattenbelästigung. Das Merkmal der Verständigkeit soll die Figur des Durchschnittsmenschen davon abhalten, den Fokus auf die Wahrung eigener Bedürfnisse zu legen.

---

[325] *Monika Böhm*, Der Normmensch; *Reinhard Wulfhorst*, Der Schutz „überdurchschnittlich empfindlicher Rechtsgüter"; *Katharina Mohr*, Geruch im Immissionsschutzrecht.

[326] *Katharina Mohr*, Geruch im Immissionsschutzrecht, S. 166.

[327] So für den Geruchssinn *Katharina Mohr*, Geruch im Immissionsschutzrecht, S. 166. Dieser Gedanke ist auf andere Immissionen übertragbar.

[328] *Katharina Mohr*, Geruch im Immissionsschutzrecht, S. 179.

[329] *Monika Böhm* nennt das den „Maßstab der ‚Meistbegünstigung'", Der Normmensch, S. 138. S. auch *Reinhard Wulfhorst*, Der Schutz „überdurchschnittlich empfindlicher Rechtsgüter", S. 135 ff.; *ders.*, Der „Schutz empfindlicher" Personen, NuR 1995, 221 (226) hält einen Ausschluss von Schutz nur bei „hochgradig empfindlichen Personen" für zulässig.

[330] *Klaus Vieweg*, Nachbarrecht und Naturschutz, NJW 1993, 2570 (2572).

Schließlich werden in der Literatur auch Zweifel an der Tauglichkeit der Maßstabsfigur als Konkretisierungsinstrument geäußert. Sie vollbringe zwar einen Konkretisierungsschritt für den unbestimmten Rechtsbegriff der Erheblichkeit, erreiche damit aber noch lange nicht den Endpunkt der Konkretisierung.[331] Kritischer noch ist die Auffassung, dass mit dem Maßstab des verständigen Durchschnittsmenschen nichts gewonnen sei, „da weder aus dem Begriff des Durchschnittsmenschen noch aus dem der Verständigkeit weitere Erkenntnisse gewonnen werden können"[332] bzw. dass er eine „reine Fiktion" sei und „angesichts des normativen Ansatzes, der ihm im Ergebnis zugrundeliegt, schlicht überflüssig".[333] Nicht nur überflüssig, sondern schädlich findet *Wulfhorst* den richterlichen Dezisionismus bei der Anwendung der Maßstabsfigur. Die Richterin entscheide, wie es ihr beliebe und sei durch den ‚Durchschnittsmenschen' auch noch von jeder nachvollziehbaren Begründung entbunden.[334]

Auf der anderen Seite finden sich Argumente, warum eine Versachlichung von Sinneseindrücken mit Hilfe der Maßstabsfigur des verständigen Durchschnittsmenschen erforderlich sei. Anders als bei der objektiv feststellbaren Schädigung von Sachen – im Immissionsschutz insbesondere von Pflanzen – sieht *Lübbe-Wolff* gute Gründe dafür, die rechtliche Bedeutung subjektiver menschlicher Empfindung von Belästigung einzuschränken:

„Ausgeschlossen werden damit Sonderfälle, und das rechtfertigt sich unter anderem aus der Subjektivität und der darauf beruhenden weitgehenden Unüberprüfbarkeit des Empfindens, die einen rechtlichen Schutz gegen die bloße Simulation starker Betroffenheit erforderlich macht, wie auch aus einem damit zusammenhängenden Element der Zurechnung: Besondere Empfindlichkeit gegen Belästigungen wird dem Empfindlichen selbst als etwas zugerechnet, das er sich nicht auf Kosten anderer ‚leisten' kann."[335]

Diese Argumente sollen hier näher beleuchtet werden. Zunächst werden die Unüberprüfbarkeit subjektiver menschlicher Empfindungen und die damit einhergehende Simulationsgefahr angeführt. Nicht nur bestehen noch immer große Wissensdefizite, was die Wirkung schädlicher Substanzen auf Mensch und Umwelt angeht;[336] auch ist subjektive Geruchs- und Lärmempfindlichkeit technisch nicht messbar. Nur bestimmte Eigenschaften der Immissionen lassen sich sicher messtechnisch erfassen, nicht aber das Gefühl, das sie hervorrufen. Messbar sind

---

[331] Prägnanter und akzeptierter sei eine Formulierung wie „Zimmerlautstärke" als Maßstab für die Rücksichtnahme, *Klaus Vieweg,* Die Unbestimmtheit des § 906 BGB, Festschrift für Bernhard Großfeld, S. 1261.
[332] *Jan-Hendrik Dietrich/Christian Kahle,* Kindergartenlärm, DVBl. 2007, 18 (24).
[333] *Daniel Couzinet,* Die Zulässigkeit von Immissionen, S. 362.
[334] *Reinhard Wulfhorst,* Der Schutz „überdurchschnittlich empfindlicher Rechtsgüter", S. 61.
[335] *Gertrude Lübbe-Wolff,* Das Bundesimmissionsschutzgesetz, NVwZ 1986, 178 (183).
[336] *Reinhard Wulfhorst,* Der Schutz „überdurchschnittlich empfindlicher Rechtsgüter", S. 21.

also lediglich die chemische Zusammensetzung der einzelnen Stoffe, der Schalldruck, das Licht- und Schattenverhältnis.[337] Sozialwissenschaftliche Methoden wie die Befragung der Betroffenen spielen in Deutschland bislang eine untergeordnete Rolle.[338] Mittels dieser Methoden kann die Simulationsgefahr allerdings ebensowenig ausgeschlossen werden. Darüber hinaus lassen sich Aussagen über die Wirkung von Immissionen schwer generalisieren. Nicht nur ist die subjektive Empfindung von Immissionen kaum messbar, sie ist auch nicht konstant und deshalb umso schwerer zu verallgemeinern. Die Wahrnehmung von Immissionen hängt neben der Art und Intensität der Einwirkung nämlich auch von der persönlichen Konstitution und vom individuellen Erfahrungshintergrund der Betroffenen ab. Dabei kann sich die Immissionstoleranz ein und derselben Person je nach Tageszeit, Stimmung und Immissionsquelle unterscheiden. Diese individuellen und situativen Faktoren und die „subjektive Spannweite der Betroffenen"[339] sind einer standardisierten Beurteilung schwer zugänglich.[340] Und wenn sie verallgemeinert werden (Mütter verhalten sich gegenüber Kinderlärm typischerweise toleranter als Kinderlose,[341] alte Menschen hören und riechen nicht mehr so gut und Frauen gewöhnlich besser als Männer[342]), drohen sie für die Einzelne wieder zur Unterstellung zu werden. Denn es gibt Mütter, die Kinderlärm überhaupt nicht ausstehen können, ebenso wie alte Männer, die einen hervorragenden Geruchssinn haben.[343]

Was also folgt aus der Vielfalt subjektiver Empfindungen? Was aus ihrer Unwägbarkeit? Nicht jede einzelne Empfindung kann rechtlich erheblich sein, dafür gibt es ihrer zu viele, und sie sind – wie eben gezeigt wurde – nur bedingt erfassbar. Die Notwendigkeit zu typisieren erfordert es, eine Entscheidung zu treffen, welche Sonderfälle keinen Schutz genießen sollen. Eine gewisse Variation zum

---

[337] Dazu und zu unterschiedlichen Messmethoden für Gerüche *Katharina Mohr*, Geruch im Immissionsschutzrecht, S. 67 ff., 98 ff;, s. auch *Ernst Kutscheidt*, Geräuschimmissionen, NVwZ 1989, 193 (196).

[338] *Katharina Mohr*, Geruch im Immissionsschutzrecht, S. 100. Es gibt aber zum Beispiel die Empfehlung des Verbandes Deutscher Ingenieure für die Befragung: VDI-Richtlinie 3883 Blatt 1, Wirkung und Bewertung von Gerüchen – Erfassung der Geruchsbelästigung – Fragebogentechnik, https://www.vdi.de/richtlinie/vdi_3883_blatt_1wirkung_und_bewertung_von_ geruechen_erfassung_der_geruchsbelaestigung_fragebogentechnik_/ (zuletzt abgerufen am 10. Juli 2019).

[339] *Gerhard Feldhaus*, Überlegungen zu einer Novellierung der TA Lärm, in: Koch, Schutz vor Lärm, S. 169.

[340] Vgl. *Carl Fickert*, Umgebungslärm-Richtlinie, BauR 2006, 920 (928).

[341] Zu den unterschiedlichen Reaktionen auf Lärm am Beispiel von Kinderlärm *Jan-Hendrik Dietrich/Christian Kahle,* Kindergartenlärm, DVBl. 2007, 18 (21 ff.).

[342] *Katharina Mohr*, Geruch im Immissionsschutzrecht, S. 166.

[343] *Naomi R. Cahn*, Cornell Law Review 77, 1398 (1400) im Hinblick auf den ‚reasonable woman'-Standard: „helping some women may not help others".

Beispiel nach gruppentypischen Besonderheiten (alte Menschen, Kinder), Lärmquellen (Kinder- und Freizeitlärm) und Tageszeiten leistet der Immissionsschutz bereits, und eine Erweiterung ist denkbar, auch wenn diese wiederum ihre Grenzen hätte und den vielfältigen Identitäten der Menschen und ihren unterschiedlichen Lebensbedingungen trotzdem nicht gerecht werden könnte.[344]

Ein weiteres Argument zur Rechtfertigung der Maßstabsfigur ist, dass sie Verantwortlichkeiten in mehrpoligen Beziehungen fair verteilt. Fast jede menschliche und erst recht die meisten wirtschaftlichen Tätigkeiten rufen zwangsläufig Immissionen hervor. Die Figur des verständigen Durchschnittsmenschen verlange letztlich „die Pflicht zu maßvoller Freiheitsausübung und gegenseitiger Rücksichtnahme."[345] Das ist die Grundlage dafür, dass dem Empfindlichen seine Empfindlichkeit zugerechnet wird.[346] Diese Zurechnung wird legitimiert mit dem Gedanken der Rücksichtnahme, nicht aber mit einem Verschulden, denn die körperliche und psychische Disposition ist nicht frei gewählt, auch wenn sie zum Teil das Resultat einer bestimmten Lebensführung sein mag.

Die Kritik der Literatur am mangelnden Schutz sensibler Personengruppen vor sie belastenden Immissionen ist eng an die Maßstabsfigur des verständigen Durchschnittsmenschen geknüpft. Dieser ist es inhärent, dass in der Bevölkerung selten vorkommende körperliche und psychische Konstitutionen unbeachtet bleiben. Die Ansätze in der Literatur, die den „verständigen Durchschnittsmenschen" abschaffen wollen, haben jedoch auch das Problem, ein überzeugendes alternatives Schutzkonzept anzubieten, das nicht ausschließlich an den Bedürfnissen und Interessen der Betroffenen ausgerichtet ist.

5. Der ‚verständige Durchschnittsmensch' zwischen Sensitivität und Gemeinwohl

Der ‚verständige Durchschnittsmensch' im Immissionsschutzrecht ist wie die Figuren in den anderen hier untersuchten Rechtsbereichen ein normatives Konstrukt mit einem ambivalenten Verhältnis zur Empirie. Die Rechtsprechung argumentiert mit Hilfe der Maßstabsfigur empirisch, vermeidet aber zugleich Erhebungen zu der Frage durchzuführen, welche Immissionen der ‚Durchschnittsmensch' als belastend empfindet. Allerdings fließen im Immissionsschutzrecht

---

[344] *Monika Böhm*, Der Normmensch, S. 129.
[345] *Klaus Vieweg/Anne Röthel*, Der verständige Durchschnittsmensch, NJW 1999, 969. So sah es der Bundesgerichtshof zum Beispiel für „Lärm als Begleiterscheinung kindlichen und jugendlichen Freizeitverhaltens", hier seien die Kläger zur Hinnahme von etwas höheren Grenzwerten gezwungen, „als sie generell in reinen Wohngebieten zulässig sind"; BGH, Urteil vom 5. Februar 1993, Z 121, 248 (255 f.).
[346] *Gertrude Lübbe-Wolff*, Das Bundesimmissionsschutzgesetz, NVwZ 1986, 178 (183).

mehr als in den anderen untersuchten Rechtsbereichen immer wieder empirische Erkenntnisse in die Entscheidungen ein. So nehmen Urteile gelegentlich Bezug auf Zeugen, die darüber berichten, wie sie die Immissionen wahrgenommen haben und fast immer auf Sachverständige, die die Umstände der Immissionseinwirkung untersuchen und ihre eigene Einschätzung zu deren Wirkung abgeben. Diese Beweismittel dienen dazu, festzustellen, wie die Immissionen tatsächlich wirken. Insbesondere die Befragung von Zeugen – und nur hier geht es um die empirische Erfassung der subjektiven Wahrnehmung – bleibt jedoch vereinzelt und wird von einigen Richterinnen ganz abgelehnt.

Der Verweis auf den Durchschnitt ist auch dann, wenn man den ‚Durchschnittsmenschen' empirisch konstruiert, eine problematische Argumentationsfigur. Ein qualitatives Mittelmaß ist von der Rechtsprechung nicht gemeint, legt sie doch großen Wert darauf, die Figur gemeinwohlorientiert zu gestalten. Andererseits könnte der Durchschnitt als arithmethisches Mittel verstanden werden; wie aber soll man einen Durchschnitt bilden aus den vielfältigen Erscheinungsformen des Menschlichen? Die wenigsten Eigenschaften lassen sich derart beobachten, dass man daraus ein Mittel bilden könnte (so vielleicht für das Alter und die Größe), andere Eigenschaften (Geschlecht, Beruf, Gesundheit) sind einer solchen Erfassung nicht zugänglich. Und ließe sich der ‚Durchschnittsmensch' tatsächlich empirisch bilden, so wäre er sicher nicht völlig gesund.

Die Bezeichnung ‚Durchschnittsmensch' weist auf ein Konzept von Normalität hin, das von der betroffenen Person abstrahiert und durch das Adjektiv ‚verständig' verfeinert wird. Das Kriterium der Verständigkeit beschreibt die Fähigkeit zur Rücksichtnahme, zur Abstraktion von eigenen Bedürfnissen und zum Hinausdenken über sich selbst. Insofern ist der ‚verständige Durchschnittsmensch' eine Vorbildfigur, wobei ihre Vorbildlichkeit nicht von einem idealisierten Menschenbild herrühren soll. Woher aber kommt dieses Normalitäts-Verständnis, da es nicht das Ergebnis einer empirischen Erhebung ist? Woraus nimmt es seine Anforderungen für den konkreten Fall? Und inwieweit dient das wenig trennscharfe ethische Prädikat der Verständigkeit der Normkonkretisierung? Die Rechtsprechung scheint der Maßstabsfigur ein geteiltes gesellschaftliches Rechtsgefühl dafür zugrunde zu legen oder zu unterstellen, was als eine übliche Reaktion auf Immissionen anerkannt ist. Sie verweist nicht auf die tatsächliche Reaktion auf Immissionen, sondern auf eine soziale Norm. Wie diese im Kontext der Urteilsfindung erfasst und beschrieben werden soll, bleibt jedoch wieder im Unklaren. Die Maßstabsfigur als Identifikationsfigur erfüllt darüber hinaus aber auch eine kommunikativ-pragmatische Funktion. Die Rechtsprechung bezieht sich auf einen fiktiven Menschen aus der Mitte der Gesellschaft, einen vorbildlichen Menschen, der aber so nah an den Betroffenen ist, dass er

II. Die Maßstabsfigur des verständigen Durchschnittsmenschen im Immissionsschutzrecht 241

ihnen ermöglicht, sich in ihn hineinzuversetzen.[347] Damit erweckt sie den Eindruck, sich nicht in abstrakten rechtlichen Erwägungen zu verlieren; sie marginalisiert den Kläger aber nur scheinbar nicht – denn sie tut es sehr wohl, wenn er nicht verständig ist –, sondern erkennt seine Situation und seine Persönlichkeit an. Zugleich benutzt sie – das suggerieren jedenfalls die immer wieder ähnlichen Formulierungen vom ‚verständigen Durchschnittsmenschen' – einen immer gleichen und daher einheitlichen Maßstab. Problematisch ist es jedoch, wenn die Rechtsprechung den ‚Durchschnittsmenschen' einsetzt, um ihre Abwägungsvorgänge zu verschleiern und auf die Figur rekurriert, anstatt ihre Erwägungen und Argumente offenzulegen. Ihren Zweck erfüllt sie dort, wo sie die rechtliche Entscheidung verständlicher und nachvollziehbarer macht.

Trotz seiner Konzeption als abstrakte Figur, bleibt der ‚verständige Durchschnittsmensch' im Immissionsschutzrecht anders als im Recht der Verunstaltungsabwehr verhaftet im Situativen,[348] wird aufgeladen mit Einzelheiten des konkret zu entscheidenden Falles. Dass der Rechtsanwender den Konflikt auf diese Weise personalisiert, liegt einerseits daran, dass es im Immissionsschutzrecht – anders als im Baugestaltungsrecht – um Drittschutzkonstellationen geht; es gibt also einen Bürger, der klagt. Darüber hinaus könnte dies auch auf eine Unfähigkeit hindeuten, für den konkreten Fall allgemeine, die Lebensumstände der Beteiligten und die konkrete Situation übersteigende Maßstäbe zu formulieren.[349] In Abgrenzung zum typisierten Amtswalter wird die Maßstabsfigur aber weder im Immissionsschutzrecht, noch im Recht der Verunstaltungsabwehr innerhalb von Verkehrskreisen gebildet.

Die Bezeichnung als ‚verständiger Durchschnittsmensch' weckt die Assoziation des Normalen im Sinne des Üblichen und Selbstverständlichen. Daraus folgt das Verdikt des Anormalen gegenüber denjenigen, die überdurchschnittlich empfindlich reagieren. Diese Tendenz wird verstärkt durch die relativ statische Handhabung der physischen und psychischen Normalitätsvorstellungen durch die Bildung weniger anerkannter besonders schützenswerter Personengruppen. Wer sich in diesen nicht wiederfindet, genießt keinen Schutz. Das ist nicht als Plädo-

---

[347] Schließlich wird die kommunikativ-pragmatische Funktion der Figur betont. Sie könne als „nützliche ‚Sprachbrücke' zum Bürger" fungieren und als allgemeinverständlicher und anschaulicher Beurteilungsmaßstab „Transparenz und Akzeptanz nachbarrechtlicher Entscheidungen" schaffen, *Klaus Vieweg/Anne Röthel*, Der verständige Durchschnittsmensch, NJW 1999, 969.

[348] So *Jutta Limbach*, Der verständige Rechtsgenosse, S. 32. „Von der allgemeinen richterlichen Urteilsweise unterscheidet sich die seine durch die Situationsverhaftetheit", wobei der Richter sich auch sonst der zu entscheidenden Situation und den Perspektiven der Beteiligten nicht wird entziehen können und wollen. Allerdings verstärkt die Maßstabsfigur die Bedeutung des Situativen.

[349] *Jutta Limbach*, Der verständige Rechtsgenosse, S. 94.

yer für eine kompromisslose Ausrichtung des Maßstabs an der Sensitivität Einzelner zu verstehen, denn diese ist nur auf Kosten der Allgemeinheit und der Emittenten denkbar. Es gilt vielmehr, die Maßstabsfigur von Normalitätsvorstellungen und unausgesprochenen moralischen Annahmen zu befreien.[350] Diese suggerieren, es sei selbst verschuldet, wenn der Betroffene dem Maßstab nicht gerecht werden kann. Daraus bezieht die Typisierung jedenfalls auch – und in solchen Fällen zu Unrecht – ihre Legitimation. Die Figur des verständigen Durchschnittsmenschen im Immissionsschutzrecht droht dann bestehende Außenseiterpositionen zu zementieren. In den Fokus muss ihre Fähigkeit zur Rücksichtnahme rücken. Diese allein kann als fallübergreifende Richtlinie dienen.

---

[350] So zur *reasonable person* im amerikanischen Recht *Mayo Moran*, Rethinking the reasonable person, S. 140.

D. Fazit

Die Figur des Durchschnittsmenschen ist ein mächtiges Konkretisierungsinstrument, weil mit ihr zahlreiche Rechtsfälle auf eine Weise entschieden werden, die keinen Widerspruch duldet: Die Behauptung, der ‚Durchschnittsmensch' habe so empfunden oder gedacht, lässt sich kaum widerlegen. Der Figur wird zugetraut, schwierige Wertungsfragen zu entscheiden, dabei ist sie nie anwesend, immer die Andere, nicht die Richterin, nicht eine der Parteien und – da sie in den Rechtsstreit eingebunden ist – auch kein neutraler Dritter.

Ihrer Macht als Entscheiderin steht ihre Ohnmacht gegenüber: Sie existiert nur, weil die Rechtsprechung sie erschaffen hat, und sie taucht nur dann auf, wenn sie befragt wird. Sie spricht zwar durch die Richterin, kann ihr aber nicht widersprechen. Sie wird in der Verhandlung heraufbeschworen und im Urteil niedergelegt, ist aber darauf angewiesen, dass die Adressaten der Entscheidungen an sie glauben. Sie setzt ein gemeinsames Verständnis dessen voraus, worüber sie entscheidet.

Im Folgenden sollen – die bisherigen Ergebnisse der Untersuchung zusammenfassend (I.) und zugleich über sie hinausweisend – die Funktionen der Figur benannt und systematisiert und ihre außerrechtlichen Implikationen dargelegt (II.) und kritisch beleuchtet werden (III.).

I. Zusammenfassung der Ergebnisse

Die Maßstabsfigur des Durchschnittsmenschen ist nicht nur im Öffentlichen Recht ein bedeutendes Konkretisierungsinstrument, sondern auch dem Straf- und Zivilrecht – in letzterem blickt sie auf eine fast 2000jährige Tradition zurück – sowie anderen europäischen und Commonwealth-Rechtsordnungen – hier beschränkt sich der Blick auf das anglo-amerikanische Recht – vertraut. Sie dient überwiegend der Konkretisierung unbestimmter Rechtsbegriffe; im Zivilrecht ist sie auch selbst Tatbestandsmerkmal.

In allen Rechtsgebieten weist sie die gleichen Strukturmerkmale auf: Zentral für das Verständnis ihrer Anziehungskraft und Wirkungsweise ist ihr Zuschnitt als ein „Doppelwesen" mit normativer und soziologischer Dimension. Sie wird zwar mit Bezug auf die soziale Welt konzipiert, aber nicht im streng empirischen Sinn einer Durchschnittserhebung. Das gilt selbst für die Figur des informierten und aufmerksamen Durchschnittsverbrauchers, die mit Hilfe von Quoten konkretisiert wird und auf einem empirischen Fundament ruhen soll. Der ‚Durchschnittsmensch' unterliegt einer normativen Zweckbestimmung, die sich jedoch nicht bereichsübergreifend bestimmen lässt. Für alle Anwendungsbereiche der Maßstabsfigur gilt aber, dass sie auf etwas Gemeinsames, von den einzelnen Akteuren Losgelöstes und trotzdem nicht gänzlich Objektives verweist. Damit ist zugleich die Vorstellung verbunden, dass dieses Gemeinsame auch Qualität verbürgt. Dass eine solche Typisierung nach Durchschnitts- oder Normalitätsvorstellungen Ungleichbehandlung und Diskriminierung verstärken oder sogar verursachen kann, wurde bislang mit Ausnahme des Immissionsschutzrechts nur im anglo-amerikanischen Recht ernsthaft thematisiert.

Problematisch an diesem „Doppelwesen" ist, dass sowohl sein soziologischer, als auch sein normativer Gehalt im Dunkeln bleiben. Der Bezug auf die Lebenswelt wird fast nie durch empirische Erhebung konkretisiert, sondern bleibt der Intuition und Erfahrungswelt der Richterin überlassen. Auch die normativen Züge der Figur lassen sich rechtsbereichsspezifisch höchstens erahnen und rekonstruieren, sie werden aber bei ihrer Verwendung selten offengelegt. Diese fehlende Klarheit im Hinblick auf die Voraussetzungen der Maßstabsfigur, ihre Vieldeutigkeit, Offenheit und Variabilität lassen Zweifel an ihrer Tauglichkeit als Konkretisierungsinstrument aufkommen. Die Maßstabsfigur gibt eine Tendenz vor, führt den Konkretisierungsprozess aber nicht zu einer nachprüfbaren Entscheidung. Zwar kann die Rechtsprechung mit Hilfe des ‚Durchschnittsmenschen' Betrachtungs- und Empfindungsperspektiven postulieren und zugleich anschaulich machen. Ihre vagen inhaltlichen Vorgaben, die Zweckorientiertheit und richterliche Kontextualisierung führen jedoch dazu, dass mit ihrer Hilfe getroffene Entscheidungen oft nicht vorhersehbar sind und kaum oder dürftig begründet werden. Das Konkretisierungsdefizit wird auch nicht durch die Bildung von Verkehrskreisen, wie sie in allen Rechtsbereichen üblich ist, behoben. Denn auch hier stellt sich die Frage, nach welchen Parametern diese abgegrenzt werden sollen.

Als Maßstabsfigur im Recht kann der Vorläufer des ‚Durchschnittsmenschen', der *(diligens) pater familias* oder *bonus vir* auf eine fast 2000jährige Geschichte zurückblicken, die im deutschen Recht erst mit der Einführung des BGB und einer Entscheidung gegen den Maßstab der Sorgfalt eines ordentlichen Hausvaters im Rahmen der Verschuldensprüfung endet. Als Sorgfaltsmaßstab, der sich auf eine Leitfigur des sozialen Lebens bezog, entsprach er nicht mehr den sich im Laufe des 19. Jahrhunderts wandelnden gesellschaftlichen Verhältnissen und auch nicht mehr der sich damit verändernden Rechtswissenschaft.

I. Zusammenfassung der Ergebnisse 245

Entstanden ist die Figur nicht im Recht, sondern im Bereich der sozialen Normen; ihren Ursprung hat sie als Vorbild eines rechtschaffenden Mannes und Bürgers in ethischen Vorstellungen der Griechen und Römer. Dieser gehörte als Haushaltsvorstand den grundbesitzenden aristrokratischen und ‚bürgerlichen' Klassen an und partizipierte als solcher an der politischen Verwaltung der oligarchisch oder demokratisch regierten städtischen Gemeinwesen. Obwohl die Thematisierung charakterlicher Vorzüge und Mängel in den Gerichtsreden sowohl der Griechen wie der Römer eine bedeutende Rolle als Argument für die Urteilsfindung der Geschworenen spielte, fand der ‚rechtschaffene Mann' als Maßstab nur in Rom Eingang in die Rechtsanwendung. Das an den *boni mores* orientierte Urteil eines *bonus vir* diente bereits in republikanischer Zeit als Richtschnur in Konflikten des sozialen Lebens, bevor es von den Juristen im 1. Jahrhundert v. Chr. als Argument in den Rechtsgutachten verwendet und in der Figur des *diligens pater familias* konkretisiert wurde. Im römischen Schuldrecht fungierte der *diligens pater familias* zunächst bei Ansprüchen aus deliktischer, seit dem 1. Jahrhundert n. Chr. dann auch bei Ansprüchen aus vertraglicher Haftung als Verschuldensmaßstab.

Die Figur hatte im römischen Privatrecht und den nachantiken Rechtstraditionen des Mittelalters und der Frühen Neuzeit eine Zwitterrolle inne als eine Person, die sich durch status- und geschlechtsspezifisch codierte moralische Qualitäten in ihrem Lebenswandel wie Handeln auszeichnete und daher – als einer bestimmten sozialen Klasse zugehörig – zum Maßstab und Vorbild dienen konnte. Einerseits übernahm sie Aufgaben im Rechtsaustrag (zum Beispiel als Schiedsrichter oder Zeuge), andererseits diente sie als Maßstab der Normkonkretisierung, wie sie auch heute noch benutzt wird. Über die wenig trennscharfen ethischen Prädikate hinaus, mit denen der *pater familias* charakterisiert wurde, finden sich kaum präzise Bestimmungen, was seine Maßstäblichkeit bzw. Vorbildlichkeit ausmachte. Das liegt sicher daran, dass die Figur als soziale Norm – anders als heute der Durchschnittsmensch – zu tief in der damaligen Gesellschaft verankert war, um erklärungsbedürftig zu sein.

Die Figur des Durchschnittsmenschen im Öffentlichen Rechts ist deutlich jüngeren Datums und tauchte Ende des 19. Jahrhunderts auf. Auffallend ist, dass die Maßstabsfigur in allen hier untersuchten Rechtsbereichen mit Ausnahme des Immissionsschutzrechts zunächst in der Literatur eingeführt wurde, bevor die Rechtsprechung sie übernahm, obwohl sie als Konkretisierungsinstrument der Rechtsprechung, wenn auch in zivilrechtlicher Ausprägung, schon lange bekannt war. Das Idealbild eines mit subjektiven Rechten ausgestatteten, gemeinwohlorientierten Staatsbürgers und eines bürgerorientierten ‚guten Beamten' als Repräsentant eines Monarchen oder eines Staates, das zum Vorbild und Maßstab dienen konnte, entwickelte sich in neuen politischen Verfassungen und der allmählichen Emanzipation der Bürokratie aus patrimonialen Herrschaftsverhältnissen: Die Maßstabsfigur des Durchschnittsmenschen war erst vor dem Hintergrund der konstitutionellen Monarchien, wie sie sich im Laufe des 19. Jahrhunderts auf dem Kontinent etablierten, oder der Demokratie, in der das Volk der Souverän ist, denkbar. Die Unterscheidung der Figur des besonnenen Amtswalters und des Durchschnittsbürgers ist bis heute für die Maßstabsbildung relevant. Auf Verwaltungsseite dient sie der Relativierung normativer Anforderungen oder – geradezu gegenläufig – der Rationalisierung staatlichen Handelns. Als ‚Durchschnittsbürger' postuliert sie, welche Empfindungen im Recht für maßgeblich erachtet werden.

Die Maßstabsfigur des besonnenen Amtswalters wurde hier in ihren Erscheinungsformen als besonnener Polizist zur Konkretisierung des unbestimmten Rechtsbegriffs der Gefahr im Polizeirecht und als pflichtgetreuer Durchschnittsbeamter zur Normierung von Sorgfaltsstandards für das Staatshaftungsrecht untersucht.

Die Maßstabsfigur des besonnenen Polizisten fand vergleichsweise spät Eingang in die Rechtsprechung zum Gefahrenabwehrrecht, nämlich erst in einer Entscheidung aus dem Jahr 1990. Als Beschreibung eines Wissenshorizonts und zugleich als Prognose- und Handlungsmaßstab fügte sie sich in das damals schon herrschende subjektiv-normative Verständnis des Tatbestandsmerkmals der Gefahr ein. Inhaltlich bietet die Maßstabsfigur letztlich jedoch wenig Orientierung. Sie beschreibt eine Perspektive, die weder mit der der handelnden Polizistin übereinstimmt, noch von deren Möglichkeiten völlig losgelöst und damit objektiv ist.

Das Gefahrurteil ist eine aufgrund von Sachverhaltsfeststellungen (Diagnose) getroffene Prognoseentscheidung. Die Maßstabsfigur wird nicht nur als Perspektive für die Prognoseentscheidung benutzt, die notwendig auf einen bestimmten Wissens- und Erfahrungshorizont bezogen und mit Ungewissheiten über den künftigen Verlauf der Dinge konfrontiert ist. Sie findet ebenso Anwendung bei der dem Wahrscheinlichkeitsurteil zugrundeliegenden Sachverhaltsfeststellung und bei der Störerauswahl, die ebenfalls eine Diagnoseentscheidung ist. Tatsächlich bilden die Diagnoseunsicherheiten die größte Herausforderung des Polizeirechts und den größten Anwendungsbereich des ‚besonnenen Polizisten'. Sie werden durch das situative Entscheiden unter Zeitnot verschärft. Während die Dringlichkeit eine Besonderheit der Gefahrenabwehr ist, sind Unsicherheiten bei der Sachverhaltsfeststellung kein Problem allein des Polizeirechts; administrative Entscheidungen müssen häufig auf unsicherer Informationsbasis getroffen werden.

Die Maßstabsfigur dient dazu, die normativen Anforderungen an die handelnden Polizisten auf das Tunliche zu begrenzen, nicht, um den Erkenntnisgrenzen der Polizistin als Person gerecht zu werden, sondern um eine effektive, nicht übermäßig schwerfällige Behördenoperation zu ermöglichen. Das Verwaltungsverfahren ist sich seiner epistemischen Unsicherheiten und der Defizite gegenüber gerichtlichen Verfahren bewusst. Anstatt das hinzunehmen, wird das Irrtumsrisiko auf die Rechtsunterworfenen verlagert, indem man die Auswirkungen der Feststellungen im gerichtlichen Verfahren auf diejenigen des Verwaltungsverfahrens mit Hilfe der Maßstabsfigur begrenzt. Die Feststellungs- oder Diagnoseunsicherheit, die es überall im Recht gibt und die etwas ganz anderes ist als die von der Literatur immer als Grund und Grenze des Gefahrurteils hervorgehobene Prognoseungewissheit ausgerechnet im Polizeirecht den Rechtsunterworfenen aufzubürden, ist fragwürdig.

Als Denkfigur zwingt die Maßstabsfigur das Gericht zwar, sich mit den unterschiedlichen Horizonten, aus denen über das Vorliegen einer Gefahr geurteilt wird, auseinanderzusetzen. Die Perspektive und Möglichkeiten des Polizisten in der Gefahrsituation und der Richterin bei deren nachträglicher rechtlicher Bewertung unterscheiden sich nämlich einerseits persönlich (wer entscheidet), andererseits aber auch zeitlich (ex ante/ex post) mit entsprechenden Konsequenzen für das zur Verfügung stehende Wissen, das die Grundlage der Entscheidung bildet. Die Maßstabsfigur kann aber die *hindsight bias*, der die Richterin unterliegt, wenn sie über eine Prognoseentscheidung im Nachhinein mit überlegenem Wissen zu urteilen hat, nicht beseitigen. Sie reduziert aber zumindest gegenüber dem objektiven Gefahrbegriff als materiellrechtlichem Bezugspunkt die Anforderungen an die prozessual zu bildende Überzeugung für das Tätigwerden in Gefahrsituationen. Sowohl das Gericht als auch die Polizistin müssen vom Vorliegen einer Gefahr überzeugt sein, um einzuschreiten bzw. die Abwehrmaßnahme für rechtmäßig zu erachten. Diese Überzeugung ist leichter im Hinblick auf einen ‚besonnenen Polizisten' zu bilden, mit dem sich die handelnden Amtswalter identifizieren können, als bezogen auf einen ‚idealen Beobachter'. Allerdings beseitigt die Maßstabsfigur das ‚Überzeugungs-Problem' auch nicht ganz, denn gerade ein ‚besonnener Polizist' weiß um die Beschränkung seines Wissens und zweifelt am eigenen Urteil.

Das Gefahrurteil als Wahrscheinlichkeitsurteil, nicht aber die ihm zugrundeliegende Feststellung des Sachverhalts, ist notwendig an einen bestimmten Wissens- und Erfahrungshorizont gebunden. Nicht erforderlich ist jedoch, dass dieser ausgerechnet derjenige eines ‚besonnenen Polizisten' ist. Als Konkretisierungsinstrument hat die Figur ihre Tücken und ist weniger transparent als es ein vergleichbarer Maßstab in einem objektiven Gefahrbegriff wäre. Sie senkt zudem die normativen Anforderungen an die Sachverhaltsaufklärung und bürdet dem Rechtsunterworfenen das Irrtumsrisiko auf. Aus diesen Gründen scheint eine Perspektive auf das Gefahrurteil vorzugswürdiger, die eine Unterscheidung zwischen den verschiedenen rechtlichen Anforderungen an eine Diagnose und

Prognose berücksichtigt und die durch personalisierende Maßstabsfiguren hervorgerufene Intransparenz reduziert, so zum Beispiel die Formulierung „Tatsachen, die die Annahme rechtfertigen".

Die zweite hier untersuchte Erscheinungsform der Maßstabsfigur auf Verwaltungsseite ist der pflichtgetreue Durchschnittsbeamte im Staatshaftungsrecht, der von der Rechtsprechung als Konkretisierung des Sorgfaltsmaßstabs im Rahmen des Amtshaftungsanspruchs verwendet wird. Historisch betrachtet ist diese Verwendungsweise der Ursprung der Maßstabsfigur, die als *diligens pater familias* schon im römischen Recht das Verschuldensprinzip ausgestaltete. Die persönliche Haftung des Beamten für Amtspflichtverletzungen wird heute auf den Staat übergeleitet.

Damit zeigt sich auch schon das zentrale Spannungsverhältnis des Staatshaftungsrechts, das die Maßstabsfigur des pflichtgetreuen Durchschnittsbeamten auflösen soll: Auf der einen Seite das alte Modell der Beamtenhaftung, kodifiziert in § 839 BGB, auf der anderen Seite die Umleitung dieser Haftung auf den Staat durch Art. 34 GG. Zwischen diesen Polen eines subjektiv-individuellen Verschuldens, das an einen menschlichen Willen gebunden ist, und der Objektivierung der Verhaltensanforderungen zu einem allgemeinen Maßstab für staatliche Einstandspflicht soll die Figur vermitteln.

Sie ist zugleich ein Instrument der Risikoverteilung zwischen Bürger und Staat. Wie der ‚besonnene Polizist' im Recht der Gefahrenabwehr ist der ‚pflichtgetreue Durchschnittsbeamte' eine Figur der Rechtsprechung, die ihren Ursprung in der Literatur hat. Allerdings taucht die Maßstabsfigur hier fast ein ganzes Jahrhundert früher auf zu einer Zeit, als sich das Berufsbeamtentum etablierte und der Amtsträger zunehmend als Sachwalter eines abstrakten Staates verstanden wurde. Als Abstraktion von der handelnden Person integriert sie sich in das Narrativ vom rationalen, austauschbaren und unparteiischen Amtswalter.

In die Rechtsprechung fand sie jedoch auch im Staatshaftungsrecht erst Mitte des 20. Jahrhunderts Eingang. Das Reichsgericht hatte zuvor schon Grundzüge der Sorgfaltsanforderungen an Amtswalter entwickelt, die die Zivilgerichte in der Bundesrepublik übernahmen und durch immer strengere Voraussetzungen ergänzten: Die Rechtsprechung objektivierte den Verschuldensbegriff im Staatshaftungsrecht mit Hilfe der Maßstabsfigur zunehmend. Allerdings zeigen die Entscheidungen, dass diese Entwicklung keine Konsequenz der Maßstabsfigur des ‚pflichtgetreuen Durchschnittsbeamten' ist, sondern das Resultat der Art ihrer Verwendung. Die Figur dient als Sorgfaltsmaßstab, weil die Rechtsprechung im Haftungsrecht generell und auch im Staatshaftungsrecht eine ausdifferenzierte Kasuistik geschaffen hat, nicht weil der ‚pflichtgetreue Durchschnittsbeamte' handhabbare Vorgaben für den einzelnen zu entscheidenden Fall macht.

Paradoxerweise symbolisiert die Maßstabsfigur trotz ihrer Verwendung durch die Rechtsprechung und auch angesichts zunehmender Technisierung und Anonymisierung der Verwaltung ein Bedürfnis der Rückkoppelung von Handlungen und deren Konsequenzen an ein Individuum und dessen Verantwortung. Dabei erweist sich der ‚pflichtgetreue Durchschnittsbeamte' jedoch als ambivalent: Einerseits bedeutet er als Objektivierung eine Entfernung vom handelnden Subjekt, andererseits leistet er diese Objektivierung gerade durch die Erfindung eines neuen Subjekts; eines Subjekts, das als solches natürlich auch einen (gedachten) Willen haben muss. Dabei wird die Doppelnatur aller Maßstabsfiguren deutlich: Sie sind einerseits objektivierte handelnde Subjekte, andererseits subjektivierte objektive Maßstäbe.

Die Figur des Durchschnittsbürgers wird unter anderen Vorzeichen konzipiert. Sie bezieht sich auf den Menschen als empfindendes Wesen. Im Recht der Verunstaltungsabwehr wird ihre ästhetische Empfindung in Bezug auf ein Bauwerk zum Maßstab gemacht, im Immissionsschutzrecht die Zumutbarkeit von Immissionen aus ihrer Sicht beurteilt.

In der Verunstaltungsabwehr entscheidet das Empfinden des ‚für ästhetische Eindrücke offenen Durchschnittsbetrachters' über die ästhetische Wirkung baulicher Anlagen auf ihre Umgebung. Diese – wenn auch sehr zurückgenommene – „staatliche Geschmackskontrolle" ist ein Spezifikum des Baurechts. Das Recht der Verunstaltungsabwehr basiert auf der Annahme, dass es eine für Bauwerke verbindliche Ästhetik gebe, deren Einhaltung durch die Verwaltung und im Gerichtsverfahren kontrolliert werden könne. Auf die Frage, wie dieser Maßstab gebildet werden soll, antwortet die Rechtsprechung mit dem ‚Durchschnittsbetrachter'. Betrachtet man die Entscheidungspraxis, so wird deutlich, wie die Maßstabsfigur mit unterschiedlichen Auffassungen von Ästhetik begründet wird, die von einer konsensorientierten Ästhetik über eine sozial-moralische (das Richtige und Gute), politisch-ethische (z. B. Stadtplanung und Umweltschutz), bis zu einer ‚funktionalen Ästhetik' (Nützlichkeit des Gegenstandes) reichen.

Das Grundproblem der Verunstaltungsabwehr besteht darin, dass ein verbindlicher ästhetischer Maßstab für das Baurecht fehlt. Die daraus resultierende Unsicherheit im Umgang mit dem Verunstaltungsurteil wird in der Rechtsprechung und der Literatur immer wieder sichtbar. Die Figur des Durchschnittsbetrachters ist nicht in der Lage, dieses Problem zu lösen. Sie bietet zwar Anhaltspunkte für eine konsensorientierte bürgerliche Ästhetik in der Verunstaltungsabwehr, aber keinen begründbaren und nachvollziehbaren Maßstab. Das liegt auch an der Konzeption der Figur selbst, die auf einen Durchschnittsgeschmack verweist, der sich weder empirisch noch normativ fassen lässt. Vor allem hat diese Schwierigkeit ihre Ursache aber in der Verunstaltungsabwehr selbst und gibt Anlass zum Nachdenken darüber, ob eine solche staatliche Geschmackskontrolle tatsächlich begründbar ist.

Im Immissionsschutzrecht wird die Zumutbarkeit schädlicher Umwelteinwirkungen aus Sicht eines ‚verständigen Durchschnittsmenschen' beurteilt. Damit ist die Maßstabsfigur zugleich Ermöglichung und Begrenzung von Privatheit im Nachbarschaftsverhältnis. Sie soll die Grenze festlegen, an der sich der Empfindliche seine Empfindlichkeit nicht mehr auf Kosten der Allgemeinheit leisten darf. Die Rechtsprechung beurteilte die Zulässigkeit von Immissionen ursprünglich nach den besonders empfindlichen potentiell betroffenen Personen in der Nachbarschaft, später nach einem Normalitätsmaßstab und schließlich anhand des verständigen Durchschnittsmenschen. Der letzte Schritt wurde gegangen, um gemeinwohlorientierte Erwägungen wie den Umweltschutz in die Abwägung mit einfließen zu lassen.

Während es im Recht der Verunstaltungsabwehr keinen Kläger gibt, vermitteln viele immissionsschutzrechtliche Normen ein subjektives Recht auf Abwehr von Belästigungen und Gefahren. Die Konsequenz daraus ist, dass die Figur nicht als übergreifender Maßstab ganz losgelöst von der Lebenssituation der Person gebildet wird, die gegen die Immissionen vor Gericht vorgehen will, sondern mit bestimmten räumlichen (Villengegend, Gewerbegebiet) und persönlichen (‚geistige Berufstätige', Kinder) Eigenschaften ausgestattet wird.

Die spezifische Herausforderung im Rahmen des Immissionsschutzrechts besteht darin, dass die Auswirkungen von Umwelteinflüssen auf den Menschen nicht ohne weiteres gemessen werden können. Sie an tatsächlichen physischen und psychischen Reaktionen auf Immissionen auszurichten, scheitert deshalb schon an deren Erfassung. Die Unwägbarkeit der durch Immissionen hervorgerufenen Empfindungen und die damit einhergehende Gefahr einer Simulation sprechen gegen einen empirisch definierten Maßstab, ganz unabhängig davon, ob er an einer einzelnen Person anknüpft oder im Sinne eines ‚Durchschnittsmenschen' gebildet werden soll. Andererseits hat ein Durchschnittsmaßstab zur Folge, dass solche Personen schutzlos gestellt werden, die aufgrund besonderer Sensibilitäten oder Krankheiten besonders empfindlich auf Umwelteinflüsse reagieren (ausgenommen sind davon derzeit wohl nur Kinder und alte Menschen). Hier werden in der Literatur mit Recht und in Hinblick auf den verfassungsrechtlichen Schutz der körperlichen Unversehrtheit Schutzlücken identifiziert. Die Maßstabsfigur des Durchschnittsmenschen im Immissionsschutzrecht ist nicht in der Lage, die Notwendigkeit, zu typisieren, und die Notwendigkeit, zu schützen, angemessen in Ausgleich zu bringen.

Vor dem Hintergrund der Forschung zur Maßstabsfigur in anderen Rechtsbereichen und ihrer Genese als *pater familias* wurden in ihren hier untersuchten vier Anwendungsbereichen im Öffentlichen Recht die Motive für ihre Verwendung sowie ihre expliziten und impliziten Funktionen zusammengefasst. Im Folgenden sollen diese Ergebnisse systematisiert und problematisiert werden.

II. Funktionen der Maßstabsfigur

Die Rechtsprechung nutzt die Maßstabsfigur als Konkretisierungsinstrument. Aber ist das ihre einzige Funktion? Und wie bestimmt sie den gedanklichen Inhalt der Figur? Nicht durch die Parteien des Rechtsstreits, nicht empirisch und auch nicht durch Experten, so viel steht fest. Die Untersuchung dieser Figur in den vier Rechtsbereichen des öffentlichen Rechts und der Ausblick auf andere Verwendungen im Recht sowie ihre über 2000 Jahre alte Tradition lassen Zweifel daran aufkommen, dass sie die Aufgabe erfüllt, die die Rechtsprechung ihr zugedacht hat, nämlich ein Maßstab zu sein, der Paramter für die Entscheidung des einzelnen Falles bietet.

Im Laufe der Zeit haben sich in der öffentlich-rechtlichen Rechtsprechung im Zusammenhang mit der Figur viele Leitlinien herausgebildet, so zum Beispiel zur Belästigung durch Kirchengeläut, zur verunstaltenden Wirkung von Werbung oder zum Verschulden bei der falschen Einschätzung von gerichtlich bisher nicht geklärten Rechsfragen. Diese Vorgaben wurden aber lediglich an der Figur des Durchschnittsmenschen entwickelt und nicht aus ihr abgeleitet. Sie bieten die Orientierung nicht, weil sie durch die Maßstabsfigur vorgegeben, sondern weil sie lange geübte Entscheidungspraxis sind. Es gibt also eine Kasuistik in den einzelnen Rechtsbereichen, diese ist aber nicht der Figur zu verdanken.

Auch sonst zeigt die Entscheidungspraxis eine gewisse Beliebigkeit bei der Verwendung der Figur: In der Verunstaltungsabwehr legt sie heute lediglich noch ästhetische Mindeststandards fest, während sie im Nationalsozialismus strenge gestalterische Vorgaben machte. Das kann man damit begründen, dass sie auf sich wandelnde Ästhetikvorstellungen reagiert, bzw. dass im Konsumkapitalismus eine größere ästhetische Toleranz herrscht. Aber auch im Polizei- und Staatshaftungsrecht hat sich gezeigt, dass der ‚Durchschnittsmensch' in den Dienst sogar gegenläufiger Entwicklungen gestellt werden kann: Während der ‚besonnene Polizist' im Kontext der Gefahrabwehr eine subjektiv-normative Perspektive beschreibt und damit zum objektiven Gefahrverständnis abgrenzt, wird mit dem ‚pflichtgetreuen Durchschnittsbeamten' im Haftungsrecht die Objektivierung des Verschuldenserfordernisses vorangetrieben. Auf welche Weise der ‚Durchschnittsmensch' also funktioniert, ob er staats-freundlich oder eher bürger-freundlich verwendet wird, ist letztlich eine Frage der Entwicklung im jeweiligen Rechtsbereich und kaum der Figur selbst.

Die Rechtsprechung konkretisiert die Figur darüber hinaus, indem sie sie in vielen Bereichen an der Figur des Handelnden, Betroffenen oder Klägers ausrichtet. Das passiert über verschiedene Instrumente wie zum Beispiel die Bildung von Verkehrskreisen oder schützenswerter Gruppen oder mit Hilfe des Kriteriums der Ortsüblichkeit. Der ‚Durchschnittsbetrachter' im Recht der Verunstaltungsabwehr unterscheidet sich in diesem Aspekt von den übrigen hier behandelten Maßstabsfiguren insofern, als er keine konkrete Person zum Vorbild hat; er ist quasi eine Maßstabsfigur auf der Meta-Ebene. Im Staatshaftungs- und im Polizeirecht hingegen geht es jeweils um das Handeln oder Unterlassen einer Amtswalterin und damit um eine konkrete Person. Weniger ausgeprägt ist der Bezug auf eine einzelne Person schon im Immissionsschutzrecht, wo zwar einerseits Betroffene gegen Immissionsverursacher klagen können, andererseits Immissionen aber auch losgelöst von einzelnen belasteten Bürgern im Genehmigungsverfahren eine Rolle spielen können. Die Unterschiede schlagen sich in der Konzeption der Maßstabsfigur nieder: Im Recht der Verunstaltungsabwehr wird die Figur losgelöst von örtlichen Besonderheiten oder persönlichen Hintergründen gebildet. Der ‚besonnene Amtswalter' hingegen wird mithilfe von Verkehrskreisen und unter Berücksichtigung der Anforderungen des jeweiligen Amtes konstruiert. Die der Figur zugrundeliegenden Vorstellungen vom durchschnittlichen Amtswalter und durchschnittlichen Bürger unterscheiden sich. Für den Amtswalter ist die Figur Handlungs- und Sorgfaltsmaßstab, für den Bürger Zumutbarkeitsgrenze. Während ersterer zu einem austauschbaren Akteur des Staates rationalisiert wird, dient letzterer dazu, Empfindungen einerseits einen rechtlichen Raum zu geben, sie andererseits aber auch zu begrenzen.

Im Polizeirecht kann die Maßstabsfigur des ‚besonnenen Amtswalters' über bestehende prozessuale Unsicherheiten hinweghelfen, dann nämlich, wenn die Richterin oder der Amtswalter keine hinreichende Überzeugung bezogen auf das Vorliegen einer objektiven Gefahr bilden können. Dabei sind jedoch zwei Mechanismen voneinander zu unterscheiden: Einmal wird die Figur im Sinne des subjektiv-normativen Gefahrbegriffes als Wissenshorizont benutzt. Ein Grund für diese Entwicklung ist, dass im Rahmen eines objektiven Gefahrbegriffes, wie ihn das Preußische Oberverwaltungsgericht zunächst vertrat, nur schwer eine hinreichende Überzeugung über die Wahrscheinlichkeit eines Schadenseintrittes gebildet werden konnte, weshalb die Figur insofern als Prozessvereinfachung dient. Ihretwegen reicht es aus, wenn das Gericht eine hinreichende Überzeugung, bezogen auf den ‚besonnenen Polizisten', bilden kann. Das kann man kritisieren, wenn man einen objektiven Gefahrbegriff für richtig hält, es ist zunächst aber keine problematische Funktion der Maßstabsfigur. Darüber hinaus ermöglicht der Einsatz der Maßstabsfigur, die Entscheidungsperspektiven von handelndem Amtswalter und nachträglich urteilender Richterin zu überbrücken. Das gilt insbesondere für den ‚besonnenen Polizisten', aber auch für den ‚pflichtgetreuen Durchschnittsbeamten'.

Anders verhält es sich jedoch, wenn der Verweis auf den ‚Durchschnittsbeamten' dazu dient, spekulative Entscheidungen auf mangelhafter Tatsachengrundlage zu rechtfertigen. So ist es immer wieder in Fällen des Gefahrverdachtes

II. Funktionen der Maßstabsfigur

geschehen, wenn sich zum Beispiel die Handlungsmotive eines potenziellen Störers nicht ermitteln ließen, im Immissionsschutzrecht, wenn die Konsequenzen der Einwirkung bestimmter Stoffe nicht gemessen werden konnten, oder im Rahmen der Staatshaftung, wenn eine Aufklärung der konkreten Umstände, unter denen ein Richter oder Rechtspfleger eine fehlerhafte Entscheidung getroffen hatte, nicht geleistet wurde. Hier ist die Figur nicht Konsequenz einer Entscheidung über den Maßstab, nach dem die Rechtsfrage zu beurteilen ist, sondern sie ist entweder eine Prozessvereinfachung, weil sie ein Einschreiten auf lückenhafter Tatsachengrundlage ermöglicht, oder gar ein Aufklärungsvermeidungsinstrument.

Darüber hinaus wird die Figur aber auch verwendet, um Unsicherheiten bezogen auf die rechtlichen Maßstäbe selbst zu verarbeiten. So ist im Recht der Verunstaltungsabwehr unklar, auf welche ästhetischen Normen mit ihr Bezug genommen wird und wie diese durchgesetzt werden sollen. Der Verweis auf einen ‚für ästhetische Eindrücke offen Durchschnittsbetrachter' tritt an die Stelle überprüfbarer Vorgaben. Insbesondere dort, wo auf andere als juristische Normen verwiesen wird, scheint eine große Unsicherheit über den Inhalt der Rechtsnorm zu herrschen, die sie durchsetzen soll. Im schlechtesten Fall entlastet die Figur von der Begründung der Entscheidung mit überzeugenden Argumenten. Das ist problematisch, weil die Rechtsprechung nicht offen mit den prozessualen und materiellen Unsicherheiten umgeht, sondern deren Existenz mit Hilfe der Figur zu kaschieren versucht.

Die Figur des Durchschnittsmenschen gibt vor, empirisch gewonnen zu sein, vermeidet aber letztlich Empirie. Sie ist keine Beschreibung empirisch erhobener Phänomene, sondern Vorbild. Warum aber gibt die Rechtsprechung mit der Bezeichnung als ‚Durchschnittsmensch' vor, Menschen zu befragen, macht es aber nicht? Zu keiner Zeit lässt sich in den untersuchten Bereichen der Wille der Gerichte erkennen, den Maßstab empirisch zu begründen oder zu unterfüttern. Allenfalls führen die seltenen Zeugenvernehmungen zur Feststellung der Erheblichkeit der Beeinträchtigungen im Immissionsschutzrecht in die Nähe der Empirie. Das mag auch an der Empiriefeindlichkeit des Rechts liegen, wobei es durchaus Bereiche wie das Markenrecht und das Verbraucherschutzrecht gibt, wo die Figur benutzt wird und empirisch gewonnene Erkenntnisse eine Rolle spielen dürfen. Empirie wäre in den Fällen, in denen der ‚Durchschnittsmensch' benutzt wird, aber gar nicht die Lösung. Im Staatshaftungsrecht ist sie schon durch den Wortlaut der Verschuldensnorm § 276 BGB ausgeschlossen („erforderliche Sorgfalt"), in den anderen Rechtsbereichen ist sie als Abbild eines Mehrheitsverhaltens denkbar, nicht aber als Durchschnittsverhalten, ließe sich ein solches überhaupt zum Maßstab machen. Denn als ‚verständiger oder besonnener Durchschnittsmensch' ist die Figur für sich genommen bereits eine normative Kategorie, weil sie ein Leitbild konstruiert. Der ‚Durchschnittsmensch' ist eine Figur im Grenzbereich rechtlicher, sozialer und anderer Normen, die der Übersetzung prognostischer, ästhetischer, medizinsch-psychologischer in rechtliche Maßstäbe dient. Sie ist ein Schnittstelle im Recht, die der Rechtsprechung die Möglichkeit gibt, auf außerrechtliche Maßstäbe Bezug zu nehmen, wo rechtliche fehlen oder versagen. Die Rechtsprechung gibt also vor, mit der ohnehin problematischen Dichotomie von Recht und Tatsachen dort umzugehen, wo sie auf keinen Fall funktioniert, weil auf außerrechtliche Maßstäbe Bezug genommen wird, die anderen Normen als den juridischen folgen. Die Legitimation einer empirisch ermittelten Figur ergibt sich aus den tatsächlich geteilten Erfahrungen der Befragten, die einer juristisch-normativen Figur aus ihrer Begründbarkeit und Nachvollziehbarkeit. Der ‚Durchschnittsmensch' wird weder ersterem noch letzterem wirklich gerecht. Darin genau liegt der Wert der Figur für die Rechtsprechung: Sie erleichtert die Entscheidung bei prozessualen und materiellen Unsicherheiten auf Kosten nachvollziehbarer Parameter, zugleich profitiert sie vom Anschein einer empirisch begründeten Legitimation. Das ist ihr Reiz und das ist auch ihr Problem.

Historisch betrachtet war der *bonus vir* oder *diligens pater familias* sowohl Maßstabsfigur als auch eine empirische Person, die im Rechtsaustrag hinzugezogen wurde. Insbesondere im Mittelalter wurde ihre Rolle zum Beispiel als Zeuge oder Schiedsrichter von einzelnen als vorbildlich bezeichneten Personen erfüllt. Diese Funktion ist wiederum nicht vergleichbar mit der Jury im angloamerikanischen Recht, bei der es nicht um die Auswahl besonders vorbildlicher Personen geht, sondern um einen zufälligen und deshalb repräsentativen Ausschnitt der Bevölkerung. Juristische Vorbildung ist dabei gerade nicht erwünscht, weil es um einen intuitiven und vorurteilsfreien Zugang zu der Rechtsfrage geht, von dem man sich interessanterweise gerechtere und besser legitimierte Ergebnisse erhofft.

Die Figur des Durchschnittsmenschen hat darüber hinaus eine kommunikativ-pragmatische Funktion und integrative Kraft. Sie eröffnet einen Raum, in dem jede Person ihre Vorstellungen in sie hineinlegen kann, ohne dabei an die engen Grenzen nüchterner juristischer Begriffe zu stoßen.[1] Weil sie Platz für von vielen geteilte Gefühle bietet, ist sie für Parteien im Rechtsstreit anschlussfähig. Sie hat auch eine demokratisierende Funktion, weil sie gerade keine Experten zum Maßstab macht, sondern den ‚normalen Menschen'. Der ‚Durchschnittsmensch' erinnert an das Menschsein im Recht, auch wenn die Figur durch die Verwendung

---

[1] Das Menschenbild „eröffnet eine metaphorisch-assoziative Raum- und Gestaltvorstellung, in der das Menschsein einen Platz findet.", *Christian Bumke*, Menschenbilder des Rechts, in: Jahrbuch des Öffentlichen Rechts, Bd. 57, 125 (129).

von Verkehrskreisen und präzisen Rollenbeschreibungen immer weiter formalisiert wird. Er spricht uns an, weil es so leicht ist, sich selbst im ‚verständigen Durchschnittsmenschen', im ‚rationalen Polizisten' wiederzufinden. Die Rechtsprechung nutzt die Figur als selbstverständliche Referenz auf eine rechtliche Intuition, von der sie annimmt oder zumindest suggeriert, dass sie, wenn nicht von allen, so wenigstens von den den meisten und jedenfalls den Parteien des Rechtsstreits, geteilt wird. Die Maßstabsfigur ist Platzhalter dieses Gefühles und bedarf deshalb auch keiner weiteren Begründung. Sie ist, wie das Urteilen selbst, mit seinem Verfahren und seiner Begründung darauf gerichtet, sich den Parteien anzudienen. So aber ergeht es auch den Richtern, die die Figur vor dem Hintergrund des rechtlichen Regelungsgefüges und mangels anderer handhabbarer Maßstäbe nach ihren persönlichen Erfahrungen bilden.[2] Damit schafft die Figur einen Möglichkeitsraum, der groß erscheint, letztlich aber durch die Willkürlichkeit persönlicher Vorstellungen begrenzt ist. Die unvermeidbare Eigenständigkeit des Richters findet hier besonders viel Raum.

Die Figur ist für die Gerichte außerdem attraktiv als Mittel der Prozessvereinfachung: Denn sie entlastet die Richterinnen von der Bildung einer hinreichenden Überzeugung im Hinblick auf die zur Verfügung stehenden Tatsachen, von einer Aufklärung der Tatsachen, von der Festlegung materieller Maßstäbe, nach denen die Entscheidung getroffen werden soll, und schließlich im schlechtesten Fall auch von einer nachvollziehbaren Begründung der Entscheidung selbst. Zugleich ermöglicht sie den Richterinnen, sich in die handelnden Personen hineinzuversetzen und situative Erkenntnisbeschränkungen zu berücksichtigen.

III. Kritik

Vordergründig ist die Maßstabsfigur des Durchschnittsmenschen lediglich ein Instrument der Normkonkretisierung. Weniger explizit agiert sie aber auf vielfältige andere Weisen sowohl für den Rechtsanwender wie für den von der Rechtsanwendung Betroffenen. Dabei geben die Bedingungen, unter denen die Figur entsteht, Aufschluss über ihre Wirkungsweise. Historisch betrachtet hat sich gezeigt, dass die Figur eines Rechtssubjekts bedarf, an das sie anknüpfen kann, weshalb sie auf Verwaltungsseite auch erst vorstellbar wurde, als der Beamte nicht mehr Fürstendiener und die Beamtenethik auf den Bürger bezogen wurde. Darüber hinaus entstand die Figur im Öffentlichen Recht dort, wo große Unsicherheit über die anzuwendenden Maßstäbe herrscht. Ihre zweite Bedingung

---

[2] *Christian Bumke*, Menschenbilder des Rechts, in: Jahrbuch des Öffentlichen Rechts, Bd. 57, 125 (142).

ist also die Ungewissheit. Diese kann daher rühren, dass das Recht auf andere Normativitäten als die juridische Bezug nimmt (ästhetische in der Verunstaltungsabwehr, medizinisch-psychologische im Immissionsschutz und prognostische im Polizeirecht) sowie aus der notwendigen Unsicherheit über die künftige Entwicklung eines gegenwärtigen Zustands oder Schwierigkeiten bei der Sachverhaltsaufklärung (Polizeirecht, Staatshaftungsrecht) und der Inkommensurabilität von individuellem Verhalten und verallgemeinernden Verhaltensanforderungen (Staatshaftungsrecht, Polizeirecht) bzw. individueller Disposition oder Geschmack und gemeinwohlorientierten Regelungen (Verunstaltungsabwehr, Immissionsschutzrecht).

Die Gründe für die Unsicherheit über die anzuwendenden Maßstäbe sind also unterschiedlich, in allen Fällen greift die Rechtsprechung aber auf die scheinbar pragmatisch-empirieoffene Figur des Durchschnittsmenschen zu deren Bewältigung zurück, die im kasuistisch geprägten anglo-amerikanischen Recht zunächst eher zu Hause zu sein scheint, als in der eher begrifflichen deutschen Rechtswissenschaft. Entgegen ihrer Bezeichnung als ‚Durchschnittsbeamter' oder ‚Durchschnittsmensch' wird sie weder in der Rechtsprechung, noch in der Literatur als empirisch bestimmter Maßstab verstanden. Die Figur ist also kein Verweis auf die Regelhaftigkeit gesellschaftlichen Verhaltens, keine reine Beschreibung empirischer Phänomene.[3] Selbst wenn man sie so konzipieren wollte, ergäben sich Probleme nicht nur bei der Deskription der Regularität, sondern auch im Hinblick auf die Folgen eines so ausgeprägten Konservatismus für die Normativität des Rechts. Problematisch wäre aber ebenso, die Figur lediglich juristisch-normativ zu bilden – idealtypisch gedacht, da das Recht als soziales Phänomen nicht gänzlich losgelöst von sozialen Normen denkbar ist –, dann wäre sie nämlich eine Leerformel, die der richterlichen Eigenständigkeit keine Grenzen mehr setzen würde. Ihr Sinn läge nur noch in der Vermeidung argumentativer Auseinandersetzung und nachvollziehbarer Begründung. Einen Wert hat der ‚Durchschnittsmensch' also nur, wenn er eine Verkörperung sozialer Normen ist, durch ihn sanktionsbewehrte gesellschaftliche Erwartungen und Vorstellungen Eingang in die Normkonkretisierung finden.[4] Die längste Zeit war die Figur Sorgfaltsmaßstab im Privatrecht, wo sie auf soziale Erwartungen Bezug nimmt, die das zwischenmenschliche Zusammenleben regulieren. Als Sorgfaltsmaßstab funktioniert sie deshalb besser als in den neu erschlossenen anderen Rechtsbereichen.

---

[3] Zur Abgrenzung von Regularität und sozialen Normen s. *Christoph Möllers*, Die Möglichkeit der Normen, S. 106 ff.

[4] Zum Zusammenhang von Sanktionen und Normativität *Christoph Möllers*, Möglichkeit der Normen, S. 171 ff.

Auf diese Weise wirkte die Figur nämlich schon im Römischen Recht, wobei sie hier als soziale Norm – anders als heute der ‚Durchschnittsmensch' – so tief in der damaligen Gesellschaft verankert war, dass sie nicht mehr erklärungsbedürftig war. Heute wird der Mensch nicht mehr wie in Rom oder den ständischen Gesellschaften der Vormoderne als Ganzes begriffen „und ihm sein (...) Platz in der Gesellschaft unwiderruflich"[5] zugewiesen, sondern er kann seine Identität in den jeweiligen gesellschaftlichen Teilsystemen selbst konstituieren. Dieser Zuwachs an Freiheit, diese Ausdifferenzierung menschlicher Identitäten machen ein einheitliches gemeinsames Leitbild schwierig.[6] Der ‚Durchschnittsmensch' ist erklärungsbedürftig geworden und funktioniert gerade deshalb nicht mehr so gut wie einst als Maßstab. Die Eingrenzung der Figur auf Verkehrskreise kann dieses Problem nur mildern, nicht aber beheben. Denn zum einen bleibt die Bildung der Kreise oft willkürlich, zum anderen büßt das Leitbild eben auch an Leitbildhaftigkeit ein, wenn es zu sehr ausdifferenziert wird.

Der Bezugspunkt der Maßstabsfigur hat sich auch in anderer Hinsicht verändert: Der Durchschnitt bezieht sich heute auf eine größere Gruppe von Menschen als in der Vergangenheit und ist damit im historischen Vergleich weniger elitär. Die Maßstabsfigur wird nicht mehr nur noch auf eine männliche Person mit herausgehobenem gesellschaftlichen Status oder auf einen ‚arischen Volksgenossen' bezogen gebildet. Niemand wird heute mehr von der Allgemeinheit, aus der der Durchschnitt gebildet wird, von vorneherein explizit ausgeschlossen. Die größtmögliche quantitative Berücksichtigung führt aber auch zu dem Problem, dass der Figur die Leitbildhaftigkeit abhanden kommt. Dem wird mit neuen qualitativen Eingrenzungen und ethischen Prädikaten, zum Beispiel dem Merkmal der Verständigkeit oder Besonnenheit zu begegnen versucht. Deren Gehalt bleibt jedoch im Dunkeln. Der Verweis auf soziale Normen durch die Maßstabsfigur ist vage, teils weil diese nicht ohne weiteres identifizierbar und beschreibbar sind oder ihre Bedeutung im Unklaren bleibt, teils weil nicht ersichtlich ist, auf welche Normen die Maßstabsfiguren verweisen, um sie rechtlich durchsetzbar zu machen.

Diese Uneindeutigkeit der Maßstabsfigur birgt Potential und Gefahr zugleich. Es ist einleuchtend, dass die Konkretisierung der Norm nicht allein aus ihr selbst geleistet werden kann. Der Verweis auf einen ‚Durchschnittsmenschen' öffnet insofern einen Raum außerhalb des Gesetzestextes. Der Durchschnitt wird dabei nicht streng mathematisch oder soziologisch gebildet im Sinne eines Querschnitts oder eines aus mehreren vergleichbaren Größen errechneten Mittelwerts in Bezug auf Quantität oder Qualität, er ist auch nicht mit der Mehrheit gleichzu-

---

[5] *Marietta Auer*, Der privatrechtliche Diskurs der Moderne, S. 13.
[6] *Marietta Auer*, Der privatrechtliche Diskurs der Moderne, S. 14.

setzen, sondern ist eine politisch, gesellschaftlich, historisch und im schlechtesten Falle auch ideologisch aufgeladene Vorstellung von Repräsentativität. Es ist also ein sich verändernder Durchschnitt, wie sich an den ästhetischen Vorstellungen des Nationalsozialismus und der funktionalen Ästhetik des 21. Jahrhunderts (Windräder, Handymasten) ebenso zeigt wie am Immissionsschutzrecht der frühen Bundesrepublik, das eine kriegsgebeutelte Bevölkerung vor belastenden Umwelteinwirkungen schützte. Damit ist der Maßstab letztlich so gut oder schlecht wie die Vorstellungen, denen er zur Geltung verhilft. Diese Offenheit birgt das Potenzial, den Konservatismus der Rechtsordnung dort aufzubrechen, wo juristische Normen sozialen hinterherhängen – wie es zum Beispiel aus Sicht einer gesellschaftlichen Mehrheit bei den Verboten von Schwangerschaftsabbruch und Homosexualität wünschenswert gewesen wäre – , geht man davon aus, dass die Judikative weniger schwerfällig in der Anpassung an gesellschaftliche Entwicklungen ist als die Legislative. Zeugen einer solchen Verwendung der Figur finden sich in der Rechtsprechung bisher aber nicht.

Der Konservatismus der Rechtsordnung hat in vielen Fällen aber auch eine ordnungsstiftende und disziplinierende Funktion, das Recht gegen ideologische Einflüsse abzusichern. Das zeigt sich nicht nur in Zeiten von Unrechtsregimen. Die Rechtsprechung hat in so manchen Fällen mit Hilfe der Maßstabsfigur die rechtliche Argumentation durch moralische Vorstellungen ersetzt, wie es am beeindruckendsten das Oberverwaltungsgericht Münster mit seiner ‚richtigen', auf *Häberlin* fundierenden Ästhetik vorgeführt hat. Der ‚Durchschnittsmensch' ist wegen seiner mangelnden inhaltlichen Bestimmtheit sowie seiner Konzeption als objektive und verständige Zusammenfassung sozialer Normen eine moralnahe Figur. Denn wo klare inhaltliche Parameter, abgesehen von einem Verweis auf gesellschaftliche Erwartungen, fehlen, erlangen sittlich-ethische Grundsätze und die richterliche Intuition eine größere Bedeutung. Nicht ohne Grund konzipierte *Dworkin* – wenn auch nicht ohne Ironie – als Vertreter einer moralphilosophischen Rechtstheorie den Super-Richter Hercules, der schwierige Abwägungsentscheidungen mit werterkennendem Blick treffen kann: „I have invented, for this purpose, a lawyer of superhuman skill, learning, patience and acumen, whom I shall call Hercules."[7] Die wiederholte Moralisierung und Politisierung der Figur bringt ihre Grenzen zum Verschwimmen und immunisiert sie auf diese Weise gegen Überprüfung und Kritik.

Die Figur des Durchschnittsmenschen ist ein Maßstab der Normkonkretisierung und damit notwendig eine Vereinfachung und radikale Verkürzung, die

---

[7] *Ronald Dworkin*, Taking Rights Seriously, S. 105; *ders.*, Law's Empire, Camebridge, S. 239 ff., allerdings als moralischer Realist im Hinblick auf das ehrgeizige Ziel mit Hilfe von Prinzipien zu einer objektiv richtigen Lösung dieser Fälle zu gelangen.

III. Kritik

nicht jede Varianz menschlichen Verhaltens und menschlicher Eigenschaften berücksichtigen kann. Sie verdrängt die Normalität gegensätzlicher Ansichten und unterschiedlicher Identitäten. Zugleich ist sie kein archimedischer Punkt, von den Beteiligten des Rechtsstreits gänzlich dissoziiert, von dem aus der konkrete Rechtsfall entschieden werden könnte. Sie ist diesem ebenso verhaftet, wie sie unter dem Einfluss von Vorstellungen der Normanwenderin und Normadressaten steht. Wenn das Übliche zum Vorbildlichen verfeinert und zu einer Maßstabsperson erhoben wird, stellt sich aber die Frage, welchen Einfluss unsere Vorstellungen von Durchschnittlichkeit und Normalität auf diesen Maßstab haben und welche Konsequenzen das für diejenigen hat, die deviant sind. Im französischen Recht wurde der *père de famille* durch den Begriff *raisonnable* ersetzt, im anglo-amerikanischen Recht der *reasonable man* durch die *reasonable person* oder *reasonable woman*. Anders als im deutschen Recht waren diese Figuren zuvor geschlechtsspezifisch codiert. Aber auch scheinbar neutrale Bezeichnungen wie ‚Durchschnittsmensch' oder die Verwendung des generischen Maskulinums beim ‚besonnenen Polizisten', ‚pflichtgetreuen Durchschnittsbeamten' und ‚für ästhetische Eindrücke offenen Betrachter' erlauben die Frage, inwiefern sie stereotypen Urteilen zur Geltung verhelfen. Auch wenn man die Bezeichnung als Durchschnittsfigur der immerhin drei der vier hier untersuchten Rechtsbereiche (mit Ausnahme des ‚besonnenen Polizisten') nicht wörtlich nehmen muss, so verweist sie doch auf übliche Verhaltensmuster, also darauf, wie der Mensch normalerweise oder mehrheitlich empfindet und handelt. In der Forschung zum Menschenbild im Recht[8] und im anglo-amerikanischen Recht zur *reasonable person* sowie in den hier betrachteten Entscheidungen zeigt sich, dass die zugrundeliegende Vorstellung oft eine stereotype männliche, weiße, also wie schon zu Zeiten Roms geschlechtsspezifisch und bezogen auf andere biologische Merkmale codierte Person ist. Im anglo-amerikanischen Recht zeigen sich die Folgen einer solchen Figur besonders eklatant, weil sie zur Konkretisierung des Begriffs der sexuellen Belästigung verwendet wird. Aber auch im Deliktsrecht wurden geschlechtsspezifisch codierte Vorstellungen typischen Verhaltens bei Jungen und Mädchen mit Auswirkungen auf die Sorgfaltsanforderungen offenbar. Dabei handelt es sich um ein Problem, das bei jeder Form der Normkonkretisierung notwendig auftaucht, im Zusammenhang mit der Typisierung zu einer Person aber besonders virulent wird, weil sie zur Visualisierung einer Person aufruft und eine individualisierende Tendenz hat. Das ist sozusagen die Kehrseite ihrer kommunikativ-pragmatischen Funktion. Im Immissionsschutzrecht wird das im Hinblick auf Normalitätsvorstellungen vom gesunden, robusten

---

[8] *Christian Bumke*, Menschenbilder des Rechts, in: Jahrbuch des Öffentlichen Rechts, Bd. 57, 125 (146 ff.).

Menschen deutlich, die Sensitivitäten als Abweichungen versteht. Das hat drastische Konsequenzen für Menschen, die empfindlich auf Umwelteinwirkungen reagieren. Zugleich zeigt sich hier das Dilemma, einen Maßstab nicht an den einzelnen Menschen ausrichten zu können.

Wie reagiert man aber auf diese Gefahr der Stereotypisierung durch die Maßstabsfigur? Man kann ihre Beschreibung variieren: Es muss nicht immer der ‚besonnene Polizist' sein, auch die ‚besonnene Polizistin' und die ‚für ästhetische Eindrücke offene Betrachterin' dienen zum Maßstab. Die Varianz in der Beschreibung erlaubt die Auseinandersetzungen mit den eigenen Vorurteilen: Verändert sich dadurch unsere Vorstellung davon, wie risikoavers die Person denkt und ob sie eher dazu tendiert, verschnörkelte Bauelemente für schön zu befinden? Es ist die Aufgabe des Gerichts, sich mit seinen Vorstellungen und Prämissen auseinanderzusetzen und sie bei Anwendung der Figur zu reflektieren. Das kann es erreichen, indem es sie explizit werden lässt, im Urteil niederschreibt, so für eine kritische Auseinandersetzung zugänglich macht und sich zur Selbstreflexion zwingt. Schließlich – und das gilt losgelöst von der Maßstabsfigur – kommt es eben auch maßgeblich darauf an, wer den ‚Durchschnittsmenschen' als Konkretisierungsmaßstab verwendet.

Das sind Möglichkeiten, wie man die Maßstabsfigur als Instrument der Normkonkretisierung anders verwenden kann. Da sie im Hinblick auf ihre Unbestimmtheit, ihre Moralnähe sowie ihre Eigenschaft als Katalysator von Vorurteilen und Normalitätsvorstellungen durchaus grundlegende Kritik verdient, stellt sich aber auch die Frage, ob und wie sie ohne Verlust durch ein inhaltliches Prinzip ersetzt werden könnte. Alle vier Rechtsbereiche kamen zunächst ohne die Figur aus; statt ihrer verwendete die Rechtsprechung Begriffe wie „verständige Würdigung" oder verzichtete ganz auf eine explizite Bennenung einer Perspektive zur Konkretisierung der unbestimmten Rechtsbegriffe. So wird es auch heute noch in anderen Bereichen wie zum Beispiel der gewerberechtlichen Zuverlässigkeit gehandhabt. Das scheint nicht immer eine befriedigende Lösung zu sein, da die Probleme nur verschoben werden, ohne dass dies zu mehr Rechtssicherheit zu führt, wenn man doch fragen muss, wessen verständige Würdigung maßgeblich sein soll. Zudem stellt sich die Frage, ob nicht auch in den Fällen, in denen nicht ausdrücklich auf die Figur verwiesen wird, ein vergleichbarer Horizont zur Hilfe genommen wird.

Die Maßstabsfigur bleibt ein hybrides Wesen, dem Recht schon lange vertraut, und doch in ihren Vorgaben nur schemenhaft. Sie ist eine veranschaulichende Konkretisierungshilfe und erleichtert den Umgang mit schwierigen Auslegungsfragen, zugleich fördert sie Stereotypisierung, verdeckte Politisierung und Moralisierung. Ihre größte Gefahr liegt in ihrer unreflektierten Verwendung.

Literaturverzeichnis

Albrecht, Andreas, Die „hypothetische Einwilligung" im Strafrecht, Berlin 2010.
Alexy, Robert, Theorie der juristischen Argumentation – Die Theorie des rationalen Diskurses als Theorie der juristischen Begründung, 2. Aufl., Frankfurt am Main 1991.
Allison, Henry E., Kant's Theory of Taste – A Reading of The Critique of Aesthetic Judgment, Cambridge 2001.
Aristoteles, Politik, übersetzt von Olof Gigon, 2. Aufl., Zürich und Stuttgart 1971.
ders., Nikomachische Ethik, übersetzt von Olof Gigon, Zürich und München 1967.
ders., Eudemische Ethik, übersetzt von Paul Gohlke, Paderborn 1954.
von Arnauld, Andreas, § 167, Der Begriff der Kunst, in Josef Isensee/Paul Kirchhof (Hrsg.), Handbuch des Staatsrechts, Bd. 7, 3. Aufl., Heidelberg 2009, S. 1114–1130.
Asch, Ronald G., Enzyklopädie der Neuzeit Online, basierend auf der gedruckten Ausgabe der Enzyklopädie der Neuzeit, Stuttgart 2005–2012, „Beamter".
Auer, Marietta, Der privatrechtliche Diskurs der Moderne, Tübingen 2014.
Baer, Susanne, ‚Der Bürger' im Verwaltungsrecht. Subjektkonstruktion durch Leitbilder vom Staat, Tübingen 2006.
dies., Schlüsselbegriffe, Typen und Leitbilder als Erkenntnismittel und ihr Verhältnis zur Rechtsdogmatik, in: Eberhard Schmidt-Aßmann/Wolfgang Hoffmann-Riem, (Hrsg.), Methoden der Verwaltungsrechtswissenschaft, Baden-Baden 2004, S. 223–251.
dies., Ist Ruhe erste Bürgerpflicht?, oder: Zur Konstruktion des Bürgers durch Verfassungsrecht., KritV 82 (1999), S. 5–26.
Barnert, Elena, Der eingebildete Dritte – Eine Argumentationsfigur im Zivilrecht, Tübingen 2008.
Bartlsperger, Richard, Die Folgen von Staatsunrecht als Gegenstand der Gesetzgebung, NJW 1968, S. 1697–1705.
Battis, Ulrich, Öffentliches Baurecht und Bauordnungsrecht, 6. neu bearbeitete Aufl., Stuttgart 2014.
Bender, Bernd, Staatshaftungsrecht–Schadensersatz-, Entschädigungs- und Folgenbeseitigungspflichten aus hoheitlichem Unrecht, 2. Aufl., Karlsruhe 1974.
Binding, Karl, Die Normen und ihre Übertretung – Eine Untersuchung über die rechtmäßige Handlung und die Arten des Delikts, 4. Bd. Die Fahrlässigkeit, Leipzig 1919.
Blackstone, William, Commentaries on the Laws of England, https://oll.libertyfund.org/titles/blackstone-commentaries-on-the-laws-of-england-in-four-books-vol-1. (zuletzt abgerufen am 24.02.2020), 1. Aufl., Oxford 1765.
Bleicken, Jochen, Die athenische Demokratie, 2. erw. Aufl., Paderborn u. a. 1994.
Blösel, Wolfgang, Die Geschichte des Begriffs *mos maiorum* von den Anfängen bis zu Cicero, in: Bernhard Linke/Michael Stemmler (Hrsg.), Mos maiorum. Untersuchungen zu den Formen der Identitätsstiftung und Stabilisierung in der römischen Republik, Stuttgart 2000, S. 25–97.

Böckenförde, Ernst-Wolfgang, Das Bild vom Menschen in der Perspektive der heutigen Rechtsordnung (1985), in: ders., Recht, Staat, Freiheit. Studien zur Rechtsphilosophie, Staatstheorie und Verfassungsgeschichte, Frankfurt am Main 1991, S. 58–66.

Böhm, Monika, Der Normmensch – Materielle und prozedurale Aspekte des Schutzes der menschlichen Gesundheit vor Umweltschadstoffen, Tübingen 1996.

Boldt, Hans/Stolleis, Michael, Die Geschichte der Polizei in Deutschland, in: Erhard Denninger/ Frederik Rachor (Hrsg.), Handbuch des Polizeirechts – Gefahrenabwehr, Strafverfolgung, Rechtsschutz, 5. Aufl., München 2012.

Börgers, Niclas, Studien zum Gefahrurteil im Strafrecht – Ein Abschied vom objektiven Dritten, Berlin 2008.

Bourdieu, Pierre, Die feinen Unterschiede – Kritik der gesellschaftlichen Urteilskraft, übersetzt von Bernd Schwibs und Achim Russer, 24. Aufl., Frankfurt am Main 2014.

Brandner, Thilo, Gefahrenerkennbarkeit und polizeirechtliche Verhaltensverantwortlichkeit – Zur Störerverantwortlichkeit insbesondere bei Altlasten, Berlin 1990.

Brandt, Edmund/Smeddinck, Ulrich, Der Gefahrenbegriff im Polizeirecht, Jura 1994, S. 225–232.

Breuer, Marten, Staatshaftung für judikatives Unrecht – Eine Untersuchung zum deutschen Recht, zum Europa- und Völkerrecht, Tübingen 2011.

Breuer, Rüdiger, Umweltschutz und Gefahrenabwehr bei Anscheins- und Verdachtslagen, in: Peter Selmer/Ingo von Münch (Hrsg.), Gedächtnisschrift für Wolfgang Martens, Berlin 1987, S. 317–350.

Brödermann, Eckart, EuGH – Staatshaftung bei Verletzung europäischen Gemeinschaftsrechts (Brasserie du Pecheur), MDR 1996, S. 342–347.

Büge, Max/Zinkahn, Willi, Der Rechtsschutz gegen Verunstaltung: Ein Wegweiser durch das Recht der Baugestaltung und Außenwerbung, Düsseldorf 1952.

Bumke, Christian, Menschenbilder des Rechts, in: Peter Häberle (Hrsg.), Jahrbuch des Öffentlichen Rechts der Gegenwart, Band 57, Tübingen 2009, S. 125–148.

ders., Relative Rechtswidrigkeit – Systembildung und Binnendifferenzierungen im Öffentlichen Recht, Tübingen 2004.

Bundesministerium der Justiz (Hrsg.), Reform des Staatshaftungsrechts, Referentenentwurf zur Änderung und Ergänzung schadensrechtlicher Vorschriften, 1967.

dass., Gemeinsame Arbeitsgruppe des Bundes und der Länder zur Neuregelung der Staatshaftung, Bericht, Modelle, Materialien, 1987.

Cahn, Naomi R., The Looseness of Legal Language: The Reasonable Woman Standard in Theory and in Practice, Cornell Law Review 77, S. 1398–1446.

Carl, Horst/Schmidt, Patrick/Synek, Eva/Troßbach, Werner/Walter, Peter, Enzyklopädie der Neuzeit Online, basierend auf der gedruckten Ausgabe der Enzyklopädie der Neuzeit, Stuttgart 2005–2012, „Amt".

Castaldo, Andrea R., Offene und verschleierte Individualisierung im Rahmen des Fahrlässigkeitsdelikts, GA 1993, S. 495–510.

Cato, De agri cultura – Vom Landbau, lateinisch – deutsch von Otto Schönberger, Düsseldorf und Zürich 2000.

Christoph, Karl-Heinz, Die Staatshaftung im beigetretenen Gebiet, NVwZ 1991, S. 536–541.

Cicero, De finibus mororum et bonorum – Über das höchste Gut und größte Übel, lateinisch – deutsch von Harald Merklin, Stuttgart 1989.

ders., De officiis – Vom rechten Handeln, lateinisch – deutsch von Karl Büchner, Zürich und Stuttgart 1964.

Classen, Dieter, Gefahrerforschung und Polizeirecht, JA 1995, S. 608–614.

Coing, Helmut, Zum Einfluß der Philosophie des Aristoteles auf die Entwicklung des römischen Rechts, in: Savigny-Zeitschrift für Rechtsgeschichte, Rom. Abt. 69, 1952, S. 24–59.
Columella, De re rustica – Landwirtschaft, lateinisch – deutsch von Will Richter, Bd. 1, München 1981.
Corpus Iuris Civilis, Bd. 1: Institutiones – Digesta, hrsg. v. Paul Krüger/Theodor Mommsen, Berlin 1899.
ders., Institutionen, in: Okko Behrends/Rolf Knütel/Berthold Kupisch/Hans Hermann Seiler (Hrsg.), Corpus Iuris Civilis – Text und Übersetzung, Band I (Institutionen), Heidelberg 1993.
ders., Digesten, in: Okko Behrends/Rolf Knütel/Berthold Kupisch/Hans Hermann Seiler (Hrsg.), Corpus Iuris Civilis – Text und Übersetzung, Band II (Digesten 1–10), Heidelberg 1995; Band III (Digesten 11–20), Heidelberg 1999; Band IV (Digesten 21–27), Heidelberg 2005; Band V (Digesten 28–34), Heidelberg 2012.
Couzinet, Daniel, Die Zulässigkeit von Immissionen im anlagenbezogenen Immissionsschutzrecht, Berlin 2007.
Craword, Donald W., Kant, in: Berys Gaut/Dominic McIver Lopes (Hrsg.), The Routledge Companian to Aesthetics, Third Edition, New York 2013, S. 46–55.
Dagtoglou, Prodromos, Zur Reform des Staatshaftungsrechts, VerwArch 65 (1974), S. 345–359.
Darnstädt, Thomas, Gefahrenabwehr und Gefahrenvorsorge. Eine Untersuchung über Struktur und Bedeutung der Prognose-Tatbestände im Recht der öffentlichen Sicherheit und Ordnung, Frankfurt am Main 1983.
Daube, David, Roman Law. Linguistic, Social and Philosophical Aspects, Edinburgh 1969.
Davy, Benjamin, Gefahrenabwehr im Anlagenrecht, Wien/New York 1990.
Dawin, Michael, § 108 VwGO, in: Friedrich Schoch/Jens-Peter Schneider/Wolfgang Bier (Hrsg.), Verwaltungsgerichtsordnung Loseblatt-Kommentar, 28. Ergänzungslieferung, München 2015.
Delius, Hans, Die Beamtenhaftpflichtgesetze des Reiches und der Länder – Zusammengestellt und erläutert, 4. Aufl., Berlin und Leipzig 1929.
ders., Die Beamtenhaftpflichtgesetze des Reiches und der Länder – Zusammengestellt und erläutert, 3. Aufl., Berlin und Leipzig 1921.
ders., Die Haftpflicht der Beamten. Nach Reichsrecht und dem Recht der deutschen Bundesstaaten unter Berücksichtigung der Haftpflicht des Staates (Gemeindeverbandes u.s.w.), Berlin 1901.
Denninger, Ehrhard, Polizeiaufgaben, in: ders./Frederik Rachor (Hrsg.), Handbuch des Polizeirechts – Gefahrenabwehr, Strafverfolgung, Rechtsschutz, 5. Aufl., München 2012.
Depenheuer, Otto, § 36, Das öffentliche Amt, in: Josef Isensee/Paul Kirchhof (Hrsg.), Handbuch des Staatsrechts, Bd. 3, 3. Aufl., Heidelberg 2005, S. 87–130.
ders., Art. 87a GG, in: Theodor Maunz/Günter Dürig, Grundgesetz Loseblatt-Kommentar, 73. Ergänzungslieferung, München 2014.
Deutsch, Volker, Der Einfluss des europäischen Rechts auf den Irreführungstatbestand des § 3 UWG, GRUR 1996, S. 541–547.
Di Fabio, Udo, Vorläufiger Verwaltungsakt bei ungewissem Sachverhalt, DÖV 1991, S. 629–637.
Dieckmann, Werner, Schutz vor Verunstaltung, BBauBl. 1956, S. 70–72.
Dietrich, Jan-Hendrik/Kahle, Christian, Immissionsschutzrechtliche Beurteilung von Kindergartenlärm und Lärm von Kinderspielplätzen, DVBl. 2007, S. 18–28.
Dietzel, Gottfried, Zur Neuordnung des Amtshaftungsrechts, JZ 1969, S. 48–54.
Dilcher, Gerhard, Handwörterbuch der deutschen Rechtsgeschichte, Bd. 1, Berlin 1971.
Dirnberger, Franz, Art. 8 BayBO, in: Alfons Simon/Jürgen Busse/Stefan Kraus (Hrsg.), Bayerische Bauordnung, Kommentar, Loseblatt, 123. Ergänzungslieferung, München 2016.
Dover, Kenneth J., Greek Popular Morality in the Time of Plato and Aristotle, Oxford 1974.

Drakon, in: Historische Griechische Inschriften in Übersetzung, Bd. 1, hrsg. v. Kai Brodersen u. a., Darmstadt 1992, Nr. 145 (= Inscriptiones Graecae I³ 104).

Dreher, Meinhard, Der Verbraucher – Das Phantom in den opera des europäischen und deutschen Rechts?, JZ 1997, S. 167–178.

Dürig, Günter, Grundfragen des öffentlich-rechtlichen Entschädigungssystems, JZ 1955, S. 521–525.

Dürig, Julia, Beweismaß und Beweislast im Asylrecht, München 1990.

Duttge, Gunnar, § 15 StGB, in: Wolfgang Joecks/Klaus Miebach (Hrsg.), Münchener Kommentar zum StGB, 3. Aufl. München 2017.

Dworkin, Ronald, Taking Rights Seriously, London 1977.

ders., Law's Empire, Cambridge 1986.

Eckert, Jörn, Der „objektive Beobachter" in der Rechtsprechung des Bundesgerichtshofs in Zivilsachen, Kiel 1982.

Eifert, Martin, Umweltschutzrecht, in: Friedrich Schoch (Hrsg.), Besonderes Verwaltungsrecht, 5. Kapitel, 15. Aufl., Berlin 2013, S. 551–662.

Emmerich, Volker, Unlauterer Wettbewerb – Ein Studienbuch, 9. Aufl., München 2012.

Engelhardt, Hanns, Die neueste Entwicklung der Rechtsprechung zum Staatshaftungsrecht, NVwZ 1985, S. 621–628.

Engelmann, Gerhard, Der baurechtliche Verunstaltungsbegriff bei den Anlagen der Außenwerbung, Erlangen-Nürnberg 1986.

Engisch, Karl, Logische Studien zur Gesetzesanwendung, 2. Aufl., Heidelberg 1960.

ders., Die Idee der Konkretisierung in Recht und Rechtswissenschaft unserer Zeit, Heidelberg 1953.

Engler, Karen, Der öffentlich-rechtliche Immissionsabwehranspruch, Berlin 1995.

Erb, Volker, § 32 StGB, in: Wolfgang Joecks/Klaus Miebach (Hrsg.), Münchener Kommentar zum StGB, 3. Aufl. München 2017.

Ernst, Christian, Die Verwaltungserklärung. Die Gesetzgebungskompetenz für die Sozialversicherung (Art. 74 Abs. 1 Nr. 12 GG) und ihre Bedeutung für die Gestaltung der Sozialsysteme, Berlin 2008.

Esser, Josef, Vorverständnis und Methodenwahl in der Rechtsfindung – Rationalitätsgarantien der richterlichen Entscheidungspraxis, Frankfurt am Main 1970.

ders., Grundlagen und Entwicklung der Gefährdungshaftung, 2. Aufl., München 1969.

ders., Grundsatz und Norm in der richterlichen Fortbildung des Privatrechts – Rechtsvergleichende Beiträge zur Rechtsquellen- und Interpretationslehre, Tübingen 1964.

Fehling, Michael, Eigenwert des Verfahrens im Verwaltungsrecht, in: VVDStRL 70 (2011), Der Schutzauftrag des Rechts, S. 280–337.

ders., Verwaltung zwischen Unparteilichkeit und Gestaltungsaufgabe, Tübingen 2001.

Feldhaus, Gerhard, Überlegungen zu einer Novellierung der TA Lärm, in: Hans-Joachim Koch (Hrsg.), Schutz vor Lärm, Baden-Baden 1990, S. 153–170.

Fickert, Carl, Zum Einfluss der in Deutsches Recht umgesetzten Umgebungslärm-Richtlinie der EU auf die Lärmsituation in den Gemeinden und auf die Bürger, BauR 2006, S. 920–937.

Finger, Thorsten, Die Haftung des Anscheins- und Verdachtsstörers für Vollstreckungskosten, DVBl. 2007, S. 798–801.

Fiori, Roberto, The vir bonus in Cicero's de officiis: Greek Philosophy and Roman Legal Science, in: A. M. Shirvindt (Hrsg.), Aequum ius, Moskau 2014, S. 187–202.

Forell, Caroline A./Matthews, Donna M., A Law of Her Own – The Reasonable Woman as a Measure of Man, New York 2001.

Freund, Georg, Richtiges Entscheiden – am Beispiel der Verhaltensbewertung aus der Perspektive des Betroffenen, insbesondere im Strafrecht. Zugleich ein Beitrag zur Relativität objektiver Daten, GA 1991, S. 387–410.

Friedrich, Martin, Erfordert die Fahrlässigkeit des § 276 I Satz 2 BGB ein subjektives Verschulden?, Stuttgart 1927.

Gaius, Institutionen, lateinisch – deutsch von Ulrich Manthe, Darmstadt 2004.

Gardner, John, The Many Faces of the Reasonable Person, 2015, http://www.law.nyu.edu/sites/default/files/upload_documents/The%20Many%20Faces%20of%20the%20Reasonable%20Person.pdf (zuletzt abgerufen am 2. März 2020), auch veröffentlicht in: Law Quarterly Review, 131, S. 563–584.

Garloff, Claudia, § 98 VwGO, in: Herbert Posser/Heinrich Amadeus Wolff (Hrsg.), Beck'scher Onlinekommentar VwGO, München Stand 1. April 2016.

Gehrke, Hans-Joachim, Bürgerliches Selbstverständnis und Bürgeridentität im Hellenismus, in: Karl-Joachim Hölkeskamp u. a. (Hrsg.), Sinn (in) der Antike. Orientierungssysteme, Leitbilder und Wertkonzepte im Altertum, Mainz 2003, S. 225–254.

Geiger, Jutta, Die Entwicklung eines europäischen Staatshaftungsrechts – Das Frankovich-Urteil des EuGH und seine Folgen, DVBl. 1993, S. 465–474.

Gerlach, Johann W., Privatrecht und Umweltschutz im System des Umweltrechts, Berlin 1989.

von Gierke, Otto, Der Entwurf eines bürgerlichen Gesetzbuchs und das deutsche Recht, Leipzig 1889.

Goldschmidt, Otto, Die preußischen Gesetze gegen Verunstaltung (Gesetz gegen die Verunstaltung landschaftlich hervorragender Gegenden vom 2. Juni 1902 und Gesetz gegen die Verunstaltung von Ortschaften und landschaftlich hervorragenden Gegenden vom 15. Juli 1907) sowie die dazu ergangenen Ausführungsbestimmungen, Berlin 1912.

Graßberger, Roland, Aufbau, Schuldgehalt und Grenzen der Fahrlässigkeit, unter besonderer Berücksichtigung des Verkehrsstrafrechtes in Österreich, in: ZfRV 5 (1964), S. 18–29.

Gromitsaris, Athanasios, Rechtsgrund und Haftungsauslösung im Staatshaftungsrecht – Eine Untersuchung auf europarechtlicher und rechtsvergleichender Grundlage, Berlin 2006.

Grzeszick, Bernd, Rechte und Ansprüche – Eine Rekonstruktion des Staatshaftungsrechts aus den subjektiven öffentlichen Rechten, Tübingen 2002.

Gusy, Christoph, Polizeirecht, 6. Aufl., Tübingen 2006.

Gutek, Barbara A., Sex and the Workplace – The Impact of Sexual Behavior and Harassment on Women, Men, and Organizations, San Francisco/London 1985.

Haase, Martin, Die unlautere Wettbewerbshandlung nach der UWG-Reform – Zu den normativen Leitlinien des neuen Lauterkeitsrechts unter besonderer Berücksichtigung des Verbrauchers als Schutzsubjekt, Hamburg 2006.

Haffner, Karl, Civilrechtliche Verantwortlichkeit der Richter (Syndikatsklage), Freiburg 1885.

Handsley, Elizabeth, The Reasonable Man: Two Case Studies, Sister in Law, Volume 1, 1996, S. 53–71.

Hansen-Dix, Frauke, Die Gefahr im Polizeirecht, im Ordnungsrecht und im Technischen Sicherheitsrecht, Köln u. a. 1982.

Hartmann, Bernd J., Öffentliches Haftungsrecht – Ökonomisierung – Europäisierung – Dogmatisierung, Tübingen 2013.

Hathaway, James C./Hicks, William S., Is there a Subjective Element in the Refugee Convention's Requirement of ‚Well-Founded Fear'?, Michigan Journal of International Law 2005, S. 505–562.

Hausmaninger, Herbert, Diligentia quam in suis: A Standard of Contractual Liability from Ancient Roman to Modern Soviet Law, in: Cornell International Law Journal 18 (1985), S. 179–202.

Hempfer, Walter, Die nationalsozialistische Staatsauffassung in der Rechtsprechung des Preußischen Oberverwaltungsgerichts, Berlin 1974.

Herdegen, Matthias/Rensmann, Thilo, Die neuen Konturen der gemeinschaftsrechtlichen Staatshaftung, ZHR 161 (1997), S. 522–555.

Herzberg, Rolf Dietrich, Willensunfreiheit und Schuldvorwurf, Tübingen 2010.

Hesse, Zur Lehre von den nachbarrechtlichen Verhältnissen der Grundeigentümer, in: von Gerber/Jehring (Hrsg.), Jahrbücher für die Dogmatik des heutigen römischen und deutschen Privatrechts, Bd. 6, Jena 1863, S. 378–441.

Heßhaus, Matthias, § 24 VwVfG, in: Johann Bader/Michael Ronellenfitsch (Hrsg.), Beckscher Onlinekommentar Verwaltungsverfahrensgesetz mit Verwaltungsvollstreckungsgesetz und Verwaltungszustellungsgesetz, Stand 1. Oktober 2014.

Hill, Hermann, Normkonkretisierende Verwaltungsvorschriften, NVwZ 1989, S. 401–410.

Hintze, Otto, Beamtentum und Bürokratie, herausgegeben und eingeleitet von Kersten Krüger, Göttingen 1981.

ders., Der Beamtenstand (1911), in: ders., Soziologie und Geschichte. Gesammelte Abhandlungen zur Politik und Theorie der Geschichte, hrsg. v. Gerhard Oestreich, 3. Aufl., Göttingen 1982, S. 66–125.

Hoffmann, Hans-Joachim, Die Abstufung der Fahrlässigkeit in der Rechtsgeschichte unter besonderer Berücksichtigung der culpa levissima, Berlin 1968.

Hoffmann-Riem, Wolfgang, „Anscheingefahr" und „Anscheinverursachung" im Polizeirecht, in: Klaus Tipke/Klaus Vogel (Hrsg.), Festschrift für Gerhard Wacke zum 70. Geburtstag, Verfassung – Verwaltung – Finanzen, Köln 1972, S. 327–342.

Höfling, Wolfram, Vom überkommenen Staatshaftungsrecht zum Recht der staatlichen Einstandspflichten, in: Wolfgang Hoffmann-Riem/Eberhard Schmidt-Aßmann/Andreas Voßkuhle (Hrsg.), Grundlagen des Verwaltungsrechts, 3. Bd., Personal, Finanzen, Kontrolle, Sanktionen, Staatliche Einstandspflichten, 2. Aufl., München 2013, § 51, S. 1051–1116.

Hollands, Martin, Gefahrenzurechnung im Polizeirecht, Berlin 2005.

Honsell, Heinrich/Mayer-Maly, Theo/Selb, Walter, Römisches Recht, 4. Aufl., Berlin u. a. 1987.

Horaz, Gedichte, lateinisch – deutsch von Hans Färber, 5. Aufl., München 1949.

Horn, Hans-Rudolf, Bedeutung der durch die TA Luft festgelegten Immissionswerte – Anmerkung zu BVerwG, Urteil vom 17. Februar 1978, NJW 1978, S. 2409–2410.

Hornmann, Gerhard, Hessische Bauordnung, Kommentar, 2. Aufl., München 2011.

Hruschka, Constantin/Löhr, Tillmann, Der Prognosemaßstab für die Prüfung der Flüchtlingseigenschaft nach der Qualifikationsrichtlinie, ZAR 2007, S. 180–185.

Hruschka, Joachim, Die Konstitution des Rechtsfalles, Berlin 1965.

Huber, Eugen, Recht und Rechtsverwirklichung – Probleme der Gesetzgebung und der Rechtsphilosophie, Basel 1920.

Hübner, Christoph, Die Entwicklung der objektiven Zurechnung, Berlin 2004.

Hume, David, Of the Standard of Taste, in: ders., Four Dissertations, London 1757, S. 203–240.

Ibbetson, David, Wrongs and Responsability in Pre-Roman Law, in: Journal of Legal History 25 (2004), S. 99–127.

Ipsen, Jörn, Niedersächsisches Gefahrenabwehrrecht, 2. Aufl., Stuttgart 2001.

Isensee, Josef, Wer definiert die Freiheitsrechte?, Heidelberg 1980.

ders., Die typisierende Verwaltung: Gesetzesvollzug im Massenverfahren am Beispiel der typisierenden Betrachtungsweise des Steuerrechts, Berlin 1976.

Jachmann, Monika, Die Fiktion im öffentlichen Recht, Berlin 1998.
Jacob, Marc/Kottmann, Matthias, Art. 340 AEUV, in: Eberhard Grabitz/Meinhard Hilf/Martin Nettesheim (Hrsg.), Das Recht der Europäischen Union, Loseblatt, 60. Ergänzungslieferung, München 2016.
Jaeckel, Liv, Gefahrenabwehrrecht und Risikodogmatik – Moderne Technologien im Spiegel des Verwaltungsrechts, Tübingen 2010.
Jarass, Hans, § 3 BImSchG, in: Hans Jarass, Bundes-Immissionsschutzgesetz Kommentar, 10. Aufl., München 2013.
Jehring, Rudolf, Zur Lehre von den Beschränkungen des Gundeigenthümers im Interesse der Nachbarn, in: von Gerber/Jehring (Hrsg.), Jahrbücher für die Dogmatik des heutigen römischen und deutschen Privatrechts, Bd. 6, Jena 1863, S. 81–130.
Jellinek, Walter, Schadensersatz aus Amtshaftung und Enteignungsentschädigung, JZ 1955, S. 147–149.
Jones, J. Walter, The Law and Legal Theory of the Greeks. An Introduction, Oxford 1956.
Kaiser, Wolfgang, Justinian and the Corpus Iuris Civilis, in: David Johnston (Hrsg), The Camebridge Companion to Roman Law, Camebridge 2015, S. 119–148.
Kamin, Kim A./Rachlinski, Jeffrey J., Ex Post≠Ex Ante – Determining Liability in Hindsight, Law and Human Behavior, Vol. 19, No. 1 (1995), S. 89–104.
Kaminski, Ralf, Der objektive Maßstab im Tatbestand des Fahrlässigkeitsdelikts – Struktur und Inhalt, Berlin 1992.
Kamp, Sabine, Die Rechtsproblematik des Verunstaltungsschutzes, 2005, online abrufbar unter http://kups.ub.uni-koeln.de/1546/ (zuletzt abgerufen am 2. März 2020).
Kant, Immanuel, Kritik der Urteilskraft, in: Wilhelm Weischedel (Hrsg.) Werkausgabe, Bd. 10, Frankfurt am Main 1974.
Kantorowitz, Ernst H., The King's Two Bodies – A Study in Mediaeval Political Theology, Princeton, New Jersey 1957.
Kapell, Nancy, Das Recht selbstbestimmter Baugestaltung: Verfassungsrechtliche Grenzen ästhetischer Anforderungen an bauliche Gestaltung, Frankfurt 2002.
Kaser, Max, Das römische Privatrecht. Zweiter Abschnitt: Die nachklassischen Entwicklungen, in: Rechtsgeschichte des Altertums im Rahmen des Handbuchs der Altertumswissenschaft, 2. Aufl., München 1975.
ders., Das römische Privatrecht. Erster Abschnitt: Das altrömische, das vorklassische und das klassische Recht, in: Rechtsgeschichte des Altertums im Rahmen des Handbuchs der Altertumswissenschaft, 2. neubearbeitete Aufl., München 1971.
ders., Mores maiorum und Gewohnheitsrecht, in: Savigny-Zeitschrift für Rechtsgeschichte, Rom. Abt. 59, 1939, S. 52–101.
Kallerhoff, Dieter, § 24 VwVfG, in: Paul Stelkens/Joachim Bonk/Michael Sachs (Hrsg.), Verwaltungsverfahrensgesetz Kommentar, 8. Aufl., München 2014.
Kaufmann, Armin, Das fahrlässige Delikt, in: ZfRV, 5. Jahrgang (1964), S. 41–64.
Kaufmann, Arthur, Analogie und ‚Natur der Sache': zugleich ein Beitrag zur Lehre vom Typus, 2. Aufl. Heidelberg 1982.
Kingsley, J. Donald, Representative Bureaucracy: An Interpretation of the British Civil Service, Yellow Springs 1944.
Kirchhof, Paul, Sicherungsauftrag und Handlungsvollmachten der Polizei, DÖV 1976, S. 449–457.
Kisseler, Marcel, Das deutsche Wettbewerbsrecht im Binnenmarkt, WRP 1994, S. 1–15.
Kohl, Jürgen, Die Lehre von der Unrechtsfähigkeit des Staates – Ein Beitrag zur Dogmatik des öffentlichen Ersatzleistungsrechts, Berlin 1977.

Kokott, Juliane, Beweislastverteilung und Prognoseentscheidungen bei der Inanspruchnahme von Grund- und Menschenrechten, Berlin u. a. 1993.

König, Volker, Die grobe Fahrlässigkeit, Berlin 1998.

Kral, Sebastian, Die polizeilichen Vorfeldbefugnisse als Herausforderung für Dogmatik und Gesetzgebung des Polizeirechts – Begriff, Tatbestandsmerkmale und Rechtsfolgen, Berlin 2012.

Kremer-Bax, Alexandra, Das personale Verhaltensunrecht der Fahrlässigkeitstat – Zur Individualisierung des Bewertungsgegenstands, Frankfurt am Main 1999.

Kretschmer, Ernst, Nochmals: Der „gebildete Durchschnittsmensch", DVBl. 1970, S. 55–57.

von Kries, Johannes, Ueber den Begriff der objektiven Möglichkeit und einige Anwendungen desselben, Vierteljahrsschrift für wissenschaftliche Philosophie 1888, Bd. 12, S. 179–240.

Krislov, Samuel/Rosenbloom, David H., Representative Bureaucracy and the American Political System, New York 1981.

Kübler, Bernhard, Der Einfluß der griechischen Philosophie auf die Entwicklung der Lehre von den Verschuldensgraden im römischen Recht, in: Karl Larenz/Ernst Mayer/Max Wundt (Hrsg.), Rechtsidee und Staatsgedanke. Beiträge zur Rechtsphilosophie und zur politischen Ideengeschichte. Festgabe für Julius Binder, Berlin 1930, S. 63–76.

Kudlich Hans, § 15 StGB, in: Bernd von Heintschel-Heinegg (Hrsg.), Beck'scher Onlinekommentar StGB, Stand 01.09.2016, München 2017.

Kugelmann, Dieter, Polizei- und Ordnungsrecht, 2. Aufl., Berlin u. a. 2012.

Kugelmann, Dieter, Der polizeiliche Gefahrenbegriff in Gefahr? – Anforderungen an die Voraussetzungen polizeilicher Eingriffsbefugnisse, DÖV 2003, S. 781–789.

Kühl, Willi, Der Rechtsschutz gegen die bauliche Verunstaltung von Stadt und Land (unter besonderer Berücksichtigung der kommunalen und polizeilichen Rechte in Preußen), Berlin 1913.

Kuhlen, Lothar, Zur Problematik der nachträglichen ex ante-Beurteilung im Strafrecht und in der Moral, in: Heike Jung/Heinz Müller-Dietz/Ulfrid Neumann (Hrsg.), Recht und Moral, Beiträge zu einer Standortbestimmung, Baden-Baden 1991, S. 341–372.

ders., Fragen einer strafrechtlichen Produkthaftung, Heidelberg 1989.

Kulms, Katrin, Der Effektivitätsgrundsatz – Eine Untersuchung zur Rechtsprechung des Europäischen Gerichtshofs, Baden-Baden, 2013.

Kümper, Boas, Risikoverteilung im Staatshaftungsrecht am Beispiel amtshaftungsrechtlicher Gefahrvermeidungspflichten bei fehlerhafter Planung, Genehmigung und Aufsicht, Tübingen 2011.

Kunkel, Wolfgang, Diligentia, Zeitschrift der Savigny-Stiftung für Rechtsgeschichte 45 (1925), S. 266–351.

Kutscheidt, Ernst, Rechtsprobleme bei der Bewertung von Geräuschimmissionen, NVwZ 1989, S. 193–199.

Lange, Paul, Marken- und Kennzeichenrecht – Handbuch zum deutschen und europäischen Recht, 2. Aufl., München 2012.

Larenz, Karl/Canaris, Claus-Wilhelm, Methodenlehre der Rechtswissenschaft, 3. Aufl., Berlin 1995.

Larenz, Karl, Hegels Zurechnungslehre und der Begriff der objektiven Zurechnung – Ein Beitrag zur Rechtsphilosophie des kritischen Idealismus und zur Lehre von der „juristischen Kausalität", 2. Aufl., Aalen 1970.

Leenen, Detlef, Typus und Rechtsfindung: die Bedeutung der typologischen Methode für die Rechtsfindung dargestellt am Vertragsrecht des BGB, Berlin 1971.

Leisner, Anna, Verwaltungsgesetzgebung durch Erlasse, JZ 2002, S. 219–230.

Lerche, Peter, Werbung und Verfassung, München und Berlin 1967.
ders., Übermaß und Verfassungsrecht – Zur Bindung des Gesetzgebers an die Grundsätze der Verhältnismäßigkeit und der Erforderlichkeit, Köln u. a. 1961.
ders./Scheuner, Ulrich, Amtshaftung und enteignungsgleicher Eingriff, JuS 1961, S. 237–250.
Lettl, Tobias, Der lauterkeitsrechtliche Schutz vor irreführender Werbung in Europa, München 2004.
Limbach, Jutta, Der verständige Rechtsgenosse, Berlin 1977.
Link, Christian, Das Verschulden in der Amtshaftung – Zugleich ein Beitrag zur Rezeption des gemeinschaftsrechtlichen Staatshaftungsanspruchs, Hamburg 2006.
Lochte-Handjery, Karin, Das Verschulden im Rahmen des Amtshaftungsanspruchs – zeitgemäße Haftungsvoraussetzung oder Relikt lang vergangener Tage?, JuS 2001, S. 1186–1189.
Loening, Edgar, Die Haftung des Staats aus rechtswidrigen Handlungen seiner Beamten nach deutschem Privat- und Staatsrecht – Eine Festschrift für Johann Caspar Bluntschli, Frankfurt am Main 1879.
Loening, Otto, Kommentar zum Gesetz gegen die Verunstaltung von Ortschaften und landschaftlich hervorragenden Gegenden vom 15. Juli 1907; unter Benutzung der Landtagsverhandlungen und der bisherigen Rechtsprechung, Berlin 1912.
Looks, Volker, Bauästhetische Vorschriften und Verfassungsrecht, Kiel 1969.
Lorenz, Dieter, Der Maßstab des einsichtigen Menschen, München 1965.
Lörler, Sighart, Die Staatshaftung in der DDR, NVwZ 1990, S. 830–834.
Lübbe-Wolff, Gertrude, Das Bundesimmissionsschutzgesetz als Instrument des Bodenschutzes, NVwZ 1986, S. 178–183.
dies., Art. 16a GG, in: Horst Dreier (Hrsg.), Grundgesetz-Kommentar, 1. Aufl., Tübingen 1996.
Luhmann, Niklas, Öffentlich-rechtliche Entschädigung rechtspolitisch betrachtet, Berlin 1965.
MacCormack, Geoffrey, Fault and Causation in Early Roman Law: An Anthropological Perspective, in: Revue Internationale des Droits de l'Antiquité XXVIII (1981), S. 97–126.
Mager, Ute, Der maßgebliche Zeitpunkt für die Beurteilung der Rechtswidrigkeit von Verwaltungsakten, Berlin 1994.
Maier, Günter, Bauordnungsrechtliche Anforderungen an die Gestaltung von Bauwerken. Zur Auslegung von Artikel 11 der Bayerischen Bauordnung, BayVBl. 1980, S. 5–10.
Manssen, Gerrit, Stadtgestaltung durch örtliche Bauvorschriften, Berlin 1990.
Martens, Wolfgang, Immissionsschutzrecht und Polizeirecht, DVBl 1981, S. 597–609.
Martin, Susan D., Imperitia: The Responsibility of Skilled Workers in Classical Roman Law, in: American Journal of Philology 122 (2001), S. 107–129.
Maschke, Andreas, Gerechtigkeit durch Methode: Zu Karl Engischs Theorie des juristischen Denkens, Heidelberg 1993.
Maschke, Richard, Die Willenslehre im griechischen Recht. Zugleich ein Beitrag zur Frage der Interpolationen in den griechischen Rechtsquellen, Berlin 1926.
Masing, Johannes, Art. 16a GG, in: Horst Dreier (Hrsg.), Grundgesetz-Kommentar, 2. Aufl. Tübingen 2004.
Maué, Bernhard, Das ästhetische Empfinden des gebildeten Durchschnittsmenschen als Beurteilungsmaßstab bei der Anwendung von § 1 Baugestaltungsverordnung, BBauBl 1957, S. 470–472.
Maunz, Theodor, Art. 91 GG, in: Theodor Maunz/Günter Dürig (Hrsg.), Grundgesetz Loseblatt-Kommentar, 73. Ergänzungslieferung 2014, München.
Mayer, Otto, Deutsches Verwaltungsrecht, in: Karl Binding (Hrsg.), Handbuch der Deutschen Rechtswissenschaft, Bd. 1, 3. Aufl., Leipzig 1924.

ders., Deutsches Verwaltungsrecht, in: Karl Binding (Hrsg.), Handbuch der Deutschen Rechtswissenschaft, Bd. 2, 1. Aufl., Leipzig 1896.

Michel, Klaus, Verunstaltungsbegriffe im Baurecht: Auslegung und Anwendung der Wertbegriffe, Bonn 1967.

Mikus, Rudolf Alexander, Die Verhaltensnorm des fahrlässigen Erfolgsdelikts, Berlin 2002.

Miller, Alan D./Perry, Ronen, The Reasonable Person, New York University Law Review, Volume 87 (2012), Number 2, S. 323–392.

Mohr, Katharina, Die Bewertung von Geruch im Immissionsschutzrecht, Berlin 2010.

Möllers, Christoph, Möglichkeit der Normen, Berlin 2015.

ders., Materielles Recht – Verfahrensrecht – Organisationsrecht. Zur Theorie und Dogmatik dreier Dimensionen des Verwaltungsrechts, in: Hans-Heinrich Trute/Thomas Groß/Hans Christian Röhl/Christoph Möllers (Hrsg.), Allgemeines Verwaltungsrecht – zur Tragfähigkeit eines Konzepts, Tübingen 2008, S. 489–512.

ders., Polizeikontrollen ohne Gefahrverdacht, NVwZ 2000, S. 382–387.

Moran, Mayo, Rethinking the Reasonable Person: An Egalitarian Reconstruction of the Objective Standard, Oxford 2003.

Morlok, Martin, Allgemeine Elemente der Einstandspflichten für rechtswidriges Staatshandeln, in: Wolfgang Hoffmann-Riem/Eberhard Schmidt-Aßmann/Andreas Voßkuhle (Hrsg.), Grundlagen des Verwaltungsrechts, Band III, Personal, Finanzen, Kontrolle, Sanktionen, Staatliche Einstandspflichten, 2. Aufl., München 2013, § 52, S. 1117 ff.

Möstl, Markus, Eingriffsschwellen im polizeilichen Informationsrecht, in: Indra Spiecker genannt Döhmann/Peter Collin (Hrsg.), Generierung und Transfer staatlichen Wissens im System des Verwaltungsrechts, Tübingen 2008, S. 239–258.

ders., Die staatliche Garantie für die öffentliche Sicherheit und Ordnung, Tübingen 2002.

Motive zu dem Entwurfe eines Bürgerlichen Gesetzbuches für das Deutsche Reich, Band I, Allgemeiner Teil, Berlin und Leipzig, 1888, Nachdruck 1983.

Müller, Kathrin, Das bauordnungsrechtliche Verunstaltungsverbot, Köln 2012.

Müller-Mall, Sabine, Zwischen Fall und Urteil, in: Thomas Hilgers/Getrud Koch/Christoph Möllers/dies. (Hrsg.), Affekt und Urteil, Paderborn 2015, S. 117–131.

Murswiek, Dietrich, Die staatliche Verantwortung für die Risiken der Technik – Verfassungsrechtliche Grundlagen und immissionsschutzrechtliche Ausformung, Berlin 1985.

Naumann, Richard, Eingriffe in die Reklamefreiheit unter Kontrolle der Verwaltungsgerichte, DVBl. 1951, S. 398–403.

Nehlsen-von Stryk, Karin, Die boni homines des frühen Mittelalters unter besonderer Berücksichtigung der fränkischen Quellen, Berlin 1981.

Nörr, Dieter, Die Fahrlässigkeit im byzantinischen Vertragsrecht, München 1960.

Ossenbühl, Fritz, Neuere Entwicklungen im Staatshaftungsrecht – Vortrag gehalten vor der Juristischen Gesellschaft zu Berlin am 6. Juni 1984, Berlin und New York 1984.

ders., Der polizeiliche Ermessens- und Beurteilungsspielraum – Zur Dogmatik von Gefahrenabwehrentscheidungen, DÖV 1976, S. 463–471.

Palmer, Ingo, Die Entwicklung des deutschen privatrechtlichen Immissionsrechts im 19. Jahrhundert verglichen mit dem französischen Recht, zugleich ein Beitrag zur Entstehungsgeschichte des § 906 BGB, Bochum 1979.

Papier, Hans-Jürgen, Art. 34 GG, in: Theodor Maunz/Günter Dürig (Hrsg.), Grundgesetz Loseblatt-Kommentar, 74. Ergänzungslieferung, München 2015.

ders., System der öffentlich-rechtlichen Schadensersatz- und Entschädigungsleistungen, in: Josef Isensee/Paul Kirchhof (Hrsg.), Handbuch des Staatsrechts, Band VIII, Grundrechte: Wirtschaft, Verfahren, Gleichheit, § 180, 3. Aufl., Heidelberg u. a. 2010.

ders., Staatshaftung kraft „Überlieferung"?, JZ 1975, S. 585–590.

Papier, Hans-Jürgen/Shirvani, Foroud, § 839 BGB, in: Franz Jürgen Säcker/Roland Rixecker/ Hartmut Oetker/Bettina Limperg (Hrsg.), Münchener Kommentar zum Bürgerlichen Gesetzbuch, Bd. 6, 7. Aufl., München 2017.

Parchmann, Christoph, Pluralistische Wirklichkeit und Verwaltungsrecht – Das Beispiel der baurechtlichen Verunstaltungsvorschriften, München 2004.

Petz, Helmut, Aktuelle Rechtsprechung des Bundesverwaltungsgerichts zum Rücksichtnahmegebot, ZfBR 2015, S. 644–654.

Pfab, Susanne, Staatshaftung in Deutschland – Die Reformaufgabe und ihre Vorgaben in der rechtsstaatlichen Garantie des Artikel 34 Grundgesetz und durch die Erfordernisse des Gemeinschaftsrechts, München 1997.

Pfeiffer, D. B. W., Practische Ausführungen aus allen Theilen der Rechtswissenschaft – Mit Erkenntnissen des Oberappelationsgerichts zu Kassel, Bd. 2, Hannover 1828.

Pieroth, Bodo/Schlink, Bernhard/Kniesel, Michael/Poscher, Ralf, Polizei- und Ordnungsrecht, 8. Aufl., München 2014.

Pietzcker, Jost, Rechtsprechungsbericht zur Staatshaftung, AöR (132) 2007, S. 393–472.

Platon, Nomoi – Gesetze, 2 Bände, griechisch – deutsch von Klaus Schöpsdau, Darmstadt 1977.

Porz, Winfred, § 98 VwGO, in: Michael Fehling/Berthold Kastner/Rainer Störmer (Hrsg.), Verwaltungsrecht: VwVfG, VwGO, Nebengesetze, Handkommentar, 4. Aufl., Baden-Baden 2016.

Poscher, Ralf, Der Gefahrenverdacht – Das ungelöste Problem der Polizeirechtsdogmatik, NVwZ 2001, S. 141–147.

ders., Gefahrenabwehr – Eine dogmatische Rekonstruktion, Berlin 1999.

Rachlinski, Jeffrey J., A Positive Psychological Theory of Judging in Hindsight, The University of Chicago Law Review, Vol. 65 (1998), S. 571–625.

Radbruch, Gustav, Über den Schuldbegriff, ZStrW 24 (1904), S. 333–348.

Reinhard, Wolfgang, Geschichte der Staatsgewalt. Eine vergleichende Verfassungsgeschichte Europas von den Anfängen bis zur Gegenwart, München 1999.

Rhinow, René A., Rechtsetzung und Methodik – Rechtstheoretische Untersuchungen zum gegenseitigen Verhältnis von Rechtsetzung und Rechtsanwendung, Basel 1979.

Rietschel, Sigfried, Die Amtshaftung, Würzburg 1940.

Rinne, Eberhard/Schlick, Wolfgang, Die Rechtsprechung des BGH zum Staatshaftungsrecht (Teil 2), NvWZ 1997, S. 1171–1182.

Röthel, Anne, Normkonkretisierung im Privatrecht, Tübingen 2004.

dies./Vieweg, Klaus, Der verständige Durchschnittsmensch im privaten Nachbarrecht – Zur Wesentlichkeit i. S. des § 906 BGB, NJW 1999, S. 969–975.

Roxin, Claus, Strafrecht Allgemeiner Teil Bd. 1, Grundlagen – Der Aufbau der Verbrechenslehre, 4. Aufl., München 2006.

Ruffert, Matthias, „Verfassungsrecht ergeht, Verwaltungsrecht besteht", in: Walter Pauly (Hrsg.), Wendepunkte – Beiträge zur Rechtsentwicklung der letzten 100 Jahre, Jenaer Woche der Rechtswissenschaft 2009, Stuttgart 2009, S. 159–171.

Ruffert, Matthias, Art. 340 AEUV, in: Christian Calliess/Matthias Ruffert (Hrsg.), EUV/AEUV – Das Verfassungsrecht der Europäischen Union mit Europäischer Grundrechtecharta, Kommentar, 5. Aufl., München 2016.

Rümelin, Max, Die Verwendung der Caulsalbegriffe im Straf- und Civilrecht, in: AcP 90 (1900), S. 171–344.

Rümelin, Max, Der Zufall im Recht, Freiburg i.B. und Leipzig 1896.

Rupp, Hans Heinrich, Grundfragen der heutigen Verwaltungsrechtslehre, 1. Aufl., Tübingen 1965.

Sack, Rolf, Die Präzisierung des Verbraucherleitbildes durch den EuGH, WRP 1999, S. 399–402.

Savile, Anthony, Kant's Aesthetic Theory, in: Graham Bird (Hrsg.), A Companion to Kant, Malden u. a. 2006, S. 441–454.

Schanbacher, Dietmar, Ius und mos, in: Maximilian Braun u. a. (Hrsg.), Moribus antiquis res stat Romana. Römische Werte und römische Literatur im 3. und 2. Jh. v. Chr., Leipzig 2000, S. 353–371.

Schenke, Wolf-Rüdiger, § 98 VwGO, in: Ferdinand O. Kopp/Wolf-Rüdiger Schenke, Verwaltungsgerichtsordnung Kommentar, 22. Aufl., München 2016.

ders., Polizei- und Ordnungsrecht, 6. Aufl., Heidelberg 2009.

Scheppele, Kim Lane, The Reasonable Woman, in: Joel Feinberg/Jules Coleman (Hrsg.), Philosophy of Law, Seventh Edition, 2004, S. 456–460.

Scherzberg, Arno, Risikosteuerung durch Verwaltungsrecht: Ermöglichung oder Begrenzung von Innovationen?, VVDStRL, Bd. 63 (2004), S. 214–343.

Schlink, Bernhard, Das Objektive und das Subjektive beim polizeirechtlichen Gefahrbegriff, Jura 1999, S. 169–172.

Schmidt, Jürgen, Zur „reasonable person" in einem zukünftigen europäischen Privatrecht, in: Ulrich Hübner/Werner F. Ebke/Klaus Backhaus/Thomas Köhl (Hrsg.), Festschrift für Bernhard Großfeld, Heidelberg 1999.

Schmidt-Aßmann, Eberhard, Das allgemeine Verwaltungsrecht als Ordnungsidee – Grundlagen und Aufgaben der verwaltungsrechtlichen Systembildung, 2. Aufl., Berlin 2004.

ders., Art. 19 IV GG, in: Theodor Maunz/Günter Dürig (Hrsg.), Grundgesetz Loseblatt-Kommentar, 78. Ergänzungslieferung, München 2016.

Schmidt-Tophoff, Alfons, Ist § 1 der Baugestaltungsverordnung nur mit Einschränkungen rechtsgültig?, BBauBl. 1957, S. 232–234.

Schmitt, Lennart, Das unionsrechtliche Verbraucherleitbild – Rechtsgebietsspezifische Rezeption und Binnendifferenzierung des Leitbilds vom informierten, aufmerksamen und verständigen Durchschnittsverbraucher, Baden-Baden 2018.

Schneider, Otmar, Grundsätzliche Überlegungen zur polizeilichen Gefahr, DVBl. 1980, S. 406–409.

Schoch, Friedrich, Die „Gefahr" im Polizei- und Ordnungsrecht, JURA 2003, S. 472–476.

Scholz, Rupert/Konrad, Karlheinz, Meinungsfreiheit und allgemeines Persönlichkeitsrecht, AöR 123 (1998), S. 60–121.

Schottlaender, Rudolf, Der aristotelische „spoudaios", in: Zeitschrift für Philosophische Forschung 34 (1980), S. 385–395.

Schröder, Mathias, Das ‚Irrtumsprivileg' des Staates beim Einsatz von Polizeibeamten, Kiel 1993.

Schucht, Carsten, Generalklausel und Standardmaßnahme: ein Beitrag zur Bestimmung der Reichweite des Befugnistyps Generalklausel am Beispiel von Platzverweisen, Aufenthaltsverbot, Wohnungsverweisung, körperlicher Untersuchung, Meldeauflage und Verbringungsgewahrsam, Stuttgart 2010.

Schulte, Martin/Michalk, Kathleen, § 3 BImSchG, in: Ludger Giesberts/Michael Reinhardt (Hrsg.), Beck'scher Onlinekommentar Umweltrecht, München 2014.

Schulz, Wolfgang, Beurteilungsspielräume als Wissensproblem – am Beispiel Regulierungsverwaltung, RW 2012, S. 330–350.

Schwabe, Jürgen, Fürmöglichhalten und irrige Annahme von Tatbestandsmerkmalen bei Eingriffsgesetzen, in: Peter Selmer/Ingo von Münch (Hrsg.), Gedächtnisschrift für Wolfgang Martens, Berlin 1987, S. 419–444.

ders., Anmerkung zu OVG Münster (Urteil vom 10. Juni 1981), DVBl. 1982, 655–657.

Schwabenbauer, Thomas/Kling, Michael, Gerichtliche Kontrolle administrativer Prognoseentscheidungen am Merkmal der „Zuverlässigkeit", VerwArch 101 (2010), S. 231–256.
Schwarz, Kyrill-Alexander, § 24 VwVfG, in: Michael Fehling/Berthold Kastner/Rainer Störmer (Hrsg.), Verwaltungsrecht: VwVfG, VwGO, Nebengesetze, Handkommentar, 4. Aufl., Baden-Baden 2016.
Schweiger, Karl, Der „gebildete Durchschnittsmensch" und der unbestimmte Rechtsbegriff, DVBl. 1968, S. 481–490.
Seibel, Wolfgang, Verwaltung verstehen. Eine theoriegeschichtliche Einführung, Berlin 2016.
Sobota, Katharina, Das Prinzip Rechtsstaat, Tübingen 1997.
Söfker, Wilhelm, § 34 BauGB, in: Werner Ernst/Willy Zinkahn/Walter Bielenberg/Michael Krautzberger (Hrsg.), Baugesetzbuch Kommentar, Loseblatt, 114. Ergänzungslieferung, München 2014.
Sosnitza, Olaf, .§ 5 UWG, in: ders./Ansgar Ohly, Gesetz gegen den unlauteren Wettbewerb: UWG. Kommentar, 7. Aufl., München 2016.
ders., Wettbewerbsbeschränkungen durch die Rechtsprechung – Erscheinungsformen und Ursachen auf dem Gebiet des Lauterkeitsrechts, Baden-Baden 1995.
Spangenberg, Einige Bemerkungen über das Nachbarrecht, AcP 9 (1826), S. 265–272.
Stein, Peter G., Römisches Recht und Europa. Die Geschichte einer Rechtskultur, Frankfurt am Main 1996.
Stening, Anders, Evidence and Statistics in Legal Reasoning, in: Eugenio Bulygin/Jean-Louis Gardies/Ilkka Niniluoto (Hrsg.), Man, Law, and Modern Forms of Life, Dordrecht (Holland) 1985, S. 241–250.
Stobaios, in: A.A. Long, D. N. Sedley (Hrsg.), Die hellenistischen Philosophen. Texte und Kommentare, übersetzt von Karlheinz Hülser, Stuttgart und Weimar 2006, S. 434.
Stolleis, Michael, Grundzüge der Beamtenethik, 1550–1650 (1980), in: ders., Staat und Staatsräson in der frühen Neuzeit. Studien zur Geschichte des öffentlichen Rechts, Frankfurt am Main 1990, S. 197–231.
ders., Untertan – Bürger – Staatsbürger. Bemerkungen zur staatsrechtlichen Terminologie in der zweiten Hälfte des 18. Jahrhunderts, in: Rudolf Vierhaus (Hrsg.), Bürger und Bürgerlichkeit im Zeitalter der Aufklärung, Heidelberg 1981, S. 65 ff.
Strache, Karl-Heinz, Das Denken in Standards: zugleich ein Beitrag zur Typologik, Berlin 1968.
Struensee, Eberhard, Der subjektive Tatbestand des fahrlässigen Delikts, JZ 1987, S. 53–63.
Sturm, Jan, Der Gefahrenverdacht – ein Fall für Ockham's razor? Bucerius Law Journal 2011, Teil 1 (S. 8–13) und Teil 2 (S. 56–63).
Stuth, Sabine, Staatshaftung oder Entschädigung? – Rechtsstrukturen der Schadensverteilung zwischen Staat und Bürgern, Baden-Baden 1990.
Stypulkowski, Katharina, Der *bonus pater familias* im klassischen Römischen Recht – Soziales Abbild und Rechtsbegriff, Hamburg 2017.
Thiel, Markus, § 3 BImSchG, in: Martin Beckmann/Wolfgang Durner/Thomas Mann/Marc Röckinghausen (Hrsg.), Landmann/Rohmer Umweltrecht Kommentar, Loseblatt, 71. Ergänzungslieferung, München 2014.
ders., Die „Entgrenzung" der Gefahrenabwehr: Grundfragen von Freiheit und Sicherheit im Zeitalter der Globalisierung, Tübingen 2011.
Tietjen, Daniel, Das System des gemeinschaftsrechtlichen Staatshaftungsrechts – Eine Darstellung der Haftungsdogmatik vor dem Hintergrund der dynamischen Rechtsprechung des Europäischen Gerichtshofs, Berlin 2010.
Tischbirek, Alexander/Wihl, Tim, Verfassungswidrigkeit des „Racial Profiling" – Zugleich ein Beitrag zur Systematik des Art. 3 GG, JZ 2013, S. 219–224.

Tobia, Kevin P., How People Judge What Is Reasonable, Alabama Law Review, Vol. 70 (2018), S. 293–359.
Traeger, Ludwig, Der Kausalbegriff im Straf- und Zivilrecht, Marburg 1904.
Triffterer, Otto, Ein rechtfertigender (Erlaubnistatbestands-)Irrtum – Irrtumsmöglichkeiten beim polizeilichen Einsatz und deren dogmatische Einordnung, in: ders./Karl Bader (Hrsg.), Festschrift für Walter Mallmann, Baden-Baden 1978, S. 373–416.
Ulbrich, Sebastian, Der BGH auf dem Weg zum normativen Vebraucherleitbild?, WRP 2005, S. 940–953.
Ullmann, Eike, Der Vebraucher – ein Hermaphrodit?, GRUR 1991, S. 789–795.
UNHCR, Handbuch über Verfahren und Kriterien zur Feststellung der Flüchtlingseigenschaft, gemäß dem Abkommen von 1951 und dem Protokoll von 1967 über die Rechtsstellung der Flüchtlinge, Österreich 2003.
Veil, Rüdiger, Der Schutz des verständigen Anlegers durch Publizität und Haftung im europäischen und nationalen Kapitalmarktrecht, ZBB 2006, S. 162–171.
Vieweg, Klaus, Nachbarrecht und Naturschutz, NJW 1993, S. 2570–2577.
Voßkuhle, Andreas, Grundwissen Öffentliches Recht: Der Gefahrenbegriff im Polizei- und Ordnungsrecht, JuS 2007, 908–909.
ders., Bauordnungsrechtliches Verunstaltungsverbot und Bau-Kunst, BayVerwBl 1995, S. 613–622.
Weber, Max, Wirtschaft und Gesellschaft, 5. revidierte Aufl., hrsg. v. Joachim Winkelmann, Tübingen 1972.
Werner, Fritz, Das Problem des Richterstaates, Vortrag gehalten vor der Berliner Juristischen Gesellschaft am 4. November 1959, Berlin 1960.
Westen, Peter, Individualizing the Reaonable Person in Criminal Law, in: Criminal Law and Philosophy (2008), Volume 2, S. 137–162.
Westermann, Harry, Haftung für fremdes Handeln, JuS 1961, S. 333–343.
Wieacker, Franz, Römische Rechtsgeschichte. Erster Abschnitt: Einleitung, Quellenkunde, Frühzeit und Republik, München 1988.
ders., Industriegesellschaft und Privatrechtsordnung, Frankfurt am Main 1974.
ders., Privatrechtsgeschichte der Neuzeit, 2. Aufl., Göttingen 1967.
Winiger, Bénédict, Verantwortung, Reversibilität und Verschulden, Tübingen 2013.
Wolff, J., Zur rechtlichen Beurteilung der Baugestaltung, BBauBl 1957, S. 341–342.
Wörrle, Michael, Vom tugendsamen Jüngling zum ‚gestreßten' Euergeten. Überlegungen zum Bürgerbild hellenistischer Ehrendekrete, in: ders./Paul Zanker (Hrsg.), Stadtbild und Bürgerbild im Hellenismus, München, 1995, S. 241–250.
Wöstmann, Heinz, § 839 BGB, in: Johannes Hager (Hrsg.), J. von Staudingers Kommentar zum Bürgerlichen Gesetzbuch mit Einführungsgesetz und Nebengesetzen. Recht der Schuldverhältnisse / §§ 839, 839a: Unerlaubte Handlungen 4 – Amtshaftungsrecht, 15. Aufl., Berlin 2012.
Wulfhorst, Reinhard, Der Schutz „überdurchschnittlich empfindlicher Rechtsgüter", Berlin, 1994.
Wulfhorst, Reinhard, Der Schutz „überdurchschnittlich empfindlicher" Personen im Immissionsschutzrechtlichen Genehmigungsverfahren, NuR 1995, S. 221–226.
Zachariä, H. A., Ueber die Haftungsverbindlichkeit des Staats aus rechtswidrigen Handlungen und Unterlassungen seiner Beamten, ZgS 19 (1863), S. 582–652.
Zimmermann, Reinhard, The Law of Obligations. Roman Foundations of the Civilian Tradition, Kapstadt u. a. 1990.

Zimmermann, Walter, § 371 ZPO, in: Thomas Rauscher/Wolfgang Krüger (Hrsg.), Münchener Kommentar zur Zivilprozessordnung mit Gerichtsverfassungsgesetz und Nebengesetzen, 5. Aufl., München 2016.
Zinkahn, Willy, Außenwerbung und Baugestaltungsverordnung, DÖV 1953, S. 161–167.
Zipursky, Benjamin C., Reasonableness in and out of Negligence Law, University of Pennsylvania Law Review (163), 2015, S. 2132–2170.
Zoepfl, Heinrich, Grundsätze des allgemeinen und des constitutionell-monarchischen Staatsrechts, mit besonderer Rücksicht auf das gemeingültige Recht in Deutschland, 3. Aufl., Heidelberg 1846.
Zwölftafelgesetz, lateinisch – deutsch von Rudolf Düll, München 1944.

Register

abstrakte Gefahr 60, 64 f.
Abstraktion 19, 34, 37, 64, 153, 240, 248
Abwägung 1, 11, 22, 30, 91, 188, 194, 202, 205, 216, 223, 224, 229
Allgemeinheit 12, 44, 109, 167 f., 173 ff., 186 f., 194, 197 f., 203, 209, 227 f., 242, 250, 257
Amt 54, 105, 109 f., 133, 148, 151, 156, 168
Amtshaftung 41, 117 ff., 130, 248
Amtsträger 41, 54 f., 110, 117, 120, 123, 129, 146, 148, 153, 248
Amtswalter 2 f., Kapitel B. (S. 57–157), 160, 193, 200, 241, 246, 248, 252
anlasslose Kontrollen 99
Anschaulichkeit, anschaulich 12, 33, 108, 187, 191, 197, 244
Anscheinsgefahr 60 ff., 66, 68, 80, 88 ff., 98, 101, 103 f., 114
Anscheinsverursacher/-störer 93, 105
Anstandsgefühl (aller billig und gerecht Denkenden) 7, 13
aristrokratisch, Aristrokratie 44 f., 53, 245
ästhetisch/Ästhetik 3, 73, 159, Kapitel C. I. (S. 160–201), 221, 227, 231, 235, 249, 251, 253 ff.
– konsensorientierte Ästhetik 166, 175, 178, 191, 201, 249
– sozial-moralische Ästhetik 182 ff.
– politisch-ethische Ästhetik 166, 178, 184 f., 249
– funktionale Ästhetik 166, 178, 184 f., 249, 258
ästhetisches Urteil 161, 163, 166, 177, 190, 197, 200
Asylrecht 59, 69 ff.
Augenschein 189, 225, 234
Auslegung 3, 12, 31, 90, 132, 151, 173, 180 ff., 220, 260

außerrechtlich 2, 33, 108, 167, 187, 194, 197, 243, 254

Beamtenhaftung 117, 119, 124, 127, 148, 248
begründete Furcht vor Verfolgung 69 ff.
Bestimmtheit 7, 101, 178, 180 f., 188, 258
boni homines 46, 52, 53
boni mores 45, 47, 52, 245
bonus vir 24, 40, 45 ff., 244 f., 254

common sense (s. Gemeinsinn)

Dauerverwaltungsakt 65, 68, 72
Deliktsrecht 31, 33, 34, 49, 52, 120 f., 123, 259
Denkmalschutz 162, 181, 190
Diagnose, diagnostisch 61, 64 ff., 74 ff., 81, 87, 89, 91 f., 102, 107, 115, 246 f.
Dienst- und Laufbahnrecht 109
Diskriminierung 6, 34 f., 37, 244
Disziplinierung 57, 73, 258
Doppelnatur der Maßstabsfigur 8, 150, 155, 243 f., 249
Drittschutz, drittschützend 161, 203, 241
Durchschnitt 25, 28, 89, 118, 139, 142, 167, 192, 194, 214, 235 f., 240, 257 f.
Durchschnittsverbraucher 13, 15 f., 18, 202, 244

effektiv, Effektivität 57, 59, 61, 63, 77, 83, 96, 103, 107
empfindlich 2, 37, 159, 180 f., 183, 202 f., 212 ff., 216, 219 f., 222, 232 f., 235 f., 239, 241, 250
Empirie, empirisch 2, 5, 6, 8, 13 f., 16,18, 21 f., 27, 32, 34, 39, 55, 87, 140, 146, 151, 165, 171, 183, 187 f., 192, 198, 209, 211, 231, 235, 240, 244, 251, 253 f., 256

Entindividualisierung 129, 146 f.
epistemisch 26, 76 f., 247
Erfahrungswissen 17 f., 25, 75, 100
erhebliche Nachteile / Belästigungen 159, 203, 205, 208, 221 f., 224, 227 f., 230 f., 235, 237
Erkenntnisgrenzen 57, 75, 78, 91, 246
Ermessen 46, 51, 55, 63, 84, 86, 103, 108, 143
ethisch 4, 40 ff., 45 ff., 50, 185, 245, 257 f.
ex ante 25, 29 f., 61, 63, 65, 68, 77 ff., 82, 90, 93, 99, 10 f., 106, 110 ff., 247
Expertise (s. Sachkunde)
Externalisierung prozessualer Unsicherheiten 95 f., 106, 112
ex post 20, 61, 77 ff., 82, 93, 101, 247

Fiktion, fiktiv 4, 33, 78, 128, 159, 197, 201, 209, 237
Fahrlässigkeit 12, 19 ff., 29 ff., 34, 38, 42, 48 f., 52 f., 57, 116 ff., 127, 130, 132 f., 136 ff., 141, 143, 145 ff., 152
Flüchtigkeitsfehler 139

Gefahrerforschungsmaßnahmen 68, 86
Gefahrverdacht 60, 67 f., 72, 75, 80, 85 ff., 91 f., 95, 98, 101, 112, 113, 252
Gefühl 70, 94, 110, 159, 181, 185, 193, 198, 237, 240, 254 f.
Gemeinsinn 198, 200
Gemeinwohl 43, 125, 160, 221, 226, 230, 235, 239, 240, 245, 250, 256
Generalklausel 58, 61, 63, 64, 71, 73, 74, 208, 211, 213 f., 220
Gerichtsreden 41, 245
Geschmack 160, 164, 166 f., 178, 181, 190, 192, 198 ff., 218, 249
gruppentypische Besonderheiten 133, 236, 239

Habitus 200
Haftungsüberleitung 117, 120, 131
Handlungsmaßstab 6, 60, 72, 100, 109, 129, 246
hindsight bias 79, 110 ff., 247
hinreichende Überzeugung 67 f., 95 f., 100, 107, 114, 252
hinreichend qualifizierter Rechtsverstoß 122

Ideal 4 f., 28 f., 35, 43 ff., 55, 57, 119, 131, 146 f., 152 f., 180, 212, 245
idealer Beobachter 62 f., 79 f., 82, 102, 113, 247
Idealtypus, idealtypisch 4 f., 89, 151, 256
Identität 37, 228, 239, 257, 259
Ideologie, ideologisch 73, 100, 164, 168, 174 ff., 191, 258
Ideologisierung 87
Immissionsschutzrecht 37, 100, 102, 159, 161, 171, 176, 201 ff., 244, 249 f., 252 f., 256, 258 f.
Individualisierung, individualisiert 19 f., 23, 37, 39, 134 f., 146, 235, 259
Individuum 19 f., 26, 39, 89, 151, 153, 155, 160, 249
Industrialisierung 163, 206 f.
innere Tatsachen 92
intersubjektive Gültigkeit 198
Intuition 166, 177, 230, 244, 255, 258
irrational 10 f., 160, 192
Irrtum 48 f., 61, 66 f., 82, 88, 98, 104, 131, 133, 141
Irrtumsrisiko 76, 115, 143, 247

Jury 6, 30, 32 f., 254

Kollegialgerichtsrichtlinie 137, 143 f.
kommunikativ-pragmatisch 32, 240 f., 254, 256, 259
Konfliktverfahren 82 f., 124
Konsens 10, 166 f., 175 f., 178, 191, 195, 197, 201, 249
konserviert 21, 153, 167, 199 f.
Kreuzberg-Erkenntnis/Kreuzberg-Urteil 73, 161, 163, 168, 189
Kunstfreiheit 3, 160

(Lebens)Wirklichkeit 2, 4 f., 13, 16, 24, 147, 168
Leitbild 5, 13 ff., 18, 21, 27, 43 f., 45, 187, 254, 257

Marken- und Wettbewerbsrecht 13 ff.
Meinungsfreiheit 3, 177
Meinungsumfrage 17 f., 188, 193, 197
Menschenbild 36, 168, 203, 240, 254, 259
Minderheit 36, 39, 176

Moral 9, 13, 28, 35, 40f., 104f., 138, 147, 165f., 179, 182ff., 198, 242, 245, 249, 258, 260
mos maiorum 45f.

Nationalsozialismus 73, 87, 100, 164, 168, 173ff.
Nichtstörer 58
Normalität 34f., 153, 175, 190, 202, 208ff., 214, 216, 219f., 229, 235, 240ff., 244, 250, 259f.

ordentlicher Hausvater 37ff., 43, 48, 117

pater familias 25, 38ff., 116, 118, 244f., 248, 250, 254
Präzedenzfall 33
Privatautonomie 9, 10, 19
Prognose 59ff., 74f., 77, 79, 81, 87, 89f., 92, 94, 96, 99, 102f., 106f., 112f., 115, 246ff.
prozessuale Rationalität 109

qualitativ 39, 183, 193, 200, 205, 240, 257
quantitativ 39, 183, 193, 205, 226, 257
Quote 14, 16, 18, 139, 244

Racial Profiling 35, 107
Rationalisierungsfunktion 57, 106ff., 151, 155
reasonable man 30, 35, 36, 41, 259
reasonable person 6, 30ff., 259
reasonable woman 36, 238, 259
Reklame (Werbung) 7, 13, 16, 163, 167, 172, 175, 179, 182, 185, 190
Relativierungsfunktion 57, 106f., 116, 246
Representative Bureaucracy 156
Rücksichtnahme 11, 46f., 223f., 228, 237, 239f.

Sachkunde/sachkundig 17, 50ff., 57, 59, 89f., 93f., 98ff., 108, 143, 162, 178, 192f., 196
Sachverhaltsaufklärung 64, 66, 76f., 113, 115, 233f., 247
Sachverständiger, sachverständig 9, 16ff., 25, 50, 65, 80, 83ff., 87, 99, 139, 143f., 162, 167, 170f., 181, 192f., 195ff., 204, 212, 215, 233f., 240

Scheingefahr 67, 93
Schiedsrichter 45f., 245, 254
Sekundärebene 61, 98, 106
Simulationsgefahr 209, 237f., 250
Sittenwidrigkeit/gute Sitten 13, 17, 26
soziale Norm 40, 42, 45, 50, 55, 240, 245, 254, 256ff.
spoudaios anēr 42ff., 51
Staatshaftungsrecht 3, 7, 20, 29f., 57, 100, 107, 116ff., 160, 176, 209, 246, 248, 251ff., 256
standard of taste 199f.
statistisch 62, 140, 235
Stereotyp 31, 35, 37, 221, 259f.
Störer 61, 75, 93, 106, 246, 253
subjektives Recht 201, 203, 250
Subjektivierung des Gefahrbegriffs 68, 80, 96, 103f., 106, 113, 116

Tugend 43ff.
Typisierung 2, 4, 5, 26, 152f., 156, 174, 176, 188, 194, 211, 224, 231, 233, 235, 241f., 244, 256
Typus 4, 10, 27f., 179, 186f.

überdurchschnittlich empfindlich 202f., 216, 231f., 235, 236, 241
Überdurchschnittliche Fähigkeiten 20, 23, 24, 100
Überzeugung (Gefahrenabwehr) 10, 64, 67f., 85, 95, 97, 100f., 107, 112, 114f., 247, 252, 255
– richterliche Überzeugung 96, 113, 255
unbestimmter Rechtsbegriff 7, 103, 173, 176, 186, 243
Ungleichheit 35, 110, 244
Unmöglichkeit normkonformen Verhaltens 105
Unparteilichkeit der Verwaltung 110, 151
Unsicherheit 59f., 66f., 72, 74ff., 84, 87, 94ff., 104f., 107, 112ff., 145, 163, 175, 185, 197, 200, 246f., 252ff.
Unterdurchschnittliche Fähigkeiten 23, 133, 135
Unwägbarkeit 202, 206, 208f., 225, 250

Verkehrsanschauung 17, 27, 89, 148

Verkehrskreis 6 f, 18, 20 ff., 29, 32, 39, 50, 98 ff., 119, 133 ff., 147, 154, 176, 181, 241, 251, 255, 257
Vermittlungsfunktion 42, 119, 127
verständige Würdigung 91 f., 94, 260
Verunstaltungsurteil 102, 166, 170, 173, 178, 181 ff., 185, 188, 191 f., 195, 197, 199 f., 249
grobe Verunstaltung 164, 170 f., 174 f., 178, 180
– Verunstaltungskontrolle 164, 168 f.
Verunzierung 170, 175, 178, 180
Vorbild 5, 8, 28, 33, 39 ff., 45, 50 f., 55, 57, 78, 125, 240, 245, 252 ff., 259

Vorurteil 183, 187, 200, 230, 254, 260
Wahrscheinlichkeitsurteil 59, 62, 65, 71, 74 f., 76, 78, 81, 97, 102, 104, 106 f., 114 f., 246 f.
Wissenshorizont 60, 62 ff., 71 f., 76, 78 ff., 90, 93, 101 f., 107, 109, 114, 246, 252
Zeitdruck/Zeitnot 57 ff., 64 ff., 75 ff., 94, 96 f., 107, 115, 246
Zeitlichkeit 74, 78
Zeuge 46, 53, 213, 229 ff., 233 ff., 240, 245, 254, 258
Zwitterrolle 40, 45, 245

Beiträge zum Verwaltungsrecht

herausgegeben von
Wolfgang Kahl, Jens-Peter Schneider
und Ferdinand Wollenschläger

Mit der Schriftenreihe *Beiträge zum Verwaltungsrecht* (BVwR) führt der Verlag seine Tradition, Werke mit hohem wissenschaftlichen Anspruch zu veröffentlichen, für das Verwaltungsrecht fort. Er bietet damit ein Forum für Monographien, Habilitationsschriften, herausragende Dissertationen und thematisch geschlossene Sammelbände zu zentralen und grundlegenden Fragen des Verwaltungsrechts. Beiträge mit verfassungsrechtlichen, europarechtlichen oder völkerrechtlichen Bezügen sind ebenso willkommen wie rechtsvergleichende Arbeiten.

ISSN: 2509-9272
Zitiervorschlag: BVwR

Alle lieferbaren Bände finden Sie unter *www.mohrsiebeck.com/bvwr*

Mohr Siebeck
www.mohrsiebeck.com